本书为国家社科基金项目"五四时期期刊研究"
（10XXW001）最终研究成果

受中央高校基本科研业务费专项资金项目
（300102339677）资助

五四时期期刊研究

杜波 / 著

人民出版社

目　录

绪　论

　　大众媒介自诞生起便有文化传承与创新的功能，由于内容表现形式和传播方式不同，每一种媒介带有各自的文化特性。期刊作为一种连续出版物，它刊载的内容可以是长篇大论，也可以是精悍的短文，既不像报纸需要追求时效而不得不在一定程度上放弃深度，又不同于书籍出版周期过长而难以与社会热点同步。在 20 世纪初的中国，作为当时"新媒体"的期刊承担了文化创新的功能，期刊创造的新文化引领了时代，成为时代文化的风向标。五四时期的期刊之所以能够风靡一个时代，成为众多文化人的共同追忆和向往，不仅是因为其开创了一个新的时代，深刻地影响了 20 世纪中国文化的发展，更是由于它们体现了知识分子的创造力，使期刊这种媒介的特性得以淋漓尽致地发挥。

　　"一切历史都是当代史"，虽然五四新文化运动距今已整整百年，期刊在今日已不再是大众媒介中的宠儿，但我们今天仍要面对媒介变革与文化创新、文化引领的问题，因而五四时期期刊的价值和思维模式依然值得我们深入研究和反思。

一、问题的提出

五四时期是中国现代史上重要的转折时期，其间众多的历史事件和文化思潮变革，都影响着 20 世纪中国的政治和文化走向。随着时间的推移，亲历"五四"的当事者大都已去世，虽然他们留下了大量的回忆资料，但这些资料都不可避免地带有个人色彩和时代思维的局限。对于五四的领悟，见仁见智，让研究者充满了想象的空间，成为言说不尽的五四。

五四绝不仅仅是对 1919 年 5 月 4 日发生的学生游行以及后续的一系列爱国运动的称谓，它常常与"新文化运动"合用，是为"五四新文化运动"。新文化运动特指 20 世纪初的一场重要的文化变革运动，孙中山曾论断："此种新文化运动，在我国今日，诚思想界空前之大变动。推其原始，不过由于出版界之一二觉悟者从事提倡，遂致舆论大放异彩。"① 虽然孙中山在五四时期未参与学生运动，但此言却非常精辟地道出了新文化运动的主要阵地：五四新文化运动确由报章杂志（期刊）提倡而起。

期刊无疑是这些文化出版物的主打产品，开新文化运动风气之先。五四时期的文化变革中，期刊扮演着极其重要的角色，不仅引领了新文化，还实现了新文化的传播。从五四时期文化出版实绩来看，《新青年》确为"出版界之一二觉悟者"，学界通常将 1915 年《青年杂志》（《新青年》前身）的创办作为新文化运动开端的标志。另外，目前通行的中国近现代史，一般都认为《新青年》的创办为新文化运动之滥觞，文学革命、

---

① 孙中山：《致海外国民党同志函》，《孙中山全集》第 5 卷，中华书局 1985 年版，第 210 页。

思想启蒙等文化运动由此开始。周策纵、余英时、金耀基、史华慈、汪荣祖等多位学者都支持将 1915 年《新青年》创办作为新文化运动的初始标记。① 由此可见，离开了以《新青年》为代表的五四时期期刊，新文化的发生和传播都无从索解。那么，为什么一份期刊的创办能够成为重要的文化分水岭？甚至作为一场文化运动的起点？可以断定的是：这肯定不是一个科学的断代方式，因为《新青年》从诞生到出至第 3 卷，实际在社会上并没有产生太大的影响。② 既然以一份期刊的创办作为一个时代开始的纪元，必然要回答的是：此种新文化如何在期刊中酝酿，如何得以发生，又如何演进，如何传播，如何产生影响，以及其在此过程中体现出的现代性和局限性，都是值得深入研究和探讨的问题。

五四时期曾出版过为数众多的期刊，成为我国新闻出版史上一个辉煌时期。五四时期繁富丰硕的期刊共同促进了现代新思想在我国的传播和确立，塑造了新文化的气度和品格，对推动我国社会文化的发展有着不可磨灭的贡献。但是，这些期刊如何在促进社会发展进步的同时获得了自身的繁荣，却少被学者关注。因此，从期刊的角度对此进行梳理和研究具有重大的理论意义。

五四时期是我国历史上的一个重要转折，"'五四'除了作为历史事件本身的意义，很大程度上成了 20 世纪中国人更新传统、回应西方文化挑战的象征。每代人在纪念'五四'、诠释'五四'时，都不可避免地渗入了自己时代的课题和答案。但另一方面，以'五四'命名的新文

---

① 胡适对此不太认可，他在 1933 年于美国芝加哥大学演讲时，认为这场被称为"新文化运动""新思想运动"或是"新浪潮"的运动，其发起的时间为 1917 年。参见 Hu Shih, *The Chinese Renaissance*, Chicago: University of Chicago, 1963, p.44.

② 《青年杂志》到 2 卷改名《新青年》，到第 3 卷时由于销量不佳，印行者群益书社还打算停办《新青年》。"《新青年》以不能广行，书肆拟中止；独秀辈与之交涉，已允续刊"。参见鲁迅：《(180104) 致许寿裳》，《鲁迅全集》第 11 卷，人民文学出版社 1981 年版，第 345 页。

化运动，又有其相对确定的历史内涵。其文化口号、其学术思路，萌芽于晚清，延续至今日——可以这么说，在思想文化领域，我们今天仍生活在'五四'的余荫里。"① 五四精神已经成为我们重要的精神财富，成为说不完的"五四"。但要真正理解五四精神的本质，必须对五四时期期刊进行总体的系统研究，重新审视故纸堆中的五四时期期刊，对它们进行"组织、分割、分配、安排、划分层次、监理体系、从不合理的因素中提炼出合理的因素、测定各种成分、确定各种单位、描述各种关系"②，从而还原历史，发现其尝试和探索，寻找期刊与五四的深层次关系。

二、五四相关概念梳理

在时隔百年的今天，想要无分歧地来界定五四实非易事，因为"五四运动的真义与其反响与分派的多姿多彩，使得该运动本身的定义、解释和评价诸问题都复杂了"③。事实上，要分析五四，首先要厘清五四运动、五四新文化运动以及五四时期这三个基本概念。

五四运动一般被限定为1919年5月4日北京青年学生为反对中国政府对日本的屈辱政策而组织的爱国游行示威事件等内容。一战结束后的巴黎和会上，属于战胜国的中国不仅没有得到任何胜利的果实，反而要将德国在山东的特权划归日本，中国的国家主权被严重损害。来自凡尔赛的这一消息激怒了国人，北京学生进行了最初的游行抗议行动，尔

---

① 陈平原：《触摸历史及进入五四·导言》，北京大学出版社2005年版，第2页。
② ［法］米歇尔·福柯：《知识考古学》，谢强等译，北京三联书店1998年版，第6页。
③ 陈曾焘：《五四运动正名》，载周阳山编：《五四与中国：知识分子与中国现代化》，时报文化出版社事业有限公司1979年版，第387页。

后在全国引起了一系列的罢课、罢工、罢市浪潮。五四运动主要的内容是爱国，是为了"争国权"。"五四运动"一词，最早出现于 1919 年 5 月 14 日北京学生联合会致各团体宣言。其后，5 月 26 日的《每周评论》23 号上，罗家伦（署名"毅"）正式发表《"五四运动"的精神》。同年 9 月，蔡晓舟、杨亮功辑录了报章报道、相关文电、各界反响等文献，结集为《五四》公开发行。

"新文化运动"特指五四运动前后的"新文化运动"，与"五四运动"不同的是，它主要在文化领域，是由陈独秀、胡适等人发起的以文化革新为目的的文化运动。但最初，无论陈独秀或是胡适，都称之为"新思潮"，如胡适在 1919 年 12 月《新青年》7 卷 1 号上所作《新思潮的意义》等。以笔者所见，"文化运动"一词最早出现于 1919 年 12 月出版的《新潮》第 2 卷第 2 号上[①]，罗家伦答施存统来信时将浙江学生的文化活动总结为"文化运动"[②]；"新文化运动"一词最早出现在孙中山 1920 年 1 月 29 日的《致海外国民党同志函》中。他称此种"新文化运动"，"实为最有价值之事"[③]。此后，"新文化运动"的提法就已普遍了。陈独秀在 1920 年 4 月《新青年》作《新文化运动是什么?》一文，提出："新

---

① 关于"新文化运动"一词最早的出处，鲁迅认为，"那时革新运动，表面上却颇有些成功，于是主张革新的也就蓬蓬勃勃，而且有许多就是在先讥笑，嘲骂《新青年》的人们，但他们却是另起了一个冠冕堂皇的名目：新文化运动。这也就是后来又将这名目反套在《新青年》身上，而又加以嘲骂讥笑的，正如笑骂白话文的人，往往自称最得风气之先，早经主张过白话文一样。"杨琥将其称为"文化运动"，最早为《星期评论》所称谓。袁一丹则认为，"新文化运动"这个名目的发起者是《时事新报》背后的研究系。但这三种说法均缺乏直接证据。参见鲁迅：《热风·题记》，《鲁迅全集》第 1 卷，人民文学出版社 1981 年版，第 294—295 页；杨琥：《历史记忆与历史解释：民国时期名人谈五四（1919—1949）》，福建教育出版社 2010 年版，第 2 页；袁一丹：《"另起"的"新文化运动"》，《中国现代文学研究丛刊》2009 年第 3 期。

② 家伦（罗家伦）：《答施蛰存》，《新潮》1919 年第 2 卷 2 号。

③ 孙中山：《致海外国民党同志函》，《孙中山全集》第 5 卷，中华书局 1985 年版，第 210 页。

文化运动，是觉得旧的文化还有不足的地方，更加上新的科学、宗教、道德、文学、美术、音乐等运动。"①

对于"五四运动"和"新文化运动"，历来有不同的观点和看法。毛泽东对"五四"的论述，作为大陆主流观点延续至今。在他看来，五四运动是新旧民主主义革命的分水岭。1939 年 5 月 1 日，毛泽东在纪念五四运动 20 周年时对青年们讲，"五四运动的成为文化革新运动，不过是中国反帝反封建的资产阶级民主革命的一种表现形式"②。1940年，毛泽东在《新民主主义论》中为五四与新文化运动定调，认为"五四"前后的新文化运动的领导者不同，但是文化革命是持续存在的。③ 但是胡适等人主张厘清五四运动和新文化运动二者之间的区别，认为由《新青年》发起的以文学、文化革新为主要目标的新文化运动是一场文艺复兴运动或是启蒙运动。在胡适看来，文艺复兴就是以复古为名义来振兴一种新精神的文化变革运动。但是作为由学生发起而影响全国的政治事件，1919 年的五四运动"实是这整个文化运动中的，一项历史性的政治干扰。它把一个文化运动转变成一个政治运动"。④

五四如果指代时间，则泛指五四时期，它包括了"五四事件"前后的几年。关于五四的时期问题，有多种说法。⑤ 本文倾向于将五四时期限定为以五四运动为中心的前后时期，大致从 1915 年至 1923 年。

从期刊发展史的角度看，1915 年《新青年》的创办虽没开创新的时代，但此时新思潮的雏形已基本形成。1919 年的五四运动后，新文

① 陈独秀：《新文化运动是什么》，《新青年》1920 年 7 卷 5 号。

② 毛泽东：《五四运动》，《毛泽东选集》第 2 卷，人民出版社 1991 年版，第 558 页。

③ 毛泽东：《新民主主义论》，《毛泽东选集》第 2 卷，人民出版社 1991 年版，第696—699 页。

④ 胡适：《胡适口述自传》，华东师范大学出版社 1993 年版，第 183 页。

⑤ 参见 [美] 周策纵：《五四运动史》，陈永明等译，岳麓书社 1999 年版，第 6—8 页。

化得到了极大的传播和扩散，一大批新文化期刊创办。1921—1922 年，文学研究会和创造社的刊物创办，是现代文学期刊史上的重要事件，从 1922 年开始，"一个普遍的全国的文学的活动开始来到"①。至 1923 年，无论是商务印书馆的《小说月报》，还是创造社期刊，都得到了迅速的发展。同年发生的科学与玄学的论战是知识界发生转变的一个标志，"1922 与 1923 年间发生的中西文化论战和科学与玄学论战，实是'五四运动'的直接产物"②。"1923 年，创办于 1915 年而作为启蒙之思想路标的《新青年》杂志，在上海改刊为中国共产党的机关刊物。同年，知识界发生'科学与人生观'论战，凸显了现代中国自由主义、文化保守主义和马克思主义对立冲突的意识形态格局。这两个事件，表征着启蒙运动的分裂和历时八年的新文化运动的落幕。"③虽然在 1923 年，这些期刊依然在向前发展，但主要编辑方针和思路已经基本成形，随后的走向已与五四时代相去较远。

三、学术史综述

（一）对五四的历史研究

五四由于其特殊的历史意义，长期在研究者视野中占据着相当重要的位置，对于五四历史的研究多年来一直为学界热点。但是，历史研究者对五四问题的研究大多都不是将期刊作为研究的主体，而只是将期刊作为研究的背景，或是将期刊内容作为研究的资料来看待。

对五四运动的历史，学界研究不断。目前对五四运动系统性的研究

---

① 茅盾：《导论》，载茅盾编：《中国新文学大系》小说一集，上海良友图书印刷公司 1935 年版，第 4—5 页。

② ［美］周策纵：《五四运动史》，陈永明等译，岳麓书社 1999 年版，第 8 页。

③ 高力克：《五四的思想世界》，学林出版社 2003 年版，第 275 页。

中，最具代表性的成果是彭明的《五四运动史》（人民出版社 1984 年版）和美国威斯康星大学周策纵的 *The May Fourth Movement: Intellectual Revolution in Modern China*（1960 年版）。彭明的著作从中共党史的角度论述了五四时期的社会、思想条件，五四运动在中国革命史上的地位，该书史料翔实，但视角较单一。在研究思路上，彭著延续了马克思主义历史学家胡绳的《从鸦片战争到五四运动》（人民出版社 1981 年版）的基本思路。周策纵所著则从社会力量和文化变迁的角度研究五四运动，视野更为开阔。

关于五四的散论数量相当庞大，比较有价值的有台湾学者周阳山编辑的《五四与中国：知识分子与中国现代化》（台北：时报文化出版事业有限公司，1979）。该著除翻译了周策纵的论著外，还汇集了台湾学者价值较高的五四纪念文章。此外，《五四与现代中国丛书》（山西人民出版社 1989 年版），包括《五四与现代中国——五四新论》《启蒙的价值与局限——台湾学者论五四》《五四：文化的阐释与评价——西方学者论五四》等，不仅编选了台湾学者、西方学者的有关研究，还收录了一些大陆学者比较客观的研究，在很大程度上突破了传统研究的局限。相对而言，五四运动研究成果比较丰硕的大陆学者有杨奎松、杨念群、陈平原、张鸣、高力克等，外籍学者中除周策纵之外，还有余英时、张灏、林毓生等。

（二）五四时期期刊相关资料

相对于丰富的五四历史研究，五四时期期刊的研究则少得多。对五四时期期刊的早期研究中，资料的整理和简单评价比重很大。五四运动发生前夕，罗家伦在 1919 年 4 月的《新潮》上发表《今日中国之杂志界》，对当时的期刊界情况作了总论和分述。此外，还有一些五四时期期刊自身的宣传广告以及期刊相互之间的介绍。

对五四时期期刊的研究，20 世纪 80 年代前多为基础性的资料整理和介绍。其中，最具代表性的成果是由中共中央编译局研究室所编的《五四时期期刊介绍》（三联书店 1979 年版）。该著共收集了 150 余种五四时期重要期刊，对刊物的主要言论、思想倾向作了介绍，同时收集了刊物的发刊词，对期刊发表的文章进行了详细的分类索引，总体资料翔实。但是该书仍然有不少史料上的错误，多从政治角度出发对期刊进行介绍，不少评价受时代影响较多有欠客观，对期刊的文化、社会贡献论述较少。

除了《五四时期期刊介绍》外，其余有关五四时期期刊的资料都比较散乱。与期刊有关的资料大都保存于报刊之中，或散见于特定的期刊研究中。张静庐辑注的《中国现代出版史料》甲编、丁编和补编（中华书局 1954—1957 年版）中，也有五四时期期刊相关的重要资料。该著对现代出版史上期刊的数量和种类有较详细的记录，还收录了五四时期期刊的发展、历史背景及相关法令，对五四时期期刊资料也有所涉及。

回忆和纪念五四运动的文章中也涉及部分期刊。其中，当事人的回忆性资料有中国社会科学院编《五四运动回忆录》《五四运动回忆录（续）》（中国社会科学出版社 1979 年版），张元侯等编《五四时期的社团》（北京三联书店 1979 年版），杨琥编《民国时期名人谈五四》（福建教育出版社 2011 年版）。在当事人如陈独秀、胡适、鲁迅、周作人等和涉事人的日记、回忆性叙述、个人传记中，也能找到一些有关期刊发展的蛛丝马迹，如张静庐《在出版界二十年》（上海杂志公司 1938 年版），汪原放的《回忆亚东图书馆》（学林出版社 1983 年版）等。梁启超、鲁迅、胡适、茅盾、阿英等人的论著中，都有对五四时期期刊的论述，但多为只言片语。

与五四时期期刊相关的文献汇编中，有关文学期刊的资料相对较多。如赵家璧主编的《中国新文学大系》（上海良友图书印刷公司 1935 年版），所载的文章绝大多数选自五四时期重要的文学期刊，而且各集的导言部分，蔡元培、胡适、茅盾、鲁迅、郑伯奇等人的论述中都有对文学期刊的介绍和评价。阿英编辑的《中国新文学大系·史料·索引》更是对重要刊物的发刊词等进行了整理。魏绍昌主编的《中国近代文学大系（史料索引集）》（上海书店1996年版）对1919年前的文艺期刊以及偏重文艺的综合性期刊作了内容介绍，辑录了部分目录、宣言、发刊词和重要文章。郑逸梅的《民国旧派文艺期刊丛话》（收入《鸳鸯蝴蝶派研究资料》，上海文艺出版社1962年版），对辛亥至新中国前的旧派文艺期刊有较全面的介绍。

对现代文学期刊目录的辑录中有不少涉及五四时期期刊，如现代文学期刊联合调查小组编辑的《中国现代文学期刊目录（初稿）》（上海文艺出版社1961年版），唐沅、韩之友等编写的《中国现代文学期刊目录汇编》（天津人民出版社1988年版），吴俊等编《中国现代文学期刊目录新编》（上海人民出版社2010年版），都对现代文学期刊的目录进行了整理，也涉及部分五四时期的期刊。除此之外，刘增人的《中国现代文学期刊史论》（新华出版社2005年版）分为"宏观研究"、"个案考察"以及"史料汇编"三编，其"史料汇编"部分在资料收集上做了大量工作，尤其是该编的第一部分《中国现代文学期刊叙录》，较全面地对现代文学期刊进行了整理汇编，按时间顺序对1915年后的期刊的创刊终刊时间、编辑发行人、发行周期、栏目、主要撰稿人等做了简要介绍。

此外，还有两个重要的期刊目录值得关注，它们分别是全国第一中心图书馆委员会全国图书联合目录编辑组编辑的《1833—1949全国中文期刊联合目录（增订本）》（书目文献出版社1981年版），以及国家图书馆和上海图书馆联合编辑的《1833—1949全国中文期刊联合目录（补充本）》（中央民族大学出版社2000年版），两者收录了全国五十余家重点图书馆所藏期刊检索目录。这两个汇编资料是在全国大型图书馆馆藏目录的基础上整理出来的期刊目录，是目前最全面的中国近现代期刊目录，但遗憾的是由于涉及时间太长，所有期刊均只有简单的存目，而且有不少错误。

五四时期期刊原件在国家图书馆馆藏最多。此外，北京大学图书馆、复旦大学图书馆、南京大学图书馆以及上海图书馆、中国第二历史档案馆等馆藏较多。

（三）五四时期期刊的宏观与微观研究

对五四时期期刊的深入研究是从 20 世纪末开始的，从研究的内容来看，主要分为宏观研究和微观研究两大类：

一类是从报刊史、出版史的角度进行整体研究。宏观的总论研究因为涉及时段较长，或是将期刊与报纸、图书等放在一起进行研究，在涉及五四时期期刊方面的研究和论述时略显粗糙。从报刊史的角度进行整体研究的代表性成果，如方汉奇的《中国近代报刊史》（山西人民出版社 1981 年版）、《中国新闻事业通史》（中国人民大学出版社 1992 年版），涉及了五四时期部分期刊，但对报纸的研究重于对期刊的研究。叶再生的《中国近现代出版通史》（华文出版社 2002 年版）、吴永贵的《民国出版史》（福建人民出版社 2011 年版）也涉及了部分期刊，但更多是从出版角度进行研究。周葱秀等编的《中国近现代文化期刊史》（山西教育出版社 1999 年版）、宋应离的《中国期刊发展史》（河南大学出版社 2000 年版）梳理了我国期刊发展历史，对每个时期的期刊发展都做了介绍，但是由于涉及时段较长，在具体研究和论述上略显不足。

另一类是对五四时期重要期刊的个案研究。微观研究主要针对某一个刊物进行全方位的考察和梳理，研究办刊思路和历史流变。此类研究较为细致，但研究特定期刊，即使是非常重要的期刊，也难窥时代之全貌。从个体的角度进行研究的代表性成果，如陈万雄《五四新文化的源流》（三联书店 1997 年版）梳理了《新青年》作者队伍，分析了五四运动的源流；张宝明的《现代性的流变》（社会科学文献出版社 2005 年版）

研究了《新青年》与个人、社会和国家的关系。还有其他重要期刊研究，如对《小说月报》《创造》《少年中国》《学衡》《少年中国》等期刊的研究专著，相对深入。此类研究近年来在研究生学位论文中较多，但研究模式和方法都比较单调。

对五四时期期刊的微观研究散见于各种历史研究、出版研究、文学研究之中。20世纪90年代以来，论者已经开始注意到了更为开放地从多方面、多角度来考察五四时期期刊的发展脉络，其中包括：

第一，期刊与出版机构的研究，如刘纳的《创造社与泰东图书局》（广西教育出版社1999年版），杨扬的《商务印书馆：民间出版业的兴衰》（上海教育出版社2000年版）从社团、期刊及其背后的出版机构入手，研究其间的关系。第二，期刊与社团的研究，如陈思和、丁帆主编的"中国现代文学社团"研究书系（东方出版中心2006年版），吴小龙的《少年中国学会研究》（三联书店2006年版）都涉及了不少五四时期期刊。第三，期刊与期刊群之间的研究，如美国威斯理安大学微拉·施瓦支的《中国的启蒙运动》（山西人民出版社1989年版）研究了《新潮》与《新青年》之间的代际关系，刘增人的《中国现代文学期刊史论》（新华出版社2005年版）的"个案考察"考察了部分五四文学中的系列期刊。第四，期刊与社会之间的关系，此类研究目前较多，如陈平原的《思想史视野中的文学——〈新青年〉研究》（《中国现代文学研究丛刊》2003年第1期），谢晓霞的《〈小说月报〉1910—1920：商业、文化与未完成的现代性》（三联书店2006年版）等。

这些研究成果中，王晓明的《一份杂志和一个"社团"——重评"五·四"文学传统》、陈万雄的《五四新文化的源流》、陈平原的《思想史视野中的文学——〈新青年〉研究》等具有方法论启示意义。

王晓明的《一份杂志和一个"社团"——重评"五·四"文学传统》从《新青年》出发，审视期刊本身所带有的"主观"色彩，指出《新青年》

中所刊载的文章具有"实效至上的功利主义"、"措辞激烈，不惜在论述上走极端"、"绝对主义的思路"、"以救世主自居的姿态"的个性特色，并称之为"药方体"。该文"注意到'五·四'时期的报纸杂志和文学社团，注意到它们所共同构成的那个社会的文学机制，注意到这个机制所造就的一系列无形的文学规范"，提醒研究者重视文本与其背后各类力量的关系："文本是文学现象中最为重要的部分，但是，它不是唯一的部分，在它身前身后，还围绕着一大群也佩戴'文学'徽章的事物。它们有的面目清楚，比如出版机构，作家社团；有的却身无定形，飘飘忽忽，譬如读者反应、文学规范。它们从各个方面围住文学文本，向它施加各种各样的影响。"① 该文从社团和期刊背后入手，研究期刊作为文学的生产机制对文学的影响，开创了以期刊研究文学的先河。

陈万雄的《五四新文化的源流》"从新文化运动溯源作条理去展示第一代近代型知识分子的形成之与五四新文化运动的关系"②，对倡导新文化运动的中心《新青年》杂志作者群和北京大学的革新力量群进行了详细的梳理，并考证了这两个群体与辛亥革命之间的关联，通过考察五四时期"新兴的近代知识分子如何形成，其历史性格又如何影响了历史的进程"③，提出五四新文化运动的前期，实际是辛亥革命运动的继续和发展，五四新文化的倡导者身兼革命家与启蒙者的双重身份。著作考察《新青年》的性质，从作者谱系角度出发进行研究，见解独到。

陈平原的《思想史视野中的文学——〈新青年〉研究》从文学史、思想史和政治史的角度，还原"一代名刊"《新青年》，"发掘其'思想

---

① 　王晓明：《一份杂志和一个"社团"——重评"五·四"文学传统》，《上海文学》1993 年第 4 期。

② 　陈万雄：《五四新文化的源流·序》，三联书店 1997 年版，第 2 页。

③ 　陈万雄：《五四新文化的源流·序》，三联书店 1997 年版，第 3 页。

史视野中的文学'所可能潜藏的历史价值及现实意义"①。该文研究了《新青年》的同人精神，在运动中形成的发展路径，以运动的方式推进文学事业，提倡学术和垄断舆论的特点，以及《新青年》期刊自我形象体系的构建。文学期刊研究不能单从文学的视角出发，对五四时期文学期刊的研究尤其如此。陈平原高屋建瓴之势的基础正在于对期刊进行总体性研究，用"总体性""全景式"的方法，洞见内在的历史关联。这种总体性研究主要是从期刊与社会文化、思潮、传统等因素的广泛联系着手，对传播现象的深层背景进行考察，强调传播与社会的联系。

总体而言，学界对期刊的宏观研究和微观研究很多，但介于两者之间对五四时期期刊群的"中观"研究却很少。中观研究的意义在于，将特定时期的期刊放置于社会、文化和媒介的场域中去研究，放在期刊自身的传播过程之中去审视，才能够突破单一的视角，获得更加开阔的视野，更为深刻地理解特定时期期刊的全貌。相对而言，学界对五四时期期刊个案的微观研究较多，但系统从期刊的角度研究五四时期期刊还很欠缺，有待进一步深入。

四、研究思路

本书以五四时期期刊为对象，主要研究五四时期期刊发展的生态环境，五四时期的期刊如何促成了新文化语境、形成新的话语体系、传播新的文化，并且带来了自身的繁荣。首先对五四时期期刊的生态环境特征进行详细考察，在此基础上对新文化的发生、传播状况进行分析研究，总结概括五四时期期刊的现代性因素，分析五四时期期刊对社会发展的重要贡献、五四时期期刊繁荣的原因，以及期刊发展与时代发展的

---

① 陈平原:《思想史视野中的文学》,《中国现代文学研究丛刊》,2003 年第 1 期。

关系。

本书主要分为四个部分：

第一部分主要研究五四时期的生态环境为期刊发展提供了怎样的土壤，如何影响期刊发展方向。具体而言，首先考察五四时期的政治、经济、文化等社会环境，以及出版的控制与反控制、出版机构及出版场域等传媒环境，它们从外部对期刊的发展产生的影响。然后对五四时期的期刊类别进行初步的分类，并在文献资料的基础上，对五四时期期刊的数量、出版时间、发行地等数据进行统计，分析五四时期期刊的总体面貌。第二部分主要研究五四时期期刊如何发起了新文化运动，又是如何推动了新文化运动。从表层现象来说，期刊如何促发了新思想的萌芽，从深层次来说，期刊如何促进了新文学、新文化、新的社会观念的形成，并最终建立了新文化的话语权，完成了文化场的结构转型。第三部分主要研究五四时期期刊的传播范式和传播机制是什么，对新文化产生了怎样的影响。主要通过对五四期刊传播主体、传播过程和传播效果三者的考察，分析期刊编者、作者的变化和期刊发展之间的关联，期刊的主要定位、各类传播策略、传播方式，最后通过史料考证期刊的传播效果，包括对个人的影响、在社会上的影响，以及新文化再生产如何成为可能。第四部分主要研究五四时期期刊的整体风貌，特别是期刊的启蒙性体现和期刊与公共领域的建构这两个方面。主要包括期刊是如何体现了启蒙并在五四时段中有什么样的变化，又有哪些局限；期刊对公共领域的形成有哪些影响；期刊所建构的公共领域是否成型，以及在建构过程中存在的遗憾。最后，基于五四时期期刊的生态环境、期刊与新文化运动、期刊传播、期刊整体风貌的研究，探讨五四时期期刊的总体贡献与局限性。

本书的研究方法主要有以下几点：

第一，以期刊原始文献为基础，通过对五四时期期刊的阅读，寻找期刊发展的线索，发现五四时期期刊与文化发展之间的关联。由于五四时期期刊数量众多，无法一一阅读分析，因此研究过程中力求选取最具代表性的期刊，注意不同流派、不同类型、不同时间段的各类期刊，尽可能地还原五四时期期刊全貌。这需要在宏大叙事框架之下，尽可能地对个案进行剖析，以求见微知著。

第二，在期刊原始文献的基础上，将期刊放在五四时期特定的历史环境之中进行考察。查阅五四时期相关历史文献，包括重要人物的自传、五四时期的重要报纸、书籍和相关资料，力求对以往的历史保持一种适度的"温情与敬意"①，以期达到同情性的理解。爬梳历史资料的目的是回归历史现场、还原历史情境，将期刊与社会看成一个动态的发展过程，将期刊的发展和变化放置于社会变迁中进行考量。

第三，以传播学、文化学等相关理论作为研究的理论基础。期刊是一种特殊的大众传播媒介，对它的研究本身就涉及了多学科的内容。目前，研究者主要运用文学社会学、大众传播学、编辑出版学和历史学等学科的理论来研究期刊，但是跨学科研究不足，期刊研究常常存在理论和具体的期刊现象剖析分离的问题。只有以具体的期刊现象为对象，综合运用多学科理论，才能够避免跨学科研究的局限。本研究围绕关键问题展开历史文献研究，并运用多学科相关理论展开分析，以求对期刊史料的全方位关照。

如梁启超所言："历史的目的在将过去的真事实予以新意义或新价值，以供现代人活动之资鉴。"② 从以五四时期的期刊文献入手，寻找其中存在的必然和偶然的关联，探索其与社会发展之间的究竟，追寻其与我国今日文化的关联性，也是本研究更为宏远的目标。

---

① 钱穆：《国史大纲》，商务印书馆 1993 年版，第 1 页。
② 梁启超：《中国历史研究法》，上海古籍出版社 1998 年版，第 148 页。

16

第一章　五四时期期刊的生态

> "现在世界的新潮来了，我们何不架起帆桨，做一个世界的'弄潮儿'呢！"
>
> ——罗家伦①

　　大众媒介不是一种孤立的存在，它总是受到外在环境的影响，与同时期的社会环境、媒介环境等生态环境系统保持着密切的关联。社会生态环境是媒介生存和发展的基础，也是制约并影响媒介发展和传播的最重要因素。期刊作为大众媒介的一种，更为直接地受到传媒环境的制约。这种制约直接影响到期刊的内容生产、存在形式、传播范式等等。在期刊系统内部也有不同的类别，不同类别的期刊及其发展构成了期刊场域，互相牵制。

　　文化是社会的产物，文化的生产、传播总是与社会环境息息相关。"媒介文化总是在各种社会的语境里发生作用，这些语境既使媒介文化具备意识形态的力量又能制约这种力量。"② 清末民初至北洋军

---

① 《今日之世界新潮》，《新潮》第 1 卷 1 号，1919 年 3 月。

② ［英］尼克・史蒂文森：《认识媒介文化——社会理论与大众传播》，王文斌译，商务印书馆 2001 年版，第 295 页。

阀统治时期，社会时局动荡、民生多艰，但客观上却为新文化的发展和传播提供了可能，为期刊的成长和扩张提供了土壤。中国传统的封建社会延续了两千年，其间王朝更迭不断。至明清时期，绵延千年的社会体制和文化已经无法克服和化解社会内部的种种矛盾和危机。中国封建社会体系在鸦片战争之后分崩离析，传统的政治、经济、文化秩序都受到西方的巨大结构性冲击。正是这种明显有别于其他时代的特征，影响了五四时期期刊的发展脉络，催生了五四时期期刊的谱系。

第一节　五四时期的社会环境

晚清社会时局分崩离析，大清帝国经历了两百年的历史，逐渐走向灭亡，共和成为大势所趋。辛亥革命的种种不彻底，使民国无论在政治还是文化上都没有产生根本性的改变。五四时期的政治是清王朝结束后封建军阀假资本主义之名的政治，军事实力成为政客最大的资本。北洋各派系的争斗日渐剧烈，政客们追逐自己的利益，内外交困的政坛承接了晚清的千疮百孔。

民国的北洋时期，襁褓中的民主制度一再被遏制，民主道路崎岖艰难。从晚清到五四，各种政治因素交错，不同时间段中的制约因素有所不同，对文化的控制时紧时松，影响了期刊的发展状态。人们在变动的社会中，对信息的渴求更为迫切，这种需求与社会变动的速度成正比。在晚清至五四高速变动的政治环境中，读者的需求促进了知识分子创办期刊的积极性。

一、动荡的政治时局

"城头变幻大王旗"的北洋统治时期，政治腐败，专制独裁，然而不可否认，各种力量之间的制衡为文化的发展提供了一定的空间。反观历史，动荡的社会环境对于人民而言是一种不幸，但有时恰恰是思想活跃的土壤。西方列强为了自己的利益，用坚船利炮打开了中国国门，同时，他们为了实现文化输出而创办了报刊，这给国人带来了示范效应，促使了国人的积极回应，国人办报办刊高潮应运而生。变动的政治环境中，各种类型、各种主张的政治派别丛生，或支持立宪，或主张反满，或主张革命。为了实现相应的政治主张，他们越来越重视报刊的政治舆论宣传作用。特别是中华民国成立之后，承载各类政治观点的政党报刊不断涌现。在风云变幻的时代中，无论是政治人物、理论家、普通知识分子还是在读的大、中学生，都积极投身于历史变革的洪流中，为了宣扬自己的政治主张、文化观点，纷纷创办发行各类出版物，丰富了期刊的内容和种类。

（一）大清帝国的倾覆

在人类社会第三次革命性转变的过程中，中国不属于"内源发展者"，与英法美等国不同，中国社会现代化最初的诱因和刺激因素源自外部世界的生存挑战和西方现代化的示范效应。事实表明，"在一个现代性开始占压倒性优势和高度相互依赖的世界里，完全拒绝现代化和西方化几乎是不可能的"①。面对这种挑战，越是排斥和拒绝，越是与世界拉开距离，错失转型的机遇。

---

① 〔美〕塞缪尔·亨廷顿：《文明的冲突与世界秩序的重建》，周琪等译，新华出版社1998年版，第64页。

当西方在经历资本主义巨变之时，清政府因"闭关锁国"国策而未卷入，中西差距越来越大。马克思形容中国的闭关锁国是"与外界隔绝是保存旧中国的首要条件"，"当这种隔绝状态在英国的努力下被暴力打破的时候，接踵而来的必然是解体的过程，正如小心保存在密封棺材里的木乃伊一接触新鲜空气便必然解体一样"①。虽说无论是亨廷顿还是马克思都是以西方视角来看待这场现代化浪潮，但对于非西方国家而言，即使不按照西方的现代化按部就班，也必须对这场席卷整个人类世界的革命有所回应。此时的中国却选择了回避，依然沉浸在"天朝大国"的迷梦之中。

1840 年开始的第一次鸦片战争成为中国近代史上的重要转折。面临"三千年未有之大变局"，面对"数千年未有之强敌"，中国丧失独立自主的地位，进入半殖民地半封建社会。自然经济开始解体，"天朝大国"被狠狠地卷入全球化的世界体系。军事和外交上的挫败、外债和耻辱都加深了清王朝的噩梦，中央集权政治权威逐渐瓦解，高度集权统治的分崩离析。而最让人感到惊讶和离奇的是，除了条约上规定的项目外，清政府并未因鸦片战争做出任何调整。

鸦片战争后，国内矛盾和民族矛盾同时被激化。在国内，由于清政府增加赋税以筹集赔款，原本已经明显的官民矛盾更加激化，各族人民自发的反清起义此起彼伏。特别是历时 14 年的太平天国运动，使清政府的政权被严重削弱，地方武装势力也得以发展，为后来清亡埋下伏笔。与此同时，民族矛盾进一步激化，欧洲列强瓜分中国的野心被极大地刺激，列强对中国的侵略更加疯狂。八国联军侵华战争使象征皇权的紫禁城失守，光绪帝和慈禧太后逃亡，光绪帝颁发"罪己诏"，在西方列强面前颜面丧尽，国人震惊。清政府和 11 国列强签订的《辛丑条约》

---

① 《马克思恩格斯选集》第 2 卷，人民出版社 1972 年版，第 3 页。

将多项政治权力拱手相让，"庚子赔款"规定在 1902 年至 1940 年向西方八国共赔款白银本息合计 9 亿 8 千万两，大致相当于当年清政府收入的 11 倍。事实上，此前的各国赔款已经耗尽了国库，加之庚子赔款对中国经济的深重打击，此后很长一段时间里国库只有债务，政府只有靠借债维持开支。

西方列强对中国虎视眈眈，寻求在华利益，中国同时受多国压迫，孙中山甚至认为中国不是"半殖民地"而是"次殖民地"。自国门被大炮轰开之后，"救亡图存"逐渐成为清政府最大的政治目标，也成为 20 世纪上半叶压在国人头上最大的包袱。日薄西山的清政府终于意识到，面对国内外形势的急剧变化，改革才能继续维持统治，然而一切都为时已晚。

清政府姗姗来迟的变革完全跟不上这 19 世纪世界发展的急速节奏。中国作为一个"后发外生型"国家，面对外部的冲击，并非没有产生反应，只是这些反应由于中国过于悠久的保守传统而显得麻木，各种变革迟钝、步履蹒跚。与中国一衣带水的日本却迅速反应，在保留天皇象征地位的基础上建立了明治维新政府，而"中国的官僚帝国上层却迟迟不愿走出任何对推进现代化有决定性意义的实际一步"①。各种变革面对历史急速前进的车轮，总是被甩在了后面。晚清政府从来没有主动进行什么改革，总是被形势推着走。

在清政府意识到需要变革之前，已经有过自上而下的内部变革，只是这些变革受到掌权者的阻挠而最终均以失败而告终，它们分别是洋务运动、维新变法和君主立宪。

第一，曾国藩、李鸿章、左宗棠和张之洞等发起洋务运动，希望

---

① 许纪霖、陈达凯：《中国现代化史（1840—1949）》，学林出版社 2006 年版，第 8 页。

"师夷长技以制夷"。中兴大臣兴办军事和民用工业，开办新式学堂，成立"京师同文馆"，专门培养外语人才和外交人才。洋务运动虽然受到满清贵族等顽固派阻挠，但确实在军事上和外语传习上取得了很大的进步，还编译了不少介绍西方的书籍，开始了西方文化输入的官方行为。洋务运动的范围极其有限，始终在"中学为体，西学为用"的框架之内，完全无从达到预期的效果，"当时人所谓'洋务'，实际为'西方事物'，乃全部西方现代物质文明所产生之后果"①。洋务运动的迷梦随着甲午战争的失败而破灭，使变革的重心从军事技术逐渐转向政体。

第二，康有为、梁启超鼓动光绪帝实行维新变法，试图建立近代意义上的双轨制政体。康有为托古改制，发动"公车上书"，在北京创办《万国公报》，在上海创办《时务报》并组织强学会，有意识地利用报刊制造舆论。1898年6月11日，光绪帝颁布"定国是诏"，宣布变法，"一时朝野很有发奋为雄力图自强的表现"②。然而，但103天的短命变法由于慈禧的政变而告终，光绪皇帝被囚。戊戌变法之后，"群乃知政府不足与图治，顿有掊击之意矣"③。

第三，光绪帝下诏准备实行君主立宪。1906年，光绪帝颁发《宣示预备立宪谕》，开始预备立宪。1905年日俄战争中日本获得了胜利，国人将日俄的胜负看作是立宪战胜专制，于是清政府派五大臣出洋考察。五大臣回国上书指陈，立宪是皇位永固、外患渐轻、内乱可弭的良药，同时提出实行之期可效仿日本加以拖延。这宽立年限的意见正合慈禧心意，于是她同意"预备立宪"。预备立宪的时间设计过于漫长，引起各省咨议局的不满而最终提前，但人们发现1911年成立的新内阁中

---

① ［美］黄仁宇：《中国大历史》，三联书店2007年版，第280页。

② 丁文江、赵丰田：《梁启超年谱长编》，上海人民出版社1983年版，第39页。

③ 鲁迅：《中国小说史略》，《鲁迅全集》第9卷，人民文学出版社1981年版，第288页。

一半以上都是皇族。原本对立宪抱有幻想的人看清了"立宪"的本质依然是保存皇权。随着"君主立宪"这最后一次假意变革的破产，清王朝走向灭亡的边缘。

在革命派与改革派的赛跑中，改革派明显落后并连连错失机会。清政府抵抗、拖延以图守旧的种种行为，最终只能导致更加猛烈和激进的后果。不能缓慢地由政府出面实现维新，就只能绕开清廷，正是在这个意义上，梁启超评论道："现政府者，制造革命党之一大工厂也。"①戊戌六君子之一的谭嗣同在就义前说："各国变法无不流血而成，今中国未闻有因变法而流血者，此中国所以不昌也，有之，请自嗣同始。"②他的遗言一语成谶，进入20世纪，变革已成了如火如荼的流血革命。

1895年，袁世凯在小站督练新建陆军，张之洞奏请编练自强军，是为新军之始。清政府未曾预料，这新军不同于过去八旗子弟兵，并不是国家的军队，而是带有极强的地方性。新军对政府的专治和腐败也十分不满，在思想上倾向于立宪或革命。最终成为反对清政府的主力军。清政府本意加强自身军事实力的新军却被证明成了清政府的掘墓人。

1905年同盟会在日本东京成立，孙中山提出"驱除鞑虏，恢复中华，创立民国，平均地权"的政纲，其政治追求已经远不满足于清政府期望保留君主的立宪。就在预备立宪的1906年，同盟会发动萍浏醴起义，紧接着的起义更加频繁。武昌起义的成功对其他各省起到了示范效应，两个月内，全国18个省份中的15个都发动了起义或宣布独立，这些举动都没有遇到过多的阻力。武昌起义的胜利不只是军事上的胜利，更是政治上的胜利。

大清帝国的倾覆是历史的必然，"清王朝与其说是被革命推翻的，

---

①　梁启超：《论现政府与革命党》，《新民丛报》，1907年第89号。

②　梁启超：《戊戌政变记·谭嗣同传》，《饮冰室合集》专集之一，中华书局1989年版，第109页。

倒不如说是它自己垮台的"①。在这个过程中，国人特别是知识分子对西方政治、文化和封建王朝的统治有了更加深刻的了解。人们开始以西方为参照去思考中国政治发展的可能性。

（二）回光返照的帝制

清廷结束民国肇始，社会组织结构依然如旧，新旧体制没有衔接，权力的真空由此出现。1912 年元旦，南京临时政府成立，中华民国诞生，清宣统帝溥仪宣布退位，接受共和，然而南京临时政府只维持了几十天，便不得不将权力移交给袁世凯。究其原因，南京临时政府既没有财政基础，又没有军事基础，无法将自己的作用和影响力延伸和渗透到整个社会中去，"更深刻的根源在于它的社会基础是脆弱的，在当时各种强有力的社会力量中寻找不到足够的支持"。②

袁世凯是晚清民国交替时的关键性人物，他的行为直接影响到了民国初年的政治生态，以及他死后的十余年的中国军政。辛亥前的他，同时被南北双方寄予厚望。在清政府看来，袁世凯是一个可以统领北洋新军的人物，因此虽然他在慈禧太后死后一直被排挤，却又在武昌起义后立即被委以"钦差大臣"的重任，全权指挥军队。在南方起义军看来，袁世凯是可以争取的对象。但是作为一个政客，袁世凯并不如双方所预料，他在手握兵权后和武昌起义军停战议和，一边逼迫清皇帝退位，一边以大总统为条件逼迫武昌革命军，最终夺取了大权。结果与满清和孙中山的预料大相径庭，袁世凯以共和之名篡权窃国，实现了个人的政治目的，并孤注一掷地走上独裁之路。

登上总统之位只是袁世凯权力追逐过程中的一步，为巩固地位，袁

---

① 许纪霖、陈达凯：《中国现代化史（1840—1949）》，学林出版社 2006 年版，第234 页。

② 许纪霖、陈达凯：《中国现代化史（1840—1949）》，学林出版社 2006 年版，第246 页。

世凯大行阴谋政治。出于限制袁世凯权力而制定的《中华民国临时约法》规定政权形式为总理制，议会可以对内阁政府权力加以限制，而袁世凯则为了强化总统的权力，逼迫倾向于革命的内阁总理唐绍仪辞职。1913年3月，国民党代理理事长宋教仁率领国民党获得议会多数，正欲以党首身份组阁之际却被人刺杀。为解决政府财政问题，袁世凯不惜向英、法、德、俄、日五国银行团进行"善后大借款"。7月，孙中山发动了"二次革命"，但由于军事力量悬殊，袁世凯将讨袁军迅速击溃，孙中山、黄兴等人被迫再次流亡。"二次革命"的失败严重打击了国民党，袁世凯的军政势力再次得到了加强。

在战胜国民党、自身势力逐渐稳固后，袁世凯继续采取种种措施排除异己。他于1914年1月宣布解散国会；5月1日颁布《新约法》，废除责任内阁制，实行总统制，由总统总揽军政大权；12月29日，约法会议又公布《修正大总统选举法》，规定总统任期由5年改为7年，并可连选连任终身，为他一步步走向独裁进行铺垫。

如此权力加身，依然无法阻挡袁世凯的贪婪，以至于他不顾众人反对，黄袍加身，落得一世骂名。袁世凯授意国会、筹安会和各省代表呼吁恢复帝制，假意多次揖让，最终方接受"皇帝"之号。1915年12月袁世凯自立为皇帝，改国号为"中华帝国"，建元洪宪。"洪宪帝制"遭到各方反对，蔡锷和唐继尧在云南宣布起义，发动护国战争，贵州、广西相继响应。1916年3月22日，袁世凯不得不在做了83天皇帝之后宣布取消帝制。6月6日，袁世凯病殁。此后，北洋军阀统治下的中国更加动荡。

五四时期的政治是清王朝结束后封建军阀假资本主义之名的政治。延续千年的科举制度在清末被迫取消，封建统治被推翻，但相应的民主选举制度又无法实现，军阀势力乘机掌握了时局。1915年12月12日，就在《新青年》创办三个多月后，袁世凯倒行逆施，废除共和，宣布称帝，引发了民众的反对，激发了民众的政治参与热情。但共和的基础非常脆弱，辛亥革命没有从根本上革了清政府的命，而且袁世凯、徐世昌这些大总统都曾经是清朝的封疆大吏。袁世凯虽死，但作为北洋的核心，他的思想和政治手段在某种程度上被继承下来。

"共和"一词在民国之后已经被普遍接受，连清帝宣布退位的诏书中也这样说道："今全国人民心理，多倾向共和。南中各省既倡议于前，北方诸将亦主张于后，人心所向天命可知。"① 但是这并不能说明共和观念深入人心。无论是袁世凯还是后继的北洋统治者，都企图从儒家道德体系中建立并获得自己统治的合法性，因此北洋时期的尊孔复儒都有其政治意图。陈独秀就分析道："袁世凯要做皇帝，也不是妄想；他实在见得多数民意相信帝制，不相信共和，反对帝制的人，大半是反对袁世凯做皇帝，不是真心从根本上反对帝制。"② 所以，假共和之名所行的帝制专制依然存在。③

在中西政治制度的对比中，知识分子逐渐意识到政治发展必须要求文化、思想的基础。政治变革虽然可能需要付出流血的代价，相对文化的变革而言是要迅速和简单，但如果没有相应的文化基础，政治变革依然不能够带来根本性的转变。

（三）北洋的更迭

北洋时期武夫当国，军阀混战矛盾重重，各派系军阀既有军事战

① 《清帝退位授袁世凯全权组织临时共和政府谕》，中国第二历史档案馆编：《中华民国史档案资料汇编》第一辑，凤凰出版社 1991 年版，第 217 页。

② 陈独秀：《旧思想与国体问题》，《新青年》1917 年第 3 卷 3 号。

③ 陈少明提醒，帝制合法性的失去，皇帝下台，"不能由此断定'共和国的观念深入人心'。因为辛亥革命之后，一切复辟的行为都因不容于时代而失败，而以非帝制形式而存在的专制、独裁，却改头换面维持着，它在很大程度上被这个民族默认或容忍了。"参见许纪霖、陈达凯：《中国现代化史（1840—1949）》，学林出版社 2006 年版，第 183 页。

争，又有政治斗争。民国初年的政治实际上是一种"实力政治"，"其时则全国无所谓中央，政治无所谓轨道，用人无所谓标准，财务无所谓公私"①。无论是袁世凯还是后来的军阀，他们的破坏性远远大于他们的建设性。因而国人更加急迫地解决救国的问题，思考救国的方式和途径。

皇权在中国传统中是社会政治权力的中心，同时具有文化象征的意义。皇权被推翻，"意味着社会的权力中心、整合中枢、文化象征和资源分配中心同时呈现真空状态"②。特别是洪宪帝制结束之后，全国都处于各派军阀的掌控之中，中央政府名存实亡。辛亥革命建立的政权并未解决社会的基本问题，国内政治斗争严峻，南方北方之间、各个省份之间各为派别，大大小小派别之间又充满了各种矛盾。

北洋军事集团是由私谊建立起来的，内部具有极强的等级关系。袁世凯发家自小站练兵，而北洋的高级军官几乎都是袁世凯在这时笼络的，如王士珍、冯国璋、段祺瑞、段芝贵、曹锟等都对袁世凯个人效忠，徐世昌、任秀深、唐绍仪等也都在袁世凯小站练兵时办理文案。他们相互之间虽有矛盾但对袁世凯还有所顾忌，当袁死后，这种来自北洋新军的纽带关系就寿终正寝了。

"洪宪"之后，各派系军阀持续争斗不断，黎元洪、段祺瑞、张勋、徐世昌、曹锟等人，你方唱罢我登场。皖系、直系和奉系这"北洋三系"军阀分别控制着国内各地。段祺瑞、徐树铮为首领的皖系，以北洋正统自居，主要控制安徽、浙江等地；直系军阀首领冯国璋、曹锟、吴佩孚，主要控制直隶及华北、华东等地；以张作霖为首领的奉系，主要控制东三省。三系矛盾重重，一度直接发生战争。袁世凯死后，北京处于段祺瑞皖系控制之下。1920 年 7 月直皖战争皖系被直、奉军击败，北

① 钱穆：《国史大纲》，商务印书馆 1993 年版，第 909 页。
② 许纪霖、陈达凯：《中国现代化史（1840—1949)》，学林出版社 2006 年版，第 238 页。

京又被直系控制。其时全国各地军队众多，1922 年前各地兵变的次数甚至超过了辛亥革命前期起义的次数。①

五四时期政治动荡、军阀林立，不仅有南北内战、政体更迭，国家总统、总理的更换更是家常便饭。袁世凯当权之时，便开始以"政党内阁"之名，行"内阁政党"之实。② 总统和总理之间矛盾不断，掌握实权之人总是希望实行有利于自己权力更大化的政治体制。政权形式花样翻新，让更多人看到：北洋时期的政治斗争，实质是北洋军阀背后各个派系的矛盾。③

北洋军阀为了巩固自己的地盘和军事实力，希望得到外国在军事、经济上的支持，列强们为了在华利益的最大化，也通过经济援助和政治干预等方法扶持代理人，扩张自己的势力。北洋军阀各派别都愿意与外国势力合作，签订秘密协议，实际上成为列强在华利益的代表。北洋三系中，日本先后扶持皖系、奉系，而直系主要依靠美国、英国。北洋三系军阀在外国势力的操纵下，不断发生各种规模和形式的战争。

北洋军阀统治下的中国，孙中山领导的反军阀斗争一直在开展。1917 年段祺瑞执掌北京政权后，宣布废除《临时约法》、解散国会。1917 年 8 月，国会非常会议选举孙中山出任中华民国军政府大元帅，发起护卫《中华民国临时约法》的"护法运动"，北伐段祺瑞军阀。由于军政府自身的矛盾和北洋军的武力抵抗，1918 年 5 月，孙中山愤而

① 钱穆：《国史大纲》，商务印书馆 1993 年版，第 908—909 页。

② 黄远庸：《远生遗著》，商务印书馆 1923 年版，第 153 页。

③ 1915 年至 1922 年间中华民国总统和总理的更迭：1915 年 12 月，大总统袁世凯称帝。1916 年 3 月，袁世凯宣布撤销帝制，仍为大总统；6 月，袁世凯殁，黎元洪继任总统，段祺瑞任总理。1917 年 5 月，黎元洪免去段祺瑞总理职务；6 月，黎元洪解散国会；7 月，张勋拥溥仪复辟，后失败，黎元洪辞总理职务，段祺瑞重任总理；8 月，冯国璋任临时大总统；11 月，段祺瑞辞去总理职务。1918 年 3 月，段祺瑞重任总理；10 月，徐世昌就任新总统，段祺瑞辞去总理职务，钱能训代理总理。1919 年 6 月，总理钱能训辞职，财政总长龚心湛代理。1922 年 6 月，总统徐世昌辞职，黎元洪继任。

辞职，第一次护法战争失败。1920 年 11 月，孙中山在广州再次重组军政府。1922 年 6 月，由于陈炯明叛变，孙中山被迫离开广州，第二次护法运动失败。

由于战乱和赔款，中国经济完全受制于外国，各派系又希望在国内能够巩固自身的地位，迫切期望外国的经济、军事支持。鸦片战争前中国的白银大量流向海外，鸦片战争后清政府向列强赔偿额巨大，镇压太平天国、白莲教等民间反满斗争更是耗尽了大清国库。中央对地方财政掌控能力下降，地方财政逐渐有独立的倾向。民国临时政府、北洋政府金融失控，均靠向国外政府或财团举债度日。即便是孙中山，为了推翻清政府、推翻袁世凯、实现护法，都不惜一切代价来利用外国力量。①

自古"弱国无外交"，无论军政府还是各军阀与列强的外交，不过都是为了图谋更多的自身利益。第一次世界大战、巴黎和会以及俄国的"十月革命"，都极大地影响了国内的政治局势。无论是孙中山还是北洋三系，由于自身所处的困境，不得不过度对外依赖，即使有抵制之念也是有心无力。1915 年 2 月，日本秘密向袁世凯提出《二十一条》，妄图取代德国在华的全部特权，扩大日本在满洲及蒙古的权益，袁世凯设法抗衡，最终签订《民四条约》。段祺瑞为维持政府，不惜出让东北系列主权，通过西原向日本借巨款。欧洲列强在世界大战中对远东地区没有足够关注，至大战结束后，日本明目张胆地要求获得战败国德国在中国的特权，并拿出与北洋政府的秘密协议，最终导致国内大规模的抗议。

政局的不稳定，北洋军阀内部的斗争，与列强的各种讨价还价，造成了北洋政府对国内文化控制的松动。北洋军阀之间内耗不断，在政治

---

① 参见［美］韦慕廷：《孙中山——壮志未酬的爱国者》，杨慎之译，中山大学出版社 1986 年版。

上为了安抚民心，北洋政府和各派系也多少有过一些亲民的举动，以彰示民主、收买人心。在民初政坛上就任过两任大总统和三任副总统的黎元洪并不是一介武夫，与其他强悍的军人执政者不同，多少有着文人的色彩。在黎任总统期间的 1918—1922 年，对文化的控制相对宽松。另外，在这种内政与外交双重疲惫的状态下，并没有人严格去执行政府的命令。陈独秀在二次革命失败之后曾被袁世凯通缉并被捕，但依然可以获得营救并潜藏、东渡日本，便是一例。

二、经济气候与文化危机

经济是出版业发展的基础，文化危机是出版业发展的契机。五四时期期刊的发展即建立在产业经济发展的基础之上，处于传统文化危机需要重塑之时，这对于期刊的发展有着重要的影响，但是它是以潜在的方式起作用的。

（一）期刊传播的经济基础

五四时期正是中国从农业经济发展到产业集中的时间段。当时，中国的国门被强行打开，中国资本主义的萌芽开始有了生存的土壤，工业和手工业迅速增长。鸦片战争之前的中国是一个封闭的封建农业国家，自然经济系统具有超稳定的结构，虽然有了资本主义的萌芽，但其发展速度相当缓慢。长期自给自足的农业经济状况虽然在明清时期有了一定的变化，却没有根本改变。农业经济的财富都是以土地为基础，"以土地投资方式作资本积累的观念，左右了中国的传统经济思想"。[①] 传统的手工业在外国商品侵入后受到严重的打击，民族工业伴随着外国资本势力开始成长起来。毛泽东认为新文化"是在观念形态上反映新政治和

---

① ［美］周策纵：《五四运动史》，陈永明等译，岳麓书社 1999 年版，第 8 页。

新经济的东西，是替新政治新经济服务的"①。

民国之后，产业经济逐渐发达，现代化城市也开始兴起，城市与市民数量的增长成为期刊发展的前提条件之一。农村人口向城市流动的速度明显加快，至 1915 年，中国 10 万人口以上的城市就有 43 个，其中上海和西安的人口就达到 100 万以上。② 人口的集中使城市在各方面的配套更加完善、商业更加发达，为期刊提供了更加集中的读者群。城市是媒介的集中地，而五四时期的期刊主要集中在上海等大型城市，城市为期刊提供了读者和广告来源。"产业发达，人口集中"③ 的上海自近代开埠以来便是全国最大商业城市、对外贸易中心和商业中心。上海没有北京那样强烈的思想钳制氛围；租界又为革命志士提供避难的场所，充当了自由言论保护伞的角色。庚子赔款后新式学堂的兴建，也吸引了大批青年来沪成为新式知识分子。

伴随着工商业的发展，市民阶层兴起。从宋元到明清，制瓷业、制茶业、制盐业、织造业等行业的人数已经很多，但雇主与工人之间的关系并不是自由的雇佣劳动关系，而是比较含混和杂糅的。"随着工商部门与自由职业的出现和清末军事改革，从 20 世纪初开始出现了三大新兴精英阶层：知识阶层、工商阶层和军人阶层。他们与原来的士绅阶层、官僚阶层与农民阶层构成了左右中国现代化格局和走向的动力群体。"④ 这三大新兴精英阶层对知识和文化的需求要远高于农业经济时代

---

① 毛泽东：《新民主主义论》，《毛泽东选集》第 2 卷，人民出版社 1991 年版，第 695 页。

② 何一民：《近代中国城市发展与社会变迁(1840—1949)》，科学出版社 2004 年版，第 70—81 页。

③ 1923 年，陈独秀回答胡适之的通信中说道："中国近来产业发达、人口集中，白话文完全是应这个需要而发生而存在的。适之等若在三十年前提倡白话文，只需章行严一篇文章便驳得烟消灰灭。"见陈独秀：《答适之(1923 年 12 月)》，《陈独秀著作选》第 3 卷，上海人民出版社 2009 年版，第 168—169 页。

④ 许纪霖、陈达凯：《中国现代化史(1840—1949)》，学林出版社 2006 年版，第 17 页。

的农民，他们的文化生活和消费不同于士大夫贵族生活趣味。商业化的书籍和期刊应运而生，满足了市民的阅读兴趣，"此种书籍盛行之原因，其初由于洪宪皇帝不许腐败官僚以外之人谈政，以致一班'学干禄'的读书人无门可进，乃做几篇旧式的小说，卖几个钱，聊以消遣；后来做做，成了习惯，愈做愈多"。①

工业化发展是出版走向现代的基础，只有当社会经济发展到一定程度，出版物在社会上需求量增加，出版业才可能会有较快发展。1917年至1923年，是中国经济获得迅速发展的重要时间段，也是中国资本主义的黄金时代。据统计，1913年中国有698家工厂，创办资本330 824 000元，工人270 717人。1920年有1 759家工厂，创办资本500 620 000元，工人557 622人。这些工厂和工人主要都集中在城市之中。②清末民初，印刷业也得到了很大发展，特别是在上海。1919年上海共有产业工人18万人，印刷业大约有1万人，印刷厂就有16家。③经济对大众传媒的发展和演变形态有着很大的影响，社会化的出版机构使五四期刊具有了现代性的大众化色彩。

由于经济的发展，文化出版业在上海也得到空前的发展，以《申报》《新闻报》《东方杂志》等全国性报刊和商务印书馆、中华书局这样的现代大型出版机构的创办为标志，上海成为全国的出版中心。各地的出版商也都到上海来开店，从事出版事业。陈独秀就对在安徽芜湖开书局的汪孟邹说："你要死，只管还缩在弄堂里；你要活，一定要上马路！"④上海被称为"远东第一文化街"的福州路（四马路）是著名的出版机构聚

---

① 钱玄同：《答宋云彬书》，《新青年》1919年第6卷1号。
② ［美］费正清：《剑桥中华民国史》，章建刚等译，上海人民出版社1991年版，第47页。
③ 上海社会科学院历史研究所编：《五四运动在上海史料选辑》，上海人民出版社1980年版，第11页。
④ 汪原放：《亚东图书馆与陈独秀》，学林出版社2006年版，第39页。

集地，号称"文化大街"。从山东路（望平街）起到河南路（棋盘街）止，聚集了商务印书馆、中华书局、世界书局、大东书局、国华书局、文明书局、亚东图书馆等书局以及《申报》《新闻报》《时报》《神州日报》等报馆，各种大大小小的书店林立。

在社会不稳定的时期，人们更想了解社会的变化、他人在做什么以及他人如何思考，对媒介的依赖会明显增加。当然，媒介消费需要一定的经济基础，五四时期经济的发展使许多人能够买得起期刊，出版业的发展使读者能够比较方便地买得到期刊。期刊受众的消费水平和购买能力也是制约期刊发展的重要因素。

晚清的庚子赔款，由美国带头返还一半给清政府，用于官派留学生。其他国家逐渐效仿，官费给予大量中国留学生经济资助。作为公立大学，北京大学的学费为每学期 10 元，其他私立大学如燕京大学学费为 50 元。稿费也是相对较高的收入，林纾的稿酬约为每千字 2—3 元，鲁迅发表的第一篇小说《怀旧》曾获稿费 5 元。《新青年》最初的编辑费每期 200 元，稿费每千字 2—5 元。当时上海印刷工人的收入也有记录："工钱分三等：头目 20 元至 50 元，下手 10 元至 30 元，学徒 1 元至 10 元。……女工只有折书、订书二种。……折书最快的，每月可得十几元的工钱，普通每月可得五六元，初学者，每月只得二三元。"① 据陈明远测算，在 1917 年左右"一个北大学生一年的生活开支包括学杂费在内，平均有 180 银圆就够了，节省一点的有 120 也可以维持。所以有条件踊跃购读《新青年》《少年中国》《新潮》和《晨报》等新报刊"②。

另外，五四时期的期刊定价并不高，以 1 角至 3 角为主。零售价 1 角的期刊如《礼拜六》《少年中国》，2 角的期刊如《新青年》《太平

---

① 廖维民：《上海印刷工人的经济生活》，《新青年》1920 年第 7 卷 6 号。

② 陈明远：《文化人的经济生活》，陕西人民出版社 2013 年版，第 151 页。

洋》，3 角的期刊如《小说月报》《新潮》《东方杂志》等。价格较高的期刊并不多见，如《小说大观》定价 1 元，《小说季报》定价 1 元 2 角。《小说季报》洋洋洒洒 460 余页，其厚度堪比许多书籍，已经不是一般的期刊了。

表 1-1　五四时期部分期刊价格

期刊名	定价	期刊名	定价	期刊名	定价
少年中国	1 角	小说海	1 角 5 分	小说画报	3 角
礼拜六	1 角	教育与职业	1 角 5 分	东方杂志	3 角
中华童子界	1 角	新青年	2 角	国故	3 角
中华儿童画报	1 角	太平洋	2 角	民铎	3 角
曙光	1 角	青年进步	2 角	建设	3 角
共产党	1 角	新群	2 角	侦探世界	3 角
家庭研究	1 角	哲学杂志	2 角	小说丛报	4 角
新浙江杂志	1 角	浅草	2 角	小说新报	4 角
红杂志	1 角	学衡	2 角 5 分	创造季刊	4 角
诗	1 角	体育	2 角 5 分	游戏世界	4 角
星期	1 角	新潮	3 角	亚洲学术杂志	4 角
孤军	1 角	小说月报	3 角	国立北京大学季刊	5 角

出版物的定价影响了传播的频次。定价过高，消费者不易购买，想看看不起；定价过低，消费者借阅的传阅频率会降低。像大部头的书籍很难个人拥有，而便宜的报纸则是不太被传阅，而期刊定价正是在这二者之间。

对于出版业而言，期刊由邮局寄出，而五四时期的邮局通信费用相当低廉。孙中山任临时大总统后，即下令交通部核减新闻邮电费："军兴以后，种种困难情形，请减轻邮电费以维报界等情前来。查报纸代表舆论，监督社会，厥功甚巨。此次民国开创，南北统一，尤赖报界同心协力，竭诚赞助。兹据呈称军兴以后困难情形，均属实况，若不设法维持，势将相继歇业。合将原呈发交该部，仰即酌核办理可也。"① 据此，交通部将报界的电费，按照当时的价格减轻四分之一，邮费减轻了一半。便宜的邮资、商业化和流通性的提高，使期刊在各处都能购得。五四时期，中国商品的流通速度较之商业的发展速度更快，也使五四时期期刊的传阅率增加。

（二）失去仕途的知识分子

自隋朝开始的科举考试曾发挥了积极作用，但至清代末期，支配全部教育的科举制度腐化到了极点，不仅内容空疏、僵化，考场舞弊现象也是司空见惯。陈独秀曾记述自己在南京参加贡院乡试时，看到考场的种种丑态："联想到所有考生的怪现状；由那些怪现状联想到这班动物得了志，国家和人民要如何遭殃；因此又联想到所谓抡才大典，简直是隔几年把这班猴子、狗熊搬出来开一次动物展览会；因此又联想到国家一切制度，恐怕都有如此这般的毛病；因此最后感觉到梁启超那班人们在《时务报》上说的话是有些道理呀！这便是我由选学妖孽转变到康梁派之最大动机"。②

科举制的废除，对于读书人而言是一个重要的分水岭。1905 年 9 月 2 日，清政府下令废止了始于隋炀帝大业六年（606 年）的科举制度，自 1906 年始停止所有乡会试。"科举制度曾经是联系中国传统的社会动力和政治动力的纽带，是维持儒家学说在中国的正统地位的有效手段，是攫取特权和向上爬的阶梯，它构成了中国社会思想的模式，由于它被废除，整个社会丧失了它特有的制度体系。"③ 时过境迁，曾经发挥积极作用的科举考试，成为束缚士林、禁锢思想的枷锁。

---

① 孙中山：《令交通部核办报界公会请减邮费文》，《临时政府公报》1912 年第 41 号。

② 陈独秀：《实庵自传》，《宇宙风》1937 年第 53 号。

③ ［美］吉尔伯特·罗兹曼：《中国的现代化》，"比较现代化"课题组译，上海人民出版社 1989 年版，第 338—339 页。

科举制度的取消改变了传统士大夫的价值观念，"学而优则仕"的传统不复存在。科举制度有其强烈的现实目的性，不仅为选拔人才，而且"官学和整个科举制度旨在迫使绅士以及谋取绅士地位的人沉湎于'科举生涯'，将他们的思想导入以纲常名教为重点的官方思想渠道中去。再由接受灌输的绅士将这些儒学原则印入民众的头脑中。目的便是造就一个满足于清朝统治和现存社会结构的清平世界"①。而随着科举制度的废除，中国知识分子"有史以来第一次集体感受到与政治社会的疏离"②。儒家传统骤然失却上千年的光环，知识分子传统的价值观念、政治信仰、思维模式出现了崩裂，人们的价值取向趋于解放，而走向多元化。从某种意义上说，辛亥革命和五四运动与科举制度的废除存在着紧密的联系。

科举制度的取消使知识分子必须重新考虑生存问题，在著书立说之时，还要自谋生路。读书人的谋生手段出现了变化，知识分子的职业选择开始恢复到孔子时代的状况：从事教书、幕僚或者出版。"知识分子从'上流社会'中解放出来，发展成为或多或少与其他阶层相分离的阶层，以及从所有社会阶级中得到补充，导致了自由的智力和文化生活的惊人繁荣"。③中国的旧式知识分子阶层——"士"逐渐瓦解，具有现代意识的新式知识分子逐渐登上历史的舞台，"只有努力超越'官'的羁绊和'商'的腐蚀，只有争得经济自主权，才能成为真正自由的文化人。"④

教书、幕僚、出版是近代中国知识分子经济来源的典型。以鲁迅为例，他一生有三个方面的经济来源，是 20 世纪初期中国知识分子的

---

① 张仲礼：《中国绅士》，上海社会科学院出版社 1991 年版，第 205 页。

② [美] 李欧梵：《五四文人的浪漫精神》，王跃等编：《五四：文化的阐释与评价——西方学者论五四》，山西人民出版社 1989 年版，第 175 页。

③ [德] 卡尔·曼海姆：《重建时代的人与社会：现代社会结构的研究》，张旅平译，三联书店 2002 年版，第 83 页。

④ 陈明远：《文化人与钱》，百花文艺出版社 2001 年版，第 5 页。

典型。鲁迅十分看重钱，于经济对个人的影响有多次论述。他在《娜拉走后怎样》中说："钱这个字很难听，或者要被高尚的君子们所非笑，但我总觉得人们的议论是不但昨天和今天，即使饭前和饭后，也往往有些差别。凡承认饭需钱买，而以说钱为卑鄙者，倘能按一按他的胃，那里面怕总还有鱼肉没有消化完，须得饿他一天之后，再来听他发议论。""钱，——高雅的说罢，就是经济，是最要紧的了。自由固不是钱所能买到的，但能够为钱所卖掉。……为准备不做傀儡起见，在目下的社会里，经济权就见得最要紧了。"①

　　鲁迅 1909 年 6 月从日本回国后，在浙江两级师范学堂任教员，1910 年 8 月，在绍兴中学堂任教员兼监学，1911 年 9 月任绍兴师范学校校长。民国成立后入教育部任部员，后任社会教育司第一科科长、金事，张勋复辟期间曾离职，后在北京女子师范大学风潮中因支持学生而被教育总长章士钊免职，鲁迅还向平政院申请裁决并胜诉。即使在 1926 年离开北京后，鲁迅依然每月领着大学院（教育部）特约撰述员的俸禄 300 元，直到 1932 年。1920 年，在教育部有着正式编制的鲁迅开始在学校兼任教师，先后在北京大学、北京高等师范学校、北京师范大学、北京女子高等师范学校、世界语专门学校等校任课，并且于 1926 年离开北京到厦门大学任文科教授，1927 年任中山大学文学系主任兼教务主任。鲁迅在年轻时期即开始出书。从出版《呐喊》开始，鲁迅的稿费收入越来越高。稿费成为鲁迅生活的重要来源，也成为后来离开政界、不教书的经济基础。1927 年 10 月北上上海后，鲁迅一直都是靠稿费为生，稿费记录成为鲁迅日记中的重要内容。

　　最早的文人创作都是因兴趣而起，并没有什么经济上的考量，但

_____

　　①　鲁迅:《娜拉走后怎样》,《鲁迅全集》第 1 卷，人民文学出版社 1981 年版，第 161 页。

科举制度取消后，不考虑经济问题已经明显不能适应新的形势。1872年，英籍商人美查在上海创办的《申报》创刊号上登载的《本馆条例》称："如有骚人韵士，有愿以短什长篇惠教者，如天下各名区竹枝词及长歌记事之类，概不取值。"[①] 包天笑回忆说："当时报纸，除小说以外，别无稿酬，写稿的人，亦动于兴趣，并不索稿酬的。"[②] 但是由于科举制的终结，知识分子的经济来源发生巨变，稿酬和出版成为知识分子实现自己经济价值的重要手段。民国初年，上海报纸的总编辑月薪在150元左右，普通编辑的月薪40—60元，一般记者月薪为10—30元，中学和师范的老师月薪70—100元。[③] 埃斯卡皮认为，作家的生存不外乎两种方法，即内部资助和外部资助。内部资助指依靠版权所得生活，而外部资助包括寄食制和自我资助。[④] 由于中国传统文人耻言利、讳言钱、不为稻粱谋的心理，加之当时出版市场缺乏竞争，这种"内部资助"在五四时期就比较少。虽然一个作家每日能发表千字就基本可以维持生计，但能像吴趼人、林纾一样卖文为生之人毕竟为极少数。因此，编辑期刊成了读书人生存、自我经济价值实现的途径之一。

编辑期刊也成了知识分子文化价值实现的重要途径。国内动荡的局势使部分知识分子对社会变革失去了信心，如鲁迅所言："见过辛亥革命，见过二次革命，见过袁世凯称帝，张勋复辟，看来看去，就看得怀疑起来，于是失望，颓唐得很了。"[⑤] 知识分子开始了更深层次的思考，

---

① 《本馆条例》，《申报》1872年4月30日。

② 包天笑：《钏影楼回忆录》，香港大华出版社1971年版，第349页。

③ 马嘶：《百年冷暖：20世纪中国知识分子生活状况》，北京图书馆出版社2003年版，第19—23页。

④ [法]罗贝尔·埃斯卡皮：《文学社会学》，于沛等译，浙江人民出版社1987年版，第32页。

⑤ 鲁迅：《南腔北调集·〈自选集〉自序》，《鲁迅全集》第4卷，人民文学出版社1981年版，第452页。

传播先进的文化、知识成为五四时期知识分子的共同追求，不少知识分子在文化、伦理上以及文学上展开了新的探索。新式知识分子传播新思想文化的愿望，直接导致了传媒行业的兴盛。

五四时期期刊的办刊主体大都有着多重社会身份，这不同于晚清许多人为了生计而创办期刊。《新青年》的陈独秀、胡适、钱玄同、刘半农、高一涵、陶孟和、李大钊、沈尹默等编辑中，除鲁迅外均供职于北京大学。① 这种所谓的"自我资助"保证了五四时期的作家们能够更多地依据自己的想法进行编辑和创作。李欧梵说："知识分子当然可以教书，也有不少'文人'在大学里兼教授，但学校毕竟是一座象牙塔，适值多事之秋，不少'悲天悯人'之士，不愿意逃避在书堆里，而且，正逢'五四思潮'鼎盛之时，不少人想从小说、杂文中来改革社会风气，介绍西方文化的新潮流。"② 期刊编辑、作者确有不少在学校任教。学校固然离社会有一定距离，但五四时期的学校或许稍有不同。其一，知识分子并非逃避在书堆里，而是从书堆中引领社会新思潮。其二，教书和用小说、杂文来改变社会风气并不冲突。其三，教书作为一种"自我资助"，为作者提供了更多的自由，因为在五四时期，虽然刊物较为发达，但纯靠稿费生存的作者毕竟还是少数。

（三）传统文化的危机

文化观念是人们最具支配性的精神因素，它表现为主导性的价值取向，是普遍存在于人们内心的理想、信念与追求。对于一个民族国家而

---

① 鲁迅时任教育部佥事，兼任社会教育司第一科科长，1920 年始聘为北京大学文科讲师。1918 年 1 月，李大钊任北京大学图书馆主任，陈独秀任文科学长，其余胡适、钱玄同、刘半农、沈尹默、周作人、高一涵、陶孟和均为北京大学文科教授，王星拱、刘文典为北京大学文科教员。

② ［美］李欧梵：《五四文人的浪漫精神》，王跃等编：《五四：文化的阐释与评价——西方学者论五四》，山西人民出版社 1989 年版，第 177 页。

言，"真正把人民维系在一起的是他们的文化，即他们所共同具有的观念和准则"①。文化是相对稳定的系统，它的发展是缓慢、渐进的。中国与西方有着截然不同的文化模式，这种绵延数千年的文化从未中断。但随着西方文化的强行侵入，中国的传统文化面临着系统性的危机，其直接表现为合法性危机。"合法性意味着，对于某种要求作为正确的和公正的存在物而被认可的政治秩序来说，有着一些好的根据。一个合法的秩序应该得到承认。合法性意味着某种政治秩序被认可的价值。"②但是，如果文化传统脱离了政治秩序所认同的解释系统，传统的合法性力量便不复存在，合法性危机由此出现。

中国的传统文化虽不是宗教文化，但却是高度意识形态化的，一切文化均在政治秩序的范畴之内延伸。皇帝是中国政治秩序的最高代表和象征，皇帝为真命天子，同时是天下之师，在科举考试中要亲自殿试。再至民国成立，皇帝退位，天子的象征性权威彻底丧失，意识形态出现了真空。帝制失去了合法性，早已与其高度一体的儒家伦理的合法性便遭到质疑。传统文化中人们所公认的系统受到了严重破坏，于是合法性危机从文化延续到政治领域。"系统整合的失调只有在使社会整合岌岌可危时，即在规范结构的共识基础受到严重破坏，社会变得失范时，才会危及继续生存。"③传统文化的语境遭到彻底的破坏，传统文化价值系统也分崩离析。

当权者力图通过重树孔子的权威，恢复合法性，但这成为无法实现的幻梦。袁世凯就任大总统后相继发布《尊崇孔圣令》《尊孔典礼令》《规

---

① [美]露丝·本尼迪克特：《文化模式》，王炜等译，三联书店1988年版，第18页。

② [德]哈贝马斯：《交往与社会进化》，张博树译，重庆出版社1993年版，第184页。

③ [德]尤尔根·哈贝马斯：《合法化危机》，刘北成等译，上海人民出版社2009年版，第5页。

复祭孔令》，乃至《崇祀先儒令》，教育部等倡导读经，黎元洪、康有为等请尊孔教为国教。统治者希望通过尊孔崇儒，实现自身统治地位的合法性；保守知识分子希望通过尊孔复儒，恢复过去的纲常伦理，以免传统文化的彻底颠覆。哈贝马斯提醒："文化传统具有自己脆弱的再生产条件。只要它们是以自发的方式形成，或者带有解释学意识，它们就依然具有'活力'。……如果文化传统是以客观主义形式提供出来的，并被当作策略加以使用，那么，它就会丧失这种力量。在这两种情况下，文化传统的再生产条件就会受到破坏，传统也会受到破坏。"① 这种通过政治权威重新树立价值合法性的努力显然是无力的，并且为自身合法性基础带来反作用。

中国的文化危机更多的是传统文化的危机。严复总结中国的病症称，中国社会之问题中"由于外患者十之三，由于内患者十之七"②，也就是说，西方文化的进入只是使中国传统文化本身存在的问题明显化了而已。反观占据中国传统文化主流的儒家文化，在清代以来受到了更多的挑战，但是对儒学的挑战一方面来自西方，一方面也源自内部。

与中国发达的农业文明相匹配的，是中国伦理—政治型的文化模式。从汉代独尊儒术开始，儒家成为中国传统文化价值的核心。在千余年的文化聚源汇流过程中，儒家文化不断接受挑战，不断被解释，逐渐形成稳固的价值体系。宋明理学强调"理"与"欲"之间的对立关系，伦理纲常脱离世俗的纯粹化要求，使"内圣外王"、"经世致用"的原儒精神受到了遮蔽。儒生在谈心性时极为高明，但一涉及现实政务便流于空疏。清代学术以考据为主流，本为理学作学理的论证和考辨，后来逐

---

① ［德］尤尔根·哈贝马斯：《合法化危机》，刘北成等译，上海人民出版社 2009 年版，第 77 页。

② 严复：《拟上皇帝书》，《严复集》第 1 册，中华书局 1986 年版，第 63 页。

渐独立，成为对空谈性理的理学之反动。① 禁欲内省的道德自律，本身就是对人的创造力的压抑，特别是当救国与富强成为士大夫更加急需考虑的问题时，对道德标准的考量就会让位于政治、伦理的现实考量。康有为的《孔子改制考》便是托借孔子之名，为变法改制张本，也是力图从孔子思想中重新获得改变现实的力量。

其实儒学在清代一直有回到孔孟本身的企图。梁启超称清代学术史是一部"以复古为解放"的历史，"第一步，复宋之古，对于王学而得解放。第二步，复汉唐之古，对于程朱而得解放。第三步，复西汉之古，对于许郑而得解放。第四步，复先秦之古，对于一切传注而得解放。夫既已复先秦之古，则非至对于孔孟而得解放焉不至矣。"② 晚清的"这些异端思想的共同指向是树起理性主义的旗帜，面向现实人生，反对理学的蒙昧和禁欲倾向，因此，它具有早期近代启蒙的意义"，但从总体上来看，它依然没有"突破旧框架，没有超出伦理—政治型观念体系。同时，也由于社会结构没有大的变动，使它缺乏社会的、政治的根基，因而一直处于散漫无力状态，难以形成文化主流和取得广泛影响，更无力独立成长为面向现代的观念体系"。③

中国在面对西方文化时也经历了从守成到被迫变革的转变。由于中国"守成"的文化传统和相对静止的文化理念，"中国的拒绝主义政策在很大程度上根植于中国作为中央帝国的自我形象和坚信中国的文化优越于所有其他文化的信念。"④ "西学中源说"认为西方的事物、技术均

---

① 参见余英时：《中国思想传统的现代诠释》，江苏人民出版社 1989 年版，第 201—227 页。

② 梁启超：《清代学术概论》，中华书局 2010 年版，第 9 页。

③ 许纪霖、陈达凯：《中国现代化史（1840—1949）》，学林出版社 2006 年版，第 45 页。

④ ［美］塞缪尔·亨廷顿：《文明的冲突与世界秩序的重建》，周琪等译，新华出版社 1998 年版，第 64 页。

源于中国,都是从中国流传出去的,其实质是中华中心主义的思想。"中体西用说"认为西方最强的不过是皮毛的技艺而已,"表面上兼顾中西,容中西之长于一炉,实际上既没有正确的技术观,也割裂了自己的传统"①,其本质上也是对中国传统的盲目自信。

中华民族在近代对外来文化相当排斥,以学习西学、外语为耻,但是随着西方文化的输入,国人开始慢慢接受,态度逐渐转变。从"夷学"到"西学",再到"新学",恰恰折射出西学东渐的一百年中中国社会对西学的情感演变。这种时代风潮的飞速变化让许多人迷茫,其演进速度之快使思想不能持续更新者很快就被称为守旧者。即便是戊戌时期的领袖康有为,在百日维新失败后依然对光绪皇帝抱有幻想,在海外成立"保皇会"——"保救大清皇帝公司",与革命党为敌。

20世纪初的文化危机既源于儒学自身,更由于中西文化的碰撞导致文化演变轨迹的突变,以及文化系统出现的价值裂隙。这种危机包括"价值取向危机"、"认同取向危机"和"精神取向危机"三个综合的层面。"就转型时代的知识分子而言,他们在精神取向方面所作的挣扎与他们在价值取向以及认同取向方面的困惑与焦虑常常是混合在一起的,只有把这三方面作综合的分析,才能看到当时文化取向的全貌。"② 文化价值系统的修补和重新弥合需要新的价值权威,而新的带有主导性的文化价值权威并没有出现,此时的权威价值空缺为新的文化的创造和传播留下了空间。

三、文化变革的趋势

"变"已经成为19世纪末、20世纪初年的社会共识,如梁启超所

---

① 刘再复、林岗:《传统与中国人》,中信出版社2010年版,第64页。
② 张灏:《张灏自选集》,上海教育出版社2002年版,第120页。

言，"以群为体、以变为用"①。至于哪些内容需要"变"、"变"成什么样、以何种方式来完成"变"，各家众说纷纭。梁启超认为康有为的改制是一种"政治革命、社会改造"，其所言"通三统"即时代不同，"当随时因革"②。在一个文化变革的时代中，人们对文化传播有了更多的需求，对报刊等媒介也提出了新的要求。

（一）西学东渐

五四前的中国社会经历了西方文化与中国传统文化的撞击、对比和汇合。任何一种文化都不可能在封闭的状态之下完全独立发展，中华文化本身就是在不断的融合中发展起来的。任何一种文化都难以同化另一种文化，"在商业上输出西方的一种新技术，这是世界上最容易办的事。但是让一个西方的诗人和圣人在一个非西方的灵魂里也像在自己灵魂里那样燃起同样的精神上的火焰，却不知要困难多少倍。"③

中国的现代化转型与英法等国的"内生型"不同，是一种"后来外生型现代化"，它的诱发和刺激因素来自外部世界的生存挑战和现代化的示范效应。西方向中国展示了现代文明的图景，现代化变革成为中国知识分子变革焦虑的中心。这种变革在晚清民初经历了技术主导期、政体主导期到文化主导期三个阶段的转变。从林则徐的"睁眼看世界"、魏源的"师夷长技以制夷"，到曾国藩、李鸿章的洋务运动；从康有为、梁启超的"戊戌变法"，到孙中山的"辛亥革命"，都没能使中国摆脱被殖民的命运。

魏源在《海国图志》中主张"以夷款夷"、"以夷攻夷"、"师夷长技以制夷"，冯桂芬在《校邠庐抗议》中主张"以中国之伦常名教为原本，辅以诸国富强之术"。19世纪七八十年代有"富国强兵之说"，七八十

---

① 梁启超：《说群序》，《饮冰室合集》文集之二，中华书局1989年版，第3页。

② 梁启超：《清代学术概论》，中华书局2010年版，第119页。

③ [英]汤因比：《历史研究》（上卷），曹未风译，上海人民出版社1997年版，第50页。

年代有"格致实学之说"，1898 年之后"有民权自由之说，有立宪共和之说"①，中国的知识分子在向西方学习的过程中寻求重铸中国文化的方式和路径。值得注意的是，维新运动展示了思想变革与政治变革的魅力，"吸引了一批具有新鲜思想的知识精英脱离了由宗族和血缘伦理控制的地域传统氛围，而以游离于区域控制之外的群体方式出现在中国政治舞台上"②，而这些人逐渐构成了思想与政治变革的群体基础。

虽然辛亥革命结束了封建帝制，但知识分子变革社会的努力却并未终止，他们开始意识到：单纯的政体革命并不是中国的药方。"革命成功将近十年，所希望的件件落空，渐渐有点废然思返。觉得社会文化是整套的，要拿旧心理运用新制度，决计不可能，渐渐要求全人格的觉悟。"③中国的文化不变、中国的国民性不改，中国的所有问题都不能得到根本解决。知识分子的主体性渐渐觉醒：只有通过独立的理性思考，才能得到中国问题的解药。

从 19 世纪初至 20 世纪，西学对中国的影响逐渐深入。西学东渐围绕着五个主题展开：一是了解世界，二是求强求富，三是救亡图存，四是民主革命，五是科学启蒙。④ 最早接受西学的中国第一批"睁眼看世界"的知识分子中，林则徐组织翻译《四州志》，魏源编《海国图志》，介绍世界各国的历史地理、政治经济、宗教文化、风俗习惯等。洋务运动时期，江南制造局翻译馆有意识地翻译西方兵工、机械科技、冶金技术、农工技艺等，自然科学知识被广泛地介绍。甲午之战后，西方人文思想、政治历史、社会科学被引入，教育、宪政等也被竞相讨论。宣扬

---

① 钱智修：《功利主义与学术》，《东方杂志》1918 年第 15 卷 6 号。

② 许纪霖、陈达凯：《中国现代化史（1840—1949）》，学林出版社 2006 年版，第 132 页。

③ 梁启超：《五十年中国进化概论》，陈书良编：《梁启超文集》，北京燕山出版社 2009 年版，第 437 页。

④ 熊月之：《西学东渐与晚清社会》，中国人民大学出版社 2011 年版，第 15—17 页。

进化论的《天演论》盛极一时，以日本变法为鉴的《文学兴国策》备受欢迎。民主革命时期，民约论、自由论、自治论、独立论的著述成为时髦，卢梭、伏尔泰、孟德斯鸠等西方哲人被介绍到中国，各种激进学说也陆续在中国登场。科学知识的灌输也从未间断，以傅兰雅的《格致汇编》为代表的基础科学知识在中国逐渐改变着蒙昧的民众思想。

最初的西学传播者主要是西方的翻译人员、新式学校教员和部分报刊编辑。随着中国对西方学说认识的深入，中国民族知识分子开始从西学中主动寻找改造中国社会的各种学说，传播者也逐渐由外国人过渡至中国人。西学传播最初多是个人行为，多以著述为基础，后来逐渐转变为各种专门译书机构有计划、有规模的传播行为。科学常识的普及在百年的西学东渐中从未中断，直至五四时期，依然在以从大城市向乡村、从知识分子到普通民众的路径在持续。西学接受者最初多是上层社会具有变革社会意识的知识分子，希望从西学中寻找治疗中国的良药，后来逐渐扩大到整个社会，甚至是社会底层，民间对西学经历了从怀疑到信服的过程。

（二）新式教育与学校

现代知识分子也是文化变革的重要基础，其形成主要依靠留学和新式教育培养。清代的学校因袭的是明代制度，学校与科举相辅而行，但由于清代更注重科举，因此学校基本成为科举的附庸。清代学术以义理、考据和辞章为"学问"，学术很难接地气，具有实用价值。相比而言，西方传教士所带来的除了宗教外，还有医学、科技等实用性很强的科学技艺，这些虽然为传统士大夫所不齿，但与学校与科举考试内容形成了鲜明对比。学习西学更容易谋取生路，对思想较为开化的南方，特别是贫困人家而言具有不小的吸引力。

留学西洋最早可追溯至清朝初年。当时沿海地区就有中国人前往欧洲学习，大都由传教士出资，最初赴欧美的留学生大部分回国后在国内传教。据统计，从清初至鸦片战争前，赴欧洲留学的中国人只有百余人。① 鸦片战争后清政府官派留学资助增多，从 1840 年到 1894 年，中国有 270 余人赴欧美留学，其中近一半由清政府官派。有"中国留学生之父"之称的容闳在耶鲁大学获得学位。他的努力始终围绕着一个中心，就是将西方现代文明传入中国，使中国成为像西方国家一样的现代国家。"予意以为以予之一身，既受此文明之教育，则当使后予之人，亦享此同等利益。以西方之学术，灌输于中国，使中国日趋于文明富强之境"。② 随后的留美幼童计划得到曾国藩支持，但他最后由于受人诋毁而凄然回国。官费留学的机会毕竟只有少数人才能获得，而如孙中山这样自费留洋的人更是寥寥无几，无法形成社会群体。

五四时期期刊的办刊主体和作者群与之前相比，已经发生了很大的变化，这要归功于新式教育体制和新式学堂的建立。近代教育发端于 1861 年京师同文馆和 1862 年上海广方言馆的设立，然而新式学堂数量增长却异常缓慢。1887 年，西学正式列入科考，西学的地位得到了官方认可。戊戌之后，无论是清政府还是革新派人士都意识到学校变革意义重大，"变化之本，在育人才，人才之兴，在开学校"③。

虽然改革的目的有所不同，但教育体制改革迫在眉睫已是共识。清末民初，从"癸卯学制"到"壬子癸丑学制"，再到"壬戌学制"，学制的变革既受到西学东渐的影响，又是新政的产物，表面上改变的是学习的年限和学习内容，实质上改变的是整个社会文化的基础。1903 年，张百熙等人起草《奏定学堂章程》，清廷在全国推行"癸卯学制"。该学制立学宗旨为："无论何等学堂，均以忠孝为本，以中国经史之学为基。俾学生心术壹归于纯正，而后以西学沦其智识，练其艺能，务期他日成材，

---

① 刘集林等：《中国留学通史》晚清卷，广东教育出版社 2010 年版，第 25 页。

② 容闳等：《西学东渐记等》，岳麓书社 1985 年版，第 62 页。

③ 梁启超：《论变法不知本原之害》，《饮冰室合集》文集之一，中华书局 1989 年版，第 10 页。

各适实用，以仰副国家造就通才、慎防流弊之意"①。1912 年实行壬子癸
丑学制，教育部规定教育宗旨为："注重道德教育，以实利教育、军国民
教育辅之，更以美感教育完成其道德。"②1922 年北洋政府施行全国教育
联合会提出的"壬戌学制"，其标准为："（一）适应社会进化之需要。（二）
发挥平民教育精神。（三）谋个性之发展。（四）注意国民经济力。（五）
注意生活教育。（六）使教育易于普及。（七）多留各地方伸缩余地。"③

    虽然癸卯学制自 1903 年开始，但直到 1905 年科举考试废除之后，
新式学堂才开始迅速发展。辛亥革命前，新式学堂学生数呈几何式增
长。1905—1909 年的五年间，新型学校学生人数分别为 102 767 人、
468 220 人、1 024 988 人、1 300 739 人和 1 626 720 人。④ 民国成立之初，
学校人数也是逐年增长。

表 1-2　1912—1923 全国学校、学生数量⑤

年度	学生总数	初等教育③		中等教育④		高等教育⑤	
		学校数	学生数	学校数	学生数	学校数	学生数
1912	2933554	86318	2795475	832	97965	115	40114
1913	3641513	107286	3485807	1039	117333	116	38373

---

    ① 张百熙、荣庆、张之洞：《重订学堂章程折》，舒新城编：《中国近代教育史资料》
上册，人民教育出版社 1981 年版，第 195 页。

    ② 《教育部公布教育宗旨》，舒新城编：《中国近代教育史资料》上册，人民教育出
版社 1981 年版，第 223 页。

    ③ 《教育部公布学校系统改革案》，中国第二历史档案馆编：《中华民国史档案资料
汇编（第三辑）·教育》，凤凰出版社 1991 年版，第 90 页。

    ④ [美] 周策纵：《五四运动史》，陈永明等译，岳麓书社 1999 年版，第 528 页。

    ⑤ 《历年度全国国民学校及小学之概况》，教育部教育年鉴编纂委员会编：《第二次
中国教育年鉴》，商务印书馆 1948 年版，第 1455 页。

    ⑥ 《元年度至三十五学年度全国中等学校概况》，教育部教育年鉴编纂委员会编：
《第二次中国教育年鉴》，商务印书馆 1948 年版，第 1428 页。

    ⑦ 《历年度全国专科以上学校概况》，教育部教育年鉴编纂委员会编：《第二次中国
教育年鉴》，商务印书馆 1948 年版，第 1400 页。

续表

年度	学生总数	初等教育		中等教育		高等教育	
		学校数	学生数	学校数	学生数	学校数	学生数
1915	4291763	128525	4140066	1110	126455	104	25242
1916	3971773	120097	3843454	932	111078	86	17241
1920		—	—	—	—	87	9734（专科）
1923		177751	6601802	1096	182804	—	—
1925		—	—	1142	185981	108	36321

　　学生群体的增长已经达到了从量变到质变的程度，引起了传统"士农工商"四民社会的结构性变化。学生成为社会政治、文化重要的直接参与者。"辛亥以来，学生群的动向虽然不能决定政治斗争的成败，却影响和反映了人心向背，显示了社会变动的方向与矛盾起伏规律，成为政治生活中最活跃最激进的因素。"[①] 新式学校培养了大量现代知识分子，封建士大夫阶层开始逐渐转化为公共知识分子，他们成为五四时期期刊的编者、作者和读者。大量的新式学校为新式知识分子提供了教书的条件，传媒行业又为知识分子提供了一个谋生的平台和言说的舞台。通过编辑期刊、为期刊投稿，中国知识分子的优秀传统——匡时济世的人生抱负可得以实现。新式学堂也为新兴的传媒行业培养了读者，使期刊有了赖以生存的读者群。

　　随着学生群体的变化，新的文化机构也开始兴起。除了国立大学、私立大学图书馆外，公共图书馆也开始出现。中国的藏书方式在古代主要有官府藏书、书院藏书和私人藏书，近代增加了学院学堂藏书楼、教会藏书楼、学会藏书楼和公共图书馆。"泰西教育人才之道，计有三事：

---

　　① 桑兵：《晚清学堂学生与社会变迁》，广西师范大学出版社 2007 年版，第 2—3 页。

曰学校、曰新闻报馆、曰图书馆"①。1909年清政府颁布了图书馆章程，
1910年各省图书馆建成并向社会开放。除京师图书馆外，各学校图书
馆、机关团体图书馆也纷纷建成。1917年沈祖荣发起的"新图书馆运
动"，力图创建美国式的图书馆，将图书馆变成社会教育机构，也在一
定程度上增加了读者的数量。新的文化机构的兴起，使文化的特权逐渐
开始下移，接受文化教育、参与文化传播的人口数量有了很大增长，为
新文化传播奠定了人的基础。

"教育救国"的信念直接催生了一批教育期刊，如《教育杂志》《中
华教育界》《教育世界》等。罗振玉于1901年创办了中国第一个专业教
育期刊《教育世界》，三年后王国维接编。在其影响下，各地教育主管
部门纷纷办起了教育官报，教育部编审处编纂股1914年创办《教育公
报》。此外影响较大的还有1909年陆费逵在商务印书馆创办的《教育杂
志》，以及他自立门户后在中华书局创办的《中华教育界》。由于教育问
题长期存在，民初创办的这些教育期刊在五四时期依然延续，如《教育
杂志》出版至1948年，《中华教育界》出版至1950年。

（三）文化革新的酝酿

晚清文化界变革的倾向十分明显，最为突出的即是文学界的变化，
其中"诗界革命""小说界革命"和"新文体"都是文化革新在文学界的
具体体现。鸦片战争之后，文学一度被视为"无用之呻吟"，但在晚清政
治变革运动中，文学又被改革者视为社会改造的门径。1895年，梁启超、
夏曾佑、谭嗣同就曾在北京讨论诗歌革新问题。梁启超对诗歌革新问题
的思考并未停止，他在1899年游历美国时提出了"诗界革命"的口号。
在《夏威夷游记》中，梁启超提出，"支那非有诗界革命，则诗运殆将绝"。

---

① 孙家鼎：《官书局开设缘由》，张静庐编：《中国近代出版史料》初编，群联出版
社1953年版，第46页。

诗歌想要变革，欲成就诗界之哥伦布，则不可不具备三个条件："第一要新意境，第二要新语句，而又须以古人之风格入之，然后成其为诗"。而易之的方法，则不可不求之于欧洲，因为，"欧洲之意境、语句，甚繁富而玮异，得之可以陵轹千古，涵盖一切，今尚未有其人也"。①

黄遵宪积极实践梁启超的诗歌主张，倡导"新派诗"，主张"我手写吾口，古岂能拘牵"。黄遵宪"以旧风格含新意境"的诗歌成为诗界革命的旗帜，被梁启超赞为"独辟境界，卓然自立于二十世纪诗界中"②。在黄遵宪的建议下，梁启超在 1902 年主持的《新小说》创刊号上便开辟了"杂歌谣"栏目，专门发表新体诗。新诗体尝试口语入诗，运用新名词，在诗歌中反映新内容、新思想、新理念，为诗歌改革做了有益尝试。以黄遵宪、梁启超、丘逢甲、蒋智由为代表的新派诗作家或描绘海外风情，或歌颂西哲，或展现科学成就，表现了古代不曾有的新的文化意蕴和思想意义。

在提出"诗界革命"之后，梁启超进一步延伸和拓展，提出"小说界革命"，使小说成为知识分子改变社会的切入口。自此之后到五四时期的文学期刊中，小说都占据了大部分篇幅，诗歌则逐渐失去了正统地位。1902 年，"舆论界之骄子"梁启超在《新小说》创刊号上发表《论小说与群治之关系》，极为看重小说的熏、浸、刺、提"四种力"，认为小说可以对道德、宗教、风俗等发挥支配力，"故今日欲改良政治，必自小说界革命始；欲新民，必自新小说始"。因此他提出"欲新一国之民，不可不先新一国之小说。故欲新道德，必新小说；欲新宗教，必新小说；欲新政治，必新小说；欲新风俗，必新小说；欲新学艺，必新小说；乃至欲新人心，欲新人格，必新小说。何以故？小说有不可思议之

---

① 梁启超：《夏威夷游记》，《饮冰室合集》专集之二十二，中华书局 1989 年版，第 189—191 页。

② 梁启超：《饮冰室诗话》，人民文学出版社 1959 年版，第 24 页。

力支配人道故。"① 在梁启超看来,小说简直成为革新中国的一剂大力丸,可以解决所有的社会问题。

自梁启超后,不乏持此绝对论断之人。陶曾佑称:"西哲有恒言曰:小说者,实学术进步之导火线也,社会文明之发光线也,个人卫生之新空气也,故家发达之打基础也。"并提出:"欲扩张政法,必先扩张小说;欲提倡教育,必先提倡小说;欲振兴实业,必先振兴小说;欲组织军事,必先组织小说;欲改良风俗,必先改良小说。"② 与梁启超如出一辙。新小说与政治的关系紧密,政治小说、历史小说、科学小说、社会小说等题材均与社会改良、救亡图存相关。此时"上海出版的杂志已经风起云涌了,其中小说杂志更是不少,一半也归功于梁启超的《新小说》杂志,似乎登高一呼,群山响应"③。

与新小说创作相呼应的是翻译小说盛行,特别是1899年林纾翻译的《巴黎茶花女遗事》,成为中国第一部翻译小说,震惊国人。林纾自己不懂外语,他的翻译均是与精通外文之人合作,在意译之后再加上自己的个人阐释和发挥。由于林纾具有娴熟的表达技巧和流畅的文笔,这种混合的意译加发挥的小说,既具有西方文学的内容和灵思,又有林纾文笔中体现的东方情致和风韵,成为清末民初小说界的新旧嬗变的代表,也成为晚清民初小说创作的标本。商务印书馆邀请其专译欧美小说,先后共译作品180余种"林译小说"。"译界之王"林纾的翻译小说有的甚至比原著还要精彩,而且对后来的作家影响甚大。"自他之后,中国文人,才有以小说家自命的;自他之后才开始了翻译世界的文学作品的风气。"④ 但是由于翻译写作速度极快,其中错误也极多,不无粗制

---

① 梁启超:《论小说与群治之关系》,《新小说》1902年第1号。
② 陶曾佑:《论小说之势力及其影响》,《月月小说》1907年第8号。
③ 包天笑:《钏影楼回忆录》,香港大华出版社1971年版,第357页。
④ 郑振铎:《林琴南先生》,《小说月报》1924年第15卷11号。

滥造之作。特别是由于林纾没有看到白话文是大势所趋，本人又过于保守，固守文言传统，虽然胡适评价"林纾用古文作翻译小说的试验，总算是很有成绩的了。……古文的应用，自司马迁以来，从没有这种伟大的成绩。"①但由于全部使用文言而作，其翻译小说旋即落后于时代潮流。他不顾一切地维护文言的正统地位，以至于在五四时期甚至不惜写下含有人身攻击的影射小说《荆生》《妖梦》，做出螳臂当车的行为。

梁启超在报刊中采用的"新文体"，又称"新民体"，是一种新的政论性散文的体式。由于近代报刊的兴盛，早期冯桂芬、王韬等人的"报章文"逐渐发展至维新时期康有为、梁启超等人在《时务报》上发表的"时务文"。1920年梁启超在日本横滨创办了《新民丛报》，采用更为自由的文章形式来表达自己的政治观点，于是出现了"新文体"，开启了晚清政论性散文一个新的形式。

在某种意义上，这种新文体是针对桐城派古文之风而来的。陈子展说："这种文体正从桐城派八股文以及其他古体文解放而来，比桐城派古文更为有用，更为合适于时代的需要。而且，这种解放是'文学革命'的第一步，是近代文学发展上必经的途径。"②梁启超对自己开创的这种文体总结道："启超素不喜桐城派古文，幼年为文，学晚汉魏晋，颇尚矜炼。至是自解放，务为平易畅达，时杂以俚语韵语及外国语法，纵笔所至不检束，学者竞效之，号新文体。老辈则痛恨，诋为野狐。然其文条理明晰，笔锋常带情感，对于读者，别有一种魔力焉。"③

无论是诗界革命、小说界革命还是新文体，其核心都是"变革"二字，而变革的主要内容就是在新的时代下，以新的形式表现新的内容。

---

① 胡适：《五十年来中国之文学》，《胡适文集》第3卷，北京大学出版社1998年版，第215页。
② 陈子展：《中国近代文学之变迁》，中华书局1931年版，第122页。
③ 梁启超：《清代学术概论》，中华书局2010年版，第128页。

五四时期学校教育机构数量的增加，在一定程度上提升了文字的普及率，使得能够看得懂文字的读者增加了。与此相呼应的是，读者希望在新的变革时代看到新的内容，而不是旧的形式和旧的内容，特别是在以期刊和报纸为代表的新的媒介形态上，这种需求更加明显。因此，1902年至1917年间，以"小说"命名的报刊就有三十余种，它们大都在上海出版，形成了一个小说期刊热潮。① 具有时代感的文化变革在五四前期已经出现，虽然没有突破，但是已经达到了临界点。正是在这个意义上，才有"没有晚清，何来五四"的说法。在文化革新的过程中，期刊和报纸这两种媒介成为重要的发源地，并且起到了重要的推动作用。

第二节　五四时期的传媒环境

中国古代有世界最早的报刊——邸报，但是由于印刷术的落后以及政府对于传播的控制，中国的传媒发展一直停滞不前。直到近代西方传教士带来了新的技术和理念，中国的出版事业才开始了新的发展。学界公认的中国第一份中文杂志是《察世俗每月统记传》（*Chinese Monthly Magazine*），它于1815年8月25日由英国传教士马礼逊在马六甲创办，米怜主编，以中国人为读者群。"统记传"即为杂志的最初翻译。《察世俗每月统记传》的办刊宗旨如米怜所说："旨在灌输知识，阐扬宗教，砥砺道德，而国家大事之足以唤醒吾人之迷惘，激发吾人之志气者，亦兼收而并蓄焉。"②《察世俗每月统记传》拉开了中国期刊发展史的序幕，

---

① 参见陈平原：《二十世纪中国小说史》第1卷，北京大学出版社1989年版，第81—82页；马永强：《文化传播与现代中国文学》，安徽大学出版社2003年版，第128—129页。

② 戈公振：《中国报学史》，上海古籍出版社2003年版，第76页。

它虽然以阐发基督教教义为第一要务，也有不少对知识的介绍和提倡，这是中国邸报所没有的使中国的期刊从开始便带有现代性的因素。

一、出版的控制与反抗

文化秩序是指文化场中的一种稳定性关系。场是"由不同的位置之间的客观关系构成的一个网络"①，是社会结构中各种权力之间的斗争场所，不同的场都有自身的规则，但所有场都受政治场影响。在常态之下，政治场对文化场的影响总是具有非强制性和潜在性，但在非常态之下，政治场为维系自己的极端统治，总是力图以政治权力对文化场进行一种全景式管理，直接控制文化场的全部。民国初年文化场就是典型的非常规状态，受到政治场的挟持，但这种控制与出版界的反控制同时存在。

（一）民初的出版法令

中文期刊的最初出版不在国内，清政府也无从管制。随着创办期刊数量的增加，办刊地点向国内移动，加之国人自办报刊的出现，清政府开始参照外国法令对出版进行管制。晚清开始有明确的出版法令，对传播内容有所限定。袁世凯执政时更是用尽各种手段钳制新闻出版业。民国政府对出版的控制很大程度上参照了晚清的条例，但也受到了出版界的抵制。

晚清的革命者追求言论自由、出版自由，将出版自由当作最基本的自由。梁启超就明确提出："言论自由，出版自由，为一切自由之保障。"② 中国知识分子有"宁鸣而死，不默而生"的传统，"鸣"和"默"

---

① 包亚明：《文化资本与社会炼金术——布尔迪厄访谈录》，上海人民出版社1997年版，第142页。

② 梁启超：《敬告我同业诸君》，张静庐编：《中国现代出版社史料》补编，中华书局1957年版，第165页。

体现了生死差别，足见言论自由在封建传统中之不易得，时常需要以生命来换取。因此，当革命党人推翻清王朝后，不忘将此自由法律化，以便充分表达自己的观点。1912 年 3 月，中华民国临时政府颁布了具有宪法性质的《中华民国临时约法》，第六条第四款规定："人民有言论、著作、刊行及集会、结社之自由。"① 因为要按照约定将让位于袁世凯，孙中山在临时大总统任期内，制定了一系列法律条文，力求对袁世凯进行约束，保障人民的基本权利。

几乎是《中华民国临时约法》制定的同时，南京临时政府内务部颁布了针对出版业的《民国暂行报律》，其中规定："（一）新闻杂志已出版及今后出版者，其发行及编辑人姓名，须向本部呈明注册，或就近地方高级官厅呈明，咨部注册。兹定自令到之日起，截至阳历四月初一日止，在此限期内，其已出版之新闻杂志各社，须将本社发行及编辑员姓名呈明注册。其以后出版者，须于发行前呈明注册；否则不准其发行。（二）流言煽惑，关于共和国体有破坏弊害者，除停止其出版外，其发行人、编辑人并坐以应得之罪。（三）调查失实，污毁个人名誉者，被污毁人得要求其更正。要求更正而不履行时，经被污毁人提起诉讼时，得酌量科罚。"② 由于百废待兴，加之孙中山自知很快就要让位，因此急于制定各种律令，《临时约法》及《民国暂行报律》对各种管理制度都只作了简单规定。由于过于粗糙，且没有相应的配套细则，《民国暂行报律》《中华民国临时约法》中的条文都流于空论，只体现了孙中山对出版业管理的大致思路。

袁世凯对孙中山任临时大总统期间留下的这些约束并不买账，上台

---

① 《中华民国临时约法》，中国第二历史档案馆编：《中华民国史档案资料汇编》第二辑，凤凰出版社 1991 年版，第 107 页。

② 《民国暂行报律》，张静庐编：《中国近代出版史料》初编，群联出版社 1953 年版，第 325 页。

后重新制定了系列法令。1914 年 4 月，袁世凯组织内阁制定《报纸条例》，稍加修改后于 1915 年 7 月 10 日由袁世凯以大总统申令，国务卿徐世昌公布。1914 年 12 月 4 日，由袁世凯以大总统申令，国务卿徐世昌颁布了《出版法》。这两部法令脱胎于 1906 年清政府的《大清印刷物专律》和《大清报律》，其限制比后者有过之而无不及。这两部法令从一颁布就受到新闻出版界的联合抵制。虽然《报纸条例》由于请愿而被废止，但《出版法》却继续有效，而这二者的精神实质是一致的。

《报纸条例》第四条对出版人的规定为："年满三十岁以上者方可，并且国内无住所或居所者、海陆军军人、行政司法官吏、学校学生不能充当发行人、编辑人及印刷人。"第六条规定："除专载学术、艺事、统计、官文书、物价报告之外的报纸，发行人应于警察官署认可后，报纸发行二十日前缴纳保押费。保押费日刊三百五十元、不定期刊三百元、周刊二百五十元、旬刊二百元，月刊一百五十元，在京师及其他都会商埠地方发行者加倍缴纳保押费。保押费于禁止发行或自行停版之后还付。"第九条规定："每号报纸应于发行日递送该管警察官署存查。"① 第四条的规定将海外人员、公务员及学生都排除在出版行业之外，而晚清恰恰有许多进步报刊出自此类人之手。第六条的保证金制度，实质是"寓禁于征"，通过经济控制的方式来控制媒体。第九条的规定实质上是事后检查制度，有利于政府对出版的控制。

《出版法》对出版物管制仍然十分严格，其第二条规定：所有出版物必须注明著作人、出版人和印刷人之姓名和住址等项，要求"出版之文书图画，应于发行或散布前，禀报该管警察官署。并将该出版物以一份送该官署，以一份经由该官署送内务部备案"。第十一条规定列举了

---

① 《报纸条例》，张静庐编：《中国近代出版史料》初编，群联出版社 1953 年版，第 326—327 页。

非法出版物的范围："一、淆乱政体者；二、妨碍治安者；三、败坏风俗者；四、煽动曲庇犯罪人、刑事被告人或陷害刑事被告人者；五、轻罪、重罪之预审案件未经公判者；六、诉讼或会议事件之禁止旁听者；七、揭载军事、外交及其他官署机密之文书图画者。但得该官署许可时，不在此限；八、攻讦他人隐私，损害其名誉者。"第十二条还规定："在国外发行之文书图画违犯前条各款者，不得在国内出售或散布。"①其中第二条规定出版物交警察官署备案，实际上是对出版者的威胁。第十一条规定中第三项内容界定模糊，实为保存传统道德。第十二条是对海外出版物的严格控制。综上条款，可见其对社会舆论钳制之甚。

除了《报纸条例》和《出版法》，北洋政府还颁布了具有一定积极意义的《著作权法》。《著作权法》对著作者的权益进行保护，有助于文人经济独立的实现。1910年的《大清著作权律》规定"凡称著作物而专有重制之利益者，曰著作权"，承认著作权为个人专有权利，可以为个人带来经济利益。1915年11月的《著作权法》脱胎于此，规定："著作权归著作人终身所有，著作人死之后，并得由其继承人继续享有三十年。""著作权经注册后，遇有他人翻印仿制及其他各种假冒方法致损害其权利时，得提起诉讼。"②

此外，北洋政府还拒绝加入国际版权公约，在一定程度上为国外著作在国内翻译提供了便利条件。鉴于中国从鸦片战争后对西书西文大量译介，外国出版商要求中国政府履行版权保护政策。在北洋政府讨论是否要加入国际版权公约时，上海书业商会高凤池极力反对，认为："原版西书价值綦昂，购书不易，求学之士，不免望洋兴叹，故敝业中多将

① 《出版社法》，张静庐编：《中国近代出版史料》初编，群联出版社1953年版，第331—332页。

② 《北洋政府之著作权律》，张静庐编：《中国近代出版史料》二编，群联出版社1954年版，第406—408页。

原版西书翻印，廉价发售，于灌输文化实为便利。"① 于是，北洋内务部在 1920 年拒绝了法国驻华公使商请中国加入国际版权公约，客观上也在一定程度上保护了中国出版业的发展，有益于新文化传播。

（二）政治权力的控制

袁世凯统治时期制定了严格的出版法令，对传媒行业施行武力加金钱的管理逻辑。北洋军阀不同派系为了保证自身的统治优势，限制不利于自身的信息传播，对文化传播进行控制。对出版物的限制主要是通过法令和暴力两种手段。采用极端暴力手段严格控制传媒行业主要在袁世凯统治时期。1913 年"癸丑报灾"中，出版界受到极大的打击。"1912年 4 月至 1916 年 6 月共四年零两个月的袁世凯反动统治时期，全国报纸至少有七十一家被封，四十九家受传讯，九家被反动军警捣毁；新闻记者至少有二十四人被杀，六十人被捕入狱。"② 报纸动辄得咎，或被封禁，或被禁止邮递，报人也常被传讯迫害，甚至枪杀。这种极端的武力打击给出版业带来了灾难，造成思想恐怖，也激起了出版者更多的反抗情绪。

创办御用报刊，收买御用文人，操纵、诱导舆论等做法，从袁世凯当政时期，一直延续至民国末年。袁世凯上台后，创办《亚细亚报》《金刚报》《神州日报》《大中报》《益世报》等御用报刊。这些报刊在袁世凯操纵下，鼓吹洪宪帝制。除此之外，袁世凯时期还以各种名义收买报刊为己所用，据不完全统计，"直接或间接接受过袁世凯收买的报纸，总数在一百二十五家以上"。③

北洋政府专门组织人员对报刊进行审查，组织特种机构检阅报纸。

---

① 《关于拒绝法国驻华公使商请我国加入国际版权公约的文件》，中国第二历史档案馆编：《中华民国史档案资料汇编》第三辑·文化，凤凰出版社 1991 年版，第 451 页。

② 方汉奇：《中国近代报刊史》，山西人民出版社 1981 年版，第 720 页。

③ 方汉奇：《中国近代报刊史》，山西人民出版社 1981 年版，第 717 页。

1913 年，著名报人黄远庸曾条陈袁世凯，要求组织新闻通信机关整齐一切论调及记事，并设立特种机关专司二事：一是"检阅反对报纸，专从法律干涉"；二是"搜集反对报纸所记人事，择要编辑为侦探材料"。内务部答国务总理曰："查本部阅报，早已派有专员，即警察厅亦有专员司阅报纸。"① 黄远庸的遗稿中记录了晚清时期至民国初年出版管制增强的状况："余于前清时为新闻记者，指斥乘舆，指斥权贵，肆其不法律之自由，而乃无害。及于民国，极思尊重法律上之自由矣，顾其自由不及前清远甚，盖中国固只容无法律之自由，不容有法律之自由乎?"②

对报刊进行审查的方式，是将权力交予审查者，于是，审查官个人好恶而非法律和制度成为衡量评判的标准。内务部及各地军政府根据情况对期刊进行查禁，多以煽惑、造谣、扰乱治安、诋毁政府等理由为名，查禁不少期刊，如《甲寅》《北京大学学生周刊》《北京女高师半月刊》《新青年》《浙江新潮》等期刊都被查禁过。③

俄国十月革命之后，为避免对国内产生影响，北洋政府在对报刊审查时特别注意防范过激主义。北京政府特发《查禁俄过激派印刷物函》，阻止对俄国十月革命的介绍。1919 年 10 月，内务部颁布《管理印刷营业规则》，规定："凡为印刷营业者，无论专业兼业，均应先行呈报，得该管警察厅许可，给予执照后，方准营业……警察官厅如认为有违反出版法第十一条禁止出版之情形时……应禁止其印刷。"④ 1920 年，国务院

---

① 《内务部组织特种机构检阅报纸致国务总理公函》，中国第二历史档案馆编：《中华民国史档案资料汇编》第三辑·文化，凤凰出版社 1991 年版，第 492—493 页。

② 远生（黄远庸）：《忏悔录》，《东方杂志》1915 年 12 卷 11 号。

③ 参见中国第二历史档案馆编：《中华民国史档案资料汇编》第三辑·文化，凤凰出版社 1991 年版，第 506—552 页；中国社会科学近代史研究所、中国第二历史档案馆编：《五四爱国运动档案资料》，中国社会科学出版社 1980 年版，第 627—644 页。

④ 王润泽：《北洋政府时期的新闻业及其现代化》，中国人民大学出版社 2010 年版，第 8 页。

通电全国:"近日过激主义正在萌芽,往往发现各方面印刷品,深恐谬说相传,蔓延日广,拟仍将各地邮电派员检查,以弭乱源,经函商陆军部准复以如何办理,由部酌核等因,查检邮电以戒严为施行根据,应由陆军部主持。"①1920 年 7 月 11 日,京师警察厅对新闻界下达布告:"近来时局倥偬,谣诼繁兴,凡服务新闻界者自当格外谨慎,以持公平之论调记载正确之事实,庶不至妨碍时局,摇动人心。"②

北洋政府不仅以过激主义之名防范马克思主义的传播,并且对于新思潮,也如同面临洪水猛兽,严加防范。1920 年,内务部警政司拟订《防范新思潮传播办法》,其名称本身就极具反动性。警政司还提出治本与治标之方案:治本需要刷新政治,登用才俊,改良教育,崇尚俭德,提倡储蓄,奖励实业,垦荒开边,安置华工。治标之法为整顿乡团,厉行清查户口,注意在校学生行动,注意回国华工,注意工场及工党,注意偏激报纸,注意集会演讲,注意印刷物品。③1921 年 1 月,内务部专门设立著作及出版物研究委员会,对传播新思潮的出版物予以查禁。"查近来新思潮之传播,几有日盛一日之势,而印刷物实为其媒介。本部为维持治安,预防隐患起见,拟就部中组织一研究委员会,对于著作物及出版物认为有研究之必要者,随时搜集研究,以期洞见症结,因事补救,不致蹈凭空过当之弊。"④ 这些防范措施,恰好证明了出版物之于新思潮的意义。

执行具体管理职责的警察厅甚至一度认为要解决言论上的分歧,不如直接减少报馆数量。1921 年 8 月,《京师警察厅拟定减少京师报馆

---

① 《检查邮电之院电》,《申报》1920 年 2 月 24 日。

② 方汉奇:《中国新闻事业编年史》上,福建人民出版社 2000 年版,第 905 页。

③ 《内务部警政司拟订之〈防范新思潮传播办法〉条陈稿》,中国第二历史档案馆编:《中华民国史档案资料汇编》第三辑·文化,凤凰出版社 1991 年版,第 499—502 页。

④ 《内务部设立著作及出版社物研究委员会有关文件》,中国第二历史档案馆编:《中华民国史档案资料汇编》第三辑·文化,凤凰出版社 1991 年版,第 502 页。

办法致内务部呈》："以近来报馆，日见增加，程度复杂，不能共趋于轨道，应用严格的取缔办法，减少其家数，俾言论界得免于纷扰之流弊。"①

虽然五四时期的出版制度、法规相当严苛，但是在实践过程中，由于各派军阀力量所及有限，加之派系斗争激烈，这些法令并未完全依照执行。许多报人本身与政府机关有种种关系，可以得到特殊的"照顾"或"豁免"。另外，军阀因关心自己的声誉，对与自己利益关系较远者，很多都置若罔闻。"只问私而不问公，只干涉与彼有关之事，而不干涉与国有关之事"。② 实际上，五四时期"无论中央政府还是各省军阀，都无法有效地控制住大学、期刊、出版业及中国知识界的其他机构"。③这实际上为期刊的创办和新思想的传播提供了绝好的机会。

另外，如果不触碰政府或军阀的利益，创办期刊还是比较容易的。只要有出版的愿望，即使没有出版机构的支持也可以自己创办期刊，只不过往往夭寿而已。1914年，17岁的张静庐就曾经出版了两种杂志：《小说林》和《滑稽林》，经费是自己借的几百元，印好后便委托各马路的报摊和书店售卖，结果血本无归，尝试了出版失败的滋味。④ 三十年后的《万象》上有文章体现出对当时情况的艳羡，称："因为在那时候，举办一种刊物非常容易，一、不须登记；二、纸张印刷价廉；三、邮寄利便，全国畅通；四、征稿不难，报酬微薄；真可以说是出版界之黄金时代。"⑤ 这是后人带有主观色彩的追忆，不免过于理想化。

---

① 《京师警察厅拟定减少京师报馆办法致内务部呈》，中国第二历史档案馆编：《中华民国史档案资料汇编》第三辑·文化，凤凰出版社1991年版，第320页。

② 肖东发、邓邵根编：《邵飘萍新闻学论集》，北京大学出版社2008年版，第165页。

③ ［美］费正清：《剑桥中华民国史》第一部，章建刚等译，上海人民出版社1991年版，第338页。

④ 张静庐：《在出版社界二十年》，江苏教育出版社2005年版，第31—32页。

⑤ 秋翁：《三十年前之期刊》，《万象》1944年第9号。

（三）出版界的抗争方式

北洋政府对于进步刊物的控制，不仅有通过邮政渠道，还有警察的直接干涉。与此同时，报刊的创办者通过利用租界、掩人耳目等种种手段使报刊得以延续。社会各方势力的相互制衡削弱了政府对媒介的控制，"媒介的演化路径、方向不是政府规制的结果"①。虽然五四时期权力对出版有各类控制的方式，但是对出版实践而言，对控制的消解主要有两种方式，即依靠出版团体的力量和依靠外国势力。

晚清民初的出版界开始有自觉的团结，联合行动抵抗出版控制。1910 年以国人自办报馆为主体的全国报界俱进会成立，1919 年全国报界联合会成立，体现了中国出版界群体意识的觉醒。全国报界俱进会成立不久，便以具体的行动抗议出版条例，争取言论自由，致电临时大总统反对《民国暂行报律》："今统一政府未立，民选国会未开，内务部擅定报律，侵夺立法之权。且云煽惑关于共和国体，有破坏弊害者，坐以应得之罪。政府丧权失利，报纸监督并非破坏共和。今杀人行劫之律未定，而先定报律，是欲袭满清专制之故智，钳制舆论，报界全体万难承认，除通电各埠外，请转饬知照。"② 这次请愿让孙中山始料未及。报界对于"钳制舆论"传统的抗争，体现出民国初年出版界对言论自由追求的共识。

袁世凯制定的《报纸条例》遭到出版界更为激烈的反对。1914 年 5 月，北京日报等报馆就致国务总理，认为"新定《报纸条例》，辞意间有宽泛"③，要求详加解释。8 月，《民宪日报》《爱国白话报》《国华报》等

---

① 潘祥辉：《媒介演化论——历史制度主义视野下的中国媒介制度变迁研究》，中国传媒大学出版社 2009 年版，第 161 页。

② 《中国报界俱进会致临时大总统电》，《申报》1912 年 3 月 6 日。

③ 《北京日报等报馆为明定报纸条例辞意范围致国务总理呈》，中国第二历史档案馆编：《中华民国史档案资料汇编》第三辑·文化，凤凰出版社 1991 年版，第 304 页。

21 家报馆联合抗议陆军部禁载军事秘密条款范围束缚言论。1916 年 7 月,《报纸条例》在出版界的一片抗议浪潮中废除。官方废除的理由也非常充分:一是从法理上而言:"言论自由,载在约法,报纸为书面言论之一。现在刷新政治,正宜宣达民意,扶持舆论,似不宜缚束其自由,且报纸如有违犯法律情事,自由普通法可以救济。"二是从施行上而言:"报纸条例颁布以来,其效力仅能及于内地我国报纸,而于外国在我国内地开设之报馆,以及我国在租界开设之报馆,绝未能加以取缔,厚此薄彼,宁为事理之平,同罪异罚,实启轻侮之渐,甚至逼之过当,且有悬挂他人国旗,以为抵制者。"①《报纸条例》既经废止,官厅对于报界拘束之能力较往日缩小。

出版界常常借助外国势力在租界里进行出版,或干脆在国外出版,以绕开国内政府的管制。鸦片战争后外国人在租界开办报刊,至 19 世纪末已有《万国公报》《申报》《新闻报》《字林西报》等百种报刊。清末无论是维新派还是革命派,都把租界作为自己的大本营。特别是 1903 年的"苏报案",章太炎在租界被捕,邹容自动投案后因在法庭上的辩解而声名大噪,"癸丑报灾"中幸存的报刊也大都是由于身在租界而得以免遭迫害。租界是"国中之国",当朝政府的控制鞭长莫及。租界虽然都有依据母国法令制定的出版政策法规,如上海租界最早在 1919 年 6 月 12 日颁布了《上海法租界发行印刷出版品定章》,但相比而言均宽松许多。租界中的出版物虽然也不是完全不受管制,但在很大程度上可以讲华界之不能讲,言华界所不能言,"表述民意,传达民意,介绍新潮,倡言革命,充分发挥了'公共舆论'在现代社会中的特殊功能"②。

---

① 《内务部关于废止报纸条例致各省长都督等咨》,中国第二历史档案馆编:《中华民国史档案资料汇编》第三辑·文化,凤凰出版社 1991 年版,第 315 页。

② 周德钧:《汉口的租借:一项历史社会学的考察》,天津教育出版社 2009 年版,第 61 页。

民国后的很多报纸实际上都是在国外创办，然后邮寄至国内发行，这是革命派办报刊的传统，至五四时期很多报刊依然如此。如1913年的国民党驻日机关杂志《国民杂志》、1914年的《甲寅》都是在日本出版，中华革命党的报刊大部分都是在国外出版的，如《民国》杂志。借助外国人的力量参与编辑、发行，也是常常使用的策略。《报纸条例》规定报纸发行人、编辑人、印刷人均须是"本国人民年满三十岁以上"，外国人无权在国内创办报纸。但是部分外国人出资创办的报刊，往往雇佣中国人为名义上的社长或经理，最终以借壳的方式实现了外国人办报刊。政府在查处这类报刊时，往往不得不考虑外国势力的影响。

政治斗争也为出版业的发展提供了空间，民国的政治体制虽然没有为现代思想的传播赋予自由之门，但相关法令却并未严格执行，政治斗争消耗了政客们主要的精力，社会秩序的混乱消解了体制的控制。很多出版机构进入租界，或采用疏通关系等办法来躲避法律制裁，这成为报刊与政府博弈的重要策略。"政治的腐败和无能使政治权力对民间社会几乎无从控制，现代化得以在社会中自发地、自由地生长、发展。"① 到1923年时，出版业的言论自由状况较民初有了很大改善，孙中山就感慨："现在比以前自由很多，从前是不准革命党随处倡言的，现在尽可随便传布。"②

五四时期出版控制和反控制在《新青年》的经历中可见一斑：《新青年》诞生于袁世凯紧锣密鼓登基之前的1915年，陈独秀选择了政府鞭长莫及的上海租界来发展。由于时局的变化和《新青年》第8卷中的政治色彩过于鲜明，1920年12月，邮局对《新青年》进行了封杀。③1921

---

①　许纪霖：《近代中国政治变迁中的权力聚散》，《读书》1992年第4期。

②　孙中山：《在上海中国国民党改进大会的演说》，《孙中山全集》第7卷，中华书局1985年版，第7页。

③　胡适记："昨日知《新青年》已不准邮寄"，此言时间约为1920年12月上半月。参见《陈独秀致李大钊、钱玄同、胡适等》，《胡适来往书信选》上，中华书局1979年版，第116页。

年 2 月，因稿件被上海警察查抄没收而延时的《新青年》声称："须将印刷地点改在广东，所以出版便不能如期了"①，但实际情况并非如此。作为当事人的陈望道在晚年曾回忆"《新青年》月刊没有改在广东印刷的事"②，茅盾也称"此为故意放烟幕，迷惑法捕房，其实仍在上海印刷，不过换了承印商而已"。③

出版界还有其他形式的抗争，如袁世凯称帝后改国号纪年为中华帝国洪宪元年，但《青年杂志》1 卷 5 号的封面连中华民国年号和公元纪年都没有，而只标示为"第一卷第五册正月号"。但无可否认的是，袁称帝确实是重大事件，因此在"国内大事记"栏目中，对此有所记录："民国四年十二月三十一日，奉令改明年为洪宪元年。此亦国体表决后正式登极前之大节也。"④ 这种故意的举动也是一种含蓄的抗议。

二、五四时期的出版机构

五四时期期刊主要依托书局出版。书局出版书籍，同时出版期刊，而报馆几乎都是专司报纸。孙中山就曾感慨于自己没有印刷机关，虽然有出版物，"然而尚自慊于力有不逮者，即印刷机关之缺乏是也。"⑤ 五四时期也有不少期刊出版并不依托出版机构，往往命运坎坷。脱离社会化的出版机构，只能创办由私人抄写或印刷、在极小范围内传阅、存活时间很短、影响非常小的期刊。这类期刊无法维持正常的编辑、出

---

① 《编辑室杂记》，《新青年》1921 年第 9 卷 1 号。
② 宁树藩、丁淦林：《关于上海马克思主义研究会活动的回忆——陈望道同志生前谈话纪录》，《复旦学报》（社会科学版）1980 年第 3 期。
③ 茅盾：《复杂而紧张的生活、学习与斗争》上，《新文学史料》1979 年第 4 期。
④ 《国体问题》，《青年杂志》1916 年第 1 卷 6 号。
⑤ 孙中山：《致海外国民党同志函》，《孙中山全集》第 5 卷，中华书局 1985 年版，第 210 页。

版、发行等，因而往往脱期、短寿。五四时期期刊主要依托两种出版机构：一是大型的商业出版机构，如商务和中华书局。它们为期刊提供了各方面的强力支持。二是数量众多的小型出版机构，在新文化传播中影响较大的如亚东图书馆、泰东图书局、群益书社等。这些中小型出版机构船小好掉头，但是大都以商业利益为首。

（一）大型书局：商务和中华

近现代的上海作为全国新闻出版中心，是以《申报》《新闻报》《东方杂志》等全国性报刊和商务印书馆、中华书局这样的现代大型出版机构的创办为标志的。近代的报纸和期刊之间并没有专门的分类，报馆往往主出报纸而兼办期刊。由于书籍出版和期刊出版共性更大，五四时期的期刊主要是由书局出版的。国内书局中，最大的非商务印书馆和中华书局莫属。①

商务印书馆是当时国内最大的出版机构，控制着国内半数以上的教科书市场，并且有十余种具有全国影响的期刊。"它依靠自己雄厚的资金和众多的作者、读者队伍，影响着当时的社会文化。"② 商务印书馆创办于1897年，由夏瑞芳同鲍咸昌、鲍咸恩、高凤池合办，最初印刷商用的小件印刷品及宗教书籍，在印刷教科书获利后开始以出版事业为经营核心。为了更好地确定选题并提高书稿质量，夏氏邀请翰林出身的张元济出任编译所所长，商务印书馆编译所成为中国最具规模的出版机构编辑部，储备了大量的编辑出版人才。

中华书局的创办人陆费逵曾供职于商务印书馆出版部，任《教育杂

---

① 两个大书局书业的营业额在"民国初年约一千万元，商务印书馆占十分之三至四，中华书局占十分之一至三。"见陆费逵：《六十年来中国之出版社业和印刷业》，张静庐编：《中国现代出版社史料》补编，中华书局1957年版，第279页。

② 杨扬：《商务印书馆：民间出版社业的兴衰·后记》，上海教育出版社2002年版，第173页。

志》主编，于1912年1月1日自立门户，因审时度势地在民初推出了符合革命潮流的新式教科书，同时获得了经济利益和社会声誉。1913年，陆费逵赴日本考察出版印刷事业，归国后规划"以尽力杂志为怀"，因为"除教科书外，希望较大者为字书及杂志"。① 陆费逵认为，晚清期刊虽然出版不少，但是所办者基本都没有持久的，其中自然有风气未开、阅者不多的原因，"然组织之基础不完，固实为一大原因，盖此种事业非有适当之人才与目的，适当之资本与机关，固不能久大而有裨益于社会也。"② 中华书局以教科书起家，陆费逵对教育极为重视，认为"立国根本在乎教育……教育不革命，国基终无由巩固"，中华书局的四大宗旨之一便是"注重实际教育"③，因此在其成立之初便创办以"研究教育、促进文化为宗旨"的月刊《中华教育界》，成为中华书局八大杂志之首。

商务印书馆与中华书局在期刊出版上有着竞争关系。中华书局与商务印书馆的竞争从创办伊始便开始，在期刊领域竞争也相当激烈。商务印书馆自己就有"八大期刊"、"十大期刊"之说。这种社会化的竞争有利于各自提高自身期刊的质量，丰富各自的内容。

表1-3　商务印书馆与中华书局的期刊竞争

商务印书馆系列期刊	《东方杂志》《教育杂志》《小说月报》《少年杂志》《学生杂志》《妇女杂志》《英文杂志》《英语周刊》《儿童世界》《儿童画报》《农学杂志》《政法杂志》《留美学生季报》
中华书局系列期刊	《大中华》《中华教育界》《中华小说界》《中华童子界》《中华学生界》《中华妇女界》《中华英文周报》《中华儿童画报》《中华实业界》《小朋友》

大型出版机构的期刊出版有着天然的优势，主要体现在四个方面。

---

① 钱炳寰：《中华书局大事纪要》（1912—1954），中华书局2002年版，第17页。
② 陆费逵：《宣言书》，《大中华》1915年第1卷1号。
③ 《中华书局宣言书》，《申报》1912年2月23日。

　　首先，商务、中华这样的大型出版机构有着雄厚的经济基础，可以为期刊提供强大的经济支持。商务印书馆的编辑人员待遇居所有书局之首。没有什么学历的沈雁冰 1916 年入商务任编辑时最初月薪 24 元，来年即为 30 元，后每年增加 10 到 20 元。1916 年留美尚未归国的蒋梦麟经人介绍至商务，即定月薪 200 元。中华书局编辑的月薪比商务略低，1922 年田汉的月薪一开始就是 100 元。商务印书馆为《小说月报》提供了充足的稿费，为各种批评征文活动提供了资金。1910 年，《小说月报》第 1 卷 2 号便提出："中选者分五等酬谢，甲等每千字五元，乙等每千字四元，丙等每千字三元，丁等每千字二元，戊等每千字一元。"① 《小说月报》在 1921 年时标明："著稿每篇酬现金五元至三十元。译稿每千字酬现金二元至五元。"② 按照当时的物价来看，这个稿酬可以说是相当丰厚。③《小说月报》第 12 卷第 5 号还刊发《征文》，以"甲名十五元，乙名十元，丙名五元，丁名酬本馆书券"的报酬征求读者"对于本刊创作《超人》(本刊第四号)《命命鸟》(本刊第一号)《低能儿》(本刊第二号) 的批评"④。这便是期刊雄厚经济后盾的体现。

　　大型出版机构注重自身品牌的维护，能够忍受一定的经济亏损。1922 年开始，改革后的《小说月报》订数有所下降，而重新开张的《礼拜六》等杂志却销路看涨。此时，商务印书馆能够一如既往地给《小说月报》以支持，这是其他小型出版社很难做到的。中华书局在 1916 年发生经济危机，殃及中华"八大杂志"。1916 年 6 月，中华书局忍痛将《中华学生界》《中华小说界》《中华妇女界》《中华实业界》几

---

　　① 《最后一页》，《小说月报》1910 年第 1 卷 2 号。

　　② 《本社投稿简章》，《小说月报》1921 年第 12 卷 1 号。

　　③ 自 1911 年至 1920 年间的物价相对稳定，按《小说月报》1910 年的"甲等每千字"、1921 年的最低档创作单篇的稿酬均为五元，可以购买约 147 斤大米或 48 斤猪肉。参见陈明远：《文化人与钱》，百花文艺出版社 2001 年版，第 13 页。

　　④ 《征文》，《小说月报》1921 年第 12 卷 5 号。

份期刊停刊。1917 年初，原本被寄予厚望的《大中华》杂志也惨遭停刊厄运。到 1918 年，中华书局的八大杂志除了《中华教育界》之外，其余全部受到牵连而停办，或改为丛书分集继续出版。可见，资本上百万的大书局也会因经济问题影响到期刊的定期出版，而那些小规模的期刊出版机构或个人、团体的期刊出版更是容易出现经济方面的问题。

第二，大型出版机构有着庞大的编辑作者队伍和相对规范的管理制度。商务印书馆和中华书局为寻求核心竞争力，四处搜罗人才，形成了庞大的编辑、作者人才群体。商务印书馆看中沈雁冰的编辑才华，在他主持《小说月报》后便固定月薪百元，为沈雁冰解决了后顾之忧。[①] 这与"寄食"于小书局的郭沫若等人形成了鲜明的对比。由于管理制度较为规范，期刊在审稿、编辑、发放稿酬等各个环节上都有较高的效率。商务还为《小说月报》承受社会压力。当沈雁冰接编《小说月报》后，同意封存并且拒不发表鸳鸯蝴蝶派的稿件。此举激怒了有权势和地位的旧派文人，袁世凯二公子袁克文以及张舍我、胡寄尘等人都激烈反对，商务印书馆内部的保守派也有相当大的意见。商务印书馆虽然在两年后还是以更为稳健的郑振铎替换了沈雁冰，但也显示了大型出版机构的抗压能力。

第三，大型出版机构拥有先进的印刷技术和庞大的发行体系。大型出版机构都有自己专门的印刷部门，用于自己书籍和期刊的出版印刷，大型的印刷设备为期刊印刷质量和效率提供了保证。商务从 1903 年便开始在汉口、广州、北京、天津等经济文化发达之地开设分馆，分馆作为发行的前沿，最高时达到八十多处，巨大的发行网络为《小说月报》等期刊提供了广阔的传播空间。

---

① 茅盾：《我走过的道路》，人民文学出版社 1981 年版，第 172 页。

　　第四，大型出版机构有一定的文化出版追求。大型出版机构都有着较新而稳健的文化风格，商务和中华书局是当时国内最大的出版机构，它们的成功固然有赖其经营之道，但他们对文化事业的使命感也是不可或缺的因素之一。后有人评价说："在商务诞生之前有书商无文化价值，商务诞生以后引起很多文化出版家，这是商务有开风气的作用。"① 中华书局的陆费逵在创办《大中华》时，就曾论述了社会效益与经济效益之间的关系，他希望《大中华》"于杂志界放一异彩，即使直接无盈利，然精神上之利益实无穷也"②。他在股东大会上此言，足见其作为文化出版人的文化理想。陆费逵有着明确的文化追求，他这样描述书业的商人："书业商的人格，可以算是最高尚最宝贵的，也可以算是最卑鄙最龌龊的。我人如用尽头脑和心血，出一部有价值的书，贡献社会，使人们读之有益，定非浅鲜；反之，如以诲淫诲盗的书籍，贡献于世，则是比提刀杀人还要厉害，恶书之害，甚于洪水猛兽，不知要害多少人。"③ 如张静庐所说，对于出版人而言，"'钱'是一切行为的总目标。然而，出版商人似乎还有比钱更重要的意义在上面，以出版为手段而达到赚钱的目的，和以出版为手段，而图实现其信念与目标而获得报酬者，其演出的方式相同，而其出版的动机完全两样。我们——一切的出版商人——都应该从这上面去体会，去领悟"④。当然，这在如商务印书馆和中华书局一类大型出版机构和数量众多的小型书局主办人心中，体会就有深有浅了。

　　当然，大书局出版期刊也有自己明显的弊端。它总是要力图平衡，

---

　　①　陈叔通：《回忆商务印书馆》，商务印书馆编辑部编：《商务印书馆九十年》，商务印书馆1987年版，第131页。

　　②　钱炳寰：《中华书局大事纪要》（1912—1954），中华书局2002年版，第17页。

　　③　俞筱尧、刘彦捷：《陆费逵与中华书局》，中华书局2002年版，第176页。

　　④　张静庐：《在出版社界二十年》，江苏教育出版社2005年版，第137页。

希望能够让各方满意，内容上不易体现出创新性。《东方杂志》从创办起在思想上就倾向于保守，主张将各种观点——陈列，而希望由此吸引各类人群的注意。创新具有风险，因而媒介一般情况下更倾向于生产与过去的成功之作相似的产品。大书局不愿意冒风险，尤其涉及政治时更是如此，商务印书馆就曾经由于怕受到牵连而拒绝出版《孙文文集》。作为商业性期刊，商务印书馆的出版物都力图"平允通晓"，尽量照顾各个层面，甚至是有很大分歧的读者群体。正因希望保持平稳，商务印书馆期刊稳重而缓慢的态度在五四时期屡屡被批评为持论过于平缓。为了让期刊跟上时代潮流，商务系列期刊几乎全部更换主编。中华书局的代表性期刊《大中华》创刊时也明言要"研究事理真相，以为朝野上下之南针"①，同时作为"朝野上下"的指南针，自然难以创新，反而处处不讨好。

（二）中小书局

其实，并非所有的期刊都能"有幸"依托商务印书馆这种大型出版机构，更多的期刊只能依靠中小型书局。中小型的出版机构虽小，但数量相对较多，为期刊出版做出了更大的贡献，它们包括亚东图书馆、泰东图书局、群益书社等。小型书局在编辑、印刷、发行等方面自然无法与大出版社比肩，但它们都有自己的印刷点和发行网络，相比办刊者自己油印或找印刷厂印好后自己发行，确实要更为简便，影响力也要大得多。

就群益书社和泰东图书局这两个新文化运动中影响较大的书局来说，没有群益书社便没有《新青年》，没有泰东图书局也就没有创造社系列期刊。1915 年 6 月，陈独秀自日本回到上海，想在亚东图书馆办一份期刊。而当时亚东经济非常困难，汪孟邹和陈独秀是至交，便介绍陈独秀给群益书社的陈子沛、陈子寿兄弟。群益同意支付每期两百元的

---

① 陆费逵：《宣言书》，《大中华》1915 年第 1 卷 1 号。

费用，让陈独秀办《青年杂志》。① 可见经济条件对刊物的制约，不是
谁想办刊物都可以实现的。群益提供的两百元每期的经费，不仅可以保
证稿费，也使陈独秀在生活上可以独立。群益的 76 个代派所②，发行
网络覆盖全国各大城市，以及新加坡等地，为《新青年》的发行奠定
了良好的基础。泰东图书局规模不大，人也不多，但在五四时期就曾
经出版过《民铎杂志》《新的小说》（《新晓》)、《新人》《评论之评论》
《创造》《孤军》《创造周报》《浅草》等至少八种期刊，不能不谓数量
众多了。张静庐评价道："在初期的新文化运动中间，它是有过相当的
劳绩的。"③

　　小型书局办刊绝大多数为商业利益驱动，凡是能够带来效益的都是
他们所欢迎的，否则，即使再有影响力和社会效益，在他们那里都是行
不通的。陈独秀和群益书社的矛盾即是如此。群益书社是看在与亚东
图书馆汪家的私交上答应陈独秀办《新青年》，而是否长期支持，还必
须看刊物能否为自己带来经济效益。事实是，《新青年》为群益赢得了
巨大的社会效益和经济效益，而即便如此，《新青年》自 8 卷 1 号起还
是与群益书社脱离了。汪原放后来回忆："只记得陈仲翁认为《新青年》
第七卷第六号'劳动节纪念号'（1920 年 5 月 1 日出版）虽然比平时的
页数要多得多，群益也实在不应该加价。但群益方面说，本期又有锌
版，又有表格，排工贵得多，用纸也多得多，如果不加价，亏本太多。
我的大叔两边跑，两边劝，无法调停，终于决裂，《新青年》独立了。"④
为此，群益"书局老板还提起过诉讼"⑤。

---

① 汪原放：《亚东图书馆与陈独秀》，学林出版社 2006 年版，第 32—34 页。
② 《各埠代派处》，《青年杂志》1915 年第 1 卷 3 号。
③ 张静庐：《在出版社界二十年》，江苏教育出版社 2005 年版，第 68 页。
④ 汪原放：《亚东图书馆与陈独秀》，学林出版社 2006 年版，第 56—57 页。
⑤ 郭沫若：《创造十年》，《郭沫若全集》文学编第 12 卷，人民文学出版社 1992 年版，
第 31 页。

　　陈独秀曾私下对胡适和李大钊诉说了自己的委屈：“因为《新青年》六号定价及登告白的事，一日之间我和群益两次冲突。这种商人既想发横财，又怕风波，实在难与共事”。因为与群益的矛盾，陈独秀甚至想到“非自己发起一个书局不可……免得我们读书人日后受资本家的压制”①。十多天后，陈独秀再次对胡适抱怨群益：“我对于群益不满不是一天了。最近是因为六号报定价，他主张至少非六角不可，经我争持，才定了五角；同时因为怕风潮又要撤销广告，我自然大发穷气。冲突后他便表示不能接办的态度，我如何能去将就他，那是万万做不到的。群益欺负我们的事，十张纸也写不尽。”②对于“招股办一个书局”的事情，陈独秀打算马上成立，并独立出来。

　　相比而言，创造社的同人没有陈独秀这样的人脉关系，他们的经历充满了更多坎坷。张资平回忆：“我们三人也常相约，把自己所写好了的文章都拿出来公议。汇集得相当的量时，即设法刊行同人杂志，我们三个人有一次在夜深风冷中站在日本皇城的外濠边为同人杂志的进行而相对叹息。”③郭沫若对此也有很深的印象，他奔走了多家出版机构，“中华书局不肯印，亚东也不肯印；大约商务也怕是不肯印的”④。因为大书局总是对办刊的各方面有着很高的要求，如郑伯奇所说，“中国之大，当时只有这一家小书店还表示愿意跟我们合作”⑤，历史的机缘终于

---

　　① 欧阳哲生：《新发现的一组关于〈新青年〉的同人来往书信》，《北京大学学报》（哲社版）2009 年第 4 期。

　　② 欧阳哲生：《新发现的一组关于〈新青年〉的同人来往书信》，《北京大学学报》（哲社版）2009 年第 4 期。

　　③ 张资平：《曙新期的创造社》，载饶鸿竞等编：《创造社资料》下，福建人民出版社 1985 年版，第 713 页。

　　④ 郭沫若：《创造十年》，《郭沫若全集》文学编第 12 卷，人民文学出版社 1992 年版，第 104 页。

　　⑤ 郑伯奇：《忆创造社》，载饶鸿竞等编：《创造社资料》下，福建人民出版社 1985 年版，第 852 页。

使他们与上海的一家小出版社——泰东图书局产生了联系，最终催生了《创造》。虽然泰东在《创造》上并未下足够的功夫，"那排版的拙劣，校对的荒疏，在新文化运动以来的刊物中怕要算是留下了一个记录。有一位热心朋友替我们统计过，一册创刊号的错字在二千以上"[①]。但泰东图书局是创造社的摇篮，功绩不容抹杀。

当赵南公决心重建泰东时，他看到郭沫若的"商品价值还不坏"[②]。看在郭沫若为自己编定了诗集《女神》、改译《茵梦湖》和标点《西厢记》的份上，才勉强答应为他出版《创造》季刊，没想到销路比赵南公预计的要好很多，于是才有了《创造周报》的诞生。但泰东资金有限，而赵南公的眼光又以利润为第一，因此他寄希望于利润更大的教科书，连《创造》和《创造周报》这样能为他赢利的刊物在他眼中都觉得赚钱太慢。"商人只知道牟利，那里顾什么文化不文化，因此便宁愿发行丛书而不愿再出刊物了。"[③] 因此，《创造周报》不足一年便终刊了。

小型书局的管理方式落后，书局的管理完全取决于老板的个人意愿，经营方式难保正规。如泰东图书局内的工作人员常常抱怨，"一个月没有一次整数发薪的事，总是陆陆续续在柜台上碰到有的时候随便拿三元五元"[④]，对创造社的郭沫若等"外人"则更是随意。经过郭沫若的努力，虽然赵南公同意出《创造》，然而"创造社和书店的关系好像没有正式谈过，刊物编辑和书店的关系也不明确"。[⑤] 郭沫若说："最感痛

---

① 郭沫若：《创造十年》，《郭沫若全集》文学编第12卷，人民文学出版社1992年版，第136页。

② 郭沫若：《创造十年》，《郭沫若全集》文学编第12卷，人民文学出版社1992年版，第94页。

③ 史蟫：《记创造社》，载饶鸿竞等编：《创造社资料》下，福建人民出版社1985年版，第992页。

④ 张静庐：《在出版社界二十年》，江苏教育出版社2005年版，第64—65页。

⑤ 郑伯奇：《忆创造社》，载饶鸿竞等编：《创造社资料》下，福建人民出版社1985年版，第853页。

苦的便是没有钱用。泰东依然没有和我们议正式的薪水……那时自然也跑到泰东去，十块五块地要。说起要钱，虽然是应得的报酬，总觉得在讨口的一样，有些可耻……我的脚自然也有些羞涩，当去三次的至多只得去两次。"①"他知道我们都穷，自然有一碗饭给我们吃，时而也把些零用钱给我们用。但这些饭和这些钱是主人的恩惠，我们受着他们的买活便不能不尽我们的奴隶的劳力。我们不曾受过他的聘，也不曾正式地受过他的月薪。……我们出马的时候假使是亚东，是群益，它们都一样地可以做我们的主子的！"② 这种种盘剥和克扣，使刚刚出道的创造同人饱受经济上的苦痛，最终造反脱离泰东而独立。

虽然小型书局追求商业利润，以盈利与否、盈利快慢为标准选择刊物，但它们对办刊之人不太挑剔，对刊的内容也不多过问，这是大型出版社难以做到的。郭沫若事后冷静地回忆："更公平地说，我们之为泰东服务，其实又何尝不是想利用泰东。像孤军社的人想出杂志，不怕他们都是商务印书馆的编辑，却不找商务而要找泰东，他们的目的就是要多说几句硬话。替商务办杂志的人，是连半句硬话都不敢说的，如有人肯高兴去问雁冰先生，他便知道得最明白。他为这件事情便是上过当来的人。我们在创造社的刊物上也算说了不少的硬话，那些刊物你根本不要设想：能在商务出版！所以，在这些地方也正该感谢泰东。"③ 比起商务印书馆等大型出版社，泰东的剥削更多，但是他们更自由。沈雁冰就是由于商务印书馆开始答应不干涉期刊内容，但后来却顶不住外界压力而被换掉的。

---

① 郭沫若：《创造十年》，《郭沫若全集》文学编第 12 卷，人民文学出版社 1992 年版，第 172—173 页。

② 郭沫若：《创造十年》，《郭沫若全集》文学编第 12 卷，人民文学出版社 1992 年版，第 151 页。

③ 郭沫若：《创造十年》，《郭沫若全集》文学编第 12 卷，人民文学出版社 1992 年版，第 185—186 页。

当然，有中小书局的支持，或者与中小书局的合作也是一种幸事。鲁迅在日本弃医从文时就想创办期刊却未能实现，鲁迅将《新生》夭折归因于一次偶然的资本"逃走"。① 创造社同人也将创办刊物想得太简单："我想就只有四个人，同人杂志也是可出的。我们每个人从每月的官费里面抽出四五块钱来，不是便可以做印费吗？"② 但1921年创造社成立前出版了两期 *Green* 便停刊促使他们寻求与书局合作。另一个例子是《浅草》从自办改为交由泰东图书局。1922 年，林如稷与罗石君在上海组织浅草社，1923 年 3 月，创办期刊《浅草》：自己编辑，自己找印刷厂印刷，自办发行。③ 第 3 期开始交由泰东图书局发行，因为"社员过少，于印刷发行不能兼顾；已交泰东图书局印刷代发行"④。此话就直接体现了一个办刊人对书局价值的认可。

除此之外，五四时期的学校，俨然成了重要的文化出版机构，也为五四文学期刊社会化的出版、发行提供了基础。五四时期的北京大学就有自己的出版部，功能大致等同于小型的书局，担负起许多书局的功能。

（三）印刷技术及发行渠道

中国近代报刊事业的发展，在技术层面上得益于西方印刷技术的引进。印刷术是中国为世界文明作出的重大贡献，但中国的印刷术在漫长的时间里并没有太多的进步，雕版印刷一直是中国印刷的主流。元明之际的木活字和铜活字也都有各自致命的缺陷，木刻活字一次通常只能印

---

① 鲁迅：《呐喊·自序》，《鲁迅全集》第 1 卷，人民文学出版社 1981 年版，第417 页。

② 郭沫若：《创造十年》，《郭沫若全集》文学编第 12 卷，人民文学出版社 1992 年版，第 48 页。

③ 刘纳称："《〈浅草〉季刊》1923 年 3 月由泰东图书局发行，年内出了 3 期，第 4期本来也按时编好，却被泰东压了一年多，至 1925 年 2 月才印出。"此说法有误。参见刘纳：《创造社与泰东图书局》，广西教育出版社 1999 年版，第 214 页。

④ 《本社消息》，《国民日报·文艺旬刊》1923 年第 11 号。

二百本，再多"字划就胀大模糊"①，而铜活字则价格不菲。与西方同期的机械印刷术相比，中国的印刷技术过于落后。

鸦片战争后，西洋现代印刷技术传入中国，给中国印刷事业带来了新的变化。物美价廉的现代铅印技术在中国获得推广，逐渐淘汰了中国传统的铜活字印刷术和雕版印刷术，手摇轮转技术和机械化技术逐步应用于印刷。铅字印刷较之中国长期的木活字和铜活字而言，不仅价格便宜，而且印字清晰精致。1838 年伦敦教会的塞缪尔·戴尔采用钢冲压制造中文字模的方法制造铅印，并将手工印刷改为机械印刷。1843 年成立的墨海书馆，是中国境内第一家采用机械印刷设备的出版机构，翻开了中国出版史上新的一页。1860 年，澳门花华圣经书房迁至上海并更名为美华书馆，书馆拥有 5 台印刷机，每年可印刷 1100 万页。此后铅印出版业在各大城市纷纷建立。1874 年，上海天主教办的土山湾印书馆还成立了石印印刷部，专门印刷画报等美术品。至 19 世纪末，铅印技术已经完全取代了木刻和石印。中国也开始有了自己的印刷机械制造厂。1895 年，中国第一家印刷机械厂李涌昌机器厂在上海诞生，开始生产出版所需要的各种印刷机器。1903 年起，商务印书馆便能够自制石印、铅印和铸字设备。

机械的铅活字印刷技术给中国所带来的不仅仅是技术革命，如马克思所说，印刷术"总的来说变成了科学复兴的手段，变成对精神发展创造必要前提的最强大的杠杆"②。德·索尔·普尔更是"把印刷术看作是破坏以知识专利权为基础的专制权力的主要媒介，并结合自由市场理论，将印刷传媒看作是提升自由主义民主的基础"③。印刷技术所带来

---

① 张秀民：《中国印刷史》，上海科学院出版社 1991 年版，第 166 页。

② 《马克思恩格斯全集》第 47 卷，人民出版社 1972 年版，第 427 页。

③ ［英］尼古拉斯·加汉姆：《解放·传媒·现代性》，李岚译，新华出版社 2005 年版，第 46 页。

的，不仅仅是所负载的信息，"媒介即讯息"的命题要强调的不仅仅是简单的内容与形式之间关系，更主要的是凸显媒介潜在的巨大文化作用。麦克卢汉的命题比任何人都更鲜明地提出了传播媒介对活生生的、变化着的文化创造的制约性作用。

新的印刷技术将人们带入新的文化创造进程之中，使期刊的产生成为可能。班纳迪克·安德森在考察16世纪机械印刷品的传播在民族国家构成中的作用，认为"在这个过程中，他们逐渐感觉到那些在他们的特殊语言领域里数以十万计、甚至百万计的人的存在"，"这些被印刷品所联结的'读者同胞们'，在其世俗的、特殊的和'可见之不可见'当中，形成了民族的想象共同体的胚胎"①。印刷业的发达使得原来彼此难以沟通的人们能够以印刷纸张和语言文字为中介，达成互相理解。

现代印刷技术使印刷品的质量和印刷效率大大提高，但机械印刷术的出现带给中国的并不仅仅是简单的媒介技术革命。由于晚清的知识分子"虽然因为各种理想或实际的原因于此些媒体有所接触，甚至加入其中，然总体而言，这些士人相对在整体中处于较边缘的位置，他们对于此新管道的利用也相形被动，并未对此群体产生结构性的改变。"② 但这些技术确实为报刊行业的发展，乃至文化的变革奠定了物质基础，加快了文化传播的速度。媒介变迁为文学的普及和大众化提供了可能，为现代性的扩张提供了前提。阿英认为，晚清小说的兴盛首先便是"由于印刷事业的发达，没有前此那样刻书的困难；由于新闻事业的发达，在应用上需要多量生产"③。

---

① ［美］本尼迪克特·安德森：《想象的共同体》，吴叡人译，上海人民出版社2007年版，第43页。

② 李仁渊：《晚清的新式传播媒体与知识分子：以报刊出版社为中心的讨论》，台北稻乡出版社2005年版，第94页。

③ 阿英：《晚清小说史》，《阿英全集》第8卷，安徽教育出版社2003年版，第3页。

由于近代邮政业和运输业的发展，期刊的发行渠道也增加了，读者文化消费的便利性大大增加。古代的书籍没有专门的流通发行渠道，文化传播受到时间和空间上的限制。近代的读者可以通过多种方式接触到期刊等文化媒介：一是直接到发行处店面去购买；二是直接从发行处订购，一般为预定，也可以付邮费，便通过邮局邮递；三是间接订阅，用户在书局的代派处订购；四是从代派处购买。其中，从发行处店面或代派处购买属于零售，而从发行处或代派处订阅则属于固定用户，一般可以获得较多的优惠，这种固定用户的产生离不开邮政系统渠道。报刊在外埠的销售，主要是靠邮政系统来进行邮递的，所以邮政系统直接影响着报刊的外埠销售，对于期刊来说更是如此。

中国古代有官方的邮驿和民间的民信局，邮驿只为政府官方服务，民信局为民间经营机构。鸦片战争后，邮运的重要性逐渐被清政府所认识。1896 年大清邮政开办；1906 年清政府设立邮传部，内置邮政司掌管全国邮政；1911 年邮政与海关划分；1914 年中国加入万国邮联；1921 年北洋政府公布《邮政条例》。从清末始，政府逐渐新建邮局，管理也越来越规范。邮政对报刊等印刷品的邮寄还有特别的优惠，如果是"中国邮务局特准挂号认为新闻纸类"，则可以享受到更便宜的邮寄价格。

邮政的投递能力也逐渐增加。民国成立后政府借债修建铁路，铁路的总运营公里数逐年增长，1912 年前中国有铁路 9618.10 公里，1912年至 1927 年新建 3422.38 公里。①同时，邮局、支局、邮寄代办处的数量也逐年增加。上海交通发达，逐渐成为全国的出版业中心。上海自19 世纪 60 年代就形成了一个世界级的航运网络，这个网络"以上海为

---

① ［美］费正清：《剑桥中华民国史》第一部，章建刚等译，上海人民出版社 1991年版，第 104 页。

中心，西面有长江航线，北面有北洋航线和朝鲜、海参崴航线，南面有宁波、福州、台湾、汕头、香港以及南洋和澳洲进而连接欧美航线的国内外商业航运网络，这个网络以上海为轴心成扇形排列"。① 这种发达的交通运输体系为期刊的发行提供了便利条件。

三、出版场域的构成

出版场域是社会文化场的子系统，对于期刊而言，除了受到政治、经济场的影响，更为直接的是受到出版场域中其他类型媒介的影响。五四时期的出版物主要分为三类：图书、报纸和期刊。期刊是一种相对较新的媒介形态，而"一种新媒介的长处，将导致一种新文明的产生"。② 期刊的文化创造、生产流通、出版发行，必然与其他媒介形态存在关联和互动关系。

（一）图书

中国的图书有两千多年的历史，《易·系辞》就记有："河出图，洛出书，圣人则之。"图书最早属于国家，由史官掌管，阅读和流通都由官府垄断，受到严格限制。后贵族士大夫没落，所拥有的图书典籍也流散于民间，统一的官学变为诸子百家的私学。由于书写材料和印刷技术的发展，图书在种类上逐渐丰富，流通上也开始频繁。鸦片战争之前，中国的图书一直采用雕版印刷，图书从官刻、私刻、坊刻、书院刻四种系统中产生，与西方的图书生产、流通等方面有着很大的差距。

中国的图书种类和数量虽然不少，但是经、史、子、集却缺乏更新的创造性潜质，特别是在明清之后，更是体现出文化上的封闭性。"如

---

① 丁日初：《上海近代经济史》第 1 卷，上海人民出版社 1994 年版，第 214 页。

② ［加］哈罗德·英尼斯：《传播的偏向》，何道宽译，中国人民大学出版社 2003 年版，第 11 页。

果拿十九世纪初期的中国图书与同时期欧美图书作内容上的比较，那么中国图书在自然科学和新的政治思想领域就显得大为逊色。"① 图书是文化展现和文化建设的一部分，这种特征体现出中国近代文化的创新性的滞后。一旦受西方文化的冲击，中国近代图书事业必然也开始变化。

随着西方印刷技术的引进，图书印刷开始应用现代印刷技术，加快了图书的生产速度，提高了印刷质量，同时使图书成本大大降低，甚至连传统的线装装订方式也发生了改变。"晚近印刷大昌，所有书籍多趋重于所谓铅印，除刊版书籍尚须用线装外，余则半皆改为包背装矣。其包背装之精者，则用厚纸面敷以皮或布，或烫金字，或印黑字，俗称之为'精装'。次者不用厚纸面，仅以各式之书皮纸，或印就之封面，作包背装，俗呼之为'平装'。"②

鸦片战争后，图书中增加了翻译图书。从早期的传教士的译书活动，到林则徐等人组织的系统译书活动，再到专门的译书机构的成立，外国图书被大量翻译到中国。这种翻译在不同时期有不同的内容，与当时的社会思想一致，经历了从科技书籍到政治书籍等几个阶段。

清末民初的图书发行量最大的主要是言情小说、革命书籍和教科书等。由于末世景象渐显，晚清民初社会上言情小说盛行。曾朴的《孽海花》"不到一二年，竟再版至十五次，销行至五万多部之多"③，徐枕亚的《玉梨魂》也是"出版不到一二个月，就二版三版都卖完了"④。以宣扬革命、推翻清政府为主要内容的图书也在清末大量流传，仅 1903 年一年，就出版了有广泛影响的《革命军》《猛回头》《警世钟》《驳康有

① 来新夏等：《中国近代图书事业史》，上海人民出版社 2000 年版，第 19 页。
② 李文裿：《中国书籍装订之变迁》，《图书馆学季刊》1929 年第 4 号。
③ 阿英：《晚清小说史》，《阿英全集》第 8 卷，安徽教育出版社 2003 年版，第 24 页。
④ 张静庐：《在出版社界二十年》，江苏教育出版社 2005 年版，第 25 页。

为论革命书》《攘书》等。伴随清末新学制的改革，书局都相继编印新式教科书，特别是商务印书馆从 1903 年开始出版《最新教科书》系列，使中国的"教科书形式方备"①。中华书局也是看准了民国成立需要使用新式的教科书的机会而起家。由于教科书使用量大，利润丰厚，因此出版机构竞相出版教科书。"商务、中华、世界所以能成为出版界的翘楚，唯一的基本条件是印数最多的教科书"②。

商务印书馆和中华书局是图书出版大户，从它们的图书出版数量可以看出五四时期图书出版的概况。商务印书馆在 1912—1918 年间共出版图书 1023 种，1919—1926 年间共出版图书 2074 种；中华书局在 1912—1918 年间共出版图书 394 种，1919—1926 年间共出版图书 533 种。③ 商务印书馆与中华书局在教科书上的竞争，极大地推动了文化的进步和图书事业的发展。

五四时期的图书出版还出现了很多新的气象。第一类是一般知识性图书。商务印书馆编印了各科入门的小丛书，如《百科小丛书》、《农业小丛书》、《工业小丛书》、《商业小丛书》、《师范小丛书》等。第二类是介绍新思想的学术著作。中华书局编印《新文化丛书》，商务印书馆出版《共学社丛书》（梁启超主编）。商务印书馆也是自此时开始，逐渐走向以翻译国外哲学、社会科学方面的学术著作为主，并出版中外文的语文辞书。第三类是社团系列图书。商务印书馆编印《文学研究会丛书》，中华书局编印《少年中国学会丛书》，泰东图书局出版了《创造社丛书》，新潮社出版《新潮丛书》，等等。

---

① 陆费伯鸿：《论中国教科书史》，张静庐编：《中国近代出版史料》（初编），群联出版社 1953 年版，第 213 页。

② 章锡琛：《漫谈商务印书馆》，中国人民政治协商会议全国委员会文史资料研究委员会编：《文史资料选集》第 43 辑，文史资料出版社 1964 年版，第 98 页。

③ 吴永贵：《民国出版社史》，福建人民出版社 2011 年版，第 49 页。

　　五四时期的文学著作中，翻译作品占比最大，新文学创作的数量相对较少。蒲梢的《初期新文艺出版编目》中记载了 1919 年至 1923 年的新文艺出版概况，5 年间，共有 170 种新文艺书籍出版。

表 1-4　1919 年至 1923 年新文艺著作出版数 [①]

类别		数量	总计
创作	短篇小说	10	39+16 [②]
	长篇小说	3	
	诗歌	16	
	戏剧	1	
	其他	4	
	合集	5	
翻译	小说	41	92
	戏剧	46	
	诗歌	4	
	其他	1	
研究	外国文学史	5	19+4 [③]
	文学批评	14	
总计			170

　　五四时期的图书往往和报刊的编辑、出版、印刷、发行融为一体，出版业和新闻业相互结合、相互宣传、相互带动。"图书的内容和形式都反映出一定社会、一定时期的生活状况和意识形态。社会生活实践决定了图书的内容和形式，同时，图书的内容和形式又成为影响社会进一

---

　　① 蒲梢：《初期新文艺出版编目》，张静庐编：《中国现代出版社史料》（甲编），中华书局 1954 年版，第 107—121 页。

　　② 创作类另有 16 部，参见阿英：《中国新文学大系》史料索引，上海良友图书印刷公司 1935 年版，第 267—382 页。

　　③ 研究类另有 4 部，参见阿英：《中国新文学大系》史料索引，上海良友图书印刷公司 1935 年版，第 267—382 页。

步发展的有力因素。"①

（二）报纸

中国的报馆受西方影响，从西洋人来华创办至戊戌时国人模仿自办，报馆逐渐增多。知识分子和党派意识到报纸的影响力，"泰西各国竞立报馆者何也？缘百年之内，各国所出新法，有益于教养者多，故先登报章，俾人周知，择善而从之也。"②晚清之后，有志于变革者对出版物的重视程度日渐加大。报刊逐渐成为革命事业之重要组成部分，甚至印刷机关也变得格外重要。孙中山就曾感慨："深感现在之痛苦，预测未来之需要，从速设立一大印刷机关，诚不可谓非急务矣"。③袁世凯时期对报刊严加控制，形成了民国初年的办报低潮。从1913年"癸丑报灾"到1916年袁世凯毙，"全国报纸的总数始终只维持在130—150种上下，几乎没有增长，形成了民国以后持续了四年之久的新闻出版事业的低潮"④。袁世凯之后，报纸数量又有回升。

五四时期的报纸主要分为政党报纸、商业报纸、宗教报纸等几大类别。

晚清末年，各地新成立政党数量骤然增多。民国成立后，政局依然混乱，据不完全统计，政党约有300个之多。其中影响最大的是由共和党、民主党和统一党合并而成的进步党，由同盟会、中华革命党演进而来的国民党，以及后来成立的中国共产党。这些政党中也有发行自办报刊为自己的政治主张鼓吹宣传的，但大部分政党的实力不够，也对宣传影响不够重视，因此有影响的政党报纸并不多。党派的报刊互相之间有所对立，民

---

① 刘国钧：《中国书史简编》，书目文献出版社1982年版，第1页。
② [英]李提摩太：《中国各报馆始末》，张静庐编：《中国现代出版社史料》（补编），中华书局1957年版，第65页。
③ 孙中山：《致海外国民党同志函》，《孙中山全集》第5卷，中华书局1985年版，第211页。
④ 方汉奇：《中国近代报刊史》，山西人民出版社1981年版，第720页。

国初，"当时民党报纸之团体为新闻团，而政府党所组织之报界同志会者，则为政府党各机关报之总枢，与新闻团取对抗的形势者也。"①

当时，研究系的进步党势力式微，但他们的报纸《晨报》（1918—1928）、《时事新报》（1911—1947）社会影响面最广，因为其办报历史悠久、经验丰富，在很多业务领域走在商业报纸的前面。《时事新报》诞生于 1911 年 5 月，由上海的《时事报》和《舆论日报》合并而成，五四时期与北京的《国民日报》《晨报》一并受研究系领导。② 三家报纸共同使用部分稿件，"为迎接世界新潮流起见，共同延揽海内外同志从事著译，由三家轮迭发表"③。三份报纸中，唯独《时事新报》位于上海，受租界庇护，言论相对比较自由。

国民党报纸的数量较多，但鱼龙混杂，其中较有影响的是国民党政学系的《中华新报》（1915—1926）、国民党自由派的《民国日报》（1916—1932），《星期评论》（1919—1920）副刊影响也很大。原同盟会会员在各地区以个人身份创办的革命报刊也有一定的影响。1915 年到 1923 年，仅福建地区就有 8 份国民党党员个人创办的报纸。④

由于共产党早期受到各政治势力的限制，其出版物多为期刊，报

---

① 戊午编译社：《北京新闻界之因果录》，杨光辉等编：《中国近代报刊发展概况》，新华出版社 1986 年版，第 165 页。

② 研究系为民初的一个政治派系，可追溯至清末新政中的立宪派。1913 年其骨干成立进步党与国民党抗衡。1916 年护国战争后梁启超组建宪法研究会，表面是民间学术组织，实际上是在国会中与国民党进行角逐的政治力量。其代表人物有梁启超、汤化龙、林长民、蒲殿俊、汪大燮、林志钧、蓝公武、刘崇佑、张君劢等。参见彭鹏：《研究系与五四时期新文化运动——以 1920 年前后为中心》，中山大学出版社 2003 年版，第 23—30 页。

③ 《北京国民日报、北京晨报、上海时事新报紧要启事》，《时事新报》1919 年 7 月 16 日。

④ 参见王润泽：《北洋政府时期的新闻业及其现代化》，中国人民大学出版社 2010 年版，第 81 页。

纸较少。在 1922 年 7 月中共二大后，共产党本打算在北京办《远东日报》，专门宣传国民革命，但遭到马林的反对，理由是"第一，本党能力不足；第二，恐不久被封闭；第三，以为当时党不应该办这样大的机关报，只应办一周刊等"。[①] 这成为共产党在很长一段时间内的宣传方案。这时出版的《向导》周报（1922—1927）对共产党的政治主张进行了一定程度的宣传。共产党创办的报纸《广东群报》（1920）只创办了三天便停刊。虽然共产党刚刚成立，但对宣传有严格的政治要求。共产党的报纸从创办人员、组织纪律到发布内容，"表现出十足的政党报纸特色"。[②]

商业报纸是报纸的中坚力量，数量众多。严格意义上的商业报纸不获取政府、党派津贴，不隶属于党派或团体，以商业经营为手段，以营利为目的。五四时期绝大部分的报纸都不是纯粹依靠自身力量生存的。商业报纸最发达的地方是上海、北京和天津，影响最大的是上海的《申报》（1872—1949）、《新闻报》（1893—1949）、《时报》（1904—1921？）、《神州日报》（1907—1946）、《晶报》（1919—　），北京的《顺天时报》（1901—1930）、《京报》（1918—1926）、《晨报》（1918—1928），天津的《益世报》（1915—1937）、《大公报》（1902—1966），等等。

宗教报纸主要是天主教与基督教在华所办。五四时期天主教和基督教在华办的报刊并不多，主要发行周期较长的期刊。[③] 从总体来说，宗教报纸在五四时期影响相对很小。宗教报纸中最具代表性的是天津的《益世报》（1915—1937），该报主要宣扬天主教教义，同时涉及社会生

[①] 蔡和森：《吾党产生的背景及其历史使命》，中共广东省委党史研究委员会办公室编：《"一大"前后的广东党组织》，1981 年版，第 61 页。

[②] 王润泽：《北洋政府时期的新闻业及其现代化》，中国人民大学出版社 2010 年版，第 123 页。

[③] 参见王润泽：《北洋政府时期的新闻业及其现代化》，中国人民大学出版社 2010 年版，第 144—145、159—160 页。

活，在非宗教读者中也有认可。

五四时期的新文化传播不是孤立的，不仅仅在期刊界影响巨大，同样席卷了报纸行业。无可否认，期刊由于自身的传播周期和容量无法与报纸相比，论传播的速度，还是报纸略胜一筹。曾虚白总结说："杂志虽然打了头阵，抢了头功，但是如果没有报纸支持，收效还是有限。因为报纸天天出，读者多，只要登高一呼，声势自然很大"，而在报纸中立了大功的，"不是掌报社大旗的言论栏，而是被认为报屁股，敬陪报纸末座的'副刊'"①。副刊本身处于"附属"的地位，一般与报纸本身的基本观点吻合，但也会比新闻版面更加开放。副刊由于文学性较为浓厚、观点表达上更为隐蔽，在报纸审查的过程中往往被忽视，反而提供了一个相对更加开放和自由的空间，给许多作者公开表达观点的机会。因而，"利用副刊的相对独立性宣传自己的观点，是革命舆论战士在反动统治地区迫于形势而采取的一种权宜之计。"②在五四时期，由于思想变革首先从文学、文化开始，因此报纸副刊的变化也就格外明显。副刊原本主要刊登消闲娱乐文章，但在五四后，"报纸副刊开始改变原来的文化品位，转而投入到传播新思想和新文艺的潮流中去，承担起改造国民思想和改良社会的重要任务"，体现出"传播功能上的多样化表现和传播内容上的精英化倾向"③。

胡适很早就总结道，1919 年至 1921 年间的《学灯》、《觉悟》、《晨报副刊》是"三个最重要的白话文的机关"④。五四时期的这三大副刊在社会上产生了很大影响，与新文化期刊极为相似。⑤《学灯》是上海《时

---

① 曾虚白：《中国新闻史》，台湾政治大学新闻研究所 1969 年版，第 317 页。

② 方汉奇：《报史与报人》，新华出版社 1991 年版，第 329 页。

③ 吴静：《〈学灯〉与五四新文化运动》，中国书籍出版社 2013 年版，第 175 页。

④ 胡适：《文学革命运动》，阿英编：《中国新文学大系》史料索引，上海良友图书印刷公司 1935 年版，第 18 页。

⑤ 学界有"五四时期四大副刊"之说。另有孙伏园离开《晨报副镌》后主编的《京

事新报》的副刊，创办于 1918 年，其旨有三："一曰藉以促进教育，灌输文化；二曰屏门户之见，广商权之资；三曰非本报同人之撰论之用，乃为社会学子立说之地。"①《学灯》的本意，"就是奉学术作本栏新文化运动的指导明灯。借着这学术的灯，做我们积极的、基础的、稳固的、建设的新文化运动。这正是本栏取名"，希望"从学术的根本研究，建中国的未来文化"②。《学灯》坚持渐进式启蒙的方式。从 1918 年至 1923 年，张东荪、匡僧、俞颂华、郭虞裳、宗白华、李石岑、郑振铎、柯一岑先后担任过《学灯》的编辑。这些编辑的专长各不相同，但是其建设新文化的方向却始终如一，对新文化运动中所遇到的问题保持着理智和清醒。《晨报》前身为创办于 1916 年的《晨钟报》，1918 年更名为《晨报》。李大钊 1919 年主编《晨报副刊》后做了大量改革，不仅对新思潮进行了呼应，而且刊登了许多翻译作品和新文学创作，包括冰心最初的创作。1920 年后孙伏园接替李大钊主编《晨报副刊》，不仅更为积极地刊发新文学创作，而且设置了与普通民众贴近的栏目，持续于细微处见精神。"在社会中流行'根本解决'的主旋律的语境中，这种于'细微处见精神'的启蒙思路就尤其显得可贵。"③《觉悟》是上海《民国日报》的副刊，于 1919 年 6 月创办，由《民国日报》总经理邵力子主编，设有"随感录"、"诗"、"小说"、"剧本"等专栏，发表了大量西方文学译作和新文学原创作品，包括鲁迅及许多文学研究会作家作品，具有较强的现实主义倾向。《觉悟》还对杜威实验主义、新村主义及罗素的哲学思想有所介绍。

报副刊》，创刊于 1924 年 12 月 5 日，于 1926 年 4 月邵飘萍被害后停刊，共出版 477 期。从时间上来看，它不属于五四时期。

①　张东荪：《学灯宣言》，《时事新报》1918 年 3 月 4 日。

②　《学灯栏宣言》，《时事新报》1920 年 1 月 1 日。

③　张涛甫：《报纸副刊与中国知识分子的现代转型——以〈晨报副刊〉为例》，广西师范大学出版社 2007 年版，第 106 页。

五四时期的报纸在整体上与之前有所不同，主要表现在："以往读者之与报纸，消闲的成分多，求知的成分少；商界读者多，学界读者少。新文化运动开展之后，青年学生求知欲昂进，成为报纸的新读者群，并'逼使'报纸在精神与内容上刷新。由是报纸对新文化运动，发挥促进与扩大的功效。"① 此外值得一提的是，1918 年北京大学成立了新闻学研究会，1919 年徐宝璜出版了《新闻学》，基于报刊业的中国新闻学也在五四时期诞生了。

（三）期刊

中国古代有书籍和邸报，但是没有以一定周期发行的期刊，这其中有多方面的原因。中国古代新闻出版事业的落后源于封建王朝的压制，也与印刷技术的落后有很大关系，随着现代印刷技术的传入，中国的出版事业开始走向现代。现代出版使大规模的文字传播成为可能，信息传播加速，书籍的印数倍增，于是出现了现代报刊。"每种媒介出现时，都面临了一系列独特的社会、经济和政治的情况，他们形成了这种媒介在社会上特殊的采纳方式。"②

世界上最早的期刊是 1665 年 1 月 5 日，法国人戴·撒罗在巴黎创办的《学者杂志》（*Journal Des Sarans*）。首次使用 magazine 一词的是 1731 年英国爱德华·卡夫创办的《绅士杂志》（*Gentleman's Magazine*）。期刊的英文 magazine，源于阿拉伯文"makhzin"，原指"仓库或武器、弹药、炸药等军火库"，从 16 世纪开始兼指"知识库"。它的本义就是思想的仓库，这种仓库为思想提供充足的武器。

从中国近代报刊诞生开始，"报纸"与"期刊"是不分的，由中国人创办的期刊最初多以"报"相称。1900 年，杜亚泉在上海创办的《亚

---

① 赖光临：《七十年中国报业史》，台北中央日报社 1981 年版，第 59 页。

② ［美］梅尔文·德弗勒、洛基奇：《大众传播学理论》，杜力平译，台北五南图书出版公司 1991 年版，第 139 页。

泉杂志》以"杂志"为刊名，此为首创。之后的期刊以"杂志"为名的逐渐增多，如 1904 年在上海创办的《东方杂志》等。后来的期刊除了标以"杂志"外，不少都直接以刊物的名称标示。但依然有部分期刊以"报"为名，如月刊《国民报》、半月刊《新民丛报》等。

在官方认定中，报纸和期刊都属于报纸大类，如《大清报律》、《报纸条例》中都没有将期刊单列。1915 年北洋政府的《报纸条例》，依然将报纸和杂志同等对待："用机械或印版及其他化学材料印刷之文字、图画，以一定名称继续发行者均为报纸"，报纸分为六种，即日刊、不定期刊、周刊、旬刊、月刊、年刊。[①]1901 年梁启超在《中国各报存佚表》中称：报刊"约分二类：一曰日报（星期报附之），二曰丛报（旬报、月报附之）"[②]，其中"丛报"也是今天所称期刊。他在同期的另一篇文章中也提到："日报与丛报，皆所当务，而丛报为尤要。"[③]

我国目前官方对期刊的定义，沿用 2005 年 9 月 30 日新闻出版署发布的《期刊出版管理规定》："期刊又称杂志，是指有固定名称，用卷、期或者年、季、月顺序编号，按照一定周期出版的成册连续出版物。"但明确将报纸和期刊分开讨论是从何时开始，特别是官方何时起对报纸和期刊进行区分，笔者尚未见到有关论述和史料。

期刊本身具有独特的媒介特性，使它与其他媒介有所区别。第一，从受众的感官来说，期刊主要诉诸受众的视觉，以静态的文字为主。在电子传媒出现之前，以文字为表现形式的媒介更容易引发读者的思考。第二，从传播速度来说，它与其他纸质传播形态一样，受制于交通发

---

① 《报纸条例》，中国第二历史档案馆编：《中华民国史档案资料汇编》第三辑（文化），凤凰出版社 1991 年版，第 299 页。

② 梁启超：《中国各报存佚表》，《清议报》1901 年第 100 册。

③ 梁启超：《本馆第一百册祝辞并论报馆之责任及本馆之经历》，《清议报》1901 年第 100 册。

展。信息传播的速度更慢一些，期刊以内容深入翔实为特色。第三，从传播内容的耐久性来说，它比报纸更持久。新闻是易碎品，过期的报纸几乎没有价值，但是旧杂志却依然在市场上出售。期刊具有相当深厚的解释功能，"杂志一直把兴趣主要放在我们称为'因果关系'——解释社会及其各部分，预测发展趋势，并把零碎的事实联系起来，阐明新闻的意义。换言之，杂志是伟大的注释家"①。

关于期刊、报纸和书籍的关系，有"报刊同源说"，认为期刊源于我国唐代的"开元杂报"；有"书刊同源说"，认为成套图书出版、丛刊、丛书、总集、别集、多卷集、类书、选集、文集、续集、补编、集刊等出版形式孕育着"连续出版"的含义。中国的期刊是现代的产物。期刊与书籍及报纸有别，在媒介生态中占据不同的生态位②，这是由期刊本身的特性决定的。期刊持续出版，比书籍传播更具持续性；期刊提供知识，比报纸更具理性色彩。

尽管期刊与书籍都以深度为核心特质，但二者各有侧重。书籍是对装订成册的著作的总称，书籍可以古籍为内容，也可以时人的思想为主题，具有相当的随意性。在中国古代，先秦儒家经典成为"书"的范本，经史子集是中国书籍中的重头。书籍除大部头的成套图书外都是零散的，而期刊从创刊起便是一种系统工程，即便由于种种原因存活时间不长，也是具有连续性的出版物。期刊的出版周期在书籍和报纸之间，内容较书籍新、较报纸慢，这使得它在思想性上比报纸深刻，但是又比书籍来得快，能更敏锐地把握当下社会的思潮。现代期刊最初的发行量并

---

① ［美］德弗勒等：《大众传播学通论》，顾建军等译，华夏出版社1989年版，第150页。

② 生态位（niche）是指"一个生物在群落和生态系统中的位置和状况"，"不仅决定它生活在什么地方，而且决定于它干些什么"。参见尚玉昌等：《普通生态学》上，北京大学出版社1995年版，第283页。

不如古代的书籍，但由于它连续出版，使更多的人接触到新文化和新的思想。

期刊和报纸也有很大差别。虽然我们常将报纸和期刊合称"报刊"，实际上，它们在本质上是有所区别的。戈公振认为，区分报纸与杂志应当从内容入手，"报纸以报告新闻为主，而杂志以揭载评论为主，且材料之选择，报纸是比较一般的，而杂志是比较特殊的"①。德国传教士花之安在《新闻纸类》中根据时间和内容对报纸进行了分类，将报纸分为"杂报"和"专报"："大抵每日出者，则以时势政事杂报居多。每月每礼拜出者，则为专报，如天文格致等报居多。盖事有多寡，且有难易，故不得不分报。"② 马克思、恩格斯在《〈新莱茵报·政治经济评论〉出版的启示》中称："杂志也有杂志的优点，它能够更广泛地研究各种事件，只谈最主要的问题。杂志可以详细地科学地研究作为整个政治基础的经济关系。"③ 孙中山也曾说："求其移风易俗，感人之深者，日报之过目易忘，不如杂志之足资玩索也。"④ 期刊在内容上更为集中，同时在发行周期上稍慢，比较容易对问题进行深入探讨。

较之传统的书籍而言，期刊的连续性可以让它所传播的思想持续不断得到加强。期刊本身又比报纸更具有知识性，同时更具有理性色彩。期刊有着相对稳定的读者群体，而这些读者群之间能够进行公共交往，因此期刊本身带有现代性的色彩。自现代出版兴起，期刊的大量涌现，在思想传播的广度和速度上明显远超教育，且胜过了专著。有学者总结期刊对文学和思想的影响："凡一时代的文学风气发生新旧嬗变之

---

① 戈公振：《中国报学史》，上海古籍出版社 2003 年版，第 6 页。
② 宋应离：《中国期刊发展史》，河南大学出版社 2000 年版，第 36 页。
③ 许清茂：《杂志学》，厦门大学出版社 2002 年版，第 8 页。
④ 许清茂：《杂志学》，厦门大学出版社 2002 年版，第 8 页。

际，首先起推波助澜作用的往往是一两家期刊。究其原因，不外是领风气之先的知识分子以单个的声音呼吁社会毕竟微弱，非黄钟大吕不足以惊醒被传统观念麻痹的心灵；而知识分子的高头讲章在这种社会心理普遍浮躁的情况下不仅难以产生，也难有被普遍接受的条件。在这种状况下，唯期刊杂志以周期的快与相对的持续性、思想的新与阵容的相对集中性，以及信息的多并能容纳一定的学术深度，成为得天独厚的时代骄子。"①

前现代社会中，社会关系只能通过宗族血缘或区域社会交往形成小型关系网络，但是印刷媒介，特别是大众化的期刊，使得社会关系同时具备了时间上和空间上的延展性。期刊可以将成千上万的陌生人联系起来，形成一个新的思想社区。期刊由于本身的特性，被认为是学术的代表。戈公振曾大胆断言："一国学术之盛衰，可于其杂志之多寡而知之。"②20世纪初，中国的期刊进入高速发展时期，为现代思想的传播提供了新的空间和途径。现代文化的传播速度因现代报刊的诞生而加快，作为大众传媒的期刊也体现出前所未有的文化变革力量。

第三节　五四时期的期刊生态

一、五四时期期刊类别

1919 年，罗家伦曾将当时的期刊分为官僚派、课艺派、杂乱派和

---

① 陈思和：《想起了〈外国文艺〉创刊号》，载上海市出版社工作者协会编：《我与上海出版社》，学林出版社 1999 年版，第 498 页。

② 戈公振：《中国报学史》，上海古籍出版社 2003 年版，第 217 页。

学理派四类。① 周策纵借鉴此分类，将五四运动之前的期刊分为四类，一是官方公报，二是学校当局或学生出版的期刊，三是适合大众口味的杂志，四是评论类的期刊。② 本文倾向于从总体上将五四时期期刊分为非文化期刊和文化期刊两大类。

（一）非文化期刊

1.政府公报

辛亥革命后，为体现民主政治，南京临时政府内务部规定："凡大总统及各部所发之公文，有通行性质者，皆须登于公报"③。公报类似古代的邸报，主要供各级官吏阅读。官方报刊中政府部门、地方政府及各部门的刊物主要是期刊而不是报纸，因为内容相对没有中央政府那么多，如果按日发行在内容上明显不够，也没有必要。从民初南京临时政府的《临时政府公报》开始，官报名多以"公报"为名。政府公报主要有中央政府公报、地方政府公报、中央政府部门公报和地方政府公报几类。

由于南京临时政府内务部的规定，民国初年各级政府创办了一大批公报。五四时期所创公报数量有所减少，但也有四十余个。其中，五四时期中央政府公报又包括南方中央政府的公报，如 1917 年创办的《军政府公报》；中央和地方议会的公报，如 1916 年创办的《宪法会议公报》等；北洋中央政府所属各个机关的公报，如交通部的《交通公报》、外交部的《外交公报》等。各省、市、县也有各自的政府公报，如《京兆公报》、《广州市市政公报》、《青浦县政公报》、《浙江海盐县署公报》等。

---

① 罗家伦：《今日中国之杂志界》，《新潮》1919 年第 1 卷 4 号。

② ［美］周策纵：《五四运动史》，陈永明等译，岳麓书社 1999 年版，第 259—260 页。

③ 《内务部办法公文程式咨各部文》1912 年 1 月 26 日，载中国第二历史档案馆编：《民国时期文书工作和档案工作资料选编》，档案出版社 1987 年版，第 2 页。

各省直属机关、高等法院、银行等也有各自的公报,名公报或季刊、月刊、半月刊、通讯等。除此之外,还有一些行业公报,如教育厅所办的《广西教育公报》、《甘肃教育公报》,铁路局所办的《铁路公报》,以及《东三省盐务公报》等。

2. 科技期刊

科技期刊主要是指介绍、研究、普及理工科学的期刊,以 1915 年创办的《科学》为最早的代表。中国科技期刊的起源,"受中国传统新闻出版文化的影响和中西出版文化交融的影响,表现出明显的多元性"①。五四时期人们对科学知识的渴求大增,出现了以《学艺》、《观象丛报》、《心理》、《美术》、《农学杂志》、《矿业杂志》、《电界》、《北京大学月刊》、《社会科学季刊》为代表的科技期刊。

1915 年,任鸿隽、杨铨等中国科学社社员在留美回国后于上海创办《科学》月刊,"以传播世界最新科学知识为职志"。②《科学》出版至 1959 年,不仅开五四时期科技期刊先河,也是中国现代科技出版史上最为重要的期刊。1917 年 4 月创刊的《学艺》是丙辰学社的社刊(1923 年改名为中华学艺社),丙辰学社社员有梁启超、蔡元培、范源濂、熊希龄等一百三十余人。"十八世纪以来,自然科学大昌。其研究方法应用于精神科学,而精神科学因以大明。自斯厥后,两者连而前,泰西文化为之大进","同人有鉴于此,特刊斯志。一以昌明学术、灌输文明为宗旨。"③《学艺》除刊载人文及社会科学的语言、文学、政治、经济、教育等内容外,还介绍自然科学知识,甚至对爱因斯坦的相对论都曾涉及。

除了这两份期刊外,天文、医学、农学、矿学等各领域在五四时期

---

① 姚远等:《中国近代科技期刊源流》,山东教育出版社 2008 年版,第 8 页。

② 《发刊词》,《科学》1915 年第 1 卷 1 号。

③ 君毅:《发刊词》,《学艺》1917 年第 1 卷 1 号。

均有期刊出版。1915 年由中央观象台创办的《观象丛报》主要刊发天文、气象等自然科学方面的文章。1915 年，上海中华医学会创办《中华医学杂志》，伍连德任总编辑。1916 年，广东省地方农林试验场编辑出版《广东农林月报》，提倡农业救国。1917 年，中华职业教育社创办的《教育与职业》，是中国最早的职业教育期刊。1917 年，中华矿学研究会在长沙创办《矿业杂志》。1919 年，北京高等师范学校博物学会创办生物学期刊《博物杂志》。1921 年南京高等师范学校史地研究会创办了历史类学术期刊《史地学报》，先季刊而后改为月刊。1921 年山西太原中医改进研究会创办了医学双月刊《医学杂志》，以"追源溯流、融会贯通"医学知识为宗旨。

3. 政党期刊

在政党期刊中，国民党的《建设》（1919—1920）、《解放与改造》（后改名为《改造》）（1919—1922）等影响较大。

《建设》是国民党的刊物，共出版 13 期。1919 年 8 月，孙中山委派胡汉民、朱执信、廖仲恺等人在上海创办《建设》。孙中山在发刊词里说道：民国成立之后国际地位、国内官僚舞弊专横依旧，是由于革命破坏之后不能建设，"故发刊《建设》杂志，以鼓吹建设之思潮，展明建设之原理，冀广传吾党建设之主义，成为国民之常识，使人人知建设为今日之需要，使人人知建设为易行之事功"，最终达到"万众一心以赴之，而建设一世界最富强、最快乐之国家"。①《建设》的内容主要包括对世界局势和国际问题的分析、对欧美民主和自治理论的介绍、对新文化运动的宣传、对未来中国建设的设想等。《建设》与《民报》、《星期评论》、《国民日报·觉悟》一同成为国民党的文化阵地。

---

① 孙中山：《杂志发刊词》，《建设》1919 年第 1 卷 1 号。

《解放与改造》1919 年 9 月创刊于上海，半月刊，第 1 卷共出 8 期，第 2 卷出 16 期，是研究系 ① 的政论刊物。《解放与改造》主编为张东荪、俞颂华，宗旨是从事"解放"，亦即"使现在的自我完全从以前的自我解放出来，同时使现在的世界也从以前的世界完全解放出来"。这"解放"乃是一种"替补"，"替补就是改造，所以一方面是不断的解放，他方面是不断的改造"②。张东荪在创刊号发表《第三种文明》，主张致力于社会的解放与改造，宣扬基尔特社会主义 ③。《解放与改造》第 3 卷起改名《改造》并改为月刊，由中华书局出版，梁启超主编，实际为蒋百里主持。1922 年 9 月出版至第 4 卷第 46 期停刊。《改造》的《发刊词》为梁启超所撰，提出要将基尔特社会主义向"实际的方面"贯彻。《改造》开设有社会主义讨论、政治、哲学、文化、教育、文学、历史、科学等栏目，刊发了许多介绍西方各种社会主义思潮的文章，提出要"从唯物主义转到精神主义"，"去马克思而返于康德"，反对马克思主义的社会革命论，反对科学社会主义，反对俄国十月革命，强调中国的当务之急是发展资本主义。这些主张受到《新青年》、《共产党》等期刊的批评，引起了当时关于发展何种社会主义的论争。

共产党在五四后期也出版了宣扬马克思主义的期刊。《新青年》自

8卷1号起主要宣传马克思主义，成为中共上海发起组的公开理论刊物。此后瞿秋白继续使用《新青年》的名称，创办了中国共产党中央委员会的机关刊物《新青年》（季刊）（1923—1924）。此外，还有1920年创办的《劳动界》、《共产党》，1921年创办的《工人周刊》、《劳动周刊》，1922年创办的《先驱》、《少年》，1923年创办的《新时代》、《前锋》、《中国青年》等。它们大都创办于五四后期，均由初步具有共产主义思想的知识分子主办，成为传播马克思主义的主要阵地。这些期刊一方面翻译、介绍马克思主义基本原理，宣传马克思主义重要观点；一方面运用马克思主义理论，解释中国社会现象，提出解决中国社会问题的方法。

（二）文化期刊

1. 综合性文化期刊

综合性文化期刊是本研究重点关注的内容，它们大致可以分为三类：第一类是保守主义的文化期刊，如《国故》、《学衡》等；第二类是中立的文化期刊，如《东方杂志》等；第三类是新文化期刊，其中最具代表性的是由《甲寅》演变而来的《新青年》和《太平洋》。五四时期的新文化期刊多少受到《新青年》的影响，如《新青年》同人的学生所办的《新潮》、《国民》；和《新潮》类似的学生期刊，如浙江的《浙江新潮》、陕西的《秦钟》；和《国民》具有较多相似之处的《少年中国》等。

除此之外还有少量的宗教期刊，如1913年2月孔教会在北京出版《孔教会杂志》，鼓吹立孔教为国教，成为袁世凯复辟的鼎力支持者。1919年多名佛教领袖赴京请愿，要求废止《管理寺庙条例》，并创办了《觉书》、《海潮音》、《佛化》、《佛学旬刊》、《佛学汇刊》等佛学期刊，其中以1920年创办并在全国发行的《海潮音》影响最大。基督教也出版有《基督公报》、《基督教育》、《中国基督教学生运动特刊》等期刊。

2. 通俗文学期刊

五四前期的文学期刊延续了民初的特点，以鸳鸯蝴蝶派期刊为主。

民国初年，通俗小说期刊风行一时。一批在民初成立的书局在五四时期出版了通俗期刊，大都刊载的是鸳鸯蝴蝶派作家的作品，内容市民化倾向明显，包括天虚我生主编的《女子世界》、许啸天主编的《眉语》、徐枕亚主编的《小说丛报》等。张静庐回忆，他在 1913 年前后的阅读中，最合他脾胃的是言情或哀情小说，因为那时根本没有讲革命、谈主义的书籍刊物，有的"只是风靡一时的'礼拜六派'的小说杂志"。①

这些期刊在 1915 年之后依然有所延续，文明书局、国华书局、大东书局和世界书局几个中等书局出版了不少通俗期刊。文明书局于 1902 年在上海创办，1915 年出版了包天笑主编的《小说大观》，1916 年出版了姚婉雏主编的《春声》，1917 年出版了包天笑、钱病鹤主编的《小说画报》。国华书局 1915 年出版了李定夷主编的《小说新报》、许指严主编的《消闲钟》。大东书局 1916 年在上海创办，出版有周瘦鹃、赵苕狂主编的《游戏世界》。世界书局于 1921 年由沈知方在上海创办，1922 年就创办了李寒秋主编的《快活》，江红蕉主编的《家庭杂志》，严独鹤、施济群主编的《红杂志》以及《良晨》四种期刊，1923 年创办了《侦探世界》。通俗读物虽然在五四时期受到了严重冲击，存活时间都不长，但是依然存在一定的市场需求。

3. 新文学期刊

综合类文化期刊上刊载各类文学作品，从清末开始就司空见惯，在五四时期也是如此。与通俗文学期刊有所不同，五四初期并没有狭义的新文学期刊。新文学的主张最初由综合类文化期刊提出，如《新青年》、《新潮》等期刊是五四新文学最初的发源地，不仅是倡导者而且也是积极的实践者，但它们都不是纯文学期刊，或者说只能够算是折中意义上

---

① 张静庐：《在出版社界二十年》，江苏教育出版社 2005 年版，第 20 页。

的文学期刊。① 换句话说，新文学期刊与新文化期刊在五四初期的重叠性极强。

到五四后期，因《新青年》提倡的文学革命影响逐渐扩大，新文学创作迅速增长，才有了狭义的新文学期刊。新文学期刊大部分是由新文学社团创办的，如在 1921 年改版后作为文学研究会会刊的《小说月报》、《文学旬刊》以及 1922 年创办的《诗》，创造社 1922 年的《创造》季刊，浅草社 1923 年创办的《浅草》季刊和《文艺》旬刊等。此外，还有泰东图书局 1920 年创办的《新的小说》，北京大学歌谣研究会 1922 年创办的《歌谣》周刊等。

二、期刊总体情况

报刊等出版物的统计和目录的编制是历史研究特别是新闻史研究的基础。王云五在 1937 年就认识到出版物统计的重要性："要使人对于中国的出版事业有相当的认识，必须从出版物的统计着手。"② 报刊史研究权威方汉奇在 1981 年曾经提出报刊史研究要"建立报刊目录学"③。但是目前尚未见到五四时期期刊的统计情况，因此关于五四时期期刊的许多问题难以具体地进行回答。比如，五四时期期刊的总数、每年期刊数量的变化、全国各地的分布情况等，都有待期刊目录

---

① 学界对"文学期刊"一词的理解一般取折中义的"文学"之意，刊载的与文学有关的内容占期刊的大部分，或者刊载的与文学相关的内容在文学界产生重要影响的刊物，都可称为文学期刊。刘增人认为，"所谓文学期刊，应该包括纯文学期刊与'准'文学期刊两大系列"。参见刘增人：《中国现代文学期刊史论·引言》，新华出版社 2005 年版，第 1 页。

② 王云五：《十年来的中国出版社事业》，张静庐编：《中国现代出版社史料》（乙编），中华书局 1955 年版，第 335 页。

③ 方汉奇：《中国近代报刊史》，山西人民出版社 1981 年版，第 2 页。

的支持。

本书将五四时期期刊的整体情况进行了整理（详见本书附录《五四时期期刊目录》），以求做部分定量分析。由于五四时期距离现在时间相对久远，特别是许多小团体所办地方性期刊存活时间短、发行量小，这种目录整理和统计难免存在各种疏漏和差错，还有待进一步补充和修订，但还是能够反映出五四时期期刊的基本情况。

（一）数据来源

本研究中的统计数据主要源于公开出版的资料的归类、部分图书馆期刊资料的查阅和收集。公开出版的资料主要包括：

1. 全国第一中心图书馆委员会全国图书联合目录编辑组编辑：《1833—1849 全国中文期刊联合目录》（增订本），书目文献出版社 1981 年版。

2. 国家图书馆、上海图书馆主编：《1833—1849 全国中文期刊联合目录》（补充本），中央民族大学出版社 2000 年版。

3. 魏绍昌主编：《中国近代文学大系》（史料索引集第 29 卷），上海书店 1996 年版。

4. 魏绍昌主编：《中国近代文学大系》（史料索引集第 30 卷），上海书店 1996 年版。

5. 郑逸梅：《民国旧派文艺期刊丛话》，载魏绍昌主编：《鸳鸯蝴蝶派研究资料》，上海文艺出版社 1984 年版。

6. 静（张静庐）：《一九一九——一九二七年全国杂志简目》，载张静庐辑注：《中国现代出版史料》（甲编），中华书局 1954 年版，第 86—106 页。

7. 鲁深：《晚清以来文学期刊目录简编(初稿)》，载张静庐辑注：《中国现代出版史料》（丁编下卷），中华书局 1959 年版，第 513—517 页。

8. 刘增人等：《中国现代文学期刊史论》，新华出版社 2005 年版，第 218—251 页。

9.叶再生:《中国近现代出版通史》(第 2 卷),华文出版社 2002 年版,第 6—101 页。

(二)总体数量

根据本书《五四时期期刊目录》统计,1915 年至 1923 年这 9 年间,共创办期刊约 1800 种。除此之外,还有在 1915 年之前就创办的部分期刊在五四时期依然在社会上流通,如《东方杂志》(1904—1948)、《教育研究》(1905—1921)、《吉林农报》(1908—1920)、《教育杂志》(1909—1948)、《粤路丛报》(1911—1924)、《少年杂志》(1911—1931)、《女铎》(1912—1942)、《天籁季刊》(1912—1937)、《浙江公报》(1912—1924)、《盐政杂志》(1912—1937)、《中华工程学会会报》(1913—1929)、《出版界》(1914—1930)、《学生杂志》(1914—1947)等。由于这些期刊总数相对较少,并且对新创办期刊的统计更能够体现期刊发展的新形势,因此本书的量化分析对象主要是五四时期创办的期刊。

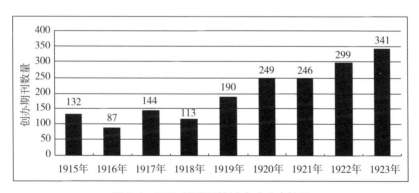

图 1-1　五四时期期刊创办年度分布情况

五四时期,如果按照期刊创办年度情况来看,大致可以划分为三个时间段。

1915—1918 年为预热期。由于部分期刊的倡导和传播,新文化在社会上产生了一定的影响。但由于环境的影响，创办数量有所起伏，特别是在 1916 年创办数量达到最低谷。

1919—1920 年为突进期。期刊数量有了长足发展，期刊的增长率和绝对数量都大幅度增加，明显受到五四运动的影响。与此同时，期刊的内容有了不少变化。

1921—1923 年为平稳期。发展相对平缓，由于变革思想的细化，期刊体现出更多的不同，不少期刊因主要编者思想的分歧而停刊。

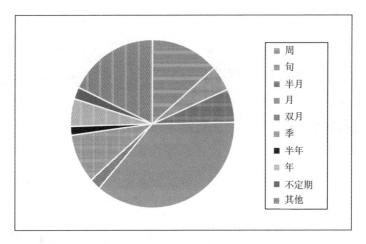

图 1-2　五四时期期刊发行周期占比 ①

从五四时期期刊的发行周期来看，占比最大的是月刊、周刊和季刊。月刊共有 561 种，占可统计期刊总数的 44%；周刊有 208 种，占可统计期刊总数的 16%；季刊有 145 种，占可统计期刊总数的 11%。以月为发行周期的期刊占比近一半，月刊可以做到既从容不迫，又能够呼应社会热点，成为期刊创办者的首选。

---

①　由于 528 种期刊发行周期不详，因此可统计发行周期期刊数量为 1272 种。

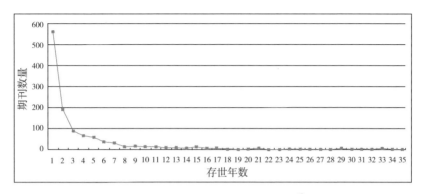

图 1-3 五四时期期刊存世年数统计 ①

　　五四时期所创办的期刊存世年份普遍偏短。存世 1 年的期刊数量最多，高达 562 种，占可统计期刊总量的 48%；存世 2 年的期刊有 190 种，占可统计期刊总量的 16%；存世 5 年以上的期刊总数为 204 种，不足可统计期刊总量的 18%。五四时期期刊虽然数量不少但总体短寿，多数期刊只是昙花一现，一方面是受时局的影响，另一方面则是由于许多期刊没有依托出版机构，而且在创办时并未做过周全和长远的考虑。可见，五四时期期刊出版的低门槛和低存活率同在。

　　（三）分布地域

　　五四时期可统计创办地点的 1760 种期刊分布于内地 24 个省份，香港、澳门 2 个殖民地，以及其他 13 个国家。创办期刊数排在前 5 位的依次是上海、北京、江苏、广东和浙江。上海创办期刊 476 种，占可统计期刊总数的 27%，在五四时期是名副其实的期刊出版集中地。北京创办期刊 301 种，占可统计期刊总数的 17%，仅次于上海，这源于北京是全国政治中心和教育中心。这五地创办期刊数量总和达到 1266 种，占可统计期刊总数的 72%。与其余各省期刊创办地点基本均在省会城

---

① 由于 630 种期刊存世年份不详，因此可统计存世年份期刊数量为 1170 种。

市不同，江苏、广东和浙江三省中，期刊创办地点分布于省内各市、县，这与该三省的政治、经济、文化相对发达有很大关系。

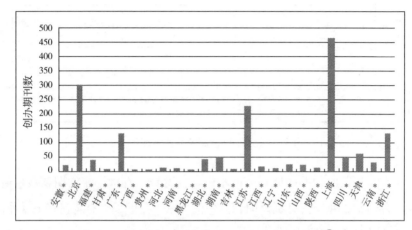

图 1-4　五四时期期刊创办地点分布情况（内地）①

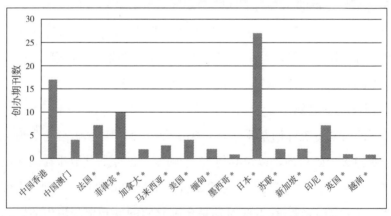

图 1-5　五四时期期刊创办地点分布情况（港澳及国外）②

---

①　由于 40 种期刊出版社地址不详，因此可统计创刊地点期刊数量为 1760 种。本图中以"*"代表具体城市名，如"安徽*"表示安徽省各地。此外，五四时期部分地名与今有异，为方便统计，出版社地均按照今名统一：北京即当时的北平，河北即当时的直隶；辽宁即当时的奉天。

②　本图中以"*"代表具体城市名，如"法国*"表示法国各地。

在港澳及国外所创办的期刊总体数量不大。内地之外，在日本创办期刊数量最多，有 27 种，其次分别是中国香港、菲律宾、印度尼西亚和法国。

由此可见，五四时期期刊的创办地点分布广泛，但各地创办的期刊数量极不均衡。期刊创办的数量与各地具体的政治、经济和文化等小环境息息相关。

大众媒介的发展总是与其所处的时代和生态环境息息相关，作为大众媒介之一的期刊自然不能例外。无论是社会环境、媒介环境还是媒介子环境系统，都是影响和制约期刊发展的因素，它们为五四时期期刊提供了发展的土壤、成长的空间和变革的契机。

五四时期期刊产生于动荡的社会环境之中。辛亥革命推翻了清王朝的封建统治，虽然北洋军阀的统治极不稳定，各派系的斗争却在客观上放松了对国内文化出版的控制。民国初年的产业发展是期刊传播的经济基础，仕途无望的知识分子大量步入出版界，传统文化危机为新文化创造留下了空间，西学东渐丰富了文化传播的内容，新式学堂培养了期刊所需要的读者群，文化革新的持续酝酿为文化变革积蓄了力量，这些都为期刊在五四时期的发展和传播奠定了基础。

五四时期期刊出版受到《出版法》、《报纸条例》等法规条文的限制，也受到北洋政府的直接控制，特别是袁世凯的金钱加大棒政策，极大地打击了出版事业。但出版界已形成自觉的联合体，通过联合抗议、利用租界、国外出版等多种方式或明或暗地予以抗争。五四时期期刊大都依托大大小小的书局出版，以商务印书馆和中华书局为首的大型书局依托雄厚的经济基础、编辑队伍和庞大的发行体系，形成了期刊竞争态势；以亚东图书馆、泰东图书局、群益书社为代表的中小书局出版了数量众多的期刊，成为五四时期期刊出版的中坚力量。印刷技术的提高、邮政业和交通运输业的发展，也为期刊的发行提供了便利条件。

　　五四时期的出版场域主要包括图书、报纸和期刊。虽然不同的媒介形态有各自不同的优势，但出版业和新闻业往往互相影响。期刊在出版时间、所刊载的容量上均介于报纸和书籍之间，既同报纸有连续出版的优势，又与书籍一样能够细致说理。这些媒介特性决定了期刊更适宜传播动态的思想与文化，作为大众传媒的期刊在五四时期体现出前所未有的文化变革力量。五四时期期刊总体可分为文化期刊和非文化期刊。非文化类期刊分为政府公报、科技期刊、政党期刊等，文化期刊可分为综合性文化期刊、通俗文化期刊和新文学期刊等。

　　据课题组统计，在 1915—1923 年间共创办了约 1800 种期刊。五四时期期刊发展可分为三个阶段，即期刊的预热期（1915—1918）、突进期（1919—1920）和平稳期（1921—1923）。期刊存世时间普遍不长，约 48% 的期刊存世时间不超过一年，期刊出版的低门槛和低存活率同在。期刊分布广泛但极不均衡，主要集中在上海、北京、江苏、广东和浙江等地，受小环境影响较大。

第二章　五四时期期刊与新文化运动

　　旧文学，旧政治，旧伦理，本是一家眷属，固不得去此而取彼；欲谋改革，乃畏阻力而迁就之，此东方人之思想，此改革数十年而毫无进步之最大原因也。

　　　　　　　　　　　　　　　　　　——胡适、陈独秀 ①

　　新文化运动是五四时期文化创新扩散的通俗说法，并且是一种事后的称谓。在黎锦熙看来，"大凡一种'运动'，总是起于少数先知先觉一种有意识的宣传，跟着社会上一般人士受其影响而相遇相随，跟着政府也就受其影响而起了反应。"② 文化创新与文化扩散相辅相成，同样重要，而五四时期新文化这种由量变到质变并扩散的过程中，期刊的力量功不可没。新文化运动的发生有众多因素，但如孙中山所言，推新文化运动之始，"不过由于出版界之一二觉悟者从事提倡"③。虽然孙中山在新文化运动中一直保持相对冷静，并没有积极投入其中，但他的这个说

---

① 《通信·论〈新青年〉之主张》，《新青年》第 5 卷 4 号，1918 年 10 月。
② 黎锦熙：《国语运动史纲》，商务印书馆 2011 年版，第 85—86 页。
③ 孙中山：《致海外国民党同志函》，《孙中山全集》第 5 卷，中华书局 1985 年版，第 210 页。

109

法还是深中肯綮。

新文化运动是新思想的体系化及其在社会上的普遍传播，五四时期的新文化运动有赖于当时的期刊群。新文化运动由期刊发轫，逐渐建立了自己的话语体系，形成了新文化的语境。在与传统文化场话语权斗争过程中，新文化逐渐从边缘走向中心，最终成为文化主流。

第一节　期刊与新思想的形成

一、期刊与新思想的发轫

20世纪初期，期刊成为中国新思想孵化的工具之一。这种在中国发展不到百年的媒介形态，它的社会功能逐渐显现，其文化传播的力量逐渐被人们所认可，并且已被知识分子努力地实践。当然，现代期刊从进入中国并对大众产生影响，以及知识分子对期刊的态度转变，都是渐进的过程。

（一）晚清民初的期刊

中国的报刊有着悠久的历史，一般认为发端于唐开元年间的朝廷邸报，"邸中传抄一切诏令章奏以报于诸侯，谓之邸报。"[①] 邸报和南宋后非官方的小报，大都是册装的，有学者称之为古代期刊，但其与现代意义上的期刊存在着很大的差别。现代意义上的中国期刊是随着西方文化传入而开始的。从1815年马礼逊在马六甲创办第一份现代中文期刊《察世俗每月统记传》，至五四开端的1915年，经历了整整一百年。

---

① 戈公振：《中国报学史》，上海古籍出版社2003年版，第34页。

　　鸦片战争时期的期刊绝大多数为外国人创办，几乎垄断了我国的报刊业。早期报、刊的区别并不明显，外国人创办的中文报刊基本上都是期刊。"从1815年至19世纪末，外国人在中国一共创办近200种中、外文报刊，占当时我国报刊总数的80%以上。"①创办刊物的人以传教士为主，办刊目的主要是实现基督教文化的传播，以及对中国文化进行影响和控制。随着鸦片战争中列强获得特权，传教士开始以宣传教义为要务创办期刊。英国传教士李提摩太曾在私人信件中说出了创办报刊的目的。出版报刊是一个迅速的办法，"别的方法可以使成千的人改变头脑，而文字宣传则可以使成百万的人改变头脑"，"只要控制住在中国出版的主要报刊，我们就控制到了这个国家的头和背脊骨"。②

　　外国人在早期所办的期刊以教义举要、世界概览、科学技术等为主要内容，其后为了更加接近中国本土，其中的宗教色彩逐渐淡化，宗教内容逐渐减少，主要推广政事、中外新闻、杂事、格致等，如《万国公报》就曾在每期扉页上声明："本刊是为推广与泰西各国有关的地理、历史、文明、政治、宗教、科学、艺术、工业及一般进步知识的刊物。"

　　期刊的出版地从南洋一带逐渐向国内发展，从华东逐渐向华中和华北发展，但最集中的还是在香港和上海。最早的中文期刊并不是在国内创办的，如《察世俗每月统记传》（1815）、《天下新闻》（1828）等诞生于马六甲，《特选撮要每月统记传》（1823）诞生于巴达维亚（今雅加达）。直到1833年，《东西洋考每月统记传》才开始在中国广州出现。鸦片战争时期的期刊传播了西方的政治、经济、文化思想，西人创办期刊也为国人办刊提供了模仿的榜样，刺激了国人办报办刊的积极性。

―――――――――

　　① 方汉奇：《中国近代报刊史》，山西教育出版社1981年版，第10页。
　　② 张贤俭、李文、夏祖德：《〈中国近代期刊篇目汇录〉的编纂》，《社会科学》1984年第2期。

鸦片战争后，具有先进思想的知识分子开始有了改良思想的萌芽，逐渐意识到期刊的影响力和作用，于是出现了国人自办报刊。国人自办报刊在戊戌变法时期达到了一次高潮，维新改良的领导人康有为、梁启超、康广仁、唐长才、谭嗣同都非常重视期刊的宣传力量。维新派将学会与报刊相结合，利用报刊作为学会的阵地，对读者进行了初步的启蒙宣传。1895 年康有为组织成立强学会，出版了《万国公报》（因与传教士所办《万国公报》重名，45 号之后改名为《中外记闻》）。1896 年，上海强学会分会出版有《强学报》。同年，梁启超创办的《时务报》成为维新变法的主要宣传阵地之一。各地维新派也纷纷创办期刊，宣传维新主张。1897 年，何廷光、康广仁在澳门创办《知新报》，湖南有《湘学新报》；1898 年，四川维新派在成都创办《蜀学报》。

除此之外，戊戌变法之前还诞生了文学期刊《瀛寰琐记》（1872）、《四溟琐记》（1875）、《寰宇琐记》（1877）、《点石斋画报》（1884）等；科技期刊有崇尚西学、普及西方科学知识的《格致新报》（1898）；农学会主办，以刊载中国农政、农情为主的《农学报》（1897）；新学会与算学会编辑，刊载算学、政学、医学等的《新学报》（1897）等；其他还有上海蒙学会创办的专为幼儿启蒙而设的《蒙学报》（1897）；我国最早的文摘刊物《集成报》（1897）；以振兴工商业为主旨的《工商学报》（1898）。

戊戌变法的失败让更多人意识到，清朝统治者自我改革是无法实现的，于是自下而上的革命思潮在 20 世纪初十余年间在思想界盛行。虽然戊戌变法时期改良的领袖们对期刊的宣传作用已经有所意识，也发现了舆论的力量，然而这种宣传并不深入，没有产生广泛的影响力。这也是维新变法只停留在一个极小范围的原因之一。

自戊戌之后至辛亥年革命成功，据不完全统计，这一时期创办的中文期刊有 486 种。① 这意味着十年间的期刊创办数量是之前 85 年的报刊总数的两倍。戈公振认为："民国以来之报纸，舍一部分之杂志外，其精神远逊于清末。盖有为之记者，非进而为官，则退而为营业所化。"② 在戊戌变法期间已有很大影响力的梁启超在维新后依然活跃于报刊界，1898 年变法失败流亡日本后不久即创办《清议报》，1902 年创办了《新民丛报》、《新小说》，1907 年办《政论》，1910 年办《国风报》。其中，1902 年创办于日本横滨的《新民丛报》，被认为是"一种新文化运动底机关"③。

留日学生创办了不少革命刊物，如《译书汇编》、《国民报》、《湖北学生界》、《浙江潮》、《江苏》、《直说》、《洞庭波》、《汉帜》、《鹃声》、《豫报》等。此时，也出现了白话报刊，如《中国白话报》、《安徽俗话报》、《宁波白话报》，以及 1905 年陈平伯、秋瑾负责编辑的《二十世纪大舞台》等。

1904 年 3 月，刚成立时间不长的商务印书馆创办了大型期刊《东方杂志》，初创时即雄心勃勃，以"启导国民，联络东亚"为宗旨，设有"社说""论旨""内务""军事""外交""教育""财政""实业""交通""商务""宗教""杂俎""小说""丛谈""新书介绍"等栏目。由于依托商务印书馆，并在多次文化斗争中及时调整方向，到 1948 年 12 月发行 44 卷方终刊，《东方杂志》历时之长实为罕见，在社会上影响较大。

从 20 世纪开始，中国方才有国人创办的科学期刊。辛亥之前的《亚泉杂志》和《科学世界》具有代表性。1900 年杜亚泉在上海开办亚泉学馆，同年创办的《亚泉杂志》是最早的国人自办的自然科学综合期刊。

---

① 陈江：《辛亥革命前我国中文期刊的空间分布及其解释》，《编辑学刊》1992 年第 4 期。

② 戈公振：《中国报学史》，上海古籍出版社 2003 年版，第 235 页。

③ 赖光临：《中国近代报人与报业》，台湾商务印书馆 1987 年版，第 261 页。

杜亚泉称："吾恐吾国之人，嚣嚣然争进于一国之中，而忽争存于万国之实也。苟使职业兴而社会富，此外皆不足忧。文明福泽乃富强后自然之趋势。天下无不可为之事，惟资本之缺乏为可虑耳，吾愿诸君之留意焉。亚泉学馆辑《亚泉杂志》，揭载格致算化农商工艺诸科学，其目的盖如此。"①《亚泉杂志》为半月刊，共出版了 10 期。1903 年，上海科学仪器馆创办了《科学世界》，宗旨为："发明科学基础实业，使吾民之知识技能日益增进。"②"学士大夫短于科学之知识，因疏生惰，以实业为可缓。教科偏枯，报章零落，则社会无教育矣。故其人民畏进取、陷迷信，格路况以风水，掷金帛于鬼神，则无普通之知识矣。以此立国，虽无外患，犹不自保，而况列国竞争，经济问题日促以进，将于亚洲大陆演风毛雨血之剧乎！"③《科学世界》为月刊，共出版了 12 期。

晚清民初时期文学期刊大量涌现，并出现了较大的创新。1900 年至 1911 年，共有 33 种文艺期刊创刊，另有偏重文艺的 46 种综合性期刊。④ 被称为"晚清四大小说期刊"的《新小说》、《绣像小说》、《月月小说》、《小说林》影响较大。梁启超在日本横滨创办的《新小说》月刊（1902—1906），共出版 24 期，其编辑兼发行者为赵毓林。该刊编排体例、文章内容成为之后文学期刊的典范。梁启超《论小说与群治之关系》即为《新小说》创刊号的第一篇文章。李伯元主编的《绣像小说》半月刊（1903—1906）创刊于上海，共出版 72 期，由商务印书馆发行。该刊在小说后配有绣像插画，形式独特。《月月小说》月刊（1906—1909）创刊于上海，共出版 24 期，最初编辑兼发行为庆祺（汪惟父），后来先

---

① 《序》，《亚泉杂志》1900 年第 1 卷 1 号。

② 《简章》，《科学世界》1903 年第 1 卷 1 号。

③ 虞辉祖：《发刊词》，《科学世界》1903 年第 1 卷 1 号。

④ 魏绍昌：《中国近代文学大系》史料索引集一、史料索引集二，上海文艺出版社1996 年版。

后改由吴趼人、许伏民编辑。该刊主要登载短篇小说，开鸳鸯蝴蝶派先河。《小说林》月刊（1907—1908）创刊于上海，共出版12期，由黄摩西主编，主要刊载翻译小说和小说评论，对小说理论贡献较大。此外，陈去病、汪笑侬主编的《二十世纪大舞台》半月刊（1904），虽然只有两期，却是我国近代第一份戏剧期刊。

（二）《甲寅》的创办

民初至五四，有一个非常重要的过渡性期刊——《甲寅》，它的思想内容和编辑体例对五四时期的文化期刊有着重要影响。

《甲寅》月刊于1914年5月10日创刊于日本东京。1914年为农历甲寅年，故以此为名。1915年5月从第5期开始，为专心编辑，主编章士钊将《甲寅》的印刷、发行两事交与上海亚东图书馆代理。《甲寅》中途曾两次停刊，由于刊登了反袁的内容而被袁世凯政府所痛恨，至1915年10月，只出版了10期就被查禁，理由是杂志"妨害治安"[①]。《甲寅》杂志设有"时评""评论""通信""文艺"等栏目，主张"以条陈时弊朴实说理为宗旨"[②]，论述中"言不急切，欲徐徐牖启民志，以俟期会"[③]。《甲寅》虽主张反袁，但是态度却缓进平和，与其他反对袁世凯的激进期刊有所不同。

《甲寅》是"欧事研究会"的刊物，但主编章士钊（秋桐）却并非同盟会员。1914年，部分国民党元老欲反对孙中山准备成立的中华革

---

① "上海甲寅杂志，上海正谊杂志于四年九月22日被查禁。"参见中国第二历史档案馆：《中华民国史档案资料汇编》第三辑（文化），凤凰出版社1991年版，第509页。《甲寅》后来曾复刊过两次。第一次是1917年1月28日北京出版社的《甲寅》日刊，至2月17日改为周刊。第二次是在1925年7月至1927年2月的《甲寅》周刊，先后在北京和天津出版社。《甲寅》月刊虽然与后来章士钊所办的1917年《甲寅》日刊、1925年的《甲寅》周刊同名，但与后两者在内容和影响均有很大差别。

② 《本志宣言》，《甲寅》1914年第1卷1号。

③ 章炳麟：《重刊甲寅杂志题词》，阿英编：《中国新文学大系》史料索引，上海良友图书印刷公司1935年版，第164页。

命党，于是借研究欧洲问题形成了"欧事研究会"这一团体。成立前夕，欧事研究会在黄兴的发动和支持下欲办刊物，胡汉民认为章士钊"非同盟会员，亦非国民党员，愿鼓吹革命，资格颇老，对孙、黄相当尊重，无甚轩轾，此时主办此志，应最合宜"，①故由章士钊主持。章士钊本人"愤袁氏之专政，谋执文字以为殳。爰约同人，创立杂志。仓卒无所得名，即曰甲寅"②。章士钊在清末曾任上海《苏报》主笔。"苏报案"后，他与陈独秀、苏曼殊等人创办《国民日报》，后应黄兴、于右任之邀主持同盟会机关报《民立报》。辛亥革命之后，章士钊又与王无生创办《独立周刊》，在目睹袁世凯称帝后，他积极参与二次革命，草拟了《二次革命宣言》。"二次革命"失败后逃亡日本，在革命界有较大的影响。正因如此，由章士钊主持的《甲寅》并没有局限在党派之内，而是具有很强的开放性。《甲寅》的主要作者队伍有章士钊、陈独秀、李大钊、高一涵、张东荪、梁漱溟、易白沙、苏曼殊、刘师培、杨昌济、王国维等人。作为一个过渡性的平台，在1914年至1915年间，《甲寅》为精英知识分子的整合和崛起提供了空间，在知识界有很大的威望。

《甲寅》的栏目设置有"政论""时评""评论之评论""通信""文苑"等。值得一提的是，《甲寅》从创办即设"通信"栏。"本志既为公共舆论机关，通讯一门，最所置重，务使全国之意见，皆得如其量以发表之，其文或指陈一事，或阐发一理，或于政治学术，有所怀疑。不以同人为不肖，交相质证，俱一律款待，尽先登陆。"③"通信"栏目在五四时期的期刊中非常普遍，很多人认为是模仿《新青年》，而这实际上是《甲寅》的创举。

---

① 章士钊：《欧事研究会拾遗》，《章士钊全集》第8卷，文汇出版社2000年版，第282页。

② 孤桐（章士钊）：《大愚记》，《甲寅周刊》1925年第1卷1号。

③ 《本志宣言》，《甲寅》1914年第1卷1号。

《甲寅》在内容上以政论文为主，提倡共和、反对专制，也刊载有不少文学作品。《甲寅》创刊号的《本志宣言》第一条写道："本志以条陈时弊，朴实说理为主旨，欲下论断，先事考求。与曰主张，宁言商榷。既乏架空之论，尤无偏党之怀，惟以己之心，证天下人之心，确见心同理同，即本以立说，故本志一面为社会写实，一面为社会陈情而已。"① 胡适认为，1915 年前的十年是政论文的发达时期，"这一个时代的代表作家是章士钊……章士钊的文章，散见各报；但他办《甲寅》时（1914—1915）的文章，更有精采了"②。罗家伦对此也是赞誉有加："政论的文章，到那个时候，趋于最完备的境界，即以文体而论，则其论调既无'华夷文学'的自大心，又无'策士文学'的浮泛气；而且文字的组织上又无形中受了西洋文法的影响，所以格外觉得精密。"③

除了政论文外，《甲寅》也刊载少量的文学作品，"本社募集小说，或为自撰，或为欧文译本，均可"④。比较有名的如章士钊的《双枰记》，寂寞程生（程演生）的《西泠异简记》，老谭的《女蚀记》、《白丝巾》、《孝感记》，苏曼殊的《绛纱记》、《焚剑记》、《碎簪记》等。

《甲寅》在内容上有多维度的思考，反映出对社会的独立反思意识。罗家伦后来评价说："《甲寅》杂志出来，可谓集'逻辑文学'的大成了！平心而论，《甲寅》在民国三四年的时候，实在是一种代表时代精神的杂志。政论的文章，到那个时候趋于最完备的境界"⑤。这种反思包括了对个人权利、独立人格和国家主义的重新思考。

第一，对个人权利问题进行重新思考。章士钊认为："对于国家主

---

① 《本志宣言》，《甲寅》1914 年第 1 卷 1 号。

② 胡适：《五十年来中国之文学》，《胡适文集》第 3 卷，北京大学出版社 1998 年版，第 234—235 页。

③ 罗家伦：《近代中国文学思想之变迁》，《新潮》1919 年第 2 卷 5 号。

④ 《本志宣言》，《甲寅》1914 年第 1 卷 1 号。

⑤ 罗家伦：《近代中国文学思想的变迁》，《新潮》1920 年第 2 卷 5 号。

张人民之自由权利，对于社会主张个人之自由权利。"① 张东荪认为："发源于国民之有独立人格，故政治之美恶，犹属第二问题。其一问题，惟在使人民独立自强，自求福祉，而不托庇于大力者之下。"② 他们都提出个人权利的重要性：培养个人的独立人格，是解决国家问题的起点。

第二，对国家主义开始了质疑和批判。陈独秀在《爱国心与自觉心》中提出："爱国者何？爱其惟保障吾人权利、谋益吾人幸福之团体也。自觉者何？觉其国家之目的与情势也。是故不知国家之目的而爱之则罔，不知国家之情势而爱之则殆。"国家如果不能够保障人民之权利、谋益人民之幸福，那么，"存之无所荣，亡之无所惜"。他批评当时的中国"外无以御侮，内无以保民，不独无以保民，且适以残民，朝野同科，人民绝望"，并尖锐地提出，这样的国家"不爱也罢"。③

第三，对于文学变革初步提倡。《甲寅》上虽未有响亮的改革口号，但确实也提出了文学变革的主张。黄远庸曾明确提出要以欧洲文艺复兴的方式变革中国文学和思想。"愚见以为居今论政，实不知从何处说起。洪范九畴，亦只能明夷待访。果尔，则其选事立词，当与寻常批评家专就见象为言者有别。至根本救济，远意当从提倡新文学入手。综之，当使吾辈思潮如何能与现代思潮相接触，而促其猛省。而其要义，须与一般之人生出交涉。法须以浅近文艺，普遍四周。"④ 章士钊认为这种思路没问题，但是在当时却无法施行。他对文学变革的想法并不乐观，他回应称："提倡新文学，自是根本救济之法。然必其国政治差良，其度不在水平线下，而后有社会之事可言。文艺其一端也，欧洲文事之兴，无

---

① 章士钊：《双枰记·叙一》，《甲寅》1914 年第 1 卷 4 号。
② 张东荪：《行政与政治》，《甲寅》1915 年第 1 卷 6 号。
③ 陈独秀：《爱国心与自觉心》，《甲寅》1914 年第 1 卷 4 号。
④ 黄远庸：《通讯·释言》，《甲寅》1915 年第 1 卷 10 号。

不与政事并进。"① 在章士钊看来，政治是根本，政治的变革是所有社会问题变革的前提。

（三）五四初期的三份期刊

在《甲寅》之后、五四学生运动之前的几年里，有三份期刊可以体现当时思想界的动态。它们分别是 1915 年创办的《新青年》和《科学》，以及 1917 年创办的《太平洋》。这三种期刊代表当时的三种思路：《新青年》主要刊发文化文章，主张思想文化启蒙；《太平洋》主要刊发政论文章，主张政治革新；《科学》主要刊发科技文章，主张以科学救国。而这三份期刊中，《新青年》、《太平洋》都与《甲寅》有直接的关联。

1.《新青年》

1915 年 9 月，就在《甲寅》被查禁的前 1 个月，协助章士钊办《甲寅》的陈独秀在上海创办了《青年杂志》。《青年杂志》在初期与《甲寅》在人员、形式以及内容上都有着非常明显的继承关系。《新青年》2 卷 1 号 "通信栏" 中 "贵阳爱读贵志之一青年" 来信云 "大志实代《甲寅》而作也"②，3 卷 3 号中，读者余元浚更是直言 "续《甲寅》而起者，乃有先生之《新青年》"③。

《新青年》初期的编者和作者明显是对《甲寅》班底的继承。《新青年》前两卷的 "主要作者几全属章士钊、陈独秀办《甲寅杂志》的作者，所以初期《新青年》之于《甲寅杂志》是有一定人事和思想渊源"④。安徽籍人高一涵、李大钊、胡适、易白沙、刘叔雅、杨昌济、苏曼殊、谢无量、吴稚晖等，这些《新青年》前两期的主要撰稿人几乎都是《甲寅》的原班人马，因此，"《青年杂志》的创办就是陈独秀对《甲寅》杂志业

① 章士钊：《答黄远庸》，《甲寅》1915 年第 1 卷 10 号。

② 《通信》，《新青年》1916 年第 2 卷 1 号。

③ 余元浚：《通信》，《新青年》1918 年第 3 卷 3 号。

④ 陈万雄：《五四新文化的源流》，三联书店 1997 年版，第 19 页。

已形成的思想资源与作者资源的再组织与再优化。"①《新青年》初期的形式、栏目的设置明显是对《甲寅》的继承。常乃德认为，除了逻辑式的文章之外，《甲寅》所提倡的对理想的鼓吹、对文学小说的注意、通信式的问题讨论，都是到《新青年》时期才被广泛关注的。

《新青年》初期的内容和思想是对《甲寅》的继承。不仅《新青年》初期的诸多内容是对《甲寅》的直接延续，而且"《新青年》的作者群及编辑思路与《清议报》、《新民丛报》、《民报》、《甲寅》等清末民初著名报刊，有着千丝万缕的联系。"② 常乃德在 1928 年所著的《中国思想小史》中对新文化运动的种子评价道："培植这个新文化运动的种子的人是谁？陈独秀吗？不是。胡适吗？不是。那么究竟是谁呢？我的答案是章士钊。当民国四五年的时代，中国思想界的闭塞沉郁真是无以复加。梁启超办了一个《庸言报》，不久便停版，后来改办了《大中华》，更没有什么精彩。此外只有江苏省教育会一派在《教育杂志》等刊物上所鼓吹的实利主义稍有点生气，但是只偏于教育一部分，且彼时亦尚未成熟。此外便再无在思想界发生影响的刊物了。到章士钊在日本办的《甲寅》杂志出版以后，思想界才另有开了一条新路。"③ 在这个意义上，他认为："新文化运动萌芽于《甲寅》时代，产出于《新青年》时代，而到'五四'以后才算成熟。"④

还有另外一种流传更广的说法，即胡适"三个新时代"的提法。他在 1923 年五四落潮时对戊戌以来的期刊进行总结时说："二十五年来，只有三个杂志可以代表三个时代，可以说是创造了三个新时代：一是《时务报》；一是《新民丛报》；一是《新青年》。而《民报》与《甲寅》

---

① 李怡：《国家主义的批判与个人主义的倡导》，《江汉论坛》2006 年第 1 期。

② 陈平原：《思想史视野中的文学》，《中国现代文学研究丛刊》2002 年第 3 期。

③ 常乃德：《中国思想小史》，上海古籍出版社 2005 年版，第 136 页。

④ 常乃德：《中国思想小史》，上海古籍出版社 2005 年版，第 141 页。

还算不上。"① 这个说法其实与常乃德的观点并不冲突，常乃德强调的是
"新文化运动的种子"，而胡适所论重在"创造新时代"。

2.《太平洋》

1905 年至 1915 年是政论文章的发达时期。梁启超在清末《时务报》、
《新民丛报》所作政论文产生了极强的效应，但"民国五年以后，国中
几乎没有一个政论机关，也没有一个政论家；连那些日报上的时评也都
退到纸角上去了，或者竟完全取消了"②。这种政论的退潮与袁世凯的言
论控制直接相关，《甲寅》的停刊也是其重要标志。《甲寅》之后，张东
荪、李剑农等人创办了《新中华》，明确提出："同人等窃不自揣以为中
国政治非根本改革无由救亡，又以国家组织不良则政治亦无由改善，特
详究中国最适宜之制度并及政策，期与国人共相质证，不涉一党偏私之
见，不为一时苟且之谋"③。《新中华》针对袁世凯的帝制，讨论联邦制
和国体问题，但出版仅 6 期就停刊了。

在五四前期政论期刊中，影响最大的是 1917 年创办的《太平洋》。
戈公振认为《太平洋》是由"《甲寅》分出之英法派人所编辑"。④《太
平洋》创办于 1917 年 3 月，16 开本，至 1925 年 6 月终刊，共出 4 卷
42 期，初为月刊，后为不定期出版。《太平洋》先后由李剑农、杨端六
主编，太平洋杂志社发行，一度改由上海泰东图书局发行，1925 年由
郁达夫改组为《现代评论》。

《太平洋》的主要编者李剑农、杨端六都是《甲寅》的作者。吴敬恒
曾将《太平洋》和《甲寅》的关系比作 19 世纪英国两份著名杂志——《爱

---

①　胡适：《给〈努力周刊〉编辑部的信》，《努力周报》1923 年 10 月 21 日。

②　胡适：《五十年来中国之文学》，《胡适文集》第 3 卷，北京大学出版社 1998 年版，
第 237 页。

③　《本社简章》，《新中华》1915 年第 1 卷 1 号。

④　戈公振：《中国报学史》，上海古籍出版社 2003 年版，第 223 页。

丁堡杂志》和《论世杂志》，因为"《太平洋》之记者，皆即《甲寅》一部（分）有名之记者"，并且"宗旨专以不偏不倚之议论，解决公众利益之大问题"。①《太平洋》主要作者大都是留英学生，有周鲠生、杨端六、刘复、东润、胡适、李大钊、知非、张三眼、李凤池、杨润余、仲鸣、晨曦、田汉、梁宗岱、郁达夫、江绍原、陶孟和、李大钊、胡适、李四光等。

《太平洋》以政论为主，刊载了大量文章讨论中国的政治改革和经济发展方向，也发表了一些文艺作品。主要设立的栏目有"论说""海外大事评林""译述""论坛""通讯""文苑""小说""国内大事记"等。《太平洋》延续了《甲寅》的精神，吴敬恒致信记者，盛赞《太平洋》："年来足下与章秋桐、张圣心诸贤哲，始能综学而言政术。大志所辑刊，不惟论断翔允，几有纯粹谈学之倾向，所以治政学者固甚表欢迎，即望治非政学者亦极满意。"②

《太平洋》的内容以讨论政治制度为主，注重国际形势和中外关系的探讨，并对中国未来的政治道路多有设想和论争。《太平洋》创刊号开篇，李剑农就在《调和之本义》中直接引用章士钊的"调和立国论"，提倡"调和"："调和精要之所在，特为新者不可以锐进过猛之势，使若枘凿不相容，决非使新者自毁其新机，削其方枘，以入于圆凿也。"③由于与《甲寅》精神的相似性，有读者来信评价道："贵杂志产生，与《甲寅》取同一之态度，注重通讯一门，无愧为全国舆论代表，而所持论，尤极纯正。"④

3.《科学》

1915 年，比《新青年》稍早创立的《科学》在社会上产生了很大影响。

---

① 吴敬恒：《杂志界之希望》，《太平洋》1917 年第 1 卷 1 号。

② 吴敬恒：《以政学治非政学》，《太平洋》1917 年第 1 卷 2 号。

③ 剑农：《调和之本义》，《太平洋》1917 年第 1 卷 1 号。

④ 徐天寿：《通讯·孔道》，《太平洋》1917 年第 1 卷 3 号。

1915 年 1 月，一群留学归国的学子模仿美国创办于 1880 年的 Science 杂志，在上海创办了《科学》。以美国康奈尔大学的留学生为主题，他们于 1914 年组织了科学社并开始筹划这份刊物。"1914 年夏，当欧洲大战正要爆发之时，在美国康奈尔大学留学的几个中国学生某日晚餐后聚集在大同俱乐部廊檐下闲谈，谈到世界形势正在风云变色，我们在国外的同学们能够做一点什么来为祖国效力呢？于是有人提出，中国所缺乏的莫过于科学，我们为什么不能刊行一种杂志来向中国介绍科学呢？这个提议立刻得到谈话人的赞同。"[1]

《科学》"以传播世界最新科学知识为职志"，提倡"为学之道，求真致用两方面当同时并重"，"科学当然之目的，则在发挥人生之本能，以阐明世界之真理"，"唯真理是求，不为利夺，不为害怵。必此种精神弥漫于学人心脑之中，而后科学萌芽乃有发生希望"。[2] 该刊以传播科学知识为主，同时发表科学界最新的研究成果。《科学》的发起人为任鸿隽、胡明复、赵元任、杨杏佛等。对于《科学》杂志的创办，美国的大科学家爱迪生发出了感慨，"以数千年沉睡之支那大国，瞿然而觉，知开明教育为国家势力与进步之基础，得非一极可惊叹之事，而方今世界实共晗之"[3]。从 1915 年到 1951 年，《科学》均为月刊，共出版 32 卷。

《科学》专注于阐发科学精义及其效用，认为国人应有科学之需求，因为"凡一切兴作改革，无论工商农兵，乃至政治之大，日用之细，非科学无以经纬之故"[4]。对科学与工业、农业、商业、教育的关系也有许多论述。通过刊发大量关于科学的文章和对科学与社会发展之间关系的

---

① 任鸿隽：《我们为什么要刊行这个季刊》，《科学救国之梦：任鸿隽文存》，上海科技教育出版社 2002 年版，第 650 页。

② 《发刊词》，《科学》1915 年第 1 卷 1 号。

③ 《美国大发明家爱迪生君来书》，赵元任译，《科学》1916 年第 2 卷 1 号。

④ 任鸿隽：《解惑》，《科学》1916 年第 1 卷 6 号。

论述,《科学》不仅系统地将科学知识、科技发展介绍给众多读者,也为其他科技类期刊起到了很强的示范作用。

二、《新青年》的始末

《甲寅》之后的《新青年》、《太平洋》、《科学》成为五四时期思想界的代表性期刊,而这三种期刊中,《新青年》作为"出版界之一二觉悟者",所倡导的思想文化启蒙逐渐成为主流,也使《新青年》成为五四时期影响最大的期刊之一。《新青年》可以分为三个时期。第一阶段从《青年杂志》创办到1917年《新青年》第3卷止,为陈独秀主编时期。不少文章乃得"当代名流""如温宗尧、吴敬恒、张继、马君武、胡适、苏曼殊诸君"之助而成。① 此时提出的"文学革命"口号,在社会上产生了一定的影响;第二阶段从第4卷至第7卷。《新青年》成为同人刊物,同人的集体优势得到发挥,打造了《新青年》的"金字招牌";第三阶段从第8卷至终刊。陈独秀南下上海,同人分裂,《新青年》逐渐转为共产主义的宣传刊物。

(一)初创时期

《新青年》1—3卷(1915年9月—1917年8月)为初创时期。《新青年》的创始人陈独秀(1879—1942),原名乾生,后改名由己,笔名独秀山人,安徽怀宁(后归安庆)人。陈独秀青年时代即因发表反清言论而受到驱逐,曾在日本组织留学生革命团体"青年会",后在国内成立"爱国会",鼓吹革命,并参加过上海暗杀团,参与武昌起义等革命活动。

1915年6月,陈独秀自日本回到上海,经济困难。经亚东书局汪孟邹介绍,群益书社的陈子沛、陈子寿同意支付每期200元的费用,让

---

① 《通告》,《新青年》1916年第2卷1号。

陈独秀办一份刊物。1915 年 9 月 15 日，《青年杂志》第 1 卷 1 号在上海创办，法文名称"La Jeunesse"，一般每月出一号，但由于种种原因常不能按期出版。《青年杂志》创刊号开篇的《社告》表明了《青年杂志》创办的目的："一、国势凌夷，道衰学弊，后来责任，端在青年。本志之作，盖欲与青年诸君商榷将来所以修身治国之道。二、今后时会，一举一措，皆有世界关系。我国青年，虽处蛰伏研究之时，然不可不放眼以观世界。本志于各国事情学术思潮尽心灌输，可备攻错。三、本志以平易之文，说高尚之理。凡学术事情足以发扬青年志趣者，竭力阐述，冀青年诸君于研习科学之余，得精神上之援助。"①

第 1 卷文章大多为《甲寅》的作者所撰，如高一涵、易白沙、高语罕、潘赞（化）、谢无量等。《青年杂志》设"国外大事记"、"国内大事记"、"通信"、"世界说苑"等栏目，文章以介绍世界文明、分析社会问题、宣传人生观念、翻译外国文学、述评国内外时事为主。《青年杂志》明显带有《甲寅》痕迹，承袭《甲寅》政治刊物社会化的编辑思路。此时的《新青年》还没有明确的办刊思路，在社会上也没有产生多少影响。②

第 1 卷 6 号出版后休刊半年，因汪孟邹"接到上海青年会的一封信，说群益的《青年》杂志和他们的《上海青年》（周报）名字雷同，应该及早改名，省得犯冒名的错误"③。于是，自1916年9月2卷1号始，《青年杂志》更名为《新青年》。陈独秀向读者解释说："自第二卷起，欲益加策励，勉副读者诸君属望，因更名为《新青年》。"④ 更名后的"新"

---

① 《社告》，《青年杂志》1915 年第 1 卷 1 号。
② 不少人依据《新青年》通信栏的热闹景象认为"《新青年》出版未久就得了人的注意"，实是对出版物的传播与接受的简单化理解。参见常乃德：《中国思想小史》，上海古籍出版社 2005 年版，第 137 页。
③ 汪原放：《回忆亚东图书馆》，学林出版社 1983 年版，第 32 页。
④ 《通告》，《新青年》1916 年第 2 卷 1 号。

字更具倾向性和刺激性，与其鼓吹新思想、新文化的内容名实相符。更名后第2卷相继发表温宗尧、吴敬恒、马君武、胡适、苏曼殊等社会名流的文章。

陈独秀通过亚东的汪孟邹向时在美国的皖籍同乡胡适约稿。①1916年10月，《新青年》2卷2号上发表了有关文学改良的"八事"通信，陈独秀答道："倘能详其理由，指陈得失，衍为一文，以告当世，其业尤盛。"1917年1月的《新青年》2卷5号刊登了胡适的《文学改良刍议》，陈独秀在紧接着的2卷6号中发表了《文学革命论》，二文如车之两轮、鸟之双翼，"文学革命"的号角由此吹响。2卷6号中还发表了胡适的《白话诗八首》，此为中国现代白话诗歌之滥觞。亲自实践了"文学革命"主张的胡适，由此"暴得大名"。

1916年12月，蔡元培受命担任北京大学校长，主张"思想自由，兼容并包"，力图整顿北京大学。与陈独秀相识已久的他在看完《新青年》后，对陈独秀更为赏识，决意聘请。② 在蔡元培的帮助下，1917年1月15日，正值《新青年》第2卷编定之时，陈独秀被任命为北京大

---

① 汪孟邹向远在美国的胡适约稿并介绍《新青年》："乃炼友人皖城陈独秀君主撰，与秋桐亦是深交，曾为文载于《甲寅》者也。拟请吾兄于校课之暇，担任《青年》撰述，或论文、或小说、戏曲，均所欢迎。每期多固更佳，至少亦有一种。炼亦知兄校课甚忙。但陈君之意甚诚，务希拨冗为之，是所感幸。"参见耿志云编：《胡适遗稿及密藏书信》第27册，黄山书社1994年版，第260—261页。

② 陈独秀回忆"初次和蔡先生共事，是在清朝光绪末年"，共同在暗杀组织中实验炸药。参见陈独秀：《蔡子民先生逝世后感言》，《陈独秀著作选》第3卷，上海人民出版社1993年版，第543页。蔡元培回忆汤尔和向其推荐陈独秀："现在听汤君的话，又翻《新青年》，决意聘他。"参见蔡元培：《我在北京大学的经历》，《蔡元培全集》第6卷，中华书局1984年版，第349页。蔡元培三顾茅庐邀陈入北京大学。时陈独秀与汪孟邹为群益和亚东招股筹资，自上海往北京逗留一月后，"蔡先生差不多天天要来看仲甫，有时来的很早，我们还没有起来。他招呼茶房，不要叫醒，只要拿凳子给他坐在房门口等候。"参见汪原放：《亚东图书馆与陈独秀》，学林出版社2006年版，第37页。

学文科学长。①《新青年》也随之迁往北京，编辑部设在北池子箭杆胡同9号陈独秀的寓所。从1917年3月第3卷起到第7卷止，《新青年》一直在北京编辑，在上海出版。

1917年3月至8月，《新青年》第3卷刊出，该卷的新作者主要有章士钊、钱玄同、蔡元培、恽代英、常乃德、二十八画生（毛泽东）等。一方面，北京大学师生的文章开始逐渐增加；另一方面，《新青年》的许多作者都进入了北京大学，如胡适、周作人、刘半农、杨昌济、王星拱、刘叔雅、李大钊等。《新青年》核心作者群聚集北京大学，最终形成了《新青年》与北京大学"一刊一校"的局面。

3卷6号出版于1917年8月，影响亦十分有限，甚至因为《新青年》"不能广行，书肆拟中止；独秀辈与之交涉，已允续刊，定于本月十五出版云"。②"该杂志销路闻大不佳"③。自停刊4个月后的第4卷始，《新青年》进入了同人时期，也开始进入了最为辉煌的时期。

（二）同人时期

《新青年》4—7卷（1918年1月—1920年5月）为同人时期。《新青年》的第二个阶段，自1918年1月15日的第4卷1号始。《新青年》成立编辑委员会，正式宣布为同人杂志，成为同人发表言论的园地，以文学革命为切入口，来输入新思想，变革社会。《新青年》4卷3号上宣布："本志自第四卷一号起，投稿章程，业已取消。所有撰译，悉由编辑部同人，公同担任，不另购稿。其前此寄稿尚未录载者，可否惠赠本志？尚希投稿诸君，赐函声明，恕不一一奉询，此后有以大作见赐者，概不

---

① 蔡元培甚至不惜为陈独秀制造假履历，谎称陈独秀为"日本东京大学毕业，曾任芜湖安徽公学教务长、安徽高等学校校长"。参见王学珍、郭建荣：《北京大学史料》第2卷，北京大学出版社2000年版，第327页。

② 鲁迅：《致许寿裳》，《鲁迅全集》第11卷，人民文学出版社1981年版，第345页。

③ 鲁迅：《致许寿裳》，《鲁迅全集》第11卷，人民文学出版社1981年版，第349页。

酬。"① 此时所谓"同人"，有陈独秀、胡适、钱玄同、刘半农、李大钊、沈尹默、高一涵、陶孟和、周作人、鲁迅等。"同人"时期的《新青年》，除"通信"和"读者论坛"等特殊栏目外，大部分采用同人撰译稿件，之前的稿费制度也被取消。

4卷3号上，钱玄同化名王敬轩，模拟旧派人物的口吻，发表通信，由刘半农逐一批驳，演出了《新青年》有名的"双簧戏"。4卷5号上，发表了鲁迅的《狂人日记》，成为中国现代白话小说的首创，显示了"新文学的实绩"②。6卷3号上胡适的《终身大事》，也成为中国第一篇现代白话戏剧。

从第6卷起，《新青年》明确实行分期主编的方法。③《本杂志第六卷分期编辑表》表明了编辑的分配："一、陈独秀；二、钱玄同；三、高一涵；四、胡适；五、李大钊、六、沈尹默 ④。"1919 年 1 月的《新青年》6 卷 1 号发表《本志罪案之答辩书》，针对种种流言，猛烈地抨击旧人物，正式提出"拥护那德莫克拉西（Democracy）和赛因斯（Science）两位先生"的口号，表示："要拥护那德先生，便不得不反对孔教、礼法、贞节、旧伦理、旧道德；要拥护那赛先生，便不得不反对旧艺术、旧宗教；要拥护德先生又要拥护赛先生，便不得不反对国粹和旧文学。我们

---

① 《本志编辑部启事》，《新青年》1918 年第 4 卷 3 号。

② 鲁迅：《导论》，《中国新文学大系》小说二集，上海良友图书印刷公司 1935 年版，第 1 页。

③ 分期主编的方法应该在第六卷前已经采用了，但从何卷开始，各号分别为何人，由于周作人、胡适等当事人回忆材料互相抵牾，尚不能确定。张耀杰考证认为，《新青年》第五卷"由第四卷各期的陈独秀、钱玄同、刘半农、陶孟和、沈尹默、胡适，变成为陈独秀、钱玄同、刘半农、沈尹默、陶孟和"，但依然有待进一步的考证。参见张耀杰：《历史背后——政学两界的人和事》，广西师范大学出版社 2006 年版，第 6 页。

④ 沈尹默称："因为眼睛有疾，且自忖非所长，因此轮到我的时候，我请玄同、半农代我编。"参见沈尹默：《我和北大》，中国社会科学院近代史研究室编：《五四运动回忆录》续，中国社会科学出版社 1979 年版，第 166 页。

现在认定只有这两位先生，可以救治中国政治上道德上学术上思想上一切的黑暗。若因为拥护这两位先生，一切政府的压迫，社会的攻击笑骂，就是断头流血，都不推辞。"①

1919 年 4 月，北京大学撤销学长制，在北京大学并不授课的陈独秀实际被解除了所有权力。② 随后的五四运动中，6 月 12 日，陈独秀因亲自上街散发《北京市民宣言》传单而被捕入狱。③ 此事备受社会各界关注，《新青年》也随之声名大噪。《新青年》也因"五四"事件和陈独秀被捕而停刊数月。④1919 年 9 月，刚出狱的陈独秀组织成立"新青年社"，所有编辑和大多数主要作家都加入了这个团体。1919 年 12 月开始出版的第 7 卷起，《新青年》仍改为陈独秀一人主编。

1919 年 12 月，《新青年》第 7 卷 1 号刊登的《本志宣言》称："本志具体的主张，从来未曾完全发表。社员各人持论，也往往不能尽同。……现当第七卷开始，敢将全体社员的公共意见，明白宣布。""这

---

① 陈独秀：《本志罪案之答辩书》，《新青年》1919 年第 6 卷 1 号。

② 1919 年 4 月 16 日，蔡元培在《呈教育部经济教授会主任马寅初当选为教务长请备案》称："本校文理两科，现因谋教务上之改良起见，拟自本学期起实行归并，计划不设学长，于各门教授会主任中，按年选举一人为教务长，以期兼筹并顾，而免参差之弊。"参见王学珍、郭建荣：《北京大学史料》第 2 卷，北京大学出版社 2000 年版，第 189 页。直接借口为陈独秀"私德"问题，深层原因乃大总统徐世昌、教育总长傅增湘的压力。

③ 胡适回忆："陈独秀一人留下，他仍在继续散发他的传单。不久警察便来了，把独秀拘捕起来送入警察总署的监牢。"参见《胡适口述自传》，《胡适文集》第 1 卷，北京大学出版社 1998 年版，第 353 页。高一涵回忆说："那知道，我们正在向下撒传单时，屋顶花园的阴暗角落里走出一个人来，向陈独秀要传单看，陈独秀实在天真、幼稚，就从衣袋里摸出一张传单给那个人，那个人一看，马上就说：'就是这个。'"参见高一涵：《李大钊同志护送陈独秀脱险》，载全国政协文史资料研究委员会编：《文史资料选辑》第 61 辑，中华书局 1979 年版，第 62 页。

④ 《新青年》第 6 卷 5 号虽标明出版社日期为 1919 年 5 月，但实际出版社时间应为 1919 年 9 月，因为该刊中的广告参考了 1919 年 8 月 3 日出版社的《每周评论》第 33 号。

是陈、胡二人最后一次在一起发表共同的观点。"① 由于《新青年》的主要撰稿人对是否谈论政治产生了明显的分歧，发生"问题与主义"之争，陈独秀与李大钊热衷于时政，胡适等则注重思想文化建设，主张不谈政治，同人之间的分歧逐渐彰显。

1920 年 2 月，陈独秀在李大钊的掩护下秘密离京抵沪。从 7 卷 3 号至 6 号，编辑部分为北京与上海两个。《新青年》第 7 卷反映了陈独秀思想的转变，也体现了同人的不同思想倾向。新加入作者有上海的李汉俊、李达、陈望道等人。

（三）马克思主义时期

《新青年》第 8 卷至终刊为马克思主义时期（1920 年 9 月—1922 年 7 月）。《新青年》的第三个阶段，自 1920 年 9 月的第 8 卷 1 号始。由于在印刷样式、成本上《新青年》与上海群益书社未能达成共识②，《新青年》脱离上海群益书社，由重组过的"上海新青年社"自行发行。总发行所设在法大马路 279 号，编辑部设在陈独秀的住处渔阳里 2 号。北京《新青年》时期的同人大部分都脱离了这个团体，宣传马克思主义成为《新青年》的主要内容。③

---

① [美]格里德：《胡适与中国的文艺复兴——中国革命中的自由主义（1917—1950）》，鲁奇译，江苏人民出版社 1989 年版，第 194 页。

② 汪原放后来回忆："只记得陈仲翁认为《新青年》第七卷第六号'劳动节纪念号'（1920 年 5 月 1 日出版社）虽然比平时的页数要多得多，群益也实在不应该加价。但群益方面说，本期又有锌版，又有表格，排工贵得多，用纸也多得多，如果不加价，亏本太多。我的大叔两边跑，两边劝，无法调停，终于决裂，《新青年》独立了。"参见汪原放：《亚东图书馆与陈独秀》，学林出版社 2006 年版，第 56—57 页。为此事，群益"书社的老板还提起过诉讼"。参见郭沫若：《创造十年》，《郭沫若全集》文学编第 12 卷，人民文学出版社 1992 年版，第 31 页。

③ 有不少学者认为《新青年》后来成为共产党的机关刊物，此类观点尚无充分证据。如任建树所谓："从 1920 年 9 月 1 日《新青年》出版社第八卷第 1 号起，变成了中共上海发起组织的机关刊物。"参见任建树：《陈独秀大传》，上海人民出版社 1999 年版，第 224 页。

　　1920 年 4 月,《新青年》7 卷 6 号编定后, 陈独秀向北京同人致信提出编辑人问题的三种方案:"(一) 由在京诸人轮流担任;(二) 由在京一人担任;(三) 由弟在沪担任。"① 这预示着北京与上海同人已不能共同编辑, 北京同人对此的看法充满了分歧②, 而实际上此时的《新青年》一直为陈独秀在上海编辑。

　　由于时局的变化, 加之《新青年》第 8 卷中的政治色彩过于鲜明, 1920 年 12 月, 邮局对《新青年》进行了封杀。③ 同月, 陈独秀应陈炯明之邀前往广州主持教育事务, 在未通知北京《新青年》同人的情况下, 将上海的编辑事务交给陈望道, 以及新加入编辑部的沈雁冰 (茅盾)、李达、李汉俊三人。④

　　1921 年 2 月, 因稿件被上海警察查抄没收,《新青年》出版受到影响。《新青年》杂志上标明, 此后"新青年社"迁至广州昌兴马路 28 号二楼。9 卷 1 号《新青年》的《编辑室杂记》曾记其事, 并声称:"本志八卷六号排印将完的时候, 所有稿件尽被辣手抓去, 而且不准在上海印刷;本志既须找寻原稿重编一道, 又须将印刷地点改在广东, 所以出版便不能如期了。劳爱读者诸君, 屡次来信询问原由, 本社非常抱歉——这也许是中国应该替我们抱歉!"并声明"印刷地点改在广东"。但据当事人陈望道后来回忆,"《新青年》月刊没有改在广东印

----

①　《陈独秀致李大钊、胡适等》,《胡适来往书信选》上, 中华书局 1979 年版, 第 90 页。

②　参见《胡适书信集》上, 北京大学出版社 1996 年版, 第 258—259、264—266 页;《关于〈新青年〉问题的几封信》, 载张静庐编:《中国现代出版社史料》甲编, 中华书局 1954 年版, 第 7—17 页。

③　胡适记"昨日知《新青年》已不准邮寄。"此言时间约为 1920 年 12 月上半月。参见《陈独秀致李大钊、钱玄同、胡适等》,《胡适来往书信选》上, 中华书局 1979 年版, 第 116 页。

④　《陈独秀致李大钊、钱玄同、胡适等》,《胡适来往书信选》上, 中华书局 1979 年版, 第 116 页。

刷的事。"① 茅盾也称："此为故意放烟幕，迷惑法捕房，其实仍在上海印刷，不过换了承印商而已。"②

1921 年 7 月中国共产党成立之后，《新青年》成为中共中央的理论刊物。1921 年 10 月，"新青年社"解散。《新青年》第 9 卷 6 号出版于 1922 年 7 月 1 日，成为月刊的最后一号。此后还出版有《新青年》(季刊) 4 期，从 1923 年 6 月 15 日到 1924 年 12 月 15 日，由瞿秋白编辑，前两期由广州平民书社印行，后两期由广州新青年社印行，是中国共产党中央委员会的机关刊物。还有一种在广州出版的《新青年》(不定期刊)，从 1925 年 4 月 22 日到 1926 年 7 月 25 日，共出版了 5 期。但它们都是纯政治性刊物，影响范围也远不及《新青年》月刊。

三、白话文学革命的契机

《新青年》第 2 卷中，出现了《文学改良刍议》、《文学革命论》等倡议文学变革的文章，使《新青年》从一份普通的期刊转变为五四时期新文化运动的核心。而这两篇文章都提出一个核心问题，即关于语言文字的变革问题，认为应该以白话取代文言。

语言会影响我们看待世界的方式，但是由于社会的发展，意义符号的所指与能指、语言与世界的罅隙越来越明显。萨义德认为，知识分子行动的两个必要特色是"知道如何善用语言，知道何时以语言介入"。③ 语言变革成为文学革命的突破口，而文学革命又成为文化革新的突破

---

① 宁树藩、丁淦林：《关于上海马克思主义研究会活动的回忆——陈望道同志生前谈话纪录》，《复旦学报》(社会科学版) 1980 年第 3 期。

② 茅盾：《我走过的道路》上，人民文学出版社 1981 年版，第 201 页。

③ [美] 爱德华·W. 萨义德：《知识分子论》，单德兴译，三联书店 2002 年版，第 23 页。

口。虽然这场变革运动看起来是在非常偶然的契机中产生的，但如果追溯历史，就会发现，白话文革命有其历史渊源，最直接的影响来自晚清白话文运动。

（一）晚清白话报刊的发展

晚清白话文报刊的出现有其政治、社会运动基础，也有思想理论基础。维新运动与革命运动，要求广泛的民众响应。为做好舆论准备，晚清出现了国人办报高潮。戊戌变法前后，由于迫切的思想传播需要，白话运用于报刊的重要性始被当时知识分子所重视。

上海申报馆在 1876 年创办的《民报》是中国第一份白话报刊，但销量不大，故未能在社会上产生很大影响。1897 年在上海创刊的《演义白话报》称："中国人要想发愤立志，不吃人亏，必须讲究外洋情形，天下大势，必须看报；要想看报，必须从白话起头，方才明明白白。"①陈荣衮（子褒）认为，"地球各国之衰旺强弱，恒以报纸之多少为准。民智之开，民气之通塞，每根由于此"，中国报纸"多用文言，此报纸不广大之根由"，提出"大抵今日变法，以开民智为先，开民智莫如改文言"②。

裘廷梁提出崇白话而废文言，认为白话为维新之本，于 1898 年创办《无锡白话报》。他在序中说："欲民智大开启，必自广兴学校始；不得已而求其次，必自阅报始。报安能人人而阅之，必自白话报始。"③在列举了文言之弊、白话之益后得出结论："吾今为一言以蔽之曰：文言兴而后实学废，白话行而后实学兴；实学不兴，是谓无民"。④裘廷梁还专门列举了白话的"八益"：一曰省日力，二曰除骄气，三曰免枉读，四

① 《白话报小引》，《演义白话报》1897 年第 1 号。
② 陈子褒：《论报章宜改用浅说》，《近代史资料》1963 年第 2 期。
③ 裘廷梁：《无锡白话报·序》，《无锡白话报》1898 年第 1 号。
④ 裘廷梁：《论白话为维新之本》，《无锡白话报》1898 年第 19、20 号。

曰保圣教，五曰便幼学，六曰炼心力，七曰少弃才，八曰便贫民。可以看出，他只是将白话作为工具，其目的之一即"保圣教"，"《学》《庸》《论》《孟》，皆二千年前古书，语简理丰，非卓识高才，未易领悟。译以白话，简附今义，发明精奥，庶人人知圣教之大略"[1]。

以此为思想理论基础，晚清白话报刊流行一时。晚清十余年间，各地创办的白话报刊达140余种，遍布国内近30个城市，连日本东京都有9种。影响较大的有《无锡白话报》、《杭州白话报》、《中国白话报》、《安徽俗话报》、《直隶白话报》、《京话日报》等，其中又以《安徽俗话报》最具代表性。白话较之当时通行的书面语文言而言，更能深入普通民众，作为新思想传播的工具，有着不可替代的重要作用。众多白话报刊对白话的书面使用，形成了声势浩大的晚清白话文运动。晚清白话报刊使中国的报刊第一次走向大众，虽然没有取得预想的成就，却为五四现代白话文运动准备了条件。

1904年3月，25岁的陈独秀创办了《安徽俗话报》，32开本，朔望发行，每期约40页。陈独秀任主编兼主笔，房秩五负责"教育"栏目，吴守一负责"小说"栏目，其余稿件皆由陈独秀"自任之"。《安徽俗话报》组稿及编辑在安徽安庆，印刷在章士钊开办的上海东大陆书局，社址设在芜湖长街徽州码头科学图书社。1904年暑假，房秩五及吴守一随桐城学堂由安庆迁回桐城后，陈独秀独自负责该报，并将编辑部搬至芜湖。《安徽俗话报》历时1年半，中间有3个多月因故未能出版，前后共出刊22期。[2]1905年9月，由于列强干涉，《安徽俗话报》被清政府查封。《安徽俗话报》共分为十三个栏目，包括"论说""要紧的新闻""本省的新闻""历史""地理""教育""实业""小说""诗词""闲谈""行情""要

---

[1]　裘廷梁：《论白话为维新之本》，《无锡白话报》1898年第19、20号。
[2]　《安徽俗话报》现存22期，但汪原放回忆共出版了23期。参见汪原放：《亚东图书馆与陈独秀》，学林出版社2006年版，第18页。

件""来文"，另自第三期开设"戏曲"一栏，自第八期起，又增加"兵事""卫生""格致"三栏。陈独秀使用"三爱"的笔名，隐喻自己爱国家、爱真理和爱自由的追求。《安徽俗话报》共有陈独秀的文章50余篇，都以流利酣畅的白话文议古论今。

晚清白话报刊传播各自主办者的思想和主张，因践行白话主张，使用传统士大夫所不屑的口语作为书面语，共同促成了晚清声势浩大的白话文运动。《安徽俗话报》是晚清白话文运动的一部分，是晚清白话文运动中影响最大的刊物之一，也是晚清白话报刊潮流中的一个典型。

第一，晚清白话报刊的读者定位和传播内容代表了大多数晚清白话报刊的编辑方针。在其他各地，与《安徽俗话报》有着相似定位的白话报刊还有很多。在发刊词中，陈独秀介绍刊物创办是由于："现在各种日报旬报，虽然出得不少，却都是深文奥意，满纸的之乎也者矣焉哉字眼，没有多读书的人，那里能够看得懂呢？这样说起来，只有用最浅近最好懂的俗话，写在纸上，做成一种俗话报，才算是顶好的法子。"只有采用俗话才能够实现对民众的启蒙，而开办本报，是有两个主义："第一是要把各处的事体，说给我们安徽人听听……第二是要把各项浅近的学问，用通行的俗话演出来，好教我们安徽人无钱多读书的，看了这俗话报，也可以长点见识。"① 陈独秀有意识地通过白话传播新思想于普通民众。

第二，由于内容丰富且擅以通俗的语言表达深刻的爱国之理，《安徽俗话报》发行量一度为海内白话报之首。第十二期中的广告称："本报发行以来，仅及半载，每期由一千份增至三千份，销路之广，为海内各白话报冠。"②《安徽俗话报》不仅说理内容通俗浅显，还采用小说、

---

① 三爱（陈独秀）：《开办安徽俗话报的缘故》，《安徽俗话报》1904年第1号。

② 《本社广告》，《安徽俗话报》1904年第12号。

诗词、戏曲等文学形式来揭露列强的瓜分行径，暗切中国时事。同时，《安徽俗话报》还克服排版的困难，采用图文并茂的活泼版式，前后共有 10 幅漫画、3 幅地图，且多附注图解，具有明显政治寓意。

第三，绝大多数白话报刊是地方性报刊。这种地方性，"不仅是一时共同的认识，而且是一种默契，分头进行的结果。""是一种革命排满的态度，是一种分区起义的革命构想。"① 虽然是地方性报刊，但《安徽俗话报》的发行代派处达 58 处之多，除安徽本省外，在上海、北京、河北、辽宁、山东、江苏、湖北、江西等省市都有设置，发行几乎遍及全国。该报不仅让安徽读者了解了国家社会，也让全国的读者了解了安徽的状况。

第四，晚清白话报刊数量多、分布广，都倾向于相对进步的维新或革命，而又以具有革命倾向的报刊居多。随着历史发展，社会革命逐渐成为清末的思想主流，但清政府《大清报律》的管制和帝国列强势力犹在，《安徽俗话报》"表面普及常识，暗中鼓吹革命"，② 体现出明显的过渡时代特征。《安徽俗话报》在安徽地区的知识青年中，起了一定的组织革命和宣传革命的作用。

清末的白话报刊，都没有长久的寿命，这极大地限制了它们在社会上的影响。短命是晚清白话报刊的共同点，这是由多方面原因共同造成的，最重要的是当时僵化的社会环境。以《安徽俗话报》为例，该报的董事胡子承为开明士绅，尚不敢随声附和自己"甚敬""甚爱"的报刊，可见当时社会风气之僵化、传统思想禁锢之严重，与陈独秀力图实现的思想文化传播目标悬殊。同时，《安徽俗话报》由于抨击外国的侵略行径，深受帝国主义仇视而经常受到干涉，该报就曾被勒令停刊，后来报

---

① 陈万雄：《五四新文化的源流》，三联书店 1997 年版，第 178 页。
② 蔡元培：《独秀文存·序》，上海亚东图书馆 1933 年版，第 2 页。

馆被查封，都是受驻芜英使馆的干涉。

自维新变法到辛亥革命，先进知识群把政治斗争作为焦点，而对于启蒙和文化则少有顾及，但晚清白话报刊上的启蒙观念不可忽视。正是这种启蒙观念的持续，使得陈独秀能够不仅仅关注晚清时期的政治革命，还在十年之后创办《新青年》，并发起现代白话文运动，最终获得白话书面语的全面胜利。

（二）现代白话文运动的发轫

现代白话文运动与晚清的白话文运动有所不同，其中所注入的新思想使白话真正成为现代人的语言工具。该运动推动文学语言发生了根本性的转变，更重要的是在思想上实现了思、文、言三者的统一。现代白话文运动经由《新青年》首倡，一发不可收拾，成为新文化运动的契机。

《新青年》自创刊之始就提出了种种轰轰烈烈的改革主张，对文学也给予特殊的关注，几乎每期都有西方文学的译介，其目的是想借改革文艺以实现社会改造，这种努力得到了很多"名流之助"。胡适关于文字改良的通信在《新青年》2卷2号上发表，也是陈独秀改革思想吸引的结果。

事实上，胡适赞同陈独秀的"吾国文艺犹在古典主义理想主义时代，今后当趋向写实主义"，但是对陈独秀大力赞扬谢无量的长律表示了不满，主要是对谢诗中古典套语的不满，进而提出了自己的"鄙见"："尝谓今日文学之腐败极矣"，而"纵观文学堕落之原因，盖可以文胜质一语包之"，对于如何改变文学堕落的现状，胡适自言："年来思虑观察所得，以为今日欲言文学革命，须从八事入手。八事者何？一曰不用典，二曰不用陈套语，三曰不讲对仗（文当废骈，诗当废律），四曰不避俗字俗语（不嫌以白话作诗词），五曰须讲求文法之结构，此皆形式上之革命，六曰不作无病之呻吟，七曰不模仿古人语，语须有个我在，八曰须言之有物。"① 这"八事"已经初步表达了新文学的要求和推行白话文文体的立场。

陈独秀对胡适的批评"曷胜惭感",认为胡适之"文学革命八事,除五八二项,其余六事,仆无不合十赞叹,以为今日中国文界之雷音。倘能详其理由,指陈得失,衍为一文,以告当世,其业尤盛"。② 他希望胡适将通信改为正式的论文,以期产生更大影响。不得不说,陈独秀其时不但思想先进,还是一名优秀的编辑,对白话文改革的重要性独具慧眼;"白话文的讨论——既有理论意义,又有可操作性,将理想与现实如此巧妙地缝合在一起,真是千载难逢的机遇"③,陈独秀无疑认识到了这一点。他私下里向远在美国的胡适约稿:"《青年》文艺栏意在改革文艺,而实无办法。吾国无写实诗文以为模范,译西文又未能直接唤起国人写实主义之观念,此事务求足下赐以所作写实文字,切实作一切改良文学论文,寄登《青年》,均所至盼。"④ 该信书写时间为 1916 年 10 月 5 日,《新青年》2 卷 2 号出版时间为 1916 年 10 月 1 日,两者相差无几,可以充分看出陈独秀对胡适文章的看重,并非只是在刊物上的吹捧。

此后,胡适再三斟酌,将他的《通信》加以详细地说明和论证,于是有了《新青年》第 2 卷 5 号上那篇著名的《文学改良刍议》。⑤ 这个标题体现了胡适谦谨的个性,其实《文学改良刍议》中的论点在《通信》

---

① 胡适:《文学改良刍议》,《新青年》1917 年第 2 卷 5 号。

② 胡适、陈独秀:《通信》,《新青年》1916 年第 2 卷 2 号。

③ 陈平原:《思想史视野中的文学》上,《中国现代文学研究丛刊》2002 年第 3 期。

④ 《胡适来往书信选》上,中华书局 1979 年版,第 5 页。

⑤ 《文学改良刍议》作于 1916 年 11 月,现存两个版本。胡适将一份给了《留美学生季报》,另一份寄给陈独秀。《文学改良刍议》载于 1917 年 1 月 1 日的《新青年》2 卷 5 号,又载于 1917 年 3 月的《留美学生季报》春季第 1 号。后来,《东方杂志》在 1919 年 10 月的 14 卷 10 号的"内外时报"栏目又收录了刊载在《留美学生季报》上的《文学改良刍议》全文。《留美学生季报》于 1912 年由庚子赔款留美学生创办,中华书局发行,1916 年胡适接任《留美学生季报》总编辑。

中即已提出，《文学改良刍议》中的"八事"只是调整了顺序而已，"一曰，须言之有物。二曰，不摹仿古人。三曰，须讲求文法。四曰，不作无病之呻吟。五曰，务去滥调套语。六曰，不用典。七曰，不讲对仗。八曰，不避俗字俗语"①。顺序的调整有两个原因：一是按照内容到形式的顺序重新排列，这样更符合文学变革的本质要求。二是将陈独秀所疑惑的"五八二项"首先进行了说明，以期对陈独秀予以回应。

《文学改良刍议》除了"八事"的操作方法外，更表达了他的文学进化观："文学者，随时代而变迁者也。一时代有一时代之文学。然以今世历史进化的眼光观之，则白话文学之为中国文学之正宗，又为将来文学必用之利器，可断言也。""文学因时进化，不能自止"，同时也体现了他的文学写实观念，"惟实写今日社会之情状，故能成真正文学"②。

陈独秀的思想远比胡适激进，他对胡适的观点从文学思潮的社会功用角度予以发挥，写下了《文学革命论》，刊发在《新青年》2卷6号上。陈独秀并不从文学开篇，而是由"革命"引入："今日庄严灿烂之欧洲，何自而来乎？曰，革命之赐也。欧语所谓革命者，为革故更新之义，与中土所谓朝代鼎革，绝不相类；故自文艺复兴以来，政治界有革命，宗教界亦有革命，伦理道德亦有革命，文学艺术，亦莫不有革命，莫不因革命而新兴而进化。近代欧洲文明史，宜可谓之革命史。故曰，今日庄严灿烂之欧洲，乃革命之赐也。"话锋一转，说到"吾苟偷庸懦之国民，畏革命如蛇蝎，故政治界虽经三次革命，而黑暗未尝稍减"。在这样的背景下，陈独秀提出文学革命的"三大主义"："孔教问题，方喧呶于国中，此伦理道德革命之先声也。文学革命之气运，酝酿已非一日，其首

---

① 胡适：《文学改良刍议》，《新青年》1917年第2卷5号。
② 胡适：《文学改良刍议》，《新青年》1917年第2卷5号。

举义旗之急先锋，则为吾友胡适。余甘冒全国学究之敌，高张文化革命军大旗，以为吾友之声援。旗上大书特书吾革命军三大主义：曰，推倒雕琢的阿谀的贵族文学，建设平易的抒情的国民文学；曰，推倒陈腐的铺张的古典文学，建设新鲜的立诚的写实文学；曰，推倒迂晦的艰涩的山林文学，建设明了的通俗的社会文学。"①

陈独秀对文学的关注并非源于对文学的兴趣，而是因为，"今欲革新政治，势不得不革新盘踞于运用此政治者精神界之文学"②。与西方对比而言，"西洋民族以法制为本位，以实利为本位；东洋民族以感情为本位，以虚文为本位"。③ 中国的虚文虽然富含情感，却与社会发展存在距离。另一方面，"欧洲文化，受赐于政治科学者固多，受赐于文学者亦不少"④。陈独秀以文学为切入口改造社会的主张，表明了更坚定的文学革命主张。他认为文学革命是政治革新、文化革新的前提，因此对文学革命的迫切之心远远胜于胡适。加之陈独秀文章措辞激烈，如其所言，"有不顾迂儒之毁誉，明目张胆以与十八妖魔宣战者乎？予愿拖四十二生之大炮，为之前驱"。⑤ 他对胡适的观点文章给予肯定、支持，强化了胡适的主张。胡适后来回忆说："当时若没有陈独秀'必不容反对者有讨论之余地'的精神，文学革命的运动决不能引起那样大的注意。"⑥ 这两篇文章成为现代白话文运动最初的动力，是不可分割的"车之两轮，鸟之双翼"；在这两篇文章的影响下，《新青年》正式揭开了现代白话文运动之序幕。

---

① 陈独秀：《文学革命论》，《新青年》1917 年第 2 卷 6 号。
② 陈独秀：《文学革命论》，《新青年》1917 年第 2 卷 6 号。
③ 陈独秀：《东西民族根本思想之差异》，《青年杂志》1915 年第 1 卷 4 号。
④ 陈独秀：《文学革命论》，《新青年》1917 年第 2 卷 6 号。
⑤ 陈独秀：《文学革命论》，《新青年》1917 年第 2 卷 6 号。
⑥ 胡适：《五十年来中国之文学》，《胡适文集》第 3 卷，北京大学出版社 1998 年版，第 255 页。

如果注意到陈独秀对胡适《文学改良刍议》和自己所作《文学革命论》的排列顺序，就可以看出陈独秀和他所主编的《新青年》的思路。《文学改良刍议》放在 2 卷 5 号的第四篇，但是到 2 卷 6 号的《文学革命论》，陈独秀就将其作为头条了。如果仔细考察排在《文学改良刍议》之前的三篇文章，即陈独秀的《再论孔教问题》、杨昌济的《治生篇》以及高一涵的《一九一七年预想之革命》，就不难理解陈独秀对胡适文章和其中观点的用意。

陈独秀的《再论孔教问题》是 2 卷 4 号他自己《孔子之道与现代生活》的延续。文章认为科学为正轨，宗教在废弃之列，而"孔教"既非名词，亦非宗教，即使从社会习惯来看，也不能牵入政治，因此"非独不能以孔教为国教，定入未来之宪法，且应毁全国已有之孔庙而罢其祀。"① 另外，在陈独秀主编的前 3 卷中，每一期的第一篇文章均出自自家之手。杨昌济的《治生篇》是续前号未完稿，该文比较我国与西洋各国的风俗传统，散论及惜时、应酬、守时、储蓄、举债、赌博等，针砭时俗。当时刊发高一涵的《一九一七年预想之革命》多少有些时间因素的考量，因为 2 卷 5 号出版时间正是 1917 年 1 月，而 1916 年 1 月出版的 1 卷 5 号第一篇文章便是陈自己的《一九一六》。这样安排也算是遵循惯例。高一涵文中预想的革命并非文学革命，而是对专制思想的革命，以及对其衍生的专制教育的革命。他认为，"于政治上应揭破贤人政治之真相，于教育上应打消孔教为修身大本之宪条"。② 这种期刊文章排序，充分说明了陈独秀希望以胡适所提出的文学改良，达到自己所期望的对孔教问题、传统风俗和专制思想进行变革的目的。

---

① 陈独秀：《再论孔教问题》，《新青年》1917 年第 2 卷 4 号。
② 高一涵：《一九一七年预想之革命》，《新青年》1917 年第 2 卷 5 号。

（三）现代白话文的内涵

白话文对文言文的取代是五四时期期刊转向现代的起点。白话的本质是自由的表达，而文言是传统的窠臼，具有意识形态束缚的属性。文言本身与科举所代表的权力是一体的，"科举一日不废，古文的尊严一日不倒"。① 葛兰西认为："在中国，文字书写是将知识分子和大众截然分开的表现"。② 文言标识着一种权力，造成文化上的"区隔"。人们对文言的敬意是对传统、正统敬畏的一种延续和变体。

现代性的世俗性体现在对传统的打破，而白话则是对这种传统、符号神圣性的祛魅。对文字工具权威的解构，正是现代性的体现。在白话取代文言之后，现代性的发展更加迅速，人们开始对传统的思想、传统的文学样式、传统的文学表现手法等进行了全面的摆脱。白话作为新思想传播的工具，有着不可替代的重要作用。"在一个集体内，认识的共同性由表现手段、首先是言语手段的共同性来确定。在语言层面上，作家拥有的，只能是这个集体用来表达其认识的词语与句法；至多作家也只能'赋予社会中的单词以更规范的意义'。"③ 语言作为一种文化前结构，先天性地决定和制约着运用者的思维方式和逻辑。

晚清白话文运动试图促使文字的普及，现代白话文运动则在此基础上增加了新的内容——新文化。这种新的内容是一种对文字存在本质的思想性诠释，并依托文学语言进行了传播和扩散。尽管，白话形式并非五四时期的创新，且有几千年来的传承历史，但语言的更迭正是时代"新质"替换"旧质"的过程，其核心是语言符号所承载思想的更迭。

---

① 胡适：《五十年来中国之文学》，《胡适文集》第3卷，北京大学出版社1998年版，第252页。

② ［意］葛兰西：《狱中札记》，曹雷雨译，中国社会科学出版社2000年版，第17页。

③ ［法］罗贝尔·埃斯卡皮：《文学社会学》，于沛等译，浙江人民出版社1987年版，第80页。

语言从旧质过渡到新质不是经过爆发，不是经过消灭现存在语言和创造新的语言，而是经过新质的要素的逐渐积累，也就是经过旧质要素的逐渐死亡来实现的。胡适专门写了洋洋十几万字的《白话文学史》来证明这一点，其白话文主张的基石是"一时代有一时代之文学"。

现代白话文运动的语言革命为现代文学的发展提供了语言基础。"文学是一种社会性的实践，它以语言这一社会创造物作为自己的媒介"，①"现代白话不仅仅只是白话，更重要的是它是现代的，它是融合古今中外的语言而成，在词汇上远比作为民间口语的白话要丰富，能够表达现代人的思想。所以决不能把五四白话简单地等同于古代白话。"②虽然现代白话文中有很多古时的词汇，但是它们却拥有了现代的意义，使用者的思维方式和思想内容从根本上发生了变化。比如，五四时期的"人"、"民主"等概念虽然在中国古代早已有之，但它们在五四时期已经有了不同的意义，甚至被赋予了全新的内涵。

晚清的白话文运动是以白话作为对文言的补充，而不是彻底取代文言。这种只有白话文运动、没有语言变革的运动并不彻底，没有打破根深蒂固的思维方式。因此，五四时期的文学语言的变革，并不源于晚清白话文运动，鲁迅《狂人日记》与晚清白话小说在语言方面几乎没有多大的承继关系。新文学取白话之长处，并将新思想注入其中，使白话真正成为现代人的语言工具，真正把文学从文言传统的约束中解放出来，因为"文学的生命全靠能用一个时代的活的工具来表现时代的情感与思想"③。

---

① ［美］雷·韦勒克、奥·沃伦：《文学理论》，刘象愚等译，三联书店 1984 年版，第 92 页。

② 高玉：《语言运动与思想革命》，《文学评论》2002 年第 5 期。

③ 胡适：《导论》，《中国新文学大系》建设理论集，上海良友图书印刷公司 1935 年版，第 6 页。

《新青年》对于文字的改革不是偶然的。胡适主张白话的理由是文言不能适应现代人的生活，他遵循的是实用主义的历史进化观念；陈独秀则认为，现代白话可以建立一种社会的文学。胡适说："我们认定文字是文学的基础，故文学革命的第一步就是文字问题的解决。……先要做到文字体裁的大解放，方才可以用来做新思想新精神的运输品。"① 文言文是语言的符号化，理解文言文有一种使用和破解的技术特权，文言文这种要求技术特权的文字，阻碍了它内容的广泛传播。要有意识地利用传播业宣传思想和自己的各种主张，首要任务便是去除士大夫阶层的这种技术特权，或者说是把这种特权普及到普通人手中，于是印刷文字的技术解码就成为现代出版行业的一件大事，而文学的革命也必须迈出普及的第一步。已经存在的白话文本身就具有平民性，《新青年》提倡的白话文学则"不仅拆掉了文学与民众的藩篱，巨量地拓展了文学的影响，更重要的似乎还在因此造成了一种走向民间的风气，给人们提供了一种理解自身真实生存状况的眼光"。②

《新青年》凭借自身的舆论传播力量，运用各种传播技巧，催生了现代白话文运动，并使之迅速扩大。在《新青年》上还展开了各种主题的讨论，促进现代白话文理论从笼统走向精细，加快了现代白话理论的建设和发展。由于《新青年》的种种努力，提倡现代白话文的主张迅速在社会中传播开来，并且发展成为一场轰轰烈烈的运动，产生了广泛而深远的影响，从而使得白话在很短的时间内战胜了文言，取得了新文学语言的"正宗"地位。

白话文运动不仅使文学语言发生了变化，而且对于学术研究起到了相当重要的推动作用。"新文学之说既倡，著书多用语体，而学校生徒

---

① 胡适：《〈尝试集〉自序》，《胡适文集》第 3 卷，人民文学出版社 1998 年版，第 128 页。

② 许道明：《现代文学批评史新编》，复旦大学出版社 2002 年版，第 19—20 页。

之能读书者大增，书报之销行益广，此其中固有他种原因，然文字艰深之隔阂既除，而学术之研究遂易，则事实昭然，不可掩矣。"①

在这场现代白话文运动中，《新青年》功不可没。胡适在后来总结说："这几年来的'文学革命'，所以当得起'革命'二字，正因为这是一种有意的主张，是一种人力的促进。《新青年》的贡献只在他在那缓步徐行的文学演进的历程上，猛力加上了一鞭。这一鞭就把人们的眼珠子打出火来了。"② 蔡元培在总结新文化运动时就赞扬《新青年》的功绩："主张以白话代文言，而高揭文学革命的旗帜，这是从《新青年》时代开始的。"③ 当代的许多学者更是将《文学改良刍议》和《文学革命论》这两篇文章作为中国现代文学诞生的标志。语言变革的现代意义甚至超越了提倡它的《新青年》同人的初衷。

第二节　期刊的话语体系

话语体系是一种全方位的文化系统。费尔克拉夫认为，话语分析分为三个不同的向度，即"文本"的向度、"话语实践"的向度和"社会实践"的向度，其中"文本"主要关注文本的语言分析，"话语实践"关注文本生产过程和解释过程的性质，"社会实践"关注社会分析方面的问题。只有从这三个向度分析，才能够"使得话语变化和社会变化之间的关系得到确定，并使得文本的详细属性能够与话语事件的社会属性——它们

---

① 吕思勉：《三十年来之出版社界（1894—1923）》，《吕思勉文集》上册，华东师范大学出版社1997年版，第381页。

② 胡适：《白话文学史》，《胡适文集》第4卷，人民文学出版社1998年版，第23页。

③ 蔡元培：《总序》，《中国新文学大系》建设理论集，上海良友图书印刷公司1935年版，第10页。

是作为社会实践的特例——有机地联系起来。"① 以此来审视五四时期期刊，五四时期的期刊实现了从文字、文学、社会文化思想三个层面变革。五四时期期刊的话语体系具有系统的完整性，从最初的文本到实践到最终话语体系的确立，包含了三个向度的创新。

一、期刊与新文学发展

1901 年《清议报》第 100 册上有梁启超名言："自报章兴，吾国之文体为之一变，汪洋恣肆，畅所欲言，所谓宗法家法，无复问者。"② 近代的诗文多少都体现出一种"变"的动态和发展趋向。如龚自珍的诗文中体现出他渴求变革的强烈要求，冯桂芬、王韬开创了新体政论散文先河，梁启超提倡新小说体现了革新的趋向。这种"为之一变"更多是一种求"新"、创"新"的趋势，而新文学的建构和文体创造则是在五四时期。在语言变革的基础上，以白话文为核心的新文学逐渐建立起来，而在新文学从诞生到发展的过程中，期刊起到了无可替代的作用。如果说"中国的文坛和报刊是表姊妹，血缘是很密切的"③，那么五四时期的期刊和文坛的关系就可以说是比"表姊妹"更亲的"亲姊妹"，因为中国的现代文学就诞生于五四时期的期刊之上。

五四时期的文学期刊通过译介外国文学和批判传统文学，有意识地建构一种新的文化和文学语境。期刊通过外国文学的译介，改变中国文学的参考乃至标准，对读者与作家产生引导规束作用，使得外国文学成为中国作家的效仿对象。以西方为参照，是五四文学期刊的共性。它

---

① [英]诺曼·费尔克拉夫：《话语与社会变迁》，殷晓蓉译，华夏出版社 2003 年版，第 8 页。

② 梁启超：《中国各报存佚表》，《清议报》1901 年第 100 册。

③ 曹聚仁：《文坛五十年》，东方出版中心 1997 年版，第 8 页。

们在五四前期注重对传统文学的批判，而后期更加重视新文学的建构。五四文学期刊对现代文学的建构有"破"有"立"，解构与建构并存。

（一）以外国文学为参照

中国现代文学的建构以外国文学为重要参照，但对外国文学作品的译介并不自五四始。林纾 1901 年在《译林》第 1 册的序中说："吾欲开民智，必立学堂，学堂功缓，不如立会演说；演说又不易举，终之唯有译书。"① 鲁迅在《域外小说集·序》开篇便说："我们在日本留学的时候，有一种茫漠的希望：以为文艺是可以转移性情，改造社会的。因为这意见，便自然而然的想到介绍外国新文学这一件事。但做这事业，一要学问，二要同志，三要工夫，四要资本，五要读者。第五样逆料不得，上四样在我们却几乎全无：于是又自然而然的只能小本经营，姑且尝试，这结果便是译印《域外小说集》。"②

早期文艺革新的提倡者对于翻译都非常重视，并在期刊上进行了实践。"翻译事业于我国青黄不接的现代颇有急切之必要……不宜使其凌越创造、研究之上。"③ 在五四时期文学期刊中，外国文学的翻译和介绍超过了晚清和民初。胡适写道："民国七年一月《新青年》复活之后，我们决心做两件事：一是不作古文，专用白话作文；一是翻译西洋近代和现代的文学名著。"④ 五四文学期刊大量翻译、引进外国文学理论，更看重它们的思想功用，这使五四文学期刊较晚清民初的文学期刊具有更明显的现代性色彩。

---

① 林纾：《〈译林〉序》，《译林》1901 年第 1 号。

② 鲁迅：《域外小说集·序》，《鲁迅全集》第 10 卷，人民文学出版社 1981 年版，第 165 页。

③ 郭沫若：《致李石岑（1921 年 1 月上旬）》，载黄淳浩编：《郭沫若书信集》上，中国社会科学出版社 1992 年版，第 187—188 页。

④ 胡适：《导论》，《中国新文学大系》建设理论集，上海良友图书印刷公司 1935 年版，第 28 页。

1. 积极推出外国文学译作

《新青年》自创刊伊始便提出变革的主张，却似乎无处下手，但对文学却有着特殊的关注，几乎每期都有对西方文学的译介，想借翻译来改革文艺。胡适在《建设的文学革命论》中提出，中国想要有高明的文学，"只有一条法子，就是赶紧多多的翻译西洋的文学名著做我们的模范"。① 周作人说："日本文学界，因为有自觉肯服善，能有诚意的去'模仿'，所以能生出许多独创的著作，造成二十世纪的新文学。""我们要想救这弊病，须得摆脱历史的因袭思想，真心的先去模仿别人，随后自能从模仿中，蜕化出独创的文学来。"② 沈雁冰还积极地推荐介绍西方文学作品及作家，希望作者们了解并学习和借鉴。

五四文学期刊开始以白话翻译外国文学作品，对戏剧的翻译也采用白话。《新青年》3 卷 1 号中胡适翻译的小说《二渔夫》用的便是纯白话。白话翻译小说在当时不足为奇，而刘半农在 3 卷 4 号所译的戏剧《琴魂》全部使用白话，却是《新青年》的首创。因为在此之前的戏剧翻译，对白多用白话，但是场景介绍以及各种动作的说明都还是用文言。虽然同时还有很多戏剧翻译仍是照老式的译法，譬如在 4 卷 6 号的"易卜生专号"上陶履恭所译《国民之敌》，以及吴弱男译的《小爱友夫》，但是该号上罗家伦、胡适所译的《娜拉》采用纯白话。周作人用白话翻译诗歌且声称："中国只有口语可以译它。"③ 周作人以口语来翻译诗歌要算首创。此后，《新青年》上刊登的外国诗歌翻译都采用白话了。

傅斯年同样认为："我以为要想我们杂志有精神，有效果，须得翻译的好文章占三分之一。"④ 作为北京大学大学生的新潮社成员都有很好

---

① 胡适:《建设的文学革命论》,《新青年》1918 年第 4 卷 4 号。
② 周作人:《日本近三十年小说之发达》,《新青年》1918 年第 5 卷 1 号。
③ 周作人:《古诗今译》,《新青年》1918 年第 4 卷 2 号。
④ 傅斯年:《通信·致同社同学和读者》,《新潮》1919 年第 1 卷 3 号。

的外语基础，因此，《新潮》上翻译占了很大的分量。

《小说月报》改革之前也有为数众多的翻译作品，但是这些作品以"林译小说"为主，均为文言。《小说月报》前 11 卷先后刊载了林纾译的 29 种作品，它们逾百万字，占《小说月报》总字数约十分之一。沈雁冰参与编辑《小说月报》第 11 卷后，《小说新潮宣言》列出了拟翻译的作品目录，12 卷 1 号《改革宣言》又表示将"多译西欧名著使读者得见某派面目之一斑"①。《小说月报》改革前就声明了自己的革新思路："近年以来，新思想东渐，新文学已过其建设之第一幕，而方谋充量发展。本月刊鉴于时机之既至，亦愿本介绍西洋文学之素志，勉为新文学前途尽提倡鼓吹之一分天职。自明年十二卷第一期起，本月刊将尽其能力，介绍西洋之新文学，并输进研究新文学应有之常识。"②《小说月报》改革后的翻译作品以现实主义作品为主，力图为新文学创作提供可参考的经验，该刊在作品选择上开始出现明确的原则和目标。

《小说月报》创刊号即设有"译丛"栏，12 卷改革后，它成为此前栏目中唯一保留的栏目。11 卷起沈雁冰被任命主持革新栏目"小说新潮"，11 卷 10 号《小说月报》启事称："自本号起，将说丛一栏删除，一律采用小说新潮栏之最新译著小说，以应文学之潮流，谋说部之改进。以后每号添列'社说'一栏，略如前数号'编辑余谈'之材料。凡有以（一）研究小说之作法，（二）欧美小说界之近闻，（三）关于小说讨论等稿见惠者，毋任欢迎。"③ 而这"介绍西洋文学的目的，一半果是欲介绍他们的文学艺术来，一半也是为介绍世界的现代思想，而且这应该是更注意些的目的"。④ 可见其明确将西方小说作为构建新文学的参照系。

---

① 《改革宣言》，《小说月报》1921 年第 12 卷 1 号。
② 《本月刊特别启事一》，《小说月报》1920 年第 11 卷 12 号。
③ 《本刊启事》，《小说月报》1920 年第 11 卷 10 号。
④ 《改革宣言》，《小说月报》1921 年第 12 卷 1 号。

创造社的文学期刊中也有大量外国文学译作，而与《小说月报》不同的是，《创造》中翻译的大都是西欧作家的作品，带有明显的浪漫主义色彩。创造社宣扬："我们的主义，我们的思想，并不相同，也并不必强求相同。我们所同的，只是本着我们内心的要求，从事于文学活动罢了。"①崇尚天才，注重神会，讲求文学的全与美，强调创作的无目的，与西欧的浪漫主义文学气质接近，因此，《创造》《创造周报》刊载歌德、雪莱、海涅、济慈、雨果、罗曼·罗兰、惠特曼等人作品的译作，其中也夹杂着介绍王尔德、波德莱尔等人的现代主义作品，体现出与五四时期的翻译主潮明显的差异。

五四时期的文学期刊几乎都登载翻译作品，且一度数量巨大。英国、德国、法国、俄国以及日本、印度的一些文学名著，被系统地陆续介绍给中国读者，这帮助了中国新文学进一步摆脱旧文学的种种束缚，推动了中国现代文学的发展，也使中国文学与世界文学产生了联系。五四前期对于外国文学的大量译介甚至引起了创作者的不满，郭沫若就借投稿之机向《时事新报·学灯》的编辑表达了自己对于翻译的看法："我觉得国内人士只注重媒婆，而不注重处子；只注重翻译，而不注重生产……我这些刍荛之见，我想热心提倡第一义生活者如足下，当得不至吐弃么？翻译事业于我国青黄不接的现代颇有急切之必要，虽身居海外，亦略能审识。不过只能作为一种附属的事业，总不宜使其凌越创造，研究之上，而振其暴威。……总之，'处女应当尊重，媒婆应当稍加遏抑'"。②二十多年后，茅盾在《"媒婆"与"处女"》一文中称："真正精妙的翻译，其可宝贵，实不在创作之下；而真正精妙的翻译，其艰难实倍于创作。'处女'固不易得，'媒婆'亦何尝容易做呀！"③不可否认，

---

① 郭沫若：《编辑余谈》，《创造》1922 年第 1 卷 2 号。
② 黄淳浩编：《郭沫若书信集》上，中国社会科学出版社 1992 年版，第 87 页。
③ 茅盾："媒婆"与"处女"》，《文学》1934 年第 2 卷 3 号。

文学期刊中译作的积极推出在中国新文学建设的初期起到了参照和借鉴作用，为新文学的文学理论和创作奠定了一定的基础。

2. 介绍外国作家

陈独秀在《现代欧洲文艺史谭》中介绍欧洲作家时称："三大文豪之左喇，自然主义之魁杰也；易卜生之剧，刻画个人自由意志者也；托尔斯泰者，尊人道，恶强权，批评近世文明，其宗教道德之高尚，风动全球，益非可以一时代之文章家目之也。西洋大文豪，类为大哲人，非独现代如斯，自古尔也。若英之沙士皮亚（Shakespeare），若德之桂特（Goethe），皆以盖代文豪而为大思想家著称於世者也。"①五四时期的知识分子对新文学的导向参照着西方文学发展的历史，因此五四时期的文学期刊介绍了大量西方优秀的文艺作家，将他们作为新文学作家的楷模。

《新青年》初创，便不惜篇幅地连载翻译王尔德的戏剧《意中人》、《弗罗连斯》、《遗扇记》，屠格涅夫的《春潮》、《初恋》，莫泊桑的《二渔夫》、《梅吕哀》、《白璞田太太》等。胡适在《五十年来中国之文学》中总结说，1917 年的文学革命在建设的方面，欧洲文学的提倡是重要的内容："北欧的 Ibsen，Strindberg，Anderson；东欧的 Dostojevski，Kuprin，Tolstoi；新希腊的 Ephtaliotis；波兰的 Scinkeewicz。这一年之中，介绍了这些人的文学进来。在这一方面，周作人的成绩最好。他用的是直译的方法，严格的尽量保全原文的文法与口气。这种译法，近年来很有人效仿，是国语的欧化的一个起点。"②后来被中

---

① 陈独秀：《现代欧洲文艺史谭》，《青年杂志》1915·年第 1 卷 4 号。

② 胡适：《五十年来中国之文学》，《胡适文集》第 3 卷，北京大学出版社 1998 年版，第 256—257 页。但这些作家的引入并非 1917 年，而是在稍后的时间里，如易卜生就是 1918 年《新青年》4 卷 6 号推出的。胡适的回忆有意增强了被人们认为是"标志着中国文学变革"的 1917 年。

国读者所熟知的易卜生、安徒生、妥斯陀耶夫斯基、库普林、托尔斯泰、显克微支等外国著名作家，都是在五四时期被文学期刊介绍到中国的。

《新青年》的 4 卷 6 号为"易卜生专号"，是中国首次译介西方近代革新思想家作品的专号。该号发表了陶履恭翻译的《国民之敌》，吴弱男翻译的《小爱友夫》以及罗家伦、胡适合译的《娜拉》，在这三部易卜生的戏剧前后，还特意刊载了胡适的《易卜生主义》以及袁振英的《易卜生传》，系统介绍了易卜生的思想。在这几部作品中，易卜生批判了资产阶级社会中的国家、宗教、家庭、婚姻、道德、伦理。他痛恨社会的弊端，憎恶人间伪善及腐败的秩序，体现出他对真正自我的一种追求。正是在这个意义上，他一直被研究者认为是真正的个人主义者。胡适的《易卜生主义》将易卜生的思想表达为一种健全的个人主义的人生观，而这种人生观是写实主义的人生观，试图在思想文艺上建筑一个救世的基础。

对弱小民族作家的观照是五四时期文学期刊翻译介绍的主流。周作人在《新青年》发表译文最多，合计共翻译戏剧 1 部、小说 26 篇、诗歌 54 首、其他译介文章 2 篇。周作人在《新青年》第 4 卷第 2 期、第 3 期、第 4 期上又接连发表了《古诗今译》、《童子 Lin 之奇迹》与《皇帝之公园》这些不同国家、不同风格、不同色调的牧歌或小说。它们的共通之处，就是译者周作人所在意的弱小民族作家的"写实风格"，以及平凡悲剧中"带泪的微笑"。周作人在《皇帝之公园》还专门介绍了"Kuprin 思想，颇近乐观；以为现世恶浊，而将来非无光明之希望……此篇之意，大要亦相类。唯所谓三十二世纪中叶，社会又复革命，复回旧路，乃与他说不同，莫明其意旨之所在。或者有所感触，遂以此'污恶可憎之虫类'为不可救，不肯悛改本性，虽居'广大美丽地球之上'，亦终觉'狭隘如牢狱，沉闷如坟墓'，而无端发昏，毁灭'止有善在'之世界。于是稍稍悲愤，发于小说，亦未可知。"①

　　鲁迅早年在《摩罗诗力说》中便系统评介了外国进步浪漫主义诗人如拜伦、雪莱、普希金、莱蒙托夫、裴多菲、密茨凯维之等，赞扬他们"立意在反抗，旨归在动作，而为世人所不甚愉悦"②。鲁迅与周作人合译的《域外小说集》，转向对西方现实主义和象征主义的关注。《新青年》中也有鲁迅的译作：《一个青年的梦》(日本武者小路实笃著,7卷2、3、4、5号连载)、《幸福》(俄国阿尔支拔绥夫作，8卷4号)、《三浦右卫门的最后》(日本菊池宽作,9卷3号)、《狭的笼》(俄国埃罗先珂作,9卷4号) 4篇，均显示出他对现实的关注。

　　五四时期文学期刊中的翻译与辛亥革命时期的文学翻译有所不同，开始注意作者本身在文坛的地位。辛亥革命时期的翻译"不问原作在它本国文坛上的地位，更不问原作在世界文坛上的价值。实在也因为译者大概是些名士派的文人，他们从不想去探索世界文坛上情形，他们只择他们所爱好的来翻译。即在文字方面，也因要合于本国人的脾胃，完全用意译，大都不能保持原作的神味。"③五四时期的文学期刊较之目的性更强，并非仅仅为了读者的需求，也不是根据自己的爱好，而是为了合乎自己的目的。一如陈独秀认为："西洋所谓大文豪，所谓代表作家，非独以其文章卓越时流，乃以其思想左右一世也。"④二如《新潮》中，潘家洵翻译威斯康辛大学一个学生的《炉火光里》，按语说："这件事很可以教人深思，中国的家庭现在已经成了一个待解决的问题，将来在炉

---

① ［俄］Kuprin：《皇帝之公园》，周作人译，《新青年》1918年第4卷4号。

② 鲁迅：《摩罗诗力说》，《鲁迅全集》第1卷，人民文学出版社1981年版，第68页。

③ 谭正璧：《中国文学进化史》，上海光明书局1929年版，第341页。

④ 陈独秀：《现代欧洲文艺史谭》，《青年杂志》1915年第1卷4号。

火光里像这一类的事情还正不知道有多少，大家何妨预先研究研究，讨论讨论定个态度对付他，免得临时没有主意呢。"① 五四时期文学期刊的文学作家介绍带有强烈的功利色彩，同时体现出构建西洋文学体系的努力。《小说月报》的"杂载"栏也设有"文学家传"和"海外文坛消息"，更是直接将外国当世的著名作家活动迅速地进行介绍，其译介速度是五四前无法比拟的。

3. 移植外国文论

《小说月报》从 12 卷开始进行改革，12 卷 1 号的《改革宣言》开篇即称改革将"谋更新而扩充之，将于译述西洋名家小说而外，兼介绍世界文学界潮流之趋向，讨论中国文学革进之方法"②。五四时期的文学期刊大量介绍西方文艺发展的状况，翻译介绍体现出强烈的流派特色。施蛰存在《现代》"现代美国文学专号"的导言中说："在几近十年以前的《小说月报》曾出了《俄国文学专号》和《法国文学研究》，而替十九世纪以前的两个最丰富的文学，整个儿的作了最有益的启蒙性的说明，那种功绩是我们至今都感谢着的。不幸的是，许多年的时间过去，便简直不看见有继起的、令人满意的尝试；即便有，也似乎没有超越了当时《小说月报》的那个阶段。"③

陈独秀称："欧洲文化，受赐于政治科学者固多，受赐于文学者亦不少。"④《新青年》刊登了大量介绍西方文艺发展状况的文章，如陈独秀的《欧洲文艺史谭》和周作人的《日本近三十年小说之发达》、《文学上的俄国和中国》等，描述外国文艺发展演变的轨迹，将外国文艺作为新文学发展的模仿对象，希望给中国文学的发展提供借鉴。周作人甚至

① 潘家洵：《炉火光里》，《新潮》1920 年第 2 卷 2 号。
② 《改革宣言》，《小说月报》1921 年第 12 卷 1 号。
③ 施蛰存：《〈现代美国文学专号〉导言》，《现代》1934 年第 5 卷 6 号。
④ 陈独秀：《文学革命论》，《新青年》1917 年第 2 卷 6 号。

在考察日本的文学发展之后，认为中国文学的发展，"切要办法，也便是提倡翻译及研究外国著作……总而言之，中国要新小说发达，须得从头做起；目下所缺第一切要的书，就是一部讲小说是什么东西的《小说神髓》。"① 对外国文学思潮、文论的推介和引入在《新青年》中已经有所实现，但是在五四时期系统引入外国文论首推《小说月报》和创造社的刊物。

沈雁冰受《新青年》的影响，自 1919 年始注意搜求俄国文学方面的书。他在改革"小说新潮栏"时就说："我国自从有翻译小说以来，说少也有二十年了。这二十年中，由西文译华的小说，何止千部；其中有价值的自然不少，没价值的却也居半。这诚然是一个缺点。现在新思想一日千里，新思想是欲新文艺去替他宣传鼓吹的，所以一时间便觉得中国翻译的小说实在是都'不合时代'。况且西洋的小说已经由浪漫主义（Romanticism）进而为写实主义（Realism），表象主义（Symbolicism），新浪漫主义（New Romanticism），我国却还是停留在写实以前，这个又显然是步人后尘。所以新派小说的介绍于今实在是很急切的了。"②《小说月报》在沈雁冰主持之后，对自然主义十分崇尚："文学上自然主义经过的时间虽然很短，然而在文学技术上的影响却非常之重大。现在固然大家都觉得自然主义文学多少有点缺点，而且文坛上自然主义的旗帜也已竖不起来，但现代的大文学家——无论是新浪漫派，神秘派，象征派——那个能不受自然主义的洗礼过。中国国内创作到近来，比起前两年，愈加'理想些'了，若不乘此把自然主义狠狠地提倡一番，怕'新文学'又要回原路"③。他在《小说月报》13 卷 7 号更是明确提出："要排除中国小说不重描写，不知客观观察，游戏消遣态度这三大错误，必

---

① 周作人：《日本近三十年小说之发达》，《新青年》1918 年第 5 卷 1 号。

② 《小说新潮栏宣言》，《小说月报》1920 年第 11 卷 1 号。

③ 《最后一页》，《小说月报》1921 年第 12 卷 8 号。

须提倡文学上的自然主义。"① 是否为自然写实，成为《小说月报》稿件选择的重要标准。"若是不经过写实文学的一个时期，我国的新文艺不用说不会发展，就是会得发展，也是不充实，不精炼的，不能适切现代需要的。"② 期刊通过对外国写实主义文论的提倡，为构建新文学理论提供了基础。

文学期刊还通过专刊专号等形式对读者进行引导。1918 年，《新青年》出版"易卜生专号"后，以集中的形式专门介绍外国思潮的期刊专号大量出现，如《新潮》3 卷 2 号的"名著介绍特号"、《小说月报》12 卷 10 号的"被损害民族的文学号"、《小说月报》12 卷号外"俄国文学研究专号"。专号通过对某种倾向的文章系统地集纳，使读者对这些内容有更全面的认识。

五四文学期刊有意识地通过移植外国文学理论来改造思想。鲁迅在翻译日本作家武者小路实笃著的《一个青年的梦》时，认为该剧作体现出"人人都是人类的相待，不是国家的相待，才得永久和平，但非从民众觉醒不可"的思想，"所以我以为这剧本也很可以医许多中国旧思想上的痼疾，因此也很有翻成中文的意义。"③ 周作人在《陀思妥耶夫斯基之小说》中说："近来时常说起'俄祸'，倘使世间真有'俄祸'，可就是俄国思想。如俄国舞蹈、俄国文学皆是。我想此种思想却正是现在世界上最美丽最要紧的思想。"④ 鲁迅在《〈幸福〉译者附记》中也写道："凡有太饱的以及饿过的人们，自己一想，至少在精神上，曾否因为生存而取过这类的娱乐与娱乐过路的人，只要脑子清楚的，一定会觉得战栗！"⑤

---

① 沈雁冰：《自然主义与中国现代小说》，《小说月报》1922 年第 13 卷 7 号。

② 愈之：《近代文学上的写实主义》，《东方杂志》1920 年第 17 卷 1 号。

③ 鲁迅：《一个青年的梦·译者序二》，《新青年》1920 年第 7 卷 2 号。

④ 周作人：《陀思妥耶夫斯基之小说》，《新青年》1918 年第 4 卷 1 号。

⑤ 鲁迅：《〈幸福〉译者附记》，《新青年》1920 年第 8 卷 4 号。

　　五四时期的文学期刊都极力介绍外国文学的发展和演进，试图"从这里打开缺口，为新思想凿通一条传播的渠道"①。罗家伦在《今日中国之小说界》一文中，曾对国人以往所翻译的外国小说提出严厉的批评，认为"中国人还没有领略西洋文学的真价值"。在他看来，翻译"最要紧的就是选择材料。……取的异国的总要可以借鉴，合于这个宗旨的为妙。"② 在《新潮》上，译介西方学术思潮、文化观念的文章就更多了。有罗家伦与吴康共同记录的杜威在北京大学的演说《思想的派别》，有鲁迅翻译的尼采的《察拉图斯忒拉的序言》，还有罗家伦有关西方哲学和心理学的译介。

　　外国文学作品、作家、文论的介绍和翻译使国内的知识分子可以大量借鉴外国文学、外国文化，极大地推动了中国文学的变革历程，催生了文学革命和五四新文化运动。《小说月报》还设立了"海外文坛消息""欧美最近出版文学书籍表"以及"译论"等栏目，对外国文学的动态进行实时介绍，作为仿效的依据。"在中外文学历史上，借助远距离仿效而开创的新时代风格的例子屡见不鲜。倘若一代作家同时爆发出远距离仿效的热情，那很可能导引着一个新的文学时代的到来。当五四作家一致地以外国近代文学作为仿效对象，他们与各自仿效对象所达成的心灵契合与艺术认同，便成为开创新的风格流派的重要依凭。"③ 随着外国文学思潮的大量引进，崇尚西学成为五四时期的风尚，但也同样存在着问题。当时就有学者谈到，民国初期，"虽然拼命的输入新学，而总不免把他的精神丧失了，使他变做非驴非马的东西"④。鲁迅在新体诗歌《他

----

① 王晓明：《一份杂志和一个"社团"》，《上海文学》1993 年第 4 期。

② 罗家伦：《今日中国之小说界》，《新潮》1919 年第 1 卷 1 号。

③ 刘纳：《嬗变：辛亥革命时期至五四时期的中国文学》，中国人民大学出版社2010 年版，第 33 页。

④ 济徵：《从出版社界窥见的知识界》，《东方杂志》1922 年第 19 卷 9 号。

们的花园》中呈现出人们在对外国事物吸收过程中发生的"变味",并提出"拿来主义"。①

（二）对传统文学的批判

虽然有外国文学作为参照,但要实现对文学的现代性创造,还需要对传统的文学观念、内容和形式进行批判。对于如何对待传统,一般有保守、继承和颠覆三种不同的策略。"保守的策略常常被那些在场域中占据支配地位、享受老资格的人所采用,继承的策略则尝试获得进入场域中的支配地位的准入权,它常常被那些新参加的成员采用;最后,颠覆的策略则被那些不那么企望从统治群体中获得什么的人采用。"② 现代性的永恒批判质疑精神决定了现代性策略必然选择颠覆。五四文学期刊对传统文学进行了全面的批判,这些批判"表面上看去,像是破坏的,其实完全是建设的。"③ 对传统文学的批判为新文学的创造扫清了道路。

1. 批判传统文学观念

启蒙运动是与反教权思想联系在一起的,通过个人高扬科学而展开对社会的独立考察,因为教权总是与教条联系在一起的,因而是僵化的。儒家的教条简化为社会运行的潜在规则,文学的样式僵化为韵律和格式。陈独秀称:"旧文学与旧道德,有相依为命之势。"④ 傅斯年也称:"只是中国本来有一种道德,思想,文艺,大家对他信服的很,以为神圣似的。如果不发现了他的不是,不能坠大家对他的信仰心,自然不能容新的,还用什么方法引新的进来?"⑤

知识分子认为国家落后、文学窒息的首要原因是儒家文化,五四时

---

① 唐俟:《他们的花园》,《新青年》1918 年第 5 卷 1 号。

② ［美］戴维·斯沃茨:《文化与权力》,陶东风译,上海人民出版社 2006 年版,第 145 页。

③ 胡适:《易卜生主义》,《新青年》1918 年第 4 卷 6 号。

④ 陈独秀:《通信》,《新青年》1917 年第 3 卷 3 号。

⑤ 傅斯年:《破坏》,《新潮》1919 年第 1 卷 3 号。

期对传统观念的批判达到了一个顶峰。五四时期期刊中的"民主和科学"
与传统社会中占统治地位的儒家文化形成了鲜明的对比。《新青年》创
刊伊始，陈独秀就对传统儒教思想进行了尖锐的批判："名教之所昭垂，
人心之所祈向，无一不与社会现实生活背道而驰。"① 于是《新青年》推
出易白沙的《孔子平议》，陈独秀的《宪法与孔教》、《孔子之道与现代
生活》、《再论孔教问题》，"赤手打倒孔家店"的吴虞更为激进的《家族
制度为专制主义之根据论》等系列文章。《新潮》也将反对传统家庭作
为重要的内容，刊出《万恶之源》、《对于旧家庭的感想》等文章。五四
初期，这些激烈批判儒家文化道德观念的文章成为新文化运动的发端。
而对传统文化的批判则成为五四新文学作品的主要内容，如鲁迅在《狂
人日记》中借狂人之口说："我翻开一看，横竖写着吃人二字。"②《小说
月报》中对现实生活的如实描述、《创造》中关于传统文化戕害青年人
个性的叙述，都是这种观念的文学表达。

　　文学期刊对传统文学理论中"文以载道"的观念进行了批判。大一
统的思想将个人思想的独立性吞噬，使个人丧失了理性批判的意识和能
力。胡适说："尝谓今日文学之腐败极矣……综观文学堕落之因，盖可
以'文胜质'一语包之。文胜质者，有形式而无精神，貌似而神亏之
谓也。欲救此文胜质之弊，当注重言中之意，文中之质，躯壳内之精
神。"③ 陈独秀经过自己的思考后说："文学本非为载道而设"。④ 更为激
进的钱玄同称陈独秀所言"虽若过悍，然对于迂谬不化之选学妖孽，桐
城谬种，实不能不以此种严厉面目加之"⑤，批判文学为儒家思想统治充

---

① 陈独秀：《敬告青年》，《青年杂志》1915 年第 1 卷 1 号。
② 鲁迅：《狂人日记》，《新青年》1918 年第 4 卷 5 号。
③ 胡适：《通信》，《新青年》1916 年第 2 卷 2 号。
④ 陈独秀：《通信》，《新青年》1917 年第 2 卷 6 号。
⑤ 钱玄同：《通信》，《新青年》1917 年第 3 卷 6 号。

当了工具。周作人在他著名的《思想革命》中也对此进行了评判："这种儒道合成的不自然的思想,寄寓在古文中间,几千年来,根深蒂固,没有经过廓清,所以这荒谬的思想与晦涩的古文,几乎已融合为一,不能分离。"① 对儒家思想的攻击批判是对整个传统思想体系激进的否定,而对旧伦理的批判成了五四时期文字乃至文学革命的动因。

五四文学期刊还反对以文学作为游戏或消遣的手段。文学研究会成立时就宣称:"将文艺当作高兴时的游戏或失意时的消遣的时候,现在已经过去了","反对把文学作为消遣品,也反对把文学作为个人发泄牢骚的工具"②,而且批判鸳鸯蝴蝶派"思想上的一个最大的错误,就是游戏的消遣的金钱主义的文学观念"③。沈雁冰在《小说月报》13 卷 11 号的《真有代表旧文化旧文艺的作品么?》《反动?》等系列文章都将矛头指向了鸳鸯蝴蝶派的消闲文艺观。《文学旬刊》上的批判更是数量众多。"《文学旬刊》也曾以全力对付过。几乎大部分的文字都是针对了他们而发的,却都是以严正的理论来对付不大上流的污蔑的话。"④ 对传统文学观念的批判有很多偏激之处,但是我们必须将其放在当时的历史环境中来加以考察。

2. 批判传统文学内容

五四文学期刊不仅批判传统的文学观念,还进一步批判传统文学的内容。《新青年》强调文学应该是新思想的载体,指出旧文学的致命缺点在于内容的"瞒和骗",给人展示假象的世界,让人不能认清自己生活的真实世界。周作人把《西游记》、《水浒》、《聊斋志异》分别纳入"迷

---

① 仲密(周作人):《思想革命》,《新青年》1919 年第 6 卷 4 号。

② 《文学研究会宣言》,《小说月报》1921 年第 12 卷 1 号。

③ 沈雁冰:《自然主义与中国现代小说》,《小说月报》1922 年第 13 卷 7 号。

④ 郑振铎:《导论》,《中国新文学大系》文学论争集,上海良友图书印刷公司 1935 年版,第 14 页。

信的鬼神书类"、"强盗书类"及"妖怪书类"并称其"统应该排斥"。①
他认为中国的古书中全没有生活真实，这与文学的精神是相悖的。

胡适批判中国古代文学中的大团圆结局，揭露了古典文学中大量的
伪善。他认为，中国的传统文学中的团圆结局"是中国人思想薄弱的铁
证"，是为了给人们以思想的麻醉。他给这种思想薄弱的文学提出了治
疗方法，即"悲剧观念"，就是要敢于承认现实社会的残酷和悲剧性。
生活中并非只有喜剧，所以西方的悲剧观念"是医治我们中国那种说谎
作伪思想浅薄的文学的绝妙圣药"，以真实的悲剧让人清醒。② 傅斯年
也指出旧剧本"通行的款式，是结尾出来个大团圆：这是顶讨厌的事"，
原因是，"剧本的材料，应当在现在的社会里取出"③，而现实的社会永
远不可能是只有团圆的。总之，这样的文学蒙蔽人们对现实的思考。

五四文学期刊还批判传统文学中以旧时的故事代替现时生活。胡适
反对用典便是因为"凡人用典或用陈套语者，大抵皆因自己无才力，不
能自铸新辞，故用古典套语，转一湾子，含糊过去"④。周作人在《思想
革命》中也说："便是现代的人做一篇古文，既然免不了用几个古典熟
语，那种荒谬思想已经渗进了文字里面去了，自然也随处出现。"⑤要表
现现实的生活，就要避免用典故来搪塞读者。

五四文学期刊还曾集中力量批判"黑幕小说"，提醒人们这种文学
对读者思想的腐蚀。钱玄同称，黑幕小说"内容腐败荒谬"，"简直可称
做杀人放火奸淫拐骗的讲义"。⑥《新青年》6 卷 2 号转载了《每周评论》
第 4 号上周作人的《论"黑幕"》，并且附上了杨亦曾的《对于教育部通

---

① 仲密（周作人）：《思想革命》，《新青年》1919 年第 6 卷 4 号。
② 胡适：《文学进化观念与戏剧改良》，《新青年》1918 年第 5 卷 4 号。
③ 傅斯年：《再论戏剧改良》，《新青年》1918 年第 5 卷 4 号。
④ 胡适：《通信》，《新青年》1916 年第 2 卷 2 号。
⑤ 仲密（周作人）：《思想革命》，《新青年》1919 年第 6 卷 4 号。
⑥ 钱玄同：《通信·答宋云彬》，《新青年》1919 年第 6 卷 1 号。

俗教育研究会劝告勿再编黑幕小说之意见》以及周作人的《再论"黑幕"》。在《再论"黑幕"》一文中，周作人对于黑幕小说作了异常深刻的评论。他说："我们决不说黑幕不应披露，且主张说黑幕极应披露，但决不是如此披露。我们揭起黑幕，并非专心要看这幕后有人在那里做什么事，也不是专心要看做那些事的是什么人。我们要将黑幕里的人和他所做的事，连着背景并作一起观。这人是中国民族，事是他们所做的奸盗诈伪，背景便是中国的社会。我们要看这中国民族在中国现在社会里，何以做出这类不长进的事来。这所做的事，只是结果，不必详说。我们最要注意的点，是人与社会交互的关系，换一句话，便是人的遗传与外缘的关系——中国人的根性怎样，他们怎样造成社会，又怎样的被社会造成。"①

进步的文学期刊还对《礼拜六》等通俗刊物的内容进行了批判。成仿吾总结道："这些《礼拜六》、《晶报》一流的东西，虽然也是应运——应恶浊的社会之要求而生的，然而他们已经积成应运以上的流毒了。他们的罪恶，可比天上的繁星，我现在只略举其大一点的：第一，他们是赞美恶浊社会的，他们阻碍社会的进步与改造。第二，他们专以鼓吹骄奢淫逸为事，他们破坏我们的教育。第三，他们专以丑恶的文章，把人类往地狱中诱惑，他们是我们思想界与文学界的奇耻。"②

3.批判传统文学形式

五四文学期刊首先批判了文言作为文学语言的局限性。胡适《文学改良刍议》开现代白话运动之滥觞，其中明言："白话文学之为中国文学之正宗……可断言也。"陈独秀看完，对胡适的论断"亦笃信而渴望之"③。为寻找白话文的源头，胡适专门写了洋洋洒洒大部头的《白话文

---

① 周作人：《再论"黑幕"》，《新青年》1919年第6卷2号。
② 成仿吾：《歧路》，《创造》1922年第1卷3号。
③ 胡适：《文学改良刍议》，《新青年》1917年第2卷5号。

学史》，论述白话在中国古代的根源。傅斯年更进一步指出："骈文有大病根存，即导人伪言是也。"① 五四文学期刊对传统文学形式的批判，对传统文学观念、内容的批判是互为表里的。

五四文学期刊还集中批判中国的传统戏剧的危害，认为传统戏剧的表现形式限制了戏剧对生活和思想的表达。《新青年》5 卷 4 号集中刊发了胡适的《文学进化观念与戏剧改良》，傅斯年的《戏剧改良各面观》、《再论戏剧改良》，欧阳予倩的《予之戏剧改良观》等，使这一号几乎成了"戏剧改良专号"。傅斯年认为：中国旧戏"违背美学上的均化律"；"刺激性过强"；"形式太嫌固定"。② 在驳斥了张厚载的观点后，傅斯年指出："剧本的材料，应当在现在的社会里取出"；"通行的款式，是结尾出来个大团圆：这是顶讨厌的事……剧本里的事迹，总要是我们每日的生活，纵不是每日的生活，也要是每年的生活"；"剧本里的人物，总要平常"。③ 文学期刊中对于旧戏的不足有所认识，对于创造新戏的艰巨性也有着足够的认识："贵能以浅显之文字，发挥优美之思想。无论其为歌曲，为科白，均以用白话，省去骈俪之句为宜。"④

《新青年》的 4 卷 3 号，在"文学革命之反响"的总标题下进行了一次模拟性的论战。钱玄同化名王敬轩，模拟旧派人物的口吻，给《新青年》写信，然后刘半农对此文中反对白话文的观点进行逐一批驳。王敬轩仅 3 页半的文章引发了刘半农长达 17 页的驳斥。这出"双簧戏"批判了白话文反对者的荒谬之处，表明了《新青年》编者提倡新文学的决心。

傅斯年在《破坏》中说："中国是有历史文化的国家，在中国提倡

---

① 傅斯年：《文学革新申议》，《新青年》1918 年第 4 卷 1 号。
② 傅斯年：《戏剧改良各面观》，《新青年》1918 年第 5 卷 4 号。
③ 傅斯年：《再论戏剧改良》，《新青年》1918 年第 5 卷 4 号。
④ 欧阳予倩：《予之戏剧改良观》，《新青年》1918 年第 5 卷 4 号。

新思想、新文艺、新道德，处处和旧有的冲突，实在有异常的困难，比不得在空无所有的国家，容易提倡。所以我们应当一方面从创造新思想、新文艺、新道德着手，一方（面）应当发表破坏旧有的主义。这是势必处此的办法。"① 五四时期对传统文学形式的批判是彻底的。五四文学期刊不仅实现了文学语言从文言到白话的重大转变，而且对传统文学表现形式中的对仗、韵文、骈文等都进行了批判，将文学从旧的形式中解放出来，因为这些都限制了精神的自由表达。

（三）对新文学的构建

新文学的发展是以古代文学和外国文学作为参照系的。在对传统文学进行大量批判之后，五四知识分子开始注意到建设的重要性，新文学的建设就成为急切的问题。从这一时期起，期刊上的文章开始以建设为题，诸如《建设的文学革命论》等。胡适说："简单说来，我们的中心理论只有两个：一个是我们要建立一种'活的文学'，一个是我们要建立一种'人的文学'。前一个理论是文字工具的革新，后一种是文学内容的革新。中国新文学运动的一切理论都可以包括在这两个中心思想的里面。"② 五四文学期刊对新文学的建构主要包括建设新文学理论、繁荣新文学批评和推出新文学作品。

1. 建设新文学理论

五四时期的文学期刊为现代文学初期的理论发展作出了巨大的贡献。1935 年，赵家璧委托胡适所编的《中国新文学大系·理论建设集》中，有 47 篇新文学建设的理论文章，其中 30 篇都发表在《新青年》上。尤其发难时期的理论，几乎全部出自《新青年》。五四文学期刊的文艺观虽不尽相同，但在很多地方达成统一。这些新文学的倡导者虽不是文

---

① 傅斯年：《破坏》，《新潮》1919 年第 1 卷 3 号。
② 胡适：《导论》，《中国新文学大系·理论建设集》，上海良友图书印刷公司 1935 年版，第 18 页。

艺家出身，但都从各自角度提出自己的主张：胡适以进化论来强调白话文的时代优势，陈独秀重视文学的政治社会使命，周作人强调人的改造……新文学最初便是按照这些设计者的思路诞生和发展的。"先有理论的倡导，后有创作的实践；不是后起的理论给已经存在的作品命名，而是理论先提出规范，作家再按照这些规范去创作。"① 这种对新文学的规范主要包括关于新文学的本质、内容以及形式几个方面的理论。

五四时期的文学观念都认为，文学具有特殊的力量，可以改变社会、改变生活。面对社会现实，文学不再是隔岸观火，"其内容与社会实际生活，日渐接近，斯为可贵耳"②。传统文学作为传统思想具体的体现形式之一，自然在被批判的行列。五四文学期刊以文学、语言文字作为社会改良的切入口，期望通过文学实现对思想的改造，"从这里打开缺口，为新思想凿通一条传播的渠道"③，实现中国社会的进步。

这种对文学的理解在文学研究会宣言中有着直接的表达："将文艺当作高兴时的游戏或失意时的消遣的时候，现在已经过去了。我们相信文学是一种工作，而且又是于人生很切要的工作。""反对把文学作为消遣品，也反对把文学作为个人发泄牢骚的工具，主张文学为人生。"④ 由于时代和环境的影响，五四文学期刊对文学变革社会的能力极为重视，具有现代性的意义。

新文学从诞生起就扎根于现实土壤，新文学的诞生便是现实社会需要的结果。因此，胡适说，贫民社会、新旧文化冲突、种种社会问题，"都可供文学的材料"⑤。文学与社会紧密地联系在一起，现实生活中的

---

① 王晓明：《一份杂志和一个"社团"》，《上海文学》1993 年第 4 期。
② 陈独秀：《通信》，《新青年》1917 年第 3 卷 5 号。
③ 王晓明：《一份杂志和一个"社团"》，《上海文学》1993 年第 4 期。
④ 《文学研究会宣言》，《小说月报》1921 年第 12 卷 1 号。
⑤ 胡适：《建设的文学革命论》，《新青年》1918 年第 4 卷 4 号。

情况全部可做文学的材料。胡适介绍易卜生主义时特别提到，易卜生的价值很大程度上体现在他作品的内容上："易卜生把家庭、社会的实在情形都写出来，叫人看了动心，叫人看了觉得我们的家庭、社会原来是如此黑暗腐败，叫人看了觉得家庭、社会真正不得不维新革命——这就是易卜生主义。"① 对于社会的真实状况，无论何种内容，都不应该去避讳和掩饰，这才是文学真正应有的态度。周作人在对俄国文学进行梳理时说："俄国近代的文学，可以称之作理想的写实派的文学；文学的本领原在于表现及解释人生，在这一点上俄国的文学可以不愧称为真的文学了。……我们相信中国将来的新兴文学当然的又自然的也是社会的、人生的文学。"② 以《新青年》为代表的五四文学期刊对现代文学中的现实题材的推动有着不可磨灭的贡献。

新文学理论扎根在现实的土壤中，文学与现实的人、现实的人生紧密地联系在一起。五四初期，对新文学内容的探讨很多，这些都是逐步深化的。胡适认为"须言之有物"，"惟实写今日社会之情状，故能成真正文学"。③ 陈独秀提出建设"平易的抒情的平民文学"、"新鲜的立诚的写实文学"、"明了的通俗的社会文学"。④ 周作人主张"用这人道主义为本，对于人生诸问题，加以记录研究"。⑤ 胡适还细致地提出："推广材料的区域，官场妓院与龌龊社会三个区域，决不够采用。即如今日的贫民社会，如工厂之男女工人，人力车夫，内地农家，各处小负贩及小店铺，一切痛苦情形，都不曾在文学上占一位置。"⑥ 在五四文学期刊上，文学的内容较传统文学大大地扩大了范围，也体现了对现实秩序加

---

① 胡适:《易卜生主义》,《新青年》1918 年第 4 卷 6 号。
② 周作人:《文学上的俄国与中国》,《新青年》1921 年第 8 卷 5 号。
③ 胡适:《文学改良刍议》,《新青年》1917 年第 2 卷 5 号。
④ 陈独秀:《文学革命论》,《新青年》1917 年第 2 卷 6 号。
⑤ 周作人:《人的文学》,《新青年》1918 年第 5 卷 6 号。
⑥ 胡适:《建设的文学革命论》,《新青年》1918 年第 4 卷 4 号。

以构建的现代性特征。

对于现实的重视使得真实性成为新文学的一个重要标准。写实主义的创作方法具有对真实性的要求，自然成为现代文学诞生期作家创作方法的首选。陈独秀在谈到当时中国的文艺时认为"今后当趋向写实主义"。① 他对写实极端推崇："写实之外，别无所谓理想，别无所谓有物。"② 傅斯年也有同样的观点："戏文一道，是要客观，不是要主观，是要写实的，不是给文人卖弄笔墨的。"③《小说月报》12 卷 1 号的《改革宣言》称："写实主义的文学，最近已见衰歇之象，就世界观之立点言之，似已不应多为介绍；然就国内文学界情形言之，则写实主义之真精神与写实主义之真杰作实未尝有其一二，故同人以为写实主义在今日尚有切实介绍之必要"。④ 沈雁冰一度认为新浪漫主义是外国文学进化的结果，但是由于受胡适影响，后来认为："因为艺术都是根据旧张本而美化的。不探到了旧张本按次做去，冒冒失失'唯新是摹'，是立不住脚的。所以中国现在要介绍新派小说，应该先从写实派自然派介绍起。"⑤ 沈雁冰在主编《小说月报》之时，对自然主义以及写实主义倍加看重，不但在通信栏里与读者展开讨论甚至论战，而且对刊登在《小说月报》上的作品也作了这样的要求。

五四文学期刊还实现了文体的改变，主张摆脱旧有的文学框架和规则，开创自由灵活的文体。胡适答朱经农通信中说："我们做白话诗的大宗旨，在于提倡'诗体的解放'，'有什么材料做什么诗；有什么话说什么话；把从前一切束缚诗神的自由的枷锁镣铐笼统推翻：这便是诗体

① 陈独秀：《通信·答张永言》，《青年杂志》1915 年第 1 卷 4 号。
② 陈独秀：《文学革命论》，《新青年》1917 年第 2 卷 6 号。
③ 傅斯年：《戏剧改良各面观》，《新青年》1918 年第 5 卷 4 号。
④ 《改革宣言》，《小说月报》1921 年第 12 卷 1 号。
⑤ 《小说新潮栏宣言》，《小说月报》1920 年第 11 卷 1 号。

的解放'。……我们做的白话诗，现在不过在尝试的时代，我们自己也还不知什么叫做白话诗的规则。"① 这是要在文体上打破旧的规则，以自由为原则将文学从束缚中解放开来，更好地容纳新思想。从白话诗歌在诗坛的兴起，到短小精悍的随感录式杂文的兴盛，再到西方话剧的引进和中国化的创造，都离不开五四文学期刊。

2. 繁荣新文学批评

在五四文学期刊上，批评主义兴起并盛行。批评有利于人们之间的理性交往，也有利于新文学的自身发展。"评论家通过他们对一种艺术的思考直接促进了作品的生产，这种艺术本身常常也加入了对艺术的思考；评论家同时也通过对一种劳动的思考促进了作品的生产，这种劳动总是包含了艺术家针对其自身的一种劳动。"② 愈之说："'文学批评'这一个名辞，在西洋已经有过几千年的历史了；可是在我们中国还是第一次说及。中国人本来缺少批评的精神，所以那种批评文学在我国竟完全没有了。我国文学思想很少进步，多半许是这缘故。近年新文学运动一日盛似一日，文艺创作也一日多似一日，但同时要是没有批评文学来做向导，那便像船没有了舵，恐怕进行很困难罢！所以我想现在研究新文学的人，对于文学批评似乎应该有相当的注意。"③ 罗家伦在《新潮》上专门以《批评的研究》为题，提出了批评的三 W 主义，即批评要研究"是什么""为什么"和"要怎么"。他认为："创造西洋文化的要素，只有一件东西，就是'批评的精神'！"而这种精神的缺失正是中国的学术、社会和文学沉闷的原因。只有明白批评的观念，中国的批评精神才能够稍微有点萌芽。他因而提出："为研

---

① 胡适：《通信·答朱经农》，《新青年》1918 年第 5 卷 2 号。

② ［法］皮埃尔·布尔迪厄：《艺术的法则——文学场的生成和结构》，刘晖译，中央编译出版社 2011 年版，第 207 页。

③ 愈之：《文学批评——其意义及方法》，《东方杂志》1921 年第 18 卷 1 号。

究固当批评而批评尤赖研究！"①

　　五四文学期刊普遍开设了批评栏目，专门对文学创作进行批评。《小说月报》改革之后便开设"评论"、"研究"栏目以对文学观点加以讨论、整理和介绍，认为"西洋文艺之兴盖与文学上之批评主义（Criticism）相辅而进；批评主义在文艺上有极大之权威，能左右一时代之文艺思想。新进文家初发表其创作，老批评家持批评主义以相绳，初无丝毫之容情，一言之毁誉，舆论翕然从之；如是，故能互相激励而至于至善。我国素无所谓批评主义，月旦既无不易之标准，故好恶多成于一人之私见；'必先有批评家，然后有真文学家。'此亦为同人坚信之一端；同人不敏，将先介绍西洋之批评主义以为之导"。②

　　通过对批评的提倡，新文学作品的质量在整体上得到了提升。《小说月报》第 13 卷 5 号《最后一页》写道："我们极欢迎读者诸君对于本刊有所批评，尤欢迎批评本刊所登的创作。……以后此项稿件如能多些，当别立一栏。极盼诸君不吝赐教。"3 期之后的第 13 卷 8 号开辟了"创作批评"："我们特辟这一栏，收容读者对于创作的批评；我们特设此栏，有三层意见，谨为读者告：（1）我们固然不便说中国现已有许多伟大的小说家，但是已有许多作家能感动青年的心，却是不用自讳，（2）我们也不敢说中国已有多少大批评家，但是看了一篇作品大为感动，觉得非说不可的时候，竟也毋须自惭形秽，还是老实的说出来……"③

　　五四时期的文学期刊还相互进行批评。成仿吾在《创造》评论了冰心："她那丰富的想象力与真挚的心情，都很可爱，精细的描写与伶俐的笔致，也都把女性的特长发挥得出。"也批评了小说的缺点："不过她的作品，不论诗与小说，都有一个共同的大缺点，就是她的作品，都有

　　①　罗家伦：《批评的研究》，《新潮》1920 年第 2 卷 3 号。
　　②　《改革宣言》，《小说月报》1921 年第 12 卷 1 号。
　　③　《创作批评栏目前言》，《小说月报》1922 年第 13 卷 8 号。

几分被抽象的记述胀坏了的模样。"不仅如此，成仿吾还提出了改进的方法："一个作品的戏剧的效能，不能靠抽象的记述，动作的 action 是顶要紧的，最好是把抽象的记述投映 Project 在动作里。"①《小说月报》第 12 卷 5 号刊出了落华生的《换巢鸾凤》，后有署名"慕之"的附注："这篇小说，是广东一个县的实在的事情。所叙的情节，都带有浓厚的地方的色彩（local color）。广东的人一看就觉得他的'真'。"② 但是张资平在《创造》上说："读篇后的注说本篇有 local color，其实广东的色彩不单没有在篇内浓厚表现，作者全由旧小说采取材料做成的，如行酒令，唱典，山寨生活，压寨美人等都是受了旧小说的影响，我读了就不觉其'真'。我想这篇的写实程度，怕够不上 20%。"③

《创造周报》刊发了大量的评论，与其他文学期刊一起，有力地促进了五四时期的批评风气。《创造周报》的创办，就是"想偏重于评论介绍而以创作副之"。④"周报不过是适宜于战斗的一种轻便的刊物而已。"⑤"我诚确的感觉着，现今国内文艺界实在最需要批评的工作，并且是需要消极的批评工作。"⑥ 成仿吾的认识颇有见地："在这创造的工程中，有与创造的工作一样重要而有重大关系的另一种工作，我们称这另一种工作为批评。"⑦ 郭沫若也说："批评与创作本同是个性觉醒的两种表现，本同是人生创造的两个法门。"⑧《创造周报》刊发了大量的评论，与其他文学期刊一起，有力地促进了五四时期的批评风气。

① 成仿吾：《评冰心女士的〈超人〉》，《创造》1923 年第 1 卷 4 号。
② 慕之：《换巢鸾凤·附注》，《小说月报》1921 年第 12 卷 5 号。
③ 张资平：《"创作"》，《创造》1922 年第 1 卷 1 号。
④ 《预告〈创造周报〉》，《创造》1923 年第 1 卷 4 号。
⑤ 郑伯奇：《二十年代的一面——郭沫若先生与前期创造社》，饶鸿竞编：《创造社资料》下，福建人民出版社 1985 年版，第 759 页。
⑥ 梁实秋：《通信二则》，《创造周报》1923 年第 13 号。
⑦ 成仿吾：《建设的批评论》，《创造周报》1924 年第 43 号。
⑧ 郭沫若：《艺术的评价》，《创造周报》1923 年第 29 号。

五四时期批评之风盛行，不仅有力地促进了新文学的发展，也锻炼了读者独立的理性思考精神。"评论一名词，我们现在是用滥了，凡带点建议性质的论文，我们都算做评论，因为这两个字本来没有一定的范围。"① 以至于《小说月报》从第 13 卷 8 号开始取英文报纸的"Editorial"之意，设"社评"栏目，作为期刊社的权威意见。

3. 推出新文学作品

五四文学期刊培养了一批新文学的创作队伍，这些作家的创作作为新文学运动的实绩，不仅在当时产生了巨大影响，也成为中国现代汉语的语法典范。在他们的作品影响下，文学期刊的读者开始效仿，使用现代白话语言进行文学创作尝试。

中国最早的现代白话文学创作当属《新青年》上的白话诗歌，从第 2 卷 6 号胡适的《朋友》开始到停刊，《新青年》（月刊）共发表原创诗歌约 160 首（包括 5 卷 3 号"通信"栏中刊出的 4 首）。尤其是自第 4 卷起，几乎每一号都刊载白话诗歌作品。其刊载现代白话诗歌数量之多，在当时没有其他任何一个刊物可以与之相比。在《新青年》的影响下，尝试写白话新诗的人越来越多，白话恋爱诗"泛滥成灾"，鲁迅还专门写了《我的失恋》进行讽刺。

最早的现代白话文小说、戏剧的实践场所都是《新青年》。白话小说和白话戏剧发展相对缓慢，然其最初的作品都发表在《新青年》之上。鲁迅刊于《新青年》的《狂人日记》、《孔乙己》、《药》、《风波》、《故乡》，虽是最早的现代白话小说，但起点极高，钱玄同就盛赞其"算是同人中做白话文学的成绩品"②。除鲁迅小说外，还有陈衡哲的《小雨点》、《波儿》，央庵的《一个贞烈的女孩子》。《小雨点》虽然艺术性不高，但也

---

① 《最后一页》，《小说月报》1922 年第 13 卷 8 号。
② 钱玄同：《通信》，《新青年》1919 年第 6 卷 6 号。

是较早的一篇白话小说。陈衡哲在 5 卷 4 号上发表的《老夫妻》是一篇很特殊的文章。它既不是小说也不是戏剧，只能看作是早期戏剧的萌芽。①《新青年》上的戏剧虽然不多，只有胡适的《终身大事》、杨宝三的《一个村正的妇人》、陈绵的《人力车夫》三篇，却是当时仅有的几篇白话戏剧。

杂文文体同样是由《新青年》提倡而发展起来的。《新青年》在第 4 卷第 4 号上开设的"随感录"专栏，发表《新青年》同人的感想，成为早期议论性白话散文的发源地，推动了杂文这种现代文体的诞生和发展。在"随感录"的作者中，除了陈独秀早期用文言写作之外，李大钊、唐俟（鲁迅）、仲密（周作人）、钱玄同、刘半农等都是用白话来进行创作的。"随感录"共发表了 133 篇文章，其中大部分为白话作品。《新青年》刊载的白话文中，杂文在数量上仅次于白话诗歌。这种"随感"式杂文由于鲁迅的发展而成为散文的一大分支，离不开《新青年》的首创。

五四时期白话文学作家除周氏二兄弟外，还有钱玄同、刘半农、陈衡哲、俞平伯、沈尹默、康白情、汪静之……这些都是中国现代文学史中不得不提到的人物，他们最初的文学作品几乎都是在《新青年》上发表的。五四文学期刊上，他们最早使用白话作为书面语言工具，从而为汉语的现代化和规范化作出了自己的贡献。正是由于《新青年》培育的作家的作品的推动，才有了最早的较为标准的国语，也才有了最初实行的国语教科书的内容，实现了胡适早期所提出的由"国语的文学"到"文

---

① 对于《老夫妻》的文体，研究者各有看法：如郭志刚、孙中田主编的《中国现代文学史》认为它是"《新青年》上刊载的第二篇现代白话小说"。但中共中央马克思、恩格斯、列宁、斯大林著作编译局研究室所编的《五四时期期刊介绍：第一卷，下编》以及张宝明编的《"回眸"〈新青年〉》（语言文字卷）里则都把它归为戏剧。参见郭志刚、孙中田：《中国现代文学史》，高等教育出版社 1999 年版，第 110 页；中共中央马克思、恩格斯、列宁、斯大林著作编译局研究室编：《五四时期期刊介绍》第一卷下编，三联书店出版社 1978 年版；张宝明编：《"回眸"〈新青年〉：语言文字卷》，河南文艺出版社 2001 年版。

学的国语"的发展。新教科书中的很多作品都是选自《新青年》，鲁迅的《故乡》还成为教科书的典范，一直沿用至今。①

对五四初期的作家作品，茅盾后来总结道："民国六年，《新青年》杂志发表了《文学革命论》的时候，还没有'新文学'的创作小说出现。民国七年，鲁迅的《狂人日记》在《新青年》上出现的时候，也还没有第二个同样惹人注意的作家，更其找不出同样成功的第二篇创作小说。民国八年一月，《新潮》杂志发刊以后，小说创作的'尝试者'渐渐多了，然而亦不过汪敬熙等三数人，也还没有说得上成功的作品；然而'创作'的空气是渐渐浓厚了。"②《新潮》前后共发表了原创小说约 26 篇③，主要的小说作者有汪敬熙、杨振声、叶绍钧、俞平伯等人，鲁迅的《明天》也发表于此。《新潮》中小说内容涉及现实内容，如教育、恋爱、婚姻、道德等一系列社会人生问题。《新潮》培养的作者人数和小说数量都较之《新青年》有了很大发展。鲁迅当时就说《新潮》里的小说，"上海的小说家梦里也没有想到过，这样下去，创作很有希望。"④

《小说月报》不仅体现了商务印书馆的实力，也展示了文学研究会

---

① 鲁迅对《新青年》的创作评价并不高，称"后来白话作者逐渐多了起来，但又因为《新青年》其实是一个论议的刊物，所以创作并不怎样看重"。除鲁迅外，"从《新青年》上，此外也没有养成什么小说作家"。但《新青年》确实开白话创作先河，数量也相当可观。参见鲁迅：《导论》，《中国新文学大系》小说二集，上海良友图书印刷公司1935 年版，第 1—2 页。

② 茅盾：《导论》，《中国新文学大系》小说一集，上海良友图书印刷公司 1935 年版，第 1 页。

③ 汪敬熙 5 篇：《雪夜》《谁使为之》《一个勤学的学生》《一课》《死与生》；叶绍钧5 篇：《这也是一个人?》《春游》《两封回信》《伊和他》《不快之感》；杨振声 4 篇：《渔家》《一个兵的家》《贞女》《磨面的老王》；俞平伯 3 篇：《花匠》《炉景》《狗和褒章》；欧阳予倩 1 篇：《断手》；罗家伦 1 篇：《是爱情还是苦痛 ?》；任钫 1 篇：《新婚前后七日记》；郭弼藩 1 篇：《洋债》；鲁迅 1 篇：《明天》；K．S．1 篇：《砍柴的女儿》；杨钟健 1 篇：《一个好百姓》；潘垂统 1 篇：《贵生与他的牛》；某君投稿 1 篇：《怪我不是》。合计 26 篇。

④ 《通信》，《新潮》1919 年第 1 卷 5 号。

的新文学实绩，体现了文研会的"建立著作工会基础"的宗旨。"'五四'
以来的老一代著名作家，都与《小说月报》有过密切的关系，像鲁迅、
叶圣陶、冰心、王统照、郑振铎、胡愈之、俞平伯、徐志摩、朱自清、
许地山等，以及二十年代后期的巴金、老舍、丁玲、沈从文等，值得提
到的是，巴金、老舍、丁玲的处女作都是在《小说月报》上首先发表的；
我的第一篇小说《幻灭》也是登在《小说月报》上。十一年中，《小说
月报》记录了我国老一代文学家艰辛跋涉的足迹，也成为老一代文学家
在那黑暗的年代里吮吸滋养的园地。"①

　　虽然之前有"创造社丛书"出版，《创造》寿命也不长，但《创造》
在创作方面体现了创造社的特色：郭沫若的《棠棣之花》、《星空》、《卓
文君》、《王昭君》，郁达夫的《茫茫夜》、《春潮》、《采石矶》、《莺萝行》、
《春风沉醉的晚上》，张资平的《回归线上》，田汉的《咖啡店之一夜》，
王独清的《圣母像前》等作品，皆在短短的一年多时间内刊于这份期刊
上，实属难得。

二、期刊的新文化思想

（一）科学思想

　　"科学"一词在中国的传播并不是自五四时期开始的。中国古代儒
家文化传统并未将科学纳入经典范围，社会体系主要并不关注科学，科
学非社会所提倡。"中国农村社会的机构和封建思想，使中国古代不能
产生自然科学。"②西方文明进入中国人的视野后，人们对自然科学发生
兴趣。中国大规模向西方学习科学技术自洋务运动始，但其对于科学的

---

① 茅盾：《小说月报影印本·序》，书目文献出版社1981年版，第1页。
② 竺可桢：《为什么中国古代没有产生自然科学》，《科学》1946年第3号。

目的与意义的认识与西方人有极大差异。至 19 世纪晚期，西方科技的力量更为一般人所认知，在社会上产生了巨大的影响。胡适在 1923 年曾说道："这三十年来，有一个名词在国内几乎做到了无上尊严的地位；无论懂与不懂的人，无论守旧的和维新的人，都不敢公然对他表示轻视或戏侮的态度。那个名词就是'科学'。"①

早在 1897 年，就有《通学报》、《农学报》、《算学报》、《新学报》等介绍科学知识的期刊创刊。1900 年创刊的《亚泉杂志》、1903 年创刊的《科学世界》，与之后的科技期刊相似，它们大都介绍科学知识和外国的科学成果。1915 年中国科学社创办的《科学》专注于传播科学知识，提倡科学方法。同年创刊的《清华学报》、1917 年创刊的《复旦》、1919 年创刊的《北京大学月刊》等综合性的期刊，也有很大一部分介绍自然科学的文章。"近代科学期刊的刊行、科学教育的普及和科学共同体的形成是现代启蒙运动的先决条件和这一运动的有机部分。作为一种特殊门类的科学刊物的诞生是现代社会'两种文化'形成的历史过程。"② 科学期刊为科学主义观念的盛行奠定了基础。

五四时期的学术期刊，特别是科技期刊对科学无比重视。任鸿隽在《科学》创刊号说："科学之本质不在物质，而在方法……诚得其方法，则所见之事实无非科学者。"③ 蔡元培也认为："吾国学子，承举子、文人之旧习……不知近世文学，全以科学为基础"，"哲学之基础不外科学，即最超然之玄学，亦不能与科学全无关系"。④ 西方有科学主义观念是由于自然科学的发达，而中国的科学主义观盛行却是自然科学落后

① 胡适：《〈科学与人生观〉·序》，《胡适文集》第 3 卷，北京大学出版社 1998 年版，第 151 页。
② 汪晖：《现代中国思想的兴起》下卷，三联书店 2004 年版，第 1108 页。
③ 《发刊词》，《科学》1915 年第 1 卷 1 号。
④ 蔡元培：《发刊词》，《北京大学月刊》1919 年第 1 卷 1 号。

的缘故。相对于中国传统世界观认识事物的方式，科学主义体现出现代性的理性精神。

五四时期对"科学"二字情有独钟者大有人在，不仅仅局限于自然科学及学术期刊。陈独秀在《新青年》创刊号即说："科学者何？吾人对于事物之概念，综合客观之现象，诉之主观之理性而不矛盾之谓也"，"凡此无常识之思，惟无理由之信仰，欲根治之，厥维科学"。① 与《科学》的思路不同，陈独秀在更大的视野上来看待科学，为中国的启蒙开出了药方，即"科学"与"人权"。"近代欧洲之所以优越他族者，科学之兴，其功不在人权说下，若舟车之有两轮焉。今且日新月异，举凡一事之兴，一物之细，罔不诉之科学法则，以定其得失从违；其效将使人间之思想云为，一遵理性，而迷信斩焉，而无知妄作之风息焉。国人而欲脱蒙昧时代，羞为浅化之民也，则急起直追，当以科学与人权并重。"② 陈独秀还对科学作了进一步解释："科学有广狭二义：狭义的是指自然科学而言，广义的是指社会科学而言。社会科学是拿研究自然科学的方法，用在一切社会人事的学问上……凡用自然科学方法来研究、说明的都算是科学，这乃是科学最大的效用。"③

一种思想或是学说，只有依托媒介的传播，才有可能在社会上产生影响。由于《新青年》初期的影响力有限，其提倡的科学并未引起足够重视，但《新青年》坚持对科学观念进行传播，几乎每一期都发表宣讲科学知识、传播科学理念的文章。据统计，"科学"一词在《新青年》上共出现了1336次④，让人们一提起《新青年》，就想起这位"赛先生"。以至于《新青年》在社会上产生影响、受到攻击，都是"因为拥护那德

---

① 陈独秀：《敬告青年》，《青年杂志》1915年第1卷1号。

② 陈独秀：《敬告青年》，《青年杂志》1915年第1卷1号。

③ 陈独秀：《新文化运动是什么？》，《新青年》1920年第7卷5号。

④ 金观涛、刘青峰：《观念史研究》，法律出版社2009年版，第360—361页。

莫克拉西（Democracy）和赛因斯（Science）两位先生"。①

中国的"科学"实际上是在传统文化瓦解之后重新建构的信仰基础。"科学的进步是理智化过程的一部分，当然也是它最重要的一部分。"②"在'科学万能'的时代潮流中，人们认为科学不仅能够说明自然界，即'物界'的问题，而且还能解决精神界，即'心界'——人文社会科学领域的种种问题，科学已从技术的层面泛化、上升为形而上的原则导向，乃至价值信念。这，就是 20 世纪初对中国思想界有着重大影响的科学主义思潮。"③ 作为理性最直接的化身，科学所具有的权威性是无可置疑的，同时，它可以被应用到生活中的各个方面，这是五四时期期刊现代性的表征之一。

中国知识分子心目中的"科学"与西方的 Science 有所区别。韦勒克说，科学"这一字眼在英语中已被限制在自然科学的范围之内，因而暗示着一种在自然科学才有的方法上和权利上的竞争"④。而中国自近代开始，便没有这种限制。"科学"被应用到所有的社会领域，甚至文学领域。并且，中国人在使用"科学"时，"仍包含着技术、先进生产力等在西方 science 中没有的含义"⑤。

（二）自由思想

自由是人类普遍的追求，从近代开始，自由作为西方资本主义社会的一个关键词开始传入中国。这种自由是受西方影响的自由，与中国传统的自由有着不同的侧重点。从中国古代正统思想来看，自由分为"公"和"私"两个层面。在社会层面上，自由是具有否定意义的词语，是一

---

① 陈独秀：《本志罪案之答辩书》，《新青年》1919 年第 6 卷 1 号。

② ［德］马克斯·韦伯：《学术与政治》，冯克利译，三联书店 1998 年版，第 28 页。

③ 俞兆平：《中国三大文学思潮新论》，人民出版社 2006 年版，第 159—160 页。

④ ［美］韦勒克：《批评的诸种概念》，张金言译，中国美术学院出版社 1999 年版，第 2 页。

⑤ 金观涛、刘青峰：《观念史研究》，法律出版社 2009 年版，第 364 页。

种为所欲为的放纵；在个人层面上，自由则鼓励内心境界的提升，即心性自由。西方的自由则分为"积极的自由"和"消极的自由"。积极的自由是指可以实现自我主宰，消极的自由则是行为不受干涉。两者相较而论，西方的自由思想比中国的自由更体现在行动上，而不仅仅停留在内心世界。

晚清以降，关于自由的讨论开始，但是并不是所有人都认为中国人可以有自由。梁启超就认为中国社会发展的过渡方式应该是"开明专制"，因为中国的国民没有行使民主权利的能力，不可以与之论自由："夫自由云，立宪云，共和云，是多数政体之总称也。而中国之多数大多数最大多数，如是如是。故吾今若采多数政体，是无以异于自杀其国矣。自由云，立宪云，共和云，如冬之葛，如夏之裘，美非不美，其如于我不适何！吾今其毋眩空华，吾今其勿圆好梦。一言以蔽之，则今日中国国民，只可以受专制，不可以享自由"。① 这种观点依然是站在中国传统的社会层面上对"自由"的看法，即不符合"内圣外王"的随情任性将导致社会秩序的紊乱。

五四时期，自由思想得到进一步提倡。陈独秀在《新青年》创刊时即解释了"自由"的意义："解放云者，脱离夫奴隶之羁绊，以完其自主自由之人格之谓也。我有手足，自谋温饱；我有口舌，自陈好恶；我有心思，自崇所信。绝不认他人之越俎，亦不应主我而奴他人。盖自认为独立自主之人格以上，一切操行，一切权利，一切信仰，唯有听命各自固有之智能，断无盲从隶属他人之理。"② 陈独秀还解释了与自由相对的"奴隶"的含义："以其是非荣辱，听命他人，不以自身为本位，则个人独立平等之人格消灭无存。其一切善恶行为，势不能诉之自身意志

---

① 梁启超：《新大陆游记》，《饮冰室合集》专集之五，中华书局 1989 年版，第124 页。

② 陈独秀：《敬告青年》，《青年杂志》1915 年第 1 卷 1 号。

而课以功过，谓之奴隶。"① 个人的自由即人格的独立和思想的独立，不成为他人的附属品，不受他人的强迫，尤其是不受他人思想上的强迫。同时要具有平等观念，既不做奴隶，亦尊重他人的人格，不奴役他人的思想，因为思想自由是一切自由的基础。

　　五四期刊中的自由主义不仅体现在思想上的自由，而且外化在社会层面上，体现为对社会权利、机会、能力的追求，显示出对西方现代性的向往和追求。陈独秀说："法律上之平等人权，伦理上之独立人格，学术上之破除迷信，思想自由：此三者为欧美文明进化之根本原因。"② 自由在政治上表现为对民主的追求，五四时期的"德先生"就是其表现。不过，五四时期，对"德先生"的提倡和传播远远不及"赛先生"。五四时期虽然政治黑暗、军人当国，但军阀之间的斗争却无形中造成相对的言论自由环境，为自由思想的传播和探讨提供了契机。五四期刊在一定程度上成为"观点的自由市场"。

　　五四期刊提倡的自由不仅表现在对权威的打破、对传统观念的挑战，还表现在对社会思潮展开相对自由的讨论，体现在思想争鸣的自由。自由体现在文学上，便包括自由的文学观念、自由的文学内容、自由的文体、自由的文学表现手法和自由的语言运用。五四时期文学的自由追求，使中国五四时代的文学走过了西方几百年的历史演变。文学研究会的写实主义和创造社的浪漫个性，都是五四时期自由主义的飞扬。文学期刊中不仅有对自由和人的观念进行详尽的解释，并且以表达自由为主题的文学创作大量出现。在文学期刊中的作品中，以对自由向往为主题的作品有不少。其中，最早的作品如鲁迅的《狂人日记》、胡适的《终身大事》，都体现出主人公对自由的向往。但是，不可否认的是，

---

① 陈独秀：《敬告青年》，《青年杂志》1915 年第 1 卷 1 号。
② 陈独秀：《袁世凯复活》，《新青年》1916 年第 2 卷 4 号。

五四时期的自由主义思潮在文学期刊中并没有得到充分的发展。

（三）个人主义

自由是主体性的自觉，是主体意识的苏醒，是一种基于理性的自我价值判断，它建立在独立的价值判断之上。西方资产阶级革命时期，资本主义和封建主义斗争时开始出现关于人的发现、人道主义、个性解放的观念，主体意识的苏醒和自觉，成为对抗封建主义的精神支柱。哈耶克对于集体主义和个人主义的关系有这样的认识："集体主义者哲学的内在矛盾之一是，虽然它将自身建筑在个人主义所发展起来的人本主义道德基础之上，但它只能够在一个比较小的集团里行得通。"① 自由主义的思想落在个人层面上，便是追求个人的独立、个人的解放，追求社会对个人的理解和尊重。

自由是主体性的复苏、理性的张扬，也是对中国传统文化中重集体轻个人、重秩序轻生命的一种反抗。"个人自由的观念却是随着反抗中国传统社会与文化对个人的压抑而增强的。……对于五四知识分子而言，获得独立之自由的主要意义在于从传统中国的社会与文化束缚中求得解放。"② 中国知识分子在五四时期接受西方个人主义的思想，是为了将其作为反传统的支点之一。陈独秀提出东西文明三大区别，其中"西洋民族以个人为本位，东洋民族以家族为本位"。③ 李大钊认为，"东洋文明主静，西洋文明主动"，这种静和动具体在道德层面而言，"东方之道德，在个性灭却之维持；西方之道德，在个性解放之运动"。④ 无论是陈独秀还是李大钊，都将是否提倡个人本位和个性解放看作东西文明的

---

① [美] 哈耶克：《通往奴役之路》，王明毅等译，中国社会科学出版社 1997 年版，第 157 页。

② 林毓生：《中国意识的危机》，贵州人民出版社 1988 年版，第 163 页。

③ 陈独秀：《东西民族根本思想之差异》，《青年杂志》1915 年第 1 卷 4 号。

④ 李大钊：《东西文明根本之异点》，《言治》1918 年第 3 号。

主要差异之一。高一涵甚至将"吾国数千年文明停滞之大原因"归结为"小己主义之不发达"①，认为中华文明不够发达的主要原因是个人主义的缺乏。

五四期刊提倡的自由主义包含着对个人主义的肯定，对个人需要的肯定，对个性的鼓励。陈独秀在《新青年》创刊时就提出，要实现社会的进步，首要的便是个人的解放："解放云者，脱离夫奴隶之羁绊，以完其自主自由之人格之谓也。我有手足，自谋温饱；我有口舌，自陈好恶；我有心思，自崇所信；绝不认他人之越俎，亦不应主我而奴他人；盖自认为独立自主之人格以上，一切操行，一切权利，一切信仰，唯有听命各自固有之智能，断无盲从隶属他人之理。"②个人的解放在于个人的独立，个人不仅要实现自我的独立，也要尊重他人的自我独立。"尊重个人独立之人格，勿为他人之附属品。"③青年人要实现个人独立思想，建立个人自立的人格："个人之人格高，斯国家之人格亦高。个人之权巩固，斯国家之权亦巩固。"④漫长的封建社会培养了众多缺乏自我意识的个体，陈独秀便是想通过立人而打破"家族本位"，达到立国的目的。

五四时期的"重新估定一切价值"便是独立意识的体现，要求对传统做出自由的判断。胡适对易卜生的个人主义观念大加赞扬："社会最大的罪恶莫过于摧折个人的个性，不使他自由发展。"胡适据此提出，理想的人生应该是个性的自由表现："个人须要充分发达自己的天才性；须要充分发展自己的个性。"⑤五四期刊以个体本位作为价值的核心，要

①　高一涵：《共和国家与青年之自觉》，《青年杂志》1915 年第 1 卷 2 号。

②　陈独秀：《敬告青年》，《青年杂志》1915 年第 1 卷 1 号。

③　陈独秀：《一九一六年》，《青年杂志》1916 年第 1 卷 5 号。

④　陈独秀：《一九一六年》，《青年杂志》1916 年第 1 卷 5 号。

⑤　胡适：《易卜生主义》，《新青年》1918 年第 4 卷 6 号。

求重视个体生命、大胆张扬个性，是对传统社会中集体无意识观念的有力反驳。基于对个人独立意识的认识，易卜生的思想和作品在五四时期备受推崇，胡适甚至将其提升至更高的"主义"的高度，因为易卜生是个人主义的具体代表。胡适在《新青年》中专门介绍易卜生，促进了人们对个人主义的认识和传播。易卜生主义成为个人主义的标签，甚至成为胡适人生观与宗教观中最基本的原则之一。

易卜生在五四时期的中国作为新思想的标杆被广为赞誉，这离不开众多文化期刊的推介。1918年6月，《新青年》4卷6号上刊载了胡适总括性的《易卜生主义》，以及胡适、罗家伦合译的《娜拉》三幕剧、陶履恭翻译的《国民公敌》、吴弱男翻译的《小爱友夫》和袁振英的《易卜生传》，成为"易卜生号"。对于译介易卜生的目的，胡适明言道："我们注意的易卜生不是艺术家的易卜生，乃是社会改革家的易卜生。"①无论是娜拉还是斯多克芒医生，都无所畏惧地坚持自我，正契合了五四时期的个人主义思想。"易卜生在中国与其说被视为一个戏剧家，还不如说被当成一个外科医生。十年间，他几乎被中国知识分子顶礼膜拜。并不是我们选择他，而是当文学革命发起时，他表达了中国年轻一辈的心声。"②因此，这位在西方文坛上并不算是大家的作家在五四时期成为青年人的偶像。

不仅五四时期的期刊有直接对个人主义的介绍和分析，而且文学期刊中的文学理论探讨和新文学作品都体现出个人主义。五四时期的新文学理论认为，文学的作用就在于反映现实社会中普通人的生活，以提倡个人主义的思想。罗家伦评论说："西洋文学是要发展个性的，中国文学是要同古人一个鼻子眼出气的。"③周作人所提倡的"人的文学"，要

① 胡适:《通信·论译戏剧》,《新青年》1919年第6卷3号。
② 萧乾:《萧乾全集》第6卷,湖北人民出版社2005年版,第227页。
③ 罗家伦:《驳胡先骕君的中国文学改良论》,《新潮》1919年第1卷5号。

在文学中以人的道德为本，以"养成人的道德，实现人的生活"，而"人的文学"的具体做法便是"用这人道主义为本，对于人生诸问题，加以记录研究"，① 要求文学描述真实的现实社会，反映真实的现实人生。

冰心在《小说月报》也表示自己的创作是个性的文学："你要创造'真'的文学么？请努力的'发挥个性，表现自己'。"② 表现现实社会中普通人的生活虽然在中国古代就有，但只是到了五四才开始成为一股强大的潮流，平民的日常生活成为文学的重要题材，其目的是要借普通人来表现整个社会、使国民觉醒。

创造社的期刊中更是体现出个人主义的张扬色彩，《创造》干脆以诗歌《创造者》代发刊词。创造社本身就主张个性，虽然是一个团体，却总是宣扬"没有固定的组织，我们没有章程，也没有划一的主义"，"我们的主义，我们的思想，并不相同，也并不必强求相同"，共同之处只在"本着内心的要求"③。直到后来受到批评，展开争论后，成仿吾才将所有的主张总结为《新文学的使命》，主张文艺为艺术，"专求文学的全 Perfection 与美 Beauty"④，在此要求之下由自己发挥个性来进行创作即可视为实现了新文学的使命。

三、期刊的新社会观念

社会观念是内在的观念意识与社会生活相互作用的结果。思想内涵发生深刻变化，必然体现在人们的社会生活行为中，以具有代表性的社会观念予以解剖，可以看出社会观念的变化和新的走向。观念是"我们

---

① 周作人：《人的文学》，《新青年》1918 年第 5 卷 6 号。

② 冰心：《文艺丛谈》，《小说月报》1921 年第 12 卷 4 号。

③ 《编辑余谈》，《创造》1922 年第 1 卷 2 号。

④ 成仿吾：《新文学的使命》，《创造周报》1923 年第 2 号。

的感觉和冲动所呈现出的知觉形式；每个观念不仅涵盖一种智力行为，而且涵盖知觉和意志的某种特定的方向。因此，对于社会亦如对于个体一样，每个观念均为一种力量，这种力量愈加趋向于实现其自身的目的"①。不同的时代会有不同的观念意识，它们外化为生活中的具体观念，形成每一个时代的时代精神。观念与行为方式关联，观念会影响行为方式，文化观念的变化必然在人的有意识的行为之前。五四时期的社会变革源于观念的变化，五四时期期刊引领社会文化转向一种新的社会思想和观念，这新的社会观念主要包括社会进化观、新的家国观和女性独立观。

（一）社会进化观

与戊戌时康有为的《孔子改制考》相类似，进化被当成是一个变革社会的理由。不同的是，古文运动、新乐府运动、康有为改制考等都是依托古代，而进化则是西式思维，依托进化论。梁启超曾经对维新时期康有为的"托古改制"进行分析，认为"三世有别"："有为所谓改制者，则一种政治革命社会改造的意味也，故喜言'通三统'，'三统'者，谓夏、商、周三代不同，当随时因革也；喜言'张三世'，'三世'者，谓据乱世，升平世，太平世也，愈改而愈进也。有为政治上'变法维新'之主张，实本于此。"② 托古改制是一种中国传统的本土进化思想。

自严复《天演论》出版，进化论风靡一时，给中国人带来了一种新的思维方式。无论是维新派还是后来的革命派，都对进化论抱有极大的热情，都希冀借用这个武器来反对"天不变、道亦不变"以及"中学为体，西学为用"的观念。吴稚晖和李石1907年创办《新世纪》周刊，创刊号中的《新世纪之革命》说："科学公理之发明，革命风潮之膨胀，

---

① ［英］约翰·伯瑞：《进步的观念》，范祥焘译，三联书店2005年版，第1页。
② 梁启超：《清代学术概论》，中华书局2010年版，第119页。

实十九、二十世纪人类之特色也。此二者相乘相因，以行社会进化之公理。"① 杜亚泉 1916 年在《东方杂志》对此评说："生存竞争之学说，输入吾国以后，其流行速于置邮传命，十余年来，社会事物之变迁，几无一不受此学说之影响。"②

达尔文的自然进化论被引入社会发展，进化的概念随之传入中国，社会进化论被知识分子奉为圭臬。社会中的进化被解释为人类进步和文明的源泉，这触动了儒家经世到富强的主流价值观念。比如胡适原名胡洪骍，自己改名为"适"，以"适之"为字，表示要顺应社会的变革。《新青年》创刊号上，汪叔潜就说道："所谓新者无他，即外来之西洋文化也；所谓旧者无他，即中国固有之文化也。"③

在社会进化观面前，"旧"和"新"成为价值判断的依据，也被赋予了从未有过的感情色彩，甚至有上海平民贩书社所办的期刊就直接命名为《进化杂志》。五四时期期刊中，《新青年》、《小说新报》、《新潮》、《新中国》、《新生活》、《新的小说》（《新晓》）、《新人》、《新声》、《新新小说》、《新妇女》、《革新》、《新社会》、《新文化》、《新时代》、《新安徽》、《新海丰》、《小说新潮》、《新华》……"新"字系列期刊大量涌现，蔚为壮观。无论是革新还是保守，都冠之以"新"，以顺应时代大潮。

胡适的文学进化论便是这种历史进化论的具体体现。他提出文学改革主张，最主要原因便是"一时代有一时代之文学"，"文学因时进化，不能自止"。④ 当旧的传统文学不能跟随时代的发展，就必须进行革新，以新的现时的文学取而代之。胡适多次表达他的文学进化思想，他说："文学乃是人类生活状态的一种记载，人类生活随时代变迁，故文学也

---

① 《新世纪之革命》，《新世纪》1907 年第 1 卷 1 号。

② 杜亚泉：《静的文明与动的文明》，《东方杂志》1916 年第 13 卷 10 号。

③ 汪叔潜：《新旧问题》，《青年杂志》1915 年第 1 卷 1 号。

④ 胡适：《文学改良刍议》，《新青年》1917 年第 2 卷 5 号。

随时代变迁，故一代有一代的文学。"①"文学者，随时代而变迁者也。一时代有一时代之文学：周秦有周秦之文学，汉魏有汉魏之文学，唐宋元明有唐宋元明之文学。此非吾一人之私言，乃文明进化之公理也。"②文学进化论不仅是胡适的核心文学主张，也成为五四时期文学理论的核心观念之一。

周作人在他著名的《人的文学》中解释"人"的概念时就特别强调："我们所说的人不是世间所谓'天地之性最贵'，或'圆颅方趾'的人。乃是说，'从动物进化的人类'。其中有两个要点，（一）'从动物'进化的，（二）从动物'进化'的。"③五四知识分子所接受的进化论有其特殊性，历史进化的观念被当成了解释中西文化差异的根源或策略，也体现出对社会发展的乐观信念。

文学的历史进化观念在五四时期已被视为公理，接下来需要做的便是对中国文学的现状和传统进行批判，用外国文学来加以改造。五四时期的文学观念并没有仔细地对中西文化、中西文学进行比较，而是按照进化论的观念，认为文化、文学是一种线性的发展过程，而西方的文化、文学较之中国文化，位于这根线条的前端。因此，五四文学期刊所积极提倡的文学观念、极力模仿的文学创作手法，都是以西方的文化、文学作为参照。如汪晖所说，对于中国而言，"现代性概念首先是一种时间意识，或者说是一种直线向前、不可重复的历史时间意识，一种与循环的、轮回的或者神话式的时间认识框架完全相反的历史观。"④介绍西方科学和文学发展的文章，几乎都贯穿着"与时俱进"的进化论思想、

① 胡适：《文学进化观念与戏剧改良》，《新青年》1918年第5卷4号。
② 胡适：《文学改良刍议》，《新青年》1917年第2卷5号。
③ 周作人：《人的文学》，《新青年》1919年第5卷6号。
④ 汪晖：《韦伯与中国的现代性问题》，王晓明编：《批评空间的开创》，东方出版中心1998年版，第2页。

"优胜劣汰"的生存理念，都或明或暗地指向觉醒、进取的时代主题。

历时性的线性思维、新旧进化的思维成为文学发展的新思维方式。朱希祖在《新青年》中说道："新的时代总比旧的时代进化许多。换一句话讲，就是现代的时代，必比过去的时代进化许多。将来的时代，更比现在的时代进化许多。所以做了文学家，必定要把过去时代的文学怎样进化，研究清楚，然后可以谋现在及将来的进化。所以研究旧文学，正是为新文学的进步。而且研究旧文学，是预备批评的；创造新文学，是预备传布的。"① 刘半农对此也说："吾辈主张之白话新文学，依进化之程序言之，亦决不能视为文学之止境；更不能断定将来之人不破坏此种文学，而建造一种更新之文学。"② 傅斯年在《新青年》中也说道："今日时势，异乎往者，文学一道，亦应有新陈代谢作用，为时势所促，生于兹时也。"而且"变古者大开风流，循旧者每况愈下"。③ 甚至持文化保守主义的张厚载也承认这种进化："文学之有变迁，乃因人类社会而转移。决无社会生活变迁，而文学能墨守迹象，亘古不变者。"④ 文学进化的观念已经被人们普遍接受，对中国文学的文言文以及传统文学思想中的复古观、守旧观的批判都建立在这种历史进化论观念之上。

五四时期的文学期刊对传统文学的批判参照着西方文学发展的历史，并且"把中西文化的不同，视作时序上的差异，而不是种类上的区别"⑤。按照这样的进化论观念，中国文学正在经历着进化，进化的过程以科学的方法和西方文学为参照，可以就此确定。沈雁冰说："文学进化已见的阶段是：（太古）个人的——（中世）帝王贵阀的——（现代）

---

① 朱希祖：《非"折中的文学"》，《新青年》1919 年第 6 卷 4 号。
② 刘半农：《我之文学改良观》，《新青年》1917 年第 3 卷 3 号。
③ 傅斯年：《文学革新申议》，《新青年》1918 年第 4 卷 1 号。
④ 张厚载：《通信·新文学与中国旧剧》，《新青年》1918 年第 4 卷 6 号。
⑤ 陈思和：《中国新文学整体观》，上海文艺出版社 2001 年版，第 213—214 页。

民众的。""文学到了现在也成了一种科学，有他研究的对象，便是人生——现代的人生；有他研究的工具，便是诗（Poetry）剧本（Drama）说部（Fiction）。"① 朱希祖甚至说道："文学并无中外的国界，只有新旧的时代。"② 外国的文学的现状便是中国文学进化后的样态，这是五四文学期刊所体现的、力图培育的社会进化观、文学进化观。

（二）民族国家观

中国的传统观念只有天下，没有国家。梁启超说，中国人并非没有爱国的天性，不知爱国是因为不知道何谓国家："中国自古一统，环列皆小蛮夷，无有文物，无有政体，不成其为国，吾民亦不以平等之国视之。故吾国数千年来，常处于独立之势，吾民之称禹域也，谓之为天下，而不谓之为国。既无国矣，何爱之可云"。③ 陈独秀称自己之所以有明确的国家观念和意识，是受甲午、庚子之役的刺激。他提出爱国的前提是"国家要先可爱"，"保障权利，共谋幸福，斯为成立国家之精神"，而不是要爱一个"外无以御侮，内无以保民，不独无以保民，且适以残民，朝野同科，人民绝望"的国家④。

关于民族，安德森认为"它是一种想象的政治共同体——并且，它是被想象为本质上有限的，同时也享有主权的共同体"。⑤ 没有任何一个民族会把自己想象为等同全人类，因此"被想象的方式"就成为民族的基础。"印刷资本主义"的发展是民族共同体想象的重要因素，而五四时期的期刊毫无疑问在这一过程中担任了极为重要的角色。

---

① 沈雁冰：《文学和人的关系及中国古来对于文学者身份的误认》，《小说月报》1921 年第 12 卷 1 号。

② 朱希祖：《非"折中的文学"》，《新青年》1919 年第 6 卷 4 号。

③ 梁启超：《爱国论》，《饮冰室合集》文集之三，中华书局 1989 年版，第 66 页。

④ 陈独秀：《爱国心与自觉心》，《甲寅》1914 年第 1 卷 4 号。

⑤ ［美］本尼迪克特·安德森：《想象的共同体——民族主义的起源与散布》，吴叡人译，上海人民出版社 2007 年版，第 6 页。

陈独秀在辛亥前说，自己读书最初只是为了获取功名光耀门楣，到庚子年才晓得中国是世界万国中之一国，自己是中国之一人。"到二十多岁，才知道有个国家，才知道国家乃是全国人的大家，才知道人人有应当尽力于这大家的大义。"① 至《新青年》时代，陈独秀认为中国的政治问题的解决需要"伦理觉悟"和"政治觉悟"。由于中国人没有国家的观念，"除纳税、诉讼外，与政府无交涉。国家何事，政治何物，所不知也"。首先要建立国家观念，才能够"以多数国民能否对于政治自觉其居于主人的、主动的地位为唯一根本之条件"，"由专制政治，趋于自由政治；由个人政治，趋于国民政治；由官僚政治，趋于自治政治"，从而实现"政治觉悟"。②

任何一个民族国家都会"受文化偏好、文化共性和文化差异的影响"。③"民族"在中国并非一个崭新的概念，但是由于现代西方民族主义的传入，中国新的民族国家想象不得不以西方的民族国家体系作为参照系，来重新进行"想象"。新的民族国家想象的文化根源自然不能够只依托中国的传统文化，于是西方的发达国家成为五四时期民族国家想象的重要资源。五四初期民族国家观念的参照，主要偏向于师法法国和美国。

《新青年》初期对法国大革命多有介绍。陈独秀力赞法国大革命，受法国思想影响极深，以至黄仁宇误认为陈独秀曾留学法国。④《新青年》中对法国文明的崇拜多有体现，《新青年》法文名称"La Jeunesse"。在《新青年》中，陈独秀选择刊登《法兰西人与近世文明》、《现

---

① 三爱（陈独秀）：《说国家》，《安徽俗话报》1904 年第 5 号。

② 陈独秀：《吾人最后之觉悟》，《青年杂志》1915 年第 1 卷 6 号。

③ [美] 塞缪尔·亨廷顿：《文明的冲突与世界秩序的重建》，周琪等译，新华出版社 1998 年版，第 6 页。

④ 黄仁宇：《中国大历史》，三联书店 2007 年版，第 302 页。

代文明史》、《妇人观》、《法兰西人之特性》、《欧洲七女杰》等文章来介绍法国。陈独秀特别醉心于法国文明，力赞法国大革命："近代文明之特征，最足以变古之道而使人心社会划然一新者，厥有三事：一曰人权说，一曰生物进化论，一曰社会主义……此近世三大文明，皆法兰西人之赐"。① 他认为法国革命对中国有着特别的借鉴意义："法兰西流血十数载而成共和，此皆吾民之师资。"②

与《新青年》有所不同的是《太平洋》，其主要介绍英美立宪国家的政治制度。《太平洋》刊发了许多关于中国未来的政治道路问题的文章，赞成浙江、湖南、四川等地制定省宪法，推行省自治。《太平洋》中关于实行联省自治还是中央集权统一的讨论，发起了自治的公共话题，在当时产生了较大的影响。

与这两者不同的是对于国家主义的批判。高一涵批判了"国家万能"的"国家主义"，否定"以国家为人生之薪向"，认为"总集人民之权利，虽不能即成国家之权利，然建筑国家之权利，必端赖握有权利，富有自治能力之人民，以人民必先能确保一己权利者，乃能高建国家权利也"，提出"国家相对薪向"③，国家是为了保护人民权利，而国家非人生之归宿。

至五四后期，马克思主义阶级国家观越来越受到期刊的重视，期刊上的介绍逐渐增多，也出现了专门介绍马克思主义的期刊。马克思主义在辛亥之前的中国留日学生刊物上就有译介，如《译书汇编》、《游学译编》、《浙江潮》、《江苏》等。《新青年》自第 8 卷后开始大量介绍马克思主义学说，包括国家的起源、本质、性质、类型、职能和命运等相关论述。至俄国"十月革命"后，马克思主义在中国的期刊上有了更多的

---

① 陈独秀：《法兰西人与近世文明》，《青年杂志》1915 年第 1 卷 1 号。
② 陈独秀：《抵抗力》，《青年杂志》1915 年第 1 卷 3 号。
③ 高一涵：《国家非人生之归宿》，《青年杂志》1915 年第 1 卷 4 号。

介绍。特别是中国共产党早期所办的期刊，大多对阶级社会和民族国家进行了译介。这些译介虽然简单，但由于成为中国革命的指导思想，具有深远的影响和意义。

（三）女性独立观

五四时期，女性独立问题成为期刊广泛关注的话题之一，综合类期刊对此多有讨论。五四时期还诞生了许多专注女性问题的期刊，如商务印书馆的《妇女杂志》，中华书局的《中华妇女界》，各地妇女联合会所办的《妇女》、《上海女界联合会旬报》、《女界声》，以及各地女校所办的《新妇女》、《女高师半月刊》。这些女性期刊倡导男女平等，提倡女性独立，鼓励女性争取自己的权利。

传统观念使女性倍受约束，主张对女性三从四德，将女性作为家庭、男性的附属品。这种约束不仅是外在社会普遍对女性的评价和判断标准，更内化为女性自身行为的准则，至民国初年依然未有多大的改变。胡适在1918年初写成了提倡自由婚姻的《终身大事》，却在北京的学堂中找不到敢演的女学生，因为大家看自由恋爱"不很道德"[①]。

《新青年》发刊词《敬告青年》即提出，欧洲的"解放历史"包括四大解放：政治解放、宗教解放、经济解放和女子解放。"解放云者，脱离夫奴隶之羁绊，以完其自主自由之人格之谓也。"[②]《新青年》创刊号上即有陈独秀翻译的法兰西作家的《妇人观》，介绍西方对于女性的认识。1917年，《新青年》第2卷6号开辟女子问题专栏，集中讨论女子问题。从男女平等到女性独立，从婚姻自由到贞操问题，从女子教育到社会参与等问题，都有所涉及。1920年，《妇女杂志》开展了"婚姻自由是什么"的大讨论，提出为了建立家庭中的平等关系，以小家庭改

---

① 胡适：《终身大事·序》，《新青年》1919年第6卷3号。
② 陈独秀：《敬告青年》，《青年杂志》1915年第1卷1号。

造传统的家族式大家庭。

新的女性独立观主要包括女性贞操问题、婚姻问题、教育问题、公开社交、女性参政、男女平等。高素素《女子问题之大解决》分析了当时七大女子问题，分别为男尊女卑、男女严别、蓄妾弊风、节孝名教、教育问题、结婚问题和职业问题，并对中国的具体女子问题提出批判："请自破名教起，请自破习俗起，破坏之后，方有建设余地"。①

传统女子贞操观认为"饿死事极小，失节事极大"。围绕贞操问题，周作人专门翻译了日本的于谢野晶子的《贞操论》，对贞操观进行了反思，认为它是一种趣味、信仰、洁癖，不该是道德，更不该有强迫他人的性质②。胡适的《贞操问题》批判北洋政府的《褒扬条例》，认为贞操不是天经地义的，有待讨论；贞操是男女相待的一种态度，不偏于女子一方；绝对反对褒扬贞操的法律，"劝人做烈女，罪等于故意杀人"。③鲁迅针对当时"表彰节烈"有感而发，认为"节烈极难极苦，不愿身受，而不利自他，无益社会国家，于将来又毫无意义"，将节烈批得一无是处。他认为我们应当除去这"制造并赏玩别人苦痛的昏迷和强暴"，"要让人类都受到正当的幸福"④。

婚姻问题是"人的解放"的重要问题之一，它既是文化观念的问题，也是非常现实的行动问题。传统婚姻观念中，"父母之命、媒妁之言"是婚姻的基础，婚姻的决定权不在当事人自己手中。五四时期的婚姻观主张自由恋爱、自由结婚和自由离婚，认为爱情与婚姻应该是统一的，恋爱不应当受主体之外的其他因素干扰，婚姻是双方在自由意志基础上的互相结合。对于没有爱情的婚姻，解决的方法就是自由离婚。自

---

① 高素素：《女子问题之大解决》，《新青年》1917年第3卷3号。

② [日]于谢野晶子：《贞操论》，《新青年》1918年第4卷5号。

③ 胡适：《贞操问题》，《新青年》1918年第5卷1号。

④ 唐俟：《我之节烈观》，《新青年》1918年第5卷2号。

由离婚甚至是拯救双方"幸福的神"。①

　　由"天赋自由，人类平等"的前提推演出"男女平等"，五四时期的女性主义提倡不依靠男性，自立而有所追求，"谋经济独立"。②差异的关键在于男女未受平等之教育，提倡女子教育。③此前女子教育并未受到该有的重视，因此要主张男女教育平等。"吾国女子以数千年之压迫服从既成为第二天性，然正可利用其服从之性，尊之以良好教育，终成为世界第一等女子。"④女子教育"当为女子自身计，当为国家前途计，非以供男人私人之役也"。⑤胡适认为，美国妇人自立观念、精神的养成，"全靠教育"⑥。袁昌英还建议有条件的女性可以通过留学亲身体会独立："非到这个文明的境地亲身考察是很难得到的。"⑦

　　五四时期反对男女隔离，提倡男女共校，认为男女隔绝所带来的是"反而养成男女不规则的自由，而比较的高尚的人格的自由幸福，被他抑制摧残尽了"⑧。"我们为什么要男女社交公开呢？我以为无非是想把反常的状态回到合理的状态罢了！男女既然同是人，便该同做人类的事。男人可到的地方，女人当然也可以到；能这样的便是合理的状态，不能这样便是反常的状态，这是极明显的。"⑨由于对女性问题的公开讨论和对女性权利的争取，大学开放女禁，中学男女同校，成为五四时期的新现象。

　　五四时期，人们对婚姻和家庭进行了重新的认识。家庭是国家的

----

① 崔博：《救济无爱情的夫妇唯一的方法："离婚"》，《共进》1920 年第 26 号。
② 沈求己：《现在女子急应革除的恶习》，《解放画报》1920 年第 1 号。
③ 陈钱爱琛：《贤母氏与中国前途之关系》，《新青年》1917 年第 2 卷 6 号。
④ 梁华兰：《女子教育》，《新青年》1917 年第 3 卷 1 号。
⑤ 高素素：《女子问题之大解决》，《新青年》1917 年第 3 卷 3 号。
⑥ 胡适：《美国的妇女》，《新青年》1918 年第 5 卷 3 号。
⑦ 袁昌英：《论女子留学的必要》，《太平洋》1920 年第 2 卷 8 号。
⑧ 杨潮声：《男女社交公开》，《新青年》1920 年第 6 卷 4 号。
⑨ 雁冰：《男女社交公开问题管见》，《妇女杂志》1920 年第 6 卷 2 号。

最小组织，是国家社会的浓缩。因此，对国家的认识更多是从更小的家庭开始的。具有新知识背景的知识分子认识到："旧家庭是厉行专制，束缚自由，为社会进步的障碍物。"① 在改造社会的大背景下，他们倡导"把家庭问题归纳在社会全体的改造方案内，欲他们联带着一齐改造"②，因为家庭制度的改革是改造中国社会的"最便捷的路径"。③

女性与男性一同参与政治的观念也被提出："我国二万万女同胞聪明不比男人弱，已醒的，别要再睡，未曾醒的，快快醒起来。共同研究自己切身的问题吧！怎样组织？怎样进行？必定要达到女子参政的目的才止。"④ 而妇女要实现参政、实现完全的独立，"非获得政权不可"⑤，因此要把妇女解放同反军阀反列强结合起来。华林提出："妇女不解放，社会无由发达。"⑥ 陶履恭总结，"吾国之经济、职业、思想远逊于欧美"，我国真正实现女子解放的条件还不成熟。但陶又对女子解放充满了希望："今日欧美之女子问题，必将速见于此邦。"⑦

第三节　期刊与新文化话语权的建立

新文化话语权的建立并非一蹴而就，也并非单靠某种文化群体或媒介，而是依靠多种形式和渠道的文化传播。康有为在 1895 年就意识到："思开风气，开知识，非合大群不可，且必合大群而力厚也。合群非开

---

① 郭妙然：《新妇女与旧家庭》，《新妇女》1920 年第 1 卷 2 号。
② 沈雁冰：《家庭制度的研究》，《民铎》1921 年第 2 卷 4 号。
③ 仰尧：《家庭俱乐部的商榷》，《新妇女》1920 年第 1 卷 5 号。
④ 苏宗武：《我国女子参政问题》，《新中国》1920 年第 2 卷 6 号。
⑤ 雁冰：《评女子参政运动》，《解放与改造》1920 年第 2 卷 4 号。
⑥ 华林：《社会与妇女解放问题》，《新青年》1918 年第 5 卷 2 号。
⑦ 陶履恭：《新社会问题之一》，《新青年》1918 年第 4 卷 1 号。

会不可。"① 梁启超认同日本政治家犬养毅的观点，认为学校、报纸和演说为"传播文明的三利器"。② 这"三利器"实际上包含了口语传播、组织传播与大众传播三种类型的结合。五四时期的三利器与晚清时期有所不同，它们是期刊、社团与学校的三位一体。

一、社团与期刊的兴盛

陈独秀在初次总结新文化运动时就提出："新文化运动要注意团体的活动"，"新文化运动倘然不能发挥公共心，不能组织团体的活动，不能造成新集合力，终究是一场失败，或是效力极小"③。事实上，社团、期刊共同形成了五四时期新文化的重要基础："期刊和社团是联系新文化人的纽带，是新思潮的策源地，是汇合知识分子集团优势的聚光点，是寄托觉醒者精神的家园，还是沟通文化传播与文化接受的中介。"④

（一）社团的兴盛

中国的文人从魏晋时期开始就有结社的传统，结社逐渐成为文人的重要活动方式。古代的文人结社在明代繁荣一时，到清代逐渐衰落。社团属于比较高级的结社，其结构上更加稳定。一般认为，社团作为"由一定数量的自然人或团体、法人为了共同的目的，依法自愿成立并按照一定的原则和方式组织活动的相对稳定的群众团体"⑤，具体来讲，"必须要有两个或两个以上的人为了追求共同的目标"，同时"具有一定的

---

①　《康南海自编年谱》，中华书局 1992 年版，第 29 页。

②　梁启超：《自由书·传播文明三利器》，《饮冰室合集》专集之二，中华书局 1989 年版，第 41 页。

③　陈独秀：《新文化运动是什么？》，《新青年》1920 年第 7 卷 5 号。

④　张勇：《"五四"传媒语境中的前期创造社期刊研究》，山东人民出版社 2012 年版，第 159 页。

⑤　王世刚：《中国社团史·引言》，安徽人民出版社 1994 年版，第 1 页。

组织结构和稳定性"①。

知识分子要想形成影响力，就得组成团体。近代大大小小的团体由此产生，改变了中国"君子群而不党"的传统。晚清，康有为在广州创办"万木草堂"。1901 年 11 月，中国近代第一个文学社团——南社在苏州成立，柳亚子、陈去病等的文人雅集体现了民族革命的政治激情。之后，在与学校、军阀的抗争中，也产生了各类社会团体。留日学生为了反对日本各种对华政策，集会抗议，从事反帝救国运动。

知识分子形成的团体是现代知识分子交往的主要形态之一。"现代的意识形态认同、现代的学缘关系与传统的血缘、地缘关系的相互镶嵌，构成了复杂的人际交往网络。"②至五四时期，社团成为知识分子重要的交往手段，实现了知识分子的组织化和社会文化实践。尤其是新潮社的成立，标志着"知识分子的团结已经加强"。③社团一般都有基本的主张，成员之间可以定期进行思想上的交流。

五四时期产生了诸多的社团，《五四时期的社团》统计了当时影响较大的二十三个社团，并将它们分为五类。第一类是宣扬共产主义学说的学会，如新民学会、互助社、利群书社、少年中国学会等；第二类是除第一类之外，在社会上影响较大的学会，如国民杂志社、新潮社、北京大学平民教育讲演团、北京大学马克思学说研究会、觉悟社、工读互助团、工学会；第三类是地方性的团体，如平民教育社、曙光杂志社、少年学会、青年学会、觉社、浙江新潮社、永嘉新学会、批评社、新人社、改造社、共进社；第四类是合作主义的小团体，如平民周刊社（平民学社）、武昌时中合作书报社；第五类是无政府主义的小团体，如实

---

① ［德］克里斯蒂安·托姆夏特：《结社问题》，［英］阿米·古特曼等编：《结社理论与实践》，吴玉章等译，三联书店 2006 年版，第 28 页。

② 许纪霖等：《现代知识分子的公共交往》，上海人民出版社 2008 年版，第 17 页。

③ ［美］周策纵：《五四运动史》，陈永明等译，岳麓书社 1999 年版，第 259 页。

社、进化社、奋斗社、互助社、学汇社、民种社等。①

实际上，除了这些团体外，还有其他类型的团体，如大量的文学团体。五四时期的文学团体的数量也不容小觑，茅盾回忆："这一时期，是青年的文学团体和小型的文艺期刊蓬勃滋生的时代。从民国十一年（1922）到十四年（1925），先后成立的文学团体及刊物不下一百余"②。如新青年社、新潮社、文学研究会的《小说月报》、创造社的《创造》系列、浅草社的《浅草》、上海民众剧社的《戏剧》、湖畔诗社等。当然，这个统计还是比较保守的，尚未计入那些影响较小的社团。文学社团作为知识分子的一种文学共同体，包含了共同的理想、共同的兴趣和共同的追求。这些共同点使文学能够作为一种交往的手段，因为"文学同时属于个人智慧、抽象形式及集体结构这三个世界"③。文学社团的共同交往使他们能够在文学领域形成对理性精神的培育。如鲁迅所说："文学团体不是豆荚，包含在里面的，始终都是豆。"④

朱寿桐认为："文学研究会是中国现代文学史上第一个成熟的文学社团，新潮社则已具备了现代文学社团的雏形。""通过对比可以发现，《新青年》作为一个文人群体，更多的是编辑部的运作方式，而新潮社则已明显带有文人团体的味道。"因为它的"基本运作方式"和"社团特征"及"共同前进的勇气和意志"，"体现着五四新文化运动向中国新文学建设趋近和归趣的时代必然性，体现了新一代文人对于文学开拓的相近热忱的基本凝聚态，体现了现代中国文人社团基本的运作模态和行

---

① 张允侯等编：《五四时期的社团》，三联书店1979年版。

② 茅盾：《导论》，《中国新文学大系》小说一集，上海良友图书印刷公司1935年版，第5页。

③ [法]罗贝尔·埃斯卡皮：《文学社会学》，于沛等译，浙江人民出版社1987年版，第1页。

④ 鲁迅：《导论》，《中国新文学大系》小说二集，上海良友图书印刷公司1935年版，第16页。

为方式"①。

社团的核心是其成员思想的一致性。《新潮》是几个北京大学学生志趣相投的产物，因《新潮》而成立的社团新潮社，与《新青年》相呼应。办杂志是"因为学生必须有自动的生活，办有组织的事件，然后所学所想，不至于枉费了；而且杂志是最有趣味，最于学业有辅助的事，最有益的自动生活"。② 在新潮社成员看来，他们是由于"觉悟"而结合在一起的："每人觉得以前的生活上、思想上有些不足，决计以后不如此了；因为彼此都在同一时代，受同样教育，所以以前的错误大致同类，所觉悟的差不多一样。这可谓知识上的同一趋向。用这知识上的接触做根本，造成这个团体。我以为最纯粹，最精密，最能长久的感情，是比着宗教或戚属的感情纯粹得多。"③ 社团有自己的规章制度，更有自己的相同"觉悟"理念，以及"知识上的同一趋向"。维系社团和杂志的，是建立在知识基础之上的感情。北京大学的这些青年学生是"传统的受益者"，较之《新青年》同人一代"具有老师们所缺少的凝聚意识和共谋意识"④。这也体现在《新潮》对刊物内容的选择上。罗家伦的《今日中国之杂志界》对当时的杂志界做了分类、评点，并提出办刊要有一定的宗旨，有知识上的联合，要趋重批评，有自己的观点和倾向性，做舆论的引导者，而不能像《东方杂志》一样办成内容庞杂的"杂志"。

团体具有很强的凝聚力和感染力，具有群体意识和群体认同精神。对于新潮社的集体意识，傅斯年后来就总结道："我们同人结合之先，多没有什么交情，若颉刚、子俊和我的关系，原是例外。我们当时集合

---

① 朱寿桐：《新潮社与中国现代文学社团的雏形》，《东南大学学报》（哲学社会科学版），2004 年第 4 期。

② 傅斯年：《新潮之回顾与前瞻》，《新潮》1919 年第 2 卷 1 号。

③ 傅斯年：《新潮之回顾与前瞻》，《新潮》1919 年第 2 卷 1 号。

④ ［美］微拉·施瓦支：《中国的启蒙运动——知识分子与五四遗产》，李国英等译，山西人民出版社 1989 年版，第 75 页。

同志的时候，只凭知识上的一致；虽是我们极好的朋友，而觉悟上有不同时，我们并不为感情而请他。一旦结合之后，大家相敬相谅，团结的很牢，做起事来很有勇气。志希和我，因为彼此都有好吵闹的脾气，几乎每天打嘴仗，甚而至于气忿忿的，不谈话了。然而过五六分钟仍然一切如常，任凭吵上多少次，我们总是最好不过的朋友。或者因为吵闹多了，友道上更觉有趣些。所以我敢大胆着说，新潮社是最纯洁的结合，因为感情基于知识，同道由于觉悟，既不以私交为第一层，更没有相共同的个身利害关系。"①少年中国学会中，王光祈就将自己个人与学会视为一体。1919 年 1 月王光祈赴上海与上海会员在吴淞开会时说："自此以后吾辈之个人奋斗，即为团体奋斗，吾辈个人失败，即为团体失败，盖同人已视本会为第二生命矣。"②

　　社团并非党派，并没有严格的组织性，特别是文化社团、文学社团，更是由社员的共识和自觉而产生向心力。由于团体中人员众多，更多社团要求的是总体接近的同时保留个性。《〈新潮〉发刊旨趣书》说："本志主张，以为群众不宜消灭个性；故同人意旨，尽不必一致；但挟同一之希望，遵差近之经途，小节出入，所不能免者。若读者以'自相矛盾'见责，则同人不特不讳言之，且将引为荣幸。"③郭沫若在《创造》季刊 1 卷 2 号的《编辑余谈》中也说道："我们是最厌恶团体之组织的：因为一个团体便是一种暴力，依恃人多势众可以无怪不作。自创造第一期出版后，有多少朋友写信来要求加入，问及入社的程序等等；我们能得多少朋友为我们表同情，这是我们所由衷感悦的了。但是我们这个小社，并没有固定的组织，我们没有章程，没有机关，也没有整齐划一的主义。我们是由几个朋友随意合拢来的。我们的主义，我们的思想，并

---

　　①　傅斯年：《新潮之回顾与前瞻》，《新潮》1919 年第 2 卷 1 号。

　　②　少年中国学会：《少年中国学会周年纪念册》，亚东图书馆 1920 年版，第 2 页。

　　③　《〈新潮〉发刊旨趣书》，《新潮》1919 年第 1 卷 1 号。

不相同，也并不必强求相同。我们所同的，只是本着内心的要求，从事于文艺的活动罢了。"① 郭沫若也意识到自己受到团体的影响，"一种团体无论是怎样自由的集合，多少总是有点立场的。一个人无论是怎样超脱的性格，入了一种团体也自会带着那个团体的意识"②。

五四时期的团体总是有相对固定的核心人物，这些人物都有这具有超凡人格气质，即韦伯所谓的卡里斯玛（Charisma）人格。如陈独秀之于新青年社、沈雁冰之于文学研究会、郭沫若之于创造社、王光祈之于少年中国学会等。在他们周围，聚集着有共同理想和信念但又个性分明的人物，使团体在类似的文化品格中呈现出多元化的趋向。

社团的结成有其各自的契机。由于现代社会的流动性，因地缘关系而形成的团体逐渐减少。五四时期的社团不再因传统的地缘关系结成，而是更多因学缘而形成，或者是由期刊而形成。近代以来，社团与期刊之间的关系变得非常密切，社团也成为诸多期刊的基础。新文化运动引起反响后，知识分子特别是青年学生开始行动，"逐渐以社团的形式组织起来，研究问题，寻找出路，形成了追求真理、追求解放的热潮"③。他们形成团体的力量，特别是"广泛展开活动，出版刊物"，进行各种思想的传播，形成了民间语境。

期刊与社团之间的关系极为紧密。一方面，期刊为社团提供了平台，使团体有自己发表主张的阵地。有的团体干脆就以办杂志为中心。陈平原认为："从《新小说》开始，每批作家、每个文学团体都是通过筹办自己的刊物来实践其艺术主张。"④ 比如文学研究会的成立就是为了

---

① 《编辑余谈》，《创造》1922 年第 1 卷 2 号。
② 郭沫若：《创造十年》，《郭沫若全集》文学编第 12 卷，人民文学出版社 1992 年版，第 165 页。
③ 张允侯等编：《五四时期的社团·前言》，三联书店 1979 年版，第 1 页。
④ 陈平原：《中国小说叙事模式的转变》，上海人民出版社 1988 年版，第 279 页。

办《小说月报》，创造社的活动也主要是创办了创造系列期刊。另一方面，社团为期刊提供了固定的作者和稿源。期刊是连续性的出版物，没有固定的作者和稿件，刊物便难以为继，而相对稳定的社团成员恰恰契合了期刊出版对作者队伍的需求。顾颉刚回忆他参加新潮社的原因时就说："在'五四'时期，能写白话文的青年是很少的，凡能写些白话文章的，人家都觉得很了不起。我参加新潮社的主要目的，就是为了写文章。"①《改造》发刊词就引用《诗经》之"嘤其鸣矣，求其友声"，表达对同类的呼唤。《创造社启事》公开表明态度，召唤广大文学青年一同耕耘："现在高级文艺的杂志，实在不多，而且一部分颇有点像我们的党同伐异的政党；作者苟不是现在的名人，或不是他们的同党，就不论作品如何出类超群，要想发表出来，是万办不到的。我们都是一些被压迫的无名的作者，所以我们极愿意为全国的青年朋友们，把我们的小庭园——我们这些无产阶级者的唯一的财产，也实行开放，请他们来自由地栽种。"②

值得注意的是，五四时期的社团有政治性的、文学性的，但更多是综合性的。这些团体很多都以期刊作为自己团体的阵地，甚至有的团体本身就主要做期刊出版，与期刊共存亡。如陈思和所言："不能想象，如果不是文学研究会拥有长期稳定的阵地，如果不是《小说月报》扶植和培养了大批的年轻作家，新文学光靠几家朝不保夕的小书店和几个朝秦暮楚的浪漫文人能够成什么气候？"③

新青年社和少年中国学会是五四时期影响最大的社团，它们与期刊

---

① 顾颉刚：《回忆新潮社》，张允侯等编：《五四时期的社团》二，三联书店1979年版，第124页。

② 《创造社启事》，《创造》1923年第1卷4号。

③ 陈思和：《商务印书馆：民间出版社业的兴衰·序》，杨扬：《商务印书馆：民间出版社业的兴衰》，上海教育出版社2002年版，第2页。

之间都有着紧密的关联。

（二）新青年社

《新青年》的创办完全出自陈独秀个人的考量。在群益书社的支持下，陈独秀勤奋笔耕，同时向有过交往的人约稿，自己独自一人编辑这份期刊至第 4 卷。《新青年》前 3 卷在封面上都有"陈独秀主撰"字样，主要事务均由陈独秀一人负责。第 4 卷后，《新青年》进入新的阶段，即同人时期。《新青年》自第 4 卷 1 号成立编辑委员会，正式宣布为同人杂志，成为同人发表言论的园地。《新青年》第 4 卷 3 号宣布："本志自第四卷一号起，投稿章程，业已取消。所有撰译，悉由编辑部同人，公同担任，不另购稿。"①"编辑部同人"除了编辑之外，还包揽了几乎全部稿件的写作，使《新青年》成为一份"同人期刊"。

团体对个人产生强大的影响。"在人的一生中，个人靠与他人的关系而得以维持，思想因之而稳定，目标方向由此而确定。"②当身在美国的胡适将白话归为活的文字，将文言归为半死的文字，他当时的朋友们却反对他的观点。任叔永认为："白话文自有白话文的好处（如作小说演说等），然不能用之于诗"；觐庄（梅光迪）则说："文章体裁不同。小说词曲固可用白话，诗文则不可。"胡适说他在美国的时候"努力做白话诗的试验，心里只有一点点痛苦，就是同志太少了，'须单身匹马而往'"③。且看中国现代白话诗歌的滥觞——《白话诗八首》的第一首《朋友》："两个黄蝴蝶，双双飞上天。不知为什么，一个忽飞还。剩下那一个，孤单怪可怜。也无心上天，天上太孤单。"④便是表达对于志同

---

① 《本志编辑部启事》，《新青年》1918 年第 4 卷 3 号。

② ［美］西奥多·M. 米尔斯：《小群体社会学》，温凤龙译，云南大学出版社 1988 年版，第 3 页。

③ 胡适：《我为什么要做白话诗》，《新青年》1919 年第 6 卷 5 号。

④ 胡适：《白话诗八首》，《新青年》1917 年第 2 卷 6 号。

道合者的渴望，"表示我在孤寂之中盼得一个半个同行的伴侣"。① 胡适回国后，《新青年》同人里的刘半农就爱写白话诗，其他人也都经常试着作一些白话诗。《新青年》中经常有多人作同题目的诗，如第4卷1号的《鸽子》《人力车夫》，第4卷3号的《除夕》。还有多人作同主题的诗，如为欢迎陈独秀出狱，刘半农、胡适、李大钊分别做了《D—!》《权威》《他们的天平》《欢迎陈独秀出狱》和《乐观》，刊于《新青年》第6卷6号上。这种作诗的环境使胡适勇气加倍，终于促成了《尝试集》的诞生。

同人时期的《新青年》没有稿费，但是为了"自己的期刊"，同人在从事期刊编辑时都没有考虑经济因素。胡适在熬夜完成《建设的文学革命论》后，给母亲写了一封家书说道："昨天忙了一天，替《新青年》做了一篇一万字的文章。这文是不卖钱的。不过因为这是我们自己办的报，不能不做文。昨天一直做到半夜后三点半才做好。这篇文字将来一定很有势力，所以我虽吃点小辛苦，也是情愿的。"②

由于陈独秀对群益书社定价不满，在《新青年》出第7卷6号时与书社发生冲突。1920年的《新青年》8卷1号郑重声明："本志自八卷一号起，由编辑部同人自行组织新青年社，直接办理编辑印刷一切事务。凡关于投稿及交换告白杂志等事（彼此交换杂志均以一册为限），均请与上海法租界环龙路渔阳里2号新青年社编辑部接洽；凡关于发行事件，请与上海法大马路大自鸣钟对面新青年社总发行所接洽。八卷一号以前的事，仍由群益书社负责。以后凡直接在本社总发行所定购一卷以上者，在此期限内发行的特别号（例如前次的劳动节纪念号）概不加

---

① 胡适：《〈小雨点〉序》，《胡适文集》第4卷，北京大学出版社1998年版，第600页。

② 胡适：《致母亲（1918年3月27日）》，《胡适书信集》上，北京大学出版社1996年版，第140页。

报价和邮费，特此预先声明，以免误会。"①"新青年社"成立的时间尚无可考证，但是1920年8月15日，陈独秀、李汉俊等领导创刊的《劳动界》已标明为"新青年社"发行。陈独秀甚至还打算"招股办一个书局"，计划马上独立，成立一个不同于新青年社的"兴文社"替代群益书社。

虽然因《新青年》期刊而产生的新青年社最终因意见分歧而分裂，随期刊停办而终结，但是无论如何，编撰《新青年》的经历已经成为当事人难以忘怀、不断怀念的群体记忆。鲁迅回忆《新青年》的团体散掉之后，只得"依然在沙漠中走来走去，不过已经逃不出在散漫的刊物上做文字。……只因为成了游勇，布不成阵了，所以技术虽然比先前好一些，思路也似乎较无拘束，而战斗的意气却冷得不少"。鲁迅不禁呼唤："新的战友在那里呢？"②

（三）少年中国学会

如果说"新青年社"是因期刊而生的社团的话，那么更多的社团则是相反。五四时期的社团中更大一部分则是为了出版期刊而成立的，编辑期刊是这些社团的第一要务，期刊在则社团在，期刊无则社团无。五四时期的这类社团中，影响最大的是少年中国学会。

少年中国学会于1919年7月在北京成立，发起人为陈淯（愚生）、张尚龄、曾琦、李大钊、周无（太玄）、雷宝菁、王光祈7人。学会起名直接受梁启超1900年的《少年中国说》影响，间接受意大利革命家马志尼在西方创造"少年意大利"启发。1918年，大批留日学生为了反对段祺瑞政府与日本签订的《中日共同防敌军事协定》而罢学归国。为了继续从事反帝救国的活动，他们成立了不少社团，少年中国学会便是其中影响最大的社团之一。

---

① 《本志特别启事》，《新青年》1920年第8卷1号。

② 鲁迅：《南腔北调集·自选集》，《鲁迅全集》第4卷，人民文学出版社1981年版，第453页。

编辑期刊是少年中国学会会务中的头等大事，这与五四时期的许多社团一致。学会成立，便在北京创办《少年中国》。《少年中国》为月刊，由少年中国学会主办，每年12期。《少年中国》1924年5月停刊，前后共出4卷48期。前3卷为竖排，自第4卷第1期起改为横排。李大钊、王光祈、黄演存先后任编辑主任。《少年中国》1、2期由亚东图书馆印刷，3、4期均由上海同文印刷局印刷，由学会自己发行；第1卷5期起改由亚东图书馆印刷发行；自第4卷改由上海中华书局印刷发行。

少年中国学会主张"本科学精神，为文化运动，以创造少年中国"①。王光祈提出救国的长远办法："应早日集结有志趣的青年同志，互相切磋，经过磨炼，成为各项专门人才，始足以救国建国各种实际问题之解决。"②少年中国学会入会条件苛刻，要求"抽象的条件，要有特性、特操、特长三种；具体的条件，最上要能著书，其次要能作论，再其次要能作学术谈话"③。在少年中国学会看来，中国青年要与各国青年共同负改造世界的责任，这需要三个步骤："第一步，本科学的精神，研究现代思潮，使中国人对于现代思潮的趋势有一个明确观念。第二步，详细记载由现代思潮演成的事实，给中国人一种更深的刺激。第三步，根据思潮和事实的趋势，草一个具体改造中国的方案。"④按照学会的思路，这前两步都是要通过期刊来进行的。《少年中国》是第一步，《少年世界》是第二步，然后中国的全体青年才能够去做这第三步。

出版期刊是少年中国学会活动的重要内容。创办人之一曾琦在学会正式成立时就明确表示："本会现在的要务，不过发行月刊一事，其余

---

① 《本会通告》，《少年中国》1919年第1卷1号。
② 王光祈：《"少年中国"之创造》，《少年中国》1919年第1卷2号。
③ 曾琦：《会员通讯》，《少年中国》1919年第1卷1号。
④ 本社同人：《为什么发行这本月刊》，《少年世界》1920年第1卷1号。

都暂缓进行"①。由于北京之外的会员人数不少,少年中国学会先后设立成都分会、南京分会和法国巴黎分会。南京分会于 1920 年 1 月另外创办了《少年世界》,四川分会于 1920 年 2 月创办了《星期日》周刊,与《少年中国》互相配合。"本会所发行之《少年中国》,只能登载关于哲学、文学、纯粹科学等项文字,所有本会工农各科会员常有关于应用科学之佳作均以体裁不宜,不便在《少年中国》发表,深以为憾。且《少年中国》专载理论文字,而无实际调查之记载,亦系一种缺点,故由会员提议再发行第二种月刊,名曰《少年世界》,转载各种调查及关于应用科学之文字。"②而创办《星期日》,是"想要在四川传播新思潮,作文化运动"③。

少年中国学会成立时已经过一年的筹备期,正式成立时共有会员42人④,后发展到108人⑤。少年中国学会影响巨大,"基本上由于学会的两大特点:一是会员在道德人格上的独特气象,二是在改造社会方面的理想热诚。"⑥"'少中'会务的维系和发展,既靠群体认同,也略有'团体约束',更有会员间的真诚情感和献身精神","这些,使'少中'这个看来松散的团体却能有着很大的聚合力与生命力"⑦。少年中国学会的会员皆少年,富于热情,所持信仰并不一致,但都主张新思想与新知识,"莫不反对封建主义,崇尚进取,重视新知识,于各种新制度极感兴趣,思想自由,不受约束"。信仰不同并不影响他们在社团里的关系,

---

① 曾琦:《会员通讯》,《少年中国》1919 年第 1 卷 1 号。

② 《会务纪闻》,《少年中国》1919 年第 1 卷 6 号。

③ 《会务报告》,《少年中国》1920 年学会周年纪念册。

④ 《会务纪闻》,《少年中国》1919 年第 1 卷 1 号。

⑤ 黄仲苏:《王光祈与少年中国学会·前置辞》,左舜生等编:《王光祈先生纪念册》,台北文海出版社 1971 年版,第 2 页。

⑥ 吴小龙:《少年中国学会研究》,上海三联书店 2006 年版,第 41 页。

⑦ 吴小龙:《少年中国学会研究》,上海三联书店 2006 年版,第 57 页。

"其素不相识者一见如故，推诚结纳"，"聚首时每有辩论，无不面红耳赤，据理力争，事后则又握手言欢，不存芥蒂。会员间来往通讯，讨论修养、科学、政治活动及一般社会问题之函件，载在《少年中国》月刊者，皆至亲切感人，尤为当时一般青年所争诵"①。

　　由于其团体的种种努力，少年中国学会成为五四时期影响最大的社团之一，其两份主要期刊的发行量都保持在五千以上。②蔡元培曾高度评价少年中国学会："现在各种集会中，我觉得最有希望的是少年中国学会。因为他的言论，他的行动，都质实的很，没有一点浮动与夸张的态度。"③

二、学校与期刊的发展

　　清末民初的学制改革和科举废除后，作为科举制的附庸和装饰品的旧式学堂开始发生转变。民国施行壬子癸丑学制后，"学校"取代原来的"学堂"一词。新式学校作为有计划地进行教育的组织机构，延续了传统学堂的教育功能，但是比学堂更为自由，更加具有现代气息。以学校为基础，由学校教师或学生在校园里创办的期刊在五四时期大量涌现，学校成为新文化的发源地和重要的传播场所。

（一）学校与文化权力

　　面对西方列强的入侵，人们对军事的倚重逐渐转化为对学校人才培养的重视。晚清维新时期即有观点"兵战不如商战，商战不如学战"④，

---

　　①　黄仲苏：《王光祈与少年中国学会·前置辞》，左舜生等编：《王光祈先生纪念册》，台北文海出版社1971年版，第3页。

　　②　《少年中国学会的刊物》，张允侯等编：《五四时期的社团》一，三联书店1979年版，第250页。

　　③　蔡元培：《工学互助团的大希望》，《少年中国》1920年第1卷7号。

　　④　《南学会告白》，《湘报》1898年5月3日。

而梁启超所谓"变法之本，在育人才；人才之兴，在开学校；学校之立，在变科举；而一切要其大成，在变官制"①，也是意识到了教育的根本作用。民国初年，教育虽然较晚清有了很大的提高，但受过良好教育的人在整个社会中还是只占很少的比例。

五四时期学生期刊盛行，"大概自中学以上的学生团体，都要苦苦地撙节些钱出来，发行一种什么短命刊物"②。五四时期的学校和社会出版之间有着很大的关系。五四时期，各类学校出版的期刊共有 376 个，占五四时期创办期刊总数的 21%，比例相当之高。学校俨然成了期刊出版的一大重镇，其功能与社会出版机构有类似之处。

1920 年的中国，共有高等院校约 87 个，如北京大学、清华大学、燕京大学、东南大学等。北京高等师范学校、北京女子高等师范学校、广东高等师范学校、南京高等师范学校、武昌高等师范学校等都出版有各类期刊。无论是大学的教师还是学生，都是经过严格的筛选才能够进入的，这确保了他们的国家精英地位，也更容易产生志同道合的结合。北京大学就是中国最高级知识分子的集中地，对学生知识的广度和深度都有非常严格的要求。③"在社会鸿沟的形成和群体分离的过程中，经过仔细选拔之后录取的学生被建构成了一个被分离的群体；当人们将这一过程当作合法化的选择来理解和认同的时候，它本身就会孕育出一种象征资本；如此建构起来的群体限制越严，排他性越强，其象征资本的意义就越大。"④

学校中的教授们具备的知识和思想已经不再是古代的传统思想，特

① 梁启超：《变法通议·论变法不知本原之害》，《饮冰室合集》文集之一，中华书局 1989 年版，第 10 页。
② 李剑农：《中国近百年政治史》，复旦大学出版社 2002 年版，第 539 页。
③ 《新潮》1 卷 5 号上有北京大学的招考章程，详细介绍了北京大学的预科及本科招考科目。
④ [法] 布尔迪厄：《国家精英》，杨亚平译，商务印书馆 2004 年版，第 129 页。

别是在高等学校中，教师向现代知识分子的转型成为教育界潮流。在蔡元培"兼容并包"的思路下，北京大学有留洋经历的教师比例较高。尽管并非每位教师都能够称得上现代知识分子，但教师思想的开放程度已有很大改进。"教授在沉静的研究中所培育出来的哲学概念可能摧毁一个文明。"① 大学教授所办的期刊中，以北京大学的《新青年》和东南大学的《学衡》等最为著名。

五四时期学生形成了新的知识分子代际。许纪霖将中国近代知识分子进行了划分：1915 年前后崛起的新一代知识分子，"是开创现代中国新知识范型的一代人，但在文化心态、道德模式等方面依然保存着中国传统的不少特点"②，而他们的学生作为"'后五四'知识分子"，在求学期间直接经历过五四的洗礼。五四时期的学校非常开放，同时活跃着各种思潮和活动。当年的学生曾经这样回忆五四时期北京大学校内学生组织思想活动和社会活动的活跃状态："平常除了《北京大学日刊》每天出版外，还有在宿舍的影壁上、墙上，随时出现的海报、布告等，有人发出什么号召，就有人响应；说开会，就有人去。开会的地点，大些的会，在饭厅开的时候多，要说话的，站在板凳上就说起来。甚至在厕所里开辟'厕刊'，互相辩难。北大当时还有一个特点，就是有什么活动，或有什么社团组织，一般都是放一个签名簿在号房，谁愿意参加就可以自由签名。"③

高等学校是孕育精英知识分子的摇篮。"在整个东方，大学生比现代西方的大学生希望对舆论能具有更大的影响力。但是在取得实际收入上，他们却比西方的学生机会少得多。然而因为他们既不是没有力量，

---

① ［英］以赛亚·柏林：《自由论》，胡传胜译，译林出版社 2003 年版，第 186 页。

② 许纪霖：《中国知识分子十论》，复旦大学出版社 2003 年版，第 83 页。

③ 杨晦：《五四运动与北京大学》，中国社会科学院近代史研究室编：《五四运动回忆录》上，中国社会科学出版社 1979 年版，第 220 页。

也不是感到满意舒服，所以就变成了改革家、革命家，而不是犬儒主义者。改革家和革命家的快乐全靠公共事务的进行。"① 杜威夫妇访问中国期间，恰值五四学生运动爆发。在亲眼看到中国青年人所发起的全国性社会运动后，杜威说："想想我们国内 14 岁以上的孩子，负起一个大清除政治改革运动的领导责任，并且使得商人和各界人士感到惭愧而加入他们的运动。这实在是一个了不起的国家。"② 在西方人眼中，中国的大学比西方大学更多地担负着社会变革的功能，而大学学生有意识地承担起这种社会使命。

中小学校由于条件限制，无法像高等学府一样支持期刊。五四时期，各类中学创办的期刊约有 89 个，约占学校创办期刊的四分之一。由于其学生年龄和视野的限制、学校经费和教师对新思想的态度，中小学校与期刊之间的关系不像大学与期刊的关系一样密切。各类中学里不同的管理者有着差异较大的教育理念和管理思路，对学校内期刊的创办和传播有着非常大的影响。

在学校创办的期刊中，值得注意的是各类师范学校创办的期刊。这类期刊共有 121 个，数量相当之大。由于师范学校主要是为了培养各级学校教师而设立的，大部分学生毕业之后从事与教育相关的工作，他们的思想变化直接影响到其后所教授的学生。因此，他们从教之后，部分人成了期刊的直接传播者，有的甚至成为学生期刊的指导者，延长了期刊传播的链条。

（二）北京大学的学生期刊

北京大学是高等学府中最负盛名的，其前身为 1898 年开办的京师大学堂，属于戊戌变法的"新政"成果之一。这里一度是读书人寻求政

---

① [美] 周策纵：《五四运动史》，陈永明等译，岳麓书社 1999 年版，第 136 页。

② [美] 周策纵：《五四运动史》，陈永明等译，岳麓书社 1999 年版，第 145 页。

治资本的地方，根本没有学术研究的风气。辛亥革命后，京师大学堂改称北京大学。蔡元培任校长后整顿教风学风，清退不合格的教员和学生，遵守思想自由的原则，取兼容并包的主义，大量选材任能，力图将北京大学培养成为自由和民主的土壤。为了请到陈独秀，蔡元培不但三顾茅庐邀陈入北京大学，而且为陈独秀制造假履历。蔡元培之所以对陈独秀倍加欣赏，除他们共同参加过光绪末年的革命活动外，更是因为陈独秀所办的《安徽俗话报》和《新青年》给蔡元培留下深刻的印象。到1918 年，北京大学倾向于革新的教员明显占多数，且教授的平均年龄只有三十多岁。陈独秀说：无论"五四运动"是功是罪，"蔡先生、适之和我，乃是当时在思想言论上负主要责任的人"①。蔡元培是北大校长，陈独秀为北大文科学长，胡适为北大教授，可见北京大学对社会思潮影响的程度。陈独秀是《新青年》的创办者，胡适为《新青年》中最为重要的编辑之一，期刊与学校二者共同推动了新文化运动和五四时期的思想变革。

　　五四时期，北京大学共有约 21 个宣传新思想的社团，其中影响较大的有进德会、学术讲演会、哲学会、阅读书报社、新闻研究会、社会主义研究会等。学校官方办有《北京大学月刊》《北京大学日刊》等刊物，教授们办有《新青年》、《每周评论》（陈独秀），《努力周报》、《读书杂志》、《国学季刊》（胡适），《少年中国》（李大钊），《新生活》（李辛白），学生们办有《新潮》、《国民》、《国故》等。在他人看来，"彼等之学校，则指为最高学府，竭力揄扬，以显其声势之赫奕，根据地之深固重大"。② 期刊的传播，体现出学校强大的整体力量。教师们办报办刊，学生们积极效仿。学校为学生的办报办刊提供各方面的帮助，尤其

---

　　①　陈独秀：《蔡孑民先生逝世后感言》，《陈独秀著作选》第 3 卷，上海人民出版社1993 年版，第 545 页。

　　②　梅光迪：《评今人提倡学术之方法》，《学衡》1922 年第 2 卷 2 号。

是经济上的支持。教师们作为现成的学术资源，也能够为学生刊物进行各方面的指导。

五四时期，北京大学有两种影响较大的学生期刊《国民》和《新潮》。它们虽有差异，却有不少共性，是五四时期学生期刊的典型。有经历过的人评价称：五四时期学生期刊具有两种倾向，"一种倾向是代表哲学文学一方面，另一种倾向是代表政治社会的问题方面。前者是新潮杂志社，后者是国民杂志社"①。

1918 年秋，傅斯年等人想寻求校方的帮助，向文科学长陈独秀表达了意愿。陈独秀决定给予一定的经济支持。② 顾颉刚（顾诚吾）在后来回忆时描述道："蔡每月由北大四万元的经费中拨出两千元来给他办杂志，这样，《新潮》杂志就办起来了。"③《国民》杂志社的许德珩回忆说："学校每月给《新潮》四百元，并在校内挂牌子。"④ 两人的回忆互有抵牾。即便是四百元，相比群益书社当年为陈独秀提供的每期两百元而言，已绝对是大手笔了。这项启动经费为《新潮》提供了最重要的支持，因为"当时参加新潮社的学生，差不多都是苦读书的穷学生，由家庭负担学费、膳食费等已经很吃力了，如若再要为办杂志向家庭伸手，就更

---

① 黄日葵：《在中国近代思想史演进中的北大》，张允侯等编：《五四时期的社团》二，三联书店 1979 年版，第 35 页。

② 陈独秀对傅斯年说："只要你们有办的决心和长久支持的志愿，经济方面可以由学校负担。"资助之事并非一帆风顺，中间还经过周折，因为傅斯年原为黄侃（黄季刚）的得意门生，当他转向《新青年》阵营，陈独秀还不敢相信，怀疑他为旧派间谍，询问过周作人，后经胡适作保，才接受傅斯年等人的要求。参见傅斯年：《新潮之回顾与前瞻》，《新潮》1919 年第 2 卷 1 号；周作人：《知堂回想录》下，河北教育出版社 2002 年版，第 432 页；李小峰：《新潮社的始末》，中国社会科学院近代史研究室编：《五四运动回忆录》续，中国社会科学出版社 1979 年版，第 201 页。

③ 顾颉刚：《回忆新潮社》，张允侯等编：《五四时期的社团》二，三联书店 1979 年版，第 125 页。

④ 许德珩：《回忆国民杂志社》，张允侯等编：《五四时期的社团》二，三联书店 1979 年版，第 38—39 页。

有困难了；即使平时节衣缩食、省吃俭用，省出一点钱来，拼拼凑凑，也凑不出许多来。"①除此之外，北大图书馆主任李大钊拨出图书馆的一间房作为新潮社的办公室，时任庶务主任（后任出版部主任）的李辛白帮助落实由北京大学出版部发行，全国四十余处代销处代销②，而且由出版部附设的印刷局负责印刷，保证了期刊的印刷质量和发行渠道。

不仅《新潮》的创办得到了校长蔡元培、文科学长陈独秀、教授胡适的鼎力支持，北京大学的教师们还亲自上阵。蔡元培亲自为封面题字；《新潮》的英文名 Renaissance 在很大程度上"源于胡适的启示"③；北大的老师们——李大钊、胡适、宋春舫、周作人、王星拱、沈性仁（陶孟和的夫人）等都在《新潮》上发表过文章。周作人是新潮社第六批入社的社员，并担任《新潮》第三届主任编辑。虽然他没有做实际的工作，但他的加入是对这份学生刊物极大的鼓舞。与《新青年》一样，《新潮》依靠精英的北京大学而迅速走向了知识分子的中心。如《新潮》读者所说："只有北京大学能产生像'新潮'成员那样的人；北京大学能够有此成就，可算得蔡孑民先生和其他诸先生等的功劳。"④ 胡适在《五十年来中国之文学》中说："《新潮》初出时，精彩充足，确是一支有力的生力军。"⑤《新青年》创办三年后在社会上的影响力依然十分有限，而《新潮》初出即有如此大的力量，是与它依靠北京大学、依靠《新青年》分不开的。

《新潮》之后，"北大的杂志团体一时出了几个，更有许多在酝酿中

① 李小峰：《新潮社的始末》，中国社会科学院近代史研究室编：《五四运动回忆录》续，中国社会科学出版社 1979 年版，第 201 页。

② 见《新潮》2—3 卷各期版权页。

③ 余英时：《重寻胡适历程》，广西师范大学出版社 2004 年版，第 245 页。

④ 余裴山：《通信》，《新潮》1919 年第 1 卷 3 号。

⑤ 胡适：《五十年来中国之文学》，《胡适文集》第 3 卷，北京大学出版社 1998 年版，第 257 页。

的，学校方面既没有一一补助的力量，又不能有重有轻，于是乎评议会评议了一个议案，一律改为垫款前三期。"① 但因学校答应《新潮》在前，就把原定办法维持住了。《国民》也是在经济上依靠了北京大学的前期资助，在思想上受师长们的教导，蔡元培还亲自为《国民》作序。国民杂志社成立时，校长蔡元培、时任北京大学新闻学研究会导师的邵飘萍亲自到场演说。

北京大学还从保护学生的立场出发，顶住来自社会各界的压力。1919 年 3 月 26 日，也就是《新潮》发行了 1 卷 3 号之后，教育总长傅增湘致信蔡元培，向蔡元培施压。傅信中称："自《新潮》出版，辇下耆宿，对于在事员生不无微词。……凡事过于锐进，或大反乎恒情之所习，未有不立蹶者。时论纠纷，喜为抨击，设有悠悠之辞波及全体，尤为演进新机之累。……若其以仓卒之议翘于群众，义有未安，辄以滋病，殆有未可。"② 对于傅增湘对《新潮》的指责，蔡元培回信辩护道："在学生则随其好尚，各尊所闻；当事之员亦甚愿百虑殊途，不拘一格以容纳之。……据《新潮》编辑诸生言，办此杂志初心，原以介绍西洋近代有益之学说为本，批评之事，仅属末节。……至于持论有殊于旧贯者，容为外间误会之所集；然苟能守学理范围内之研究，为细密平心之讨论，不涉意气之论，则少为逆俗之言，当亦有益而无弊。……大学兼容并包之旨，实为国学发展之资，正赖大德如公为之消弭局外失实之言。"③ 蔡元培顶住了政界的压力，努力为北京大学的兼容并包的宗旨、为《新潮》提供庇护。值得注意的是，北京大学为期刊所提供的宽松环境并非学校

---

① 傅斯年：《新潮之回顾与前瞻》，《新潮》1919 年第 2 卷 1 号。

② 《傅增湘和蔡元培关于〈新潮〉的通信》，张允侯等编：《五四时期的社团》二，三联书店 1979 年版，第 65 页。

③ 《傅增湘和蔡元培关于〈新潮〉的通信》，张允侯等编：《五四时期的社团》二，三联书店 1979 年版，第 66 页。

的体制和制度所定，而是出于蔡元培的个人思想和强大的自主权所致。

在校学生因此学习为主业，办刊为其副业，所办刊物更会因毕业而受影响。蔡元培就说："学生唯一之义务在求学，胡以牺牲其求学之时间与心力，而从事于普通国民之业务以营此杂志？曰：迫于爱国之心不得已也。……鸣呼！学生之牺牲其时间与心力，以营此救国之杂志，诚不得已也。"①《新潮》停刊的原因，第一便是新潮社社员本都是学生，大多出国留学或服务社会或忙于其他事务，因而影响到稿件的收集。"本社社员四十余人，几乎有三十余人是在国外的"②，并且都刚刚出国不久，一面要适应新环境，一面还要读书。稿件的供给自然无法如往，以致刊物稿件不能按期收集到位。罗家伦就曾说明办《新潮》的苦衷，是由于"我们在学生时代实在没有能力办杂志，但是因为现在我们中国学问界里太寂寞了，所以我们不得不勉任其难"，因为"我们又要读书，又要做文章，实在异常苦恼，所以力不从心的地方很多，不完备的地方也总不免"③。

学校的师生对于经营完全没有采取市场化的方式，因而在资金管理和发行方面存在着漏洞，这些都直接影响到刊物的生存和发展。如新潮社同人认为，《新潮》愆期的第二个原因是经费问题：一方面，教育部拖欠北京大学经费，使学校的支持无法到位；另外，改为学会的新潮社除了办《新潮》外，还推出了"新潮丛书"。④从书印数过大且定价偏

---

① 蔡元培：《国民·序》，《国民》1919 年第 1 卷 1 号。

② 新潮社在京同人：《新潮社的最近》，《北京大学日刊》1922 年 12 月 27 日。

③ 罗家伦：《今日中国之杂志界》，《新潮》1919 年第 1 卷 4 号。

④ 包括王星拱的《科学方法论》、陈大齐的《迷信与心理》、周作人的《点滴》、《蔡子民先生言行录》、陶孟和的《现代心理学》。鲁迅说："《新潮》这杂志，也以虽有大吹大擂的预告，却至今还未出版社的'名著介绍'收场；留给国内的社员的，是一万部《蔡子民言行录》和七千部的《点滴》！"鲁迅所谓"名著介绍"即《新潮》第 3 卷 2 号，已于 1922 年 3 月出版，鲁迅并未见到，也可见《新潮》后期由于出版时间间隔过长而丢失了固定读者。参见鲁迅：《导论》，《中国新文学大系》小说二集，上海良友图书印刷公司 1935 年版，第 4 页。

高,结果销路不畅,最终导致整个学会的资金周转困难,拖累了《新潮》的定期出版。"因出版的愆期而本社失信于读者,而影响于书籍之销数;因销数之减少而书籍遂以停滞,印刷费遂而愈多。"①虽然如此,创办期刊对学生而言却是一个绝好的锻炼机会。学校中创办的文学期刊不以经济利益为第一要义,因此呈现出更多的文化气息,期刊也容易体现理性的现代性精神。

北京大学在 1919 年还出版过《国民》杂志,与《新潮》同时期。1918 年,留日学生因反对日本霸占青岛而返国向国务院请愿,让学生之间有了许多接触和交流。"北京的北大、高工、法政、医专、工专、高师等校的学生开始团结起来,成立'学生爱国会'的组织,以后改称'学生救国会',到'五四'时发展成为'北京中等以上学校学生联合会'。《国民》就是'学生救国会'这个组织的刊物。"②《国民》由许德珩、邓康与黄日葵主编,名义上主持工作的陈钟凡、黄健中"实际并不问事"③。《国民》出版时,"北京大学编译处允于以后每月捐助二百元"。④《国民》杂志社中凡是捐款的都算是社员,因此社员人数达到了约 199 人⑤,但实际参与的职员人数只有六十余人。《国民》和少年中国学会有些交叉的关系,不少社员都是少年中国学会的会员。

《国民》在 1919 年 1 月创刊,而国民杂志社已于 1918 年 10 月 20 日成立。该社成立之时即有社员八十余人到会,蔡元培、徐宝璜、邵飘

---

① 新潮社在京同人:《新潮社的最近》,《北京大学日刊》1922 年 12 月 27 日。

② 许德珩:《回忆国民杂志社》,张允侯等编:《五四时期的社团》二,三联书店 1979 年版,第 38 页。

③ 许德珩:《回忆国民杂志社》,张允侯等编:《五四时期的社团》二,三联书店 1979 年版,第 39 页。

④ 《国民杂志社纪事》,《国民》1919 年第 1 卷 1 号。

⑤ 《国民杂志社员名单》,张允侯等编:《五四时期的社团》二,三联书店 1979 年版,第 9—14 页。

萍、徐彬彬等人都有致辞。徐宝璜将《国民》与《科学》进行了比较，认为《国民》社员人数、名望、经济等方面都有先天优势，鼓励将其办成"国民之指南针"。①《国民杂志社启事》称："同人感于世界潮流变迁之剧，国民智识不足以资为因应，实为国家前途之一厄象；爰集同志组织一月刊杂志，名曰《国民》，以增进国民智识为主旨，本研究之所得贡献国民。"②《国民》有四大宗旨："一、增进国民人格；二、灌输国民常识；三、研究学术；四、提倡国货。"③

《国民》公开谈论政治，发表了许多政论文章。"国民杂志社的一群，始初以反抗国际帝国主义（日本）之压迫这点爱国的政治热情相结合。在杂志上可以看出他们对于政治问题、社会问题是特别注意的。"④《国民》对政治的重视，与《新潮》不同。当时的《北京政府教育部主事的条陈》就记载："北京大学发行杂志多种，转以提倡过激派伪说。平时教授学生也本此旨。此次罢学风潮，近因虽由政治问题以生，未始不由此种学说有以致之……审察学生举动几类俄国过激之所为。"⑤ 1919 年 1 月 28 日，《国民》在《北京大学日刊》上刊载了启事："凡不犯下列各项之稿件无论论者译者或纪事者均在欢迎之列：（1）谈论现时政治及宗教问题。（2）攻击他人。"⑥ 这也是蔡元培要求《国民》的"社址不要设在北大"⑦ 的原因。

除《新潮》和《国民》之外，北京大学的学生还创办有提倡国学、

① 《国民杂志社纪事》，《国民》1919 年第 1 卷 1 号。
② 《国民杂志社启事》，《北京大学日刊》1918 年 12 月 19 日。
③ 《国民杂志社组织大纲》，《国民》1919 年第 1 卷 1 号。
④ 黄日葵：《在中国近代思想史演进中的北大》，张允侯等编：《五四时期的社团》二，三联书店 1979 年版，第 35 页。
⑤ 彭明：《五四运动在北京》，北京出版社 1979 年版，第 163 页。
⑥ 《本刊启事》，《北京大学日刊》1919 年 1 月 28 日。
⑦ 许德珩：《回忆国民杂志社》，张允侯等编：《五四时期的社团》二，三联书店 1979 年版，第 39 页。

发扬国故的《国故》。这份期刊集结了北京大学最强的国学研究阵容，刘师培、黄侃任总编辑，教师编辑就有陈汉章、马叙伦、屠孝寔、梁漱溟、陈钟凡、吴梅、黄节、林损，学生编辑也恰恰十人（后增加一人），可谓阵容强大的师生联合体。① 其创办起于"慨然于国学沦夷，欲发起学报，以图挽救"②，与《新潮》主旨相对。由于主要编辑群体缺乏延续性，并且第二年指导教师黄侃离京，刘师培病逝，只出到第四期便停刊，因此影响远不及《新潮》和《国民》。

（三）旅京陕西学生联合会《秦钟》

五四时期，学校学生联合会、旅外学生联合会或同学会共创办期刊 38 个。这些联合会主要分为两类，第一类是以学缘为基础的，第二类是以地缘为基础的。以学缘为基础而创办的期刊主要依托某一具体学校，而以地缘为基础的主要是各地旅外学生会。五四时期创办期刊最多的依次是旅京、旅沪、旅宁（南京）、旅粤（广东）的学生团体。在旅外学生联合会所创办的期刊中，旅京陕西学生联合会的《秦钟》具有很强的代表性，典型地体现了学生以期刊扩散新文化的方式。

在北京读书的陕西青年学生于 1919 年 3 月组成"陕西学生团"，在五四运动之后将其改名为旅京陕西学生联合会。其社员均为旅京的陕西青年知识分子，包括了北大、中大、汇文、民大、高师、法专、医专、农专、工专、高警、清华等校的部分陕西籍学生。旅京陕西学生联合会"本自决的及互助的精神，以谋桑梓的幸福及文化的发展为宗旨"③，实际上是由陕西地缘关系而形成的同乡会，具有强烈的故土观念、乡亲

---

① 刘师培谓："嗣以社中尽属同学，于稿件去取未便决定；又因同学才识简陋，恐贻陨越，箴规纠正，端赖师资；故敦请本校教员及国史馆职员为总编辑及特别编辑，而社中编辑十人，则全为学生。"参见《国故月刊社致〈公言报〉函》，《北京大学日刊》1919 年 3 月 24 日。

② 《本社记事录·起始末》，《国故》1919 年第 1 号。

③ 《注意！旅京陕西学生联合会的宗旨》，《秦钟》1920 年第 3 号。

观念。经过一年多的社会活动，联合会从陕西文化发展考虑，也受北京各校学生纷纷创办期刊的影响，在会内外进行了募集，筹划创办了《秦钟》。

《秦钟》是一份五四时期学生社团创办的地方性刊物，在北京的陕西籍学生以此为平台，促进了新文化在陕西的传播，在陕西产生了一定的影响。《秦钟》是"旅京陕西学生联合会"的机关刊物，于1920年1月20日在北京创刊。《秦钟》为16开月刊，每期40余页，定价大洋五分，从1920年1月起，廿号发行。原计划七八两月暑假停刊，未料各校代表意见分歧和当时陕西军阀阻挠，暑期后未能出刊，因此《秦钟》只出版了6期。开设的栏目有"论坛"、"评林（随感录）"、"调查"、"小说"、"丛录"、"讲演"、"学海"、"副刊"等。《秦钟》的主要作者都是在京的陕西籍学生，包括华县的杨钟健（克强）、兴平的魏凤标（野畴）、三原的陈顾远（晴皋）、汉阴的陈声树（兆枢）、商州的王焕猷（儒卿）等。他们很多都参与了5月4日当天的天安门集会和游行，陈声树还在被捕的32名学生之列。《秦钟》虽然半年后停刊，但这些主要作者的活动并没有停止。1921年10月后，由李子洲、魏野畴等改为《共进》（半月刊）出版。

在创刊号上，《秦钟》明确提出了刊物创办的目的，其宗旨有三："（一）唤起陕人自觉心，（二）介绍新知识于陕西，（三）宣布陕西社会状况于外界"。[①]《秦钟》"三大宗旨"首先明确提出"唤起陕人自觉心"。所谓"自觉心"，即五四新文化运动中的启蒙，虽然还达不到启蒙内核所谓使个人具有独立理性的层次，但也是对陕西群体的启蒙呼唤。《秦钟》的主要内容包括两大部分，其一介绍新文化与知识，"唤醒陕人自觉心"，是以"介绍新知识于陕西"为起点的。其虽言介绍新知识，并

---

① 《旅京陕西学生联合会启事》，《秦钟》1920年第1号。

不是单纯的知识，更多是介绍新思想和新文化，对科学的态度、民治的精神和改进的人生观等新思潮均有涉及。《秦钟》第二大内容为陕西社会状况调查，是为了"宣布陕西社会状况于外界"。对陕西社会具体问题的调查和分析，体现了新文化理论与社会实际的结合，旨在对社会有切实的改进，以避免理论的空谈。在"三大宗旨"下，《秦钟》对自己创办的目的作了进一步阐述："我们的目的：一方面使沉沦黑暗狱中的陕人，在最短时期中，觉悟过来；和世界上人类，同做个'人'。一方面把旧社会中情况，老老实实说出来；并本主观的眼光，下些批评；使改造社会的事业，不至流于空谈，格外增加速率。"①《秦钟》的内容总体来说在于唤醒秦人，使人人都有正常的人格，能够自由发展，共同建立民治的基础。

旅京陕西学生联合会是受到五四运动影响而形成的团体。《秦钟》的主要作者，除魏风标为高师学生外，其余如杨钟健、陈顾远、陈声树、王焕猷等均为北大学生。北京大学其时正是新文化运动的中心，《秦钟》在办刊方式、文化思想等方面都深受北大教授们的影响。《秦钟》将文化传播与社会变革紧密联系起来，以解决陕西实际问题坐实新文化。新知识、新思想、新文化的介绍和传播并不是最终目的，变革陕西社会、谋求社会发展才是《秦钟》真正的追求目标。《秦钟》编辑均在北京，但它的确是一份陕西的地方性刊物，可以说是"身在北京心在陕"。《秦钟》有意识地向读者介绍新文化运动中的进步刊物。《秦钟》的发行与广告交换，也扩大了新文化在陕西的影响。

旅京陕西学生联合会是一个学生团体，并不是专业办刊机构，因此自身在共同思想基础、经验、经济等方面存在诸多问题。除了地缘关系及改造社会、谋求陕西进步等共同目标外，并没有其他共同的思想基

---

① 《旅京陕西学生联合会为〈秦钟〉月刊募集基金启》，《秦钟》1920 年第 2 号。

础。联合会成员来自北京的十数所学校，据会内捐款者名单统计，会员人数至少在百人以上。"思想倾向上的复杂，步调上的参差不齐，是促成《秦钟》月刊很快瓦解的主要原因。"①《秦钟》缺乏系统的编辑理念，组稿、校对都有很多问题，在表现形式上也有较大差别。《秦钟》未依托系统的出版机构，限制了它的印刷质量和发行范围。联合会和《秦钟》都没有固定的收入，经费上主要依靠会内成员的募捐，但由于会内成员均为财力有限的学生，募集自然不是长久之计。

联合会在政治上主张"用合法的举动，刺激他们官鬼的良心"。②《秦钟》中也并无激烈的言辞，依然受到陕西当局的抵制和严厉查访。有读者直接表示"嗣后不敢再奉该书"，"代派之事嗣后碍难负责"。③陕西当局还采用各种方法实行分化。"旅京陕籍人士和同学中却接连出现为陈疏通、解释、调和的人，因使学生会渐渐分化为反陈和中间观望的两派。"④联合会本身只有新文化的思想基础，在斗争方面也缺乏经验，导致《秦钟》最终的瓦解。

三、期刊话语权的建立

按照福柯的理解，"话语的生产是根据一定数量的程序而被控制、选择、组织和再分配的，这些程序的功能就在于消除话语的力量和危险，处理偶然事件，避开它沉重而恐怖的物质性。"⑤每一种话语在与

---

① 中共中央马恩列斯著作编译局研究室编：《五四时期期刊介绍》第二集，三联书店 1978 年版，第 501 页。

② 崇毅：《旅京陕西学生联合会周年纪念感言》，《秦钟》1920 年第 4 号。

③ 杨沛：《陕西要人与过激党》，《秦钟》1920 年第 5 号。

④ 中共陕西省委党史资料征集研究委员会编：《〈共进〉与共进社》，1984 年内部资料，第 456 页。

⑤ 汪民安：《福柯的界限》，南京大学出版社 2008 年版，第 127 页。

其他社会力量的较量中，在社会各类话语集合的场域之中逐渐兴盛或衰亡。在这个较量的过程之中，它逐渐获得权力或丧失其代表的权力。而"成群的知识分子与社会公共机构结盟，并从那些机构中得到权力和权威"①，扩大自身的社会资本。这有助于对话语权力的建构，同时进一步增强话语权在社会上的影响。

（一）话语权的斗争

由于以《新青年》为首的期刊极力传播新文化思想和观念，其科学、自由等话语与传统话语结构有巨大差别，两者之间的矛盾越来越大。从本质上来讲，这是传统话语与新兴话语之间的矛盾。新文化期刊利用各种手段扩大自己的影响，如《新青年》以著名的"双簧戏"，点名批评《东方杂志》，批判儒家孔子，不惜言辞激烈。《新潮》更是点名对旧文化进行梳理，刊发《今日之杂志界》《今日之教育界》《今日之小说界》等。种种传播策略的运用，逐渐在社会上产生影响。随着新文化期刊在社会上影响力的扩张，新文化话语的影响逐渐增强，开始出现了话语权的争夺。

五四时期被政府查封的期刊虽然为数不少，但是相比雨后春笋的众多期刊来讲，比例还是极小。查封都以反政府、宣扬激进主义为名。对于新文化出版物，政府并非一律全部控制。政治权力的压力有时并无效果，如《新潮》受到政府点名批评，但这种批评看似严厉，实际上却不能起到太大的作用。1919 年，《新潮》由于言辞激烈受到教育部许多"耆宿"的批评和指责，总统徐世昌就此还质询教育总长。教育总长傅增湘致信蔡元培，向蔡元培施加压力。蔡元培据理力争，北洋政府、教育部也就此止住。《新潮》的停刊完全是由于自身组织和经营不善，与官方

---

① ［美］爱德华·W. 萨义德：《知识分子论》，单德兴译，三联书店 2002 年版，第 60 页。

没有任何关系。

在文化场域内部，保守派文化代表在与五四新文化代表争夺话语权时采取了四种方式。

第一，试图借用政治力量对新文化进行围剿。虽然五四时期期刊常常揭批传统文化"妖魔"的一面，力争展开辩论，但从未试图以政治权力对传统进行干涉。相反，传统文化的保守派却利用政治权力而对文化场域进行干预，林纾所创作的"小说"《荆生》、《妖梦》便是典型。林纾将他对新文化话语的痛恨以小说的形式展示出来，《荆生》描述道："田生尚欲抗辩，伟丈夫骈二指按其首，脑痛如被锥刺。更以足践狄莫，狄莫腰痛欲断。金生短视，丈夫取其眼镜掷之，则怕死如猬，泥首不已。"《荆生》和《妖梦》都有相似的结尾，前者为："如此混沌世界，亦但有田生狄生足以自豪耳，安有荆生？余读《雪中人》，观吴将军书痴事，适与此类。"① 后者为："吾恨郑生之梦不实。若果有噉月之罗睺罗王，吾将请其将此辈先尝一脔也。"② 《每周评论》12 号转载"林琴南先生最近作"《荆生》，加"记者"按《想用强权压倒公理的表示》："有人想借用武人政治权威来禁压这种鼓吹（新思潮——引者注）。前几天上海《新申报》上登出一篇古文家林纾的梦想小说，就是代表这种武力压制的政策的。"③ 这种思路实际上是试图将政治权力引入文化场中，解决保持传统文化场秩序的问题。这种做法违背了文化场的基本逻辑，注定要失败，"因为他们主要只努力争取政府的干涉，而很少求取大众的支持"。④

第二，虽然极力反抗与反驳，但是没有在媒介上体现出来，最终影

---

① 林琴南：《荆生》，《新申报》1919 年 2 月 18 日。
② 林琴南：《妖梦》，《新申报》1919 年 3 月 22 日。
③ 记者：《想用强权压倒公理的表示》，《每周评论》1919 年第 12 号。
④ ［美］周策纵：《五四运动史》，陈永明等译，岳麓书社 1999 年版，第 99 页。

响并不大。代表如黄侃和辜鸿铭。黄侃"抨击白话文不遗余力，每次上课必定对白话文痛骂一番，然后才开始讲课。五十分钟上课时间，大约有三十分钟要用在骂白话文上面。他骂的对象为胡适之、沈尹默、钱玄同几位先生"①。保守的辜鸿铭曾经直言道："中国十人有九人不识字，正是我们应该感谢上帝的事。要是四万万人都能读书识字，那还了得吗？都要像北京大学生那样去干预政治，那还成个什么世界？"②

第三，在各类宣扬新文化的期刊上，进行公开的辩论与论争。部分具有保守思想的人开始在新文化期刊上有意识地进行辩论，如张厚载在《新青年》中的表现。张厚载（豂子）是北京大学学生，中学时为林纾入室弟子，曾主持《神州日报》的"半谷通信"栏目。林纾攻击北京大学的小说均由其转寄《新申报》"蠡叟业谈"栏目。张后来被北京大学开除。③《新青年》也刊载张厚载的文章，用于辩论的展开。由于媒介的主导权在新文化期刊编者手中，这种辩论往往不能深入。

第四，自己创办期刊，对新文化期刊进行主动反驳。一些保守派人士以媒介为阵地与新文化话语进行论争，同时更深入地展示观点。如1919年1月创办的《国故》，旨在"昌明中国故有之学术"。国故月刊社由教师辈的刘师培、黄侃等人发起，以学生为主体。《国故》中对新文化反对最为激烈的是黄侃及其弟子张煊、薛祥绥等人。张煊提出的"造纸说"认为："吾人之研究国故，非为保存败布，实欲制造新纸。收拾国故之材料者，犹之拾败布之工人；整理国故，犹之退败布各种色彩污秽之化学工作，虽非亲自造纸之人，而非有功于造纸，则与造纸工人正等。"④虽然刘师培辩解："《国故》月刊由文科学员发起，虽以保存国

---

① 杨亮功：《早期三十年的教学生活·五四》，黄山书社 2008 年版，第 22 页。

② 胡适：《辜鸿铭（二）》，《每周评论》1919 年第 36 号。

③ 《本校布告》，《北京大学日刊》1919 年 3 月 31 日。

④ 张煊：《驳〈新潮〉〈国故和科学的精神〉篇》，《国故》1919 年第 3 号。

粹为宗旨，亦非与《新潮》诸杂志互相争辩也。"① 但是时论却并不认为如此。时有报纸论述新旧两派期刊之间的话语斗争道："二派杂志，旗鼓相当，互相争辩，当亦有裨于文化。第不言忘其辩论之范围，纯任意气，各以恶声相报复耳。"② 事实上，刘师培"在课堂上绝少批评新文学，他主张不妨用旧有的文章体裁来表达新思想，这是用旧瓶装新酒的办法"③。但如《国故》这样严谨说理的期刊仅出 4 期便停刊，没有产生太大的反响。

五四后期，以学衡派为代表的保守派与新文化进行了话语权的斗争。因为不满新文化话语体系中的一些理念和传播方式，学衡派以南京东南大学为依托，创办期刊，发出自己的声音。1922 年 1 月，东南大学吴宓、梅光迪、胡先骕等创办《学衡》，由中华书局出版。《学衡杂志简章》表示："本杂志于国学则立以切实之工夫，为精确之研究，然后整理而条析之，明其源流，着其旨要，以见吾国文化，有可与日月争光之价值。"④ 东南大学（1921 年前为南京高等师范学校）学生所创办的《史地学报》和《文哲学报》是《学衡》的卫星刊物。部分《学衡》作者还于 1922 年 8 月在湖南长沙明德中学创办了《湘君》。学衡派的核心人物吴宓于 1915 年在清华大学读书时就打算将以后创办的刊物名定为 Renaissance，即 1919 年《新潮》使用的英文名，只不过吴宓意在"国粹复光"⑤。"'学衡派'的存在是新文化—新文学的反动。换句话说，'学衡派'是反对新文化—新文学的，是以保守来反对、牵制和制衡激进的新文化—新文学运动。在反抗新文化—新文学的话语霸权时，它是以求

---

① 《刘师培致公言报函》，《北京大学日刊》1919 年 3 月 24 日。

② 《请看北京学界思潮变迁之近状》，《公言报》1919 年 3 月 18 日。

③ 杨亮功：《早期三十年的教学生活·五四》，黄山书社 2008 年版，第 19 页。

④ 《简章》，《学衡》1922 年第 1 卷 1 号。

⑤ 吴宓：《吴宓日记》第 I 册，三联书店 1998 年版，第 504 页。

中西思想融通、尊孔、国学研究和古典诗词创作作为对抗手段的。"① 但是这种对抗的声音在新文化话语已经占据上风的 1922 年，已经显得有些悲壮，不仅受到来自诸多方面的批评，也不能被社会所认可。

（二）从边缘走向中心

五四初期，新文化运动的提倡者们建构新话语的努力既不被社会所认可，也不为文化保守派所重视。不仅期刊滞销，编者也发出了无人问津的"寂寞"感慨。《新青年》初印 1000 册。虽然陈独秀努力借用《甲寅》的影响，提出富有理想的主张，但在社会上几乎没有产生太多影响。《新青年》2 卷 1 号中陈独秀感叹："本志出版半载，持论多与时俗相左，然亦罕受驳论，此本志之不幸，亦社会之不幸。"② 到了 1918 年《新青年》第 3 卷出版之后，这份杂志的影响力依然十分有限。③ 甚至"销路闻大不佳"④，"以不能广行，书肆拟中止；独秀辈与之交涉，已允续刊，定于本月十五出版云"⑤。这种处于文化边缘地带的境地，一直持续到《新青年》搬至北京大学并改为同人刊物时才有所改善。

在 4 个月的修整之后，陈独秀将《新青年》带到北京大学。《新青年》

---

① 沈卫威：《"学衡派"谱系——历史与叙事》，江西教育出版社 2007 年版，第 30—31 页。

② 陈独秀：《通信·答陈恨我》，《新青年》1916 年第 2 卷 1 号。

③ 鲁迅回忆在写《狂人日记》前的《新青年》，"仿佛不特（仅）没有人来赞同，并且也还没有人来反对"。参见鲁迅：《呐喊·自序》，《鲁迅全集》第 1 卷，人民文学出版社 1981 年版，第 419 页。《狂人日记》作于 1918 年 4 月，刊于 1918 年 5 月《新青年》第 4 卷 5 号。周作人也回忆说，陈独秀在《新青年》创刊初，"还没有什么急进的主张，不过是一个新派的名士而已，看早期的《青年杂志》当可明了，乃至杂志改称《新青年》，大概在民六这一年里逐渐有新的发展"。参见周作人：《知堂回忆录》，河北教育出版社 2001 年版，第 406 页。

④ 鲁迅：《(180529) 致许寿裳》，《鲁迅全集》第 11 卷，人民文学出版社 1981 年版，第 349 页。

⑤ 鲁迅：《(180104) 致许寿裳》，《鲁迅全集》第 11 卷，人民文学出版社 1981 年版，第 345 页。

从 1918 年 1 月第 4 卷 1 号起进入了同人时期，也开始进入了《新青年》最为辉煌的时期。《新青年》日益受到读者的青睐。"《新青年》愈出愈好，销量也大了，最多一个月可以印一万五六千本了。"①

陈独秀任北京大学文科学长，促使北大原有革新力量成为《新青年》作者。这些革新力量的结合，形成了倡导新文化运动的核心力量。1919 年 1 月，《新青年》已经有较大影响，其《本志罪案之答辩书》认为："在社会上非难本志的人，约分为二种：一是爱护本志的，一是反对本志的"。对此，《新青年》同人认定德先生与赛先生，面对"一切政府的迫压，社会的攻击笑骂，就是断头流血，都不推辞"。《答辩书》又说："本志经过三年，发行已满三十册。所说的都是极平常的话，社会上却大惊小怪，八面非难，那旧人物是不用说了，就是咭咭叫的青年学生，也把《新青年》看作一种邪说，怪物，离经叛道的异端，非圣无法的叛逆。"② 蔡元培领导的北京大学各类改革提升了北京大学的办刊氛围。在这种氛围中，《新青年》名声大震，以至于"外面的人往往把《新青年》和北京大学混为一谈"。③ 对此，1919 年 2 月的《新青年》6 卷 2 号还发表澄清申明："《新青年》编辑和做文章的人虽然有几个在大学做教员，但是这个杂志完全是私人的组织，我们的议论完全归我们自己负责，和北京大学毫不相干。"④

在 5 月 4 日学生争取"取消二十一条"的天安门游行中，北京大学大出风头。"当时各学校的中心，自然是北京大学，至于北大主持这个运动的躯干，要算是新潮社及国民杂志社里面的人。"⑤ 虽然

---

① 汪原放：《亚东图书馆与陈独秀》，学林出版社 2006 年版，第 33 页。

② 陈独秀：《本志罪案之答辩书》，《新青年》1919 年第 6 卷 1 号。

③ 《编辑部启事》，《新青年》1919 年第 6 卷 2 号。

④ 《编辑部启事》，《新青年》1919 年第 6 卷 2 号。

⑤ 罗家伦：《蔡元培时代的北京大学与五四运动》，罗久芳编：《我的父亲罗家伦》，商务印书馆 2013 年版，第 72 页。

五四天安门游行的总指挥是否为傅斯年还有待进一步考证，但傅斯年、罗家伦等人确实参与了游行，而傅斯年是《新潮》的发起人，《新潮》的另一发起人罗家伦起草了《北京学界全体宣言》。在1919年5月，《新潮》出至1卷5号，《国民》出至1卷4号，已经产生了一定的影响。

陈独秀被捕也使《新青年》名声大震。1919年6月11日，陈独秀在北京新世界游艺场散发传单时被捕，社会各界名流和团体联合发起救援，特别是刘师培、马裕藻、马叙伦、程演生、王星拱、马寅初等数十位教授向京师警察厅致函，要求释放陈独秀。这是陈独秀第二次入狱。9月，陈独秀被保释出狱。①陈独秀身兼北京大学文科学长、《新青年》创办者，又在学术与行动上与学生保持一致，使得他作为"精神导师"的影响再度被放大，当然也让其背后的"一校一刊"的"金字招牌"更加闪亮。

与北京大学有着直接关联的《新青年》《新潮》《国民》等期刊的迅速崛起，以及主张提倡新文化的期刊的相继创办，显示了新思潮、新文化话语的巨大力量。蔡元培将其比作洪水："我以为用洪水来比新思潮，很有几分相像。他的来势很勇猛，把旧日的习惯冲破了，总有一部分的人感受苦痛"②。这种洪水猛兽般地从文化场域边缘走向中心的变化，"打破了原有的平衡，其占据中心舞台，确有走向'垄断舆论'的趋势"。③

当文化期刊的新文化话语占据了中心地位之后，传统保守的期刊不得不重新考虑如何调整，以免无立锥之地。商务印书馆元老张元济开始重新谋划商务系列期刊的出路，甚至焦虑老牌期刊《东方杂志》的未来，

---

① 唐宝林、林茂生：《陈独秀年谱》，上海人民出版社1988年版，第102—103页。
② 蔡元培：《洪水与猛兽》，《新青年》1920年第7卷5号。
③ 陈平原：《思想史视野中的文学》下，《中国现代文学研究丛刊》2003年第1期。

不得不考虑重新更换期刊主编。① 最终，商务印书馆决定由陶惺存接替杜亚泉。1920 年 7 月陶惺存去世后，钱智修又接任《东方杂志》主编。该刊完成了换帅，在内容上也逐渐有所改变。受到新文化运动的冲击后，商务系列期刊销路不断下滑，商务印书馆不得不开始改革。他们首先改组了《小说月报》，随后，对《东方杂志》、《妇女杂志》、《学生杂志》、《教育杂志》进行了改组，以应对这种新文化趋势。

相反，能与时俱进的小出版社，却在文化场域的巨变中赢得了发展机遇。创办于 1914 年的泰东图书局在五四之前并没有什么出版理念，在这个时候敏锐地捕捉到了文化场域中的变化，出版了许多"趋新"的期刊。"趋新"的倾向体现出五四时期的文化新潮。泰东图书局策划的《新的小说》和《新人》均以"新"命名，不断表达"趋新"的意向："为什么要在小说上面加'新的'两个字，就是要以'新的'文化来改造旧社会，'新的'思想来建设新道德"。② 泰东因"理念走在了五四期刊出版的前列"③，不仅扩大了新文化的传播，也获得了全方位的收益。

新文化运动的形成主要依靠期刊的催生、扩散、演变和传播。借助五四时期期刊，新思想实现了体系化并得以在社会上广泛传播。五四时

---

① 张元济日记中有关于撤换主编的记载：1919 年 5 月 24 日："与梦、惺商定，请惺翁接管《东方杂志》。" 8 月 5 日："《东方杂志》事，惺翁告，亚泉只能维持现状。又云外间绝无来稿。" 10 月 22 日："惺言，《东方杂志》投稿甚有佳作，而亚（泉）均不取，实太偏于旧。" 10 月 27 日："惺存函商《东方杂志》办法，自己非不可兼，但不能兼做论说，先拟两法：一招徕投稿，二改为一月两期。余意，一月两期既费期，又太束缚，以不改为是。" 10 月 30 日："惺存来信，辞庶务部，担任《东方杂志》事。" 参见《张元济日记》下，河北教育出版社 2001 年版，第 778、828、889、891、893 页。

② 《创刊话》，《新的小说》1920 年第 1 卷 1 号。

③ 杜波：《五四时期泰东图书局的期刊出版》，《编辑之友》2014 年第 9 期。

期期刊参与了新文化话语的创造和话语权的斗争，最终实现了文化场的结构转型。

晚清民初国人意识到期刊的舆论力量，办报办刊积极性大增。1914年创办的《甲寅》作为民初至五四最为重要的过渡性期刊，在思想内容和编辑体例等方面起到了示范作用，直接影响了1915年创办的《新青年》和1917年创办的《太平洋》。《新青年》主张思想文化启蒙，《太平洋》主张政治革新，《科学》主张以科学救国，代表了五四时期期刊界三种不同的发展思路。其中，以《新青年》为首，主张思想文化启蒙和文化变革的期刊占据期刊界上风，在五四时期影响最大。

《新青年》的发展并非一蹴而就，它倡导的白话文学革命是新文化运动的重要契机。白话文学革命不再囿于晚清白话文运动中单纯地以语言为工具，而是以白话语言变革为文学革命的突破口，以文学革命为文化革新的突破口，实现了对传统符号和传统文化的整体祛魅。这种变革的意义甚至超越了提倡者的初衷。《新青年》在将语言改革和文学革命的主张不断地强化传播中，逐渐成为新文化运动的发源地。

五四时期期刊通过在新文学变革、新文化思想、新社会观念三个方面的建构，最终形成了新的话语体系。期刊通过参照外国文学、批判传统文学和建构新文学理论与创作，实现了新文学的变革，形成了以科学思想、自由思想和个人为核心的新文化思想，以及以社会进化观、民族国家观、女性独立观为内容的新社会观。

期刊、社团和学校，既是现代知识分子交往的主要形态，也是五四新文化话语权建立的重要途径。五四时期的期刊与社团关联紧密。期刊往往以社团为基础，成为凝聚社团力量、交换社员意见、社团发声的重要平台。新青年社和少年中国学会是五四时期社团的重要代表。学校作为文化权力的象征，为期刊创办提供了各种支持和便利条件。学校教师和学生所创办的期刊具有广泛的传播力，北京大学中孕育的期刊是其典型。借助社团和学校的文化权力，期刊体现出更加强大的话语权。在与传统文化话语的持续斗争中，新文化话语从文化场域的边缘逐渐走向中心，最终实现了文化场域的结构转型。

第三章　五四时期期刊的传播

　　朋友们！你们如是赞同我们这种活动，那就请来，请来我们手儿携着手儿走罢！我们也不要甚么介绍，也不经甚么评议，朋友们的优秀的作品，便是朋友超飞过时空之限的黄金翅儿，你们飞来，飞来同我们一块儿翱翔罢！

——郭沫若 ①

　　期刊属于大众媒介，它的存在必然依赖一个完整的传播链条。如果仅仅将期刊看作是冰冷的印有铅字的纸质印刷品，就显得过于狭隘了。在大众传播的过程中，"职业传播者利用机械媒介广泛、迅速、连续不断地发出讯息，目的是使人数众多，成分复杂的受众分享传播者所要表达的含义，并试图以各种方式影响他们"。② 大众传播有职业的传播者、机械化的媒介、接受信息的人等基本要素。

　　与期刊伴生的是一个动态的传播活动，它与传播者的理念、传播的内容、受众的接受活动等密切相关。正是传播活动赋予了期刊以生

---

　　①　《编辑余谈》，《创造》季刊第 1 卷 2 号，1922 年 8 月。

　　②　[美] 德弗勒等：《大众传播通论》，颜建军等译，华夏出版社 1989 年版，第 12 页。

命。没有传播活动的期刊就如同放在仓库里没有文字的纸张，是僵死的存在。因此，考察期刊还应该在研究期刊文本之外，将其放置于传播视野中，研究期刊传播过程，考察传播各个环节，发现期刊所蕴含的复杂运作过程和影响。五四时期的期刊如何被编者和作者创造出来、如何被读者所接受、如何在社会上产生影响、如何成就自身，这些问题只有在对动态的传播活动加以研究之后，才能够理解得更清楚。

第一节　期刊与知识分子的转型

传播活动中，所有信息的选择、把关都离不开信息的传播者，在期刊传播中，他们就是期刊的编辑和作者。编辑和作者对世界的认识，决定了他们选择什么样的内容进行传播。只有符合传播者的思想和传播目的的内容，才能够以某种形式呈现出来，展现在读者的面前。因此，从传者出发研究期刊，必须研究传播者的思想脉络，方可发现期刊所承载精神的文化源头，及其内容筛选的标准。五四期刊的编辑和作者掌握着传播的主动权，天然继承了中国传统知识分子的血液，同时受到近代以来变动的社会文化影响，成为转型时期的新式知识分子。知识分子的文化价值追求决定了期刊的传播内容和传播方式，通过期刊最终影响到民众的精神世界与现实生活。

一、从"士"到知识分子

（一）中国士大夫传统

中国古代的"四民社会"中，就有"士"的传统。"学以居位曰士，辟土殖谷曰农，作巧成器曰工，通财鬻货曰商。"①"士、农、工、商"所代表的"四民"构成社会的基础。"四民"有各自的分工，但统治者都期望各安其业，以达成社会的稳定。管子明确提出："士、农、工、商四民者，国之石民也。不可使杂处，杂处则其言咙，其事乱。"②各在其所处，则不会乱，不易变。四民分业定居、各安其位将带来各自阶层的延续。"士之子恒为士"，"农之子恒为农"，"工子之恒为工"，"商之子恒为商"，从而实现"成民之事"③。

在这样的社会之中，"士"是四民之首，他们通过学习识字、诵习经典而拥有了学识，成为以智力而得肉食之人，属于特殊的社会阶层。普通人的理念来源于自身所处社会阶层的文化传统和现实生活经验，而士与之不同，士对社会的认知超越了具体的生活层面。"无恒产而有恒心者，惟士为能。若民，则无恒产因无恒心。"④这种特定的思想信念使士有了"先天下之忧而忧，后天下之乐而乐"的精神情怀，具有维持"道统"的使命。

更为重要的是，这种信念让士具有了一种高层次的精神凭借，能够与政统分庭抗礼，保持一种若即若离的状态。无论是孔子所说"天下有道则见，无道则隐"⑤，还是孟子所云"穷则独善其身，达则兼济天下"⑥，都强调了不同时代士大夫传道守道的使命。并且这个阶层具有对政体的相对独立性。传统的士大夫常常是道统与政统的统一体。士大夫通过科举进入政权，"志"得以施展，道统得以维持。士大夫以其所承之"道"来影响或改造君主，同时与统治者共同建立文化体系，实现文

① 《汉书·食货志》，中华书局 1962 年版，第 1118 页。
② 《管子·小匡》，中华书局 2004 年版，第 400 页。
③ 《管子·小匡》，中华书局 2004 年版，第 400—402 页。
④ 《孟子·梁惠王上》，《十三经注疏》，中华书局 1980 年版，第 2671 页。
⑤ 《论语·泰伯》，《十三经注疏》，中华书局 1980 年版，第 2487 页。
⑥ 《孟子·尽心上》，《十三经注疏》，中华书局 1980 年版，第 2765 页。

化价值的传承和统治。

中国古代社会中"士"作为一种社会阶层，具有文化继承和精神象征的使命。由于近代社会秩序的变化、文化环境的变化，士大夫的传统也发生了改变。当原有的封建秩序不能维持其稳定性时，社会便会产生突破性的变化。一切突破都发生在一定的历史文化传统之中，不是凭空而来的。从人类历史的发展来看，"历史上重大的'突破'，往往都有一个'崩坏'的阶段为之先导"①。所谓"崩坏"往往表现在社会秩序和文化秩序两个方面。社会秩序的修复相对容易，但文化秩序的重建则需要漫长的过程。因为对于传统的士大夫来说，他们被抛进了无底的深渊，所有理想、信念和价值都需要重新树立，逐渐建构。饱受列强凌辱的近代中国，催生出与士大夫不同的新式知识分子。一些士大夫迫于现实困顿的自我蜕变，无疑是绝望世界中的呐喊。

当然，在中国近代，"催生"新式知识分子的过程，由于西方文化的影响而加快了速度。士大夫中一些"睁眼看世界"的有识之士开始逐渐演化为现代知识分子。张灏指出，中国的现代知识分子群体，就人数而言"不能与传统士绅阶层相比，但他们对文化思想的影响力绝不下于士绅阶层"。这一从士绅阶层中分化出来的知识阶层，"在二十世纪的政治、社会与文化各方面都扮演重要的角色。特别是在散布新思想方面，他们是主要的社群媒体"②。五四时期的新式知识分子开始有了独立的自我意识，"在政客和知识分子之间划出了一道截然分明的界限"，虽然1919年之后"很多知识分子再度投身于政治之中"，但是"知识分子作为一个独立阶层的自我意识一直很顽固"。③ 这种自我意识实际上成为

---

① 余英时：《士与中国文化·引言》，上海人民出版社2003年版，第84页。

② 张灏：《中国近代思想史的转型时代》，《二十一世纪》1999年第52号。

③ ［美］费正清：《剑桥中华民国史》第一部，章建刚等译，上海人民出版社1991年版，第448页。

知识分子追求自身使命的内在基石。

（二）时代的"脱序者"

当社会的表层秩序被快速修复时，知识分子还远远无法从崩塌的价值观中走出，于是他们首先成为时代的脱序者。殷海光在《中国文化的展望》中介绍了西方"脱序者"的说法："他们在年轻时代被他们的环境，他们的经历，他们的梦幻，他们的希望所撕碎。他们必得面对吃力而又冗长讨厌的工作。"① 这种悲剧性的经历是一个群体在时代环境中不得不经受的命运考验。

墨克斐把"脱序者"分成了三种：第一种几乎完全丧失了价值系统；第二种失去了伦理目标，不复怀抱任何内在价值和社会价值；第三种基本上内心有一种悲剧式的不安全感。当时代环境发生巨大变化，丧失了传统价值秩序感之人最易陷于脱序的空虚之中。"脱序（Anomie）是伦范互相冲突造成的一种社会情况。在这种情况里，个人同时要适应两种互不相容的伦范。……在有的情形之下，这两种伦范要实行起来会互相冲突。这种冲突到了某种程度，会使身当其冲者不知如何是好。这类冲突多了，就发生脱序的结果。在外来文化价值和主位文化价值冲突时，在社会文化激变时，在相当长期的混乱时，最易产生脱序的现象。"②

由于中国历史文化传统相对稳定的延续性，明清时期的中华文化包容性大大减弱。与此同时，当西方文化大量涌入之时，社会规范的失序、思想观念的多元化横扫了整个社会。"民国初年的社会中，各种价值意识自由滋长着，而任何一种价值意识显然都无法得到社会的普遍拥戴而成为社会规范。每一个人、每一个团体似乎都可以凭借自己的喜好与力量选择行为，同时也显然受到其他人或团体的价值贬抑，不能为自

---

① 殷海光：《中国文化的展望》，三联书店 2009 年版，第 551—553 页。

② 殷海光：《中国文化的展望》，三联书店 2002 年版，第 552 页。

己找到强有力的社会价值的支持。这种格局第一次为中国文化摆脱信仰、知识与意识形态高度整合的旧范式，走上多元分殊的道路，提供了可能；同时也给每个人不同程度地带来了无所凭借的痛苦。"①

从鸦片战争开始，西方给中国带来的冲击是全方位的，从经济、政治到文化无所不及。"个体的、特殊的、纯自己的东西的这种扩展不能为旧的社会观念所见容，同旧的社会观念发生激烈冲突，这种冲突无一例外地渗透到社会生活和个人生活的一切领域。"②西方与中国传统文化价值观的冲突在知识分子这里尤为明显。

人们"在各种特定环境中所经历的事情往往是由结构性的变化引起的"，③这种结构性的变化来自政治、经济、文化的结构性变化。特别对于知识分子而言，文化场的结构性变化更会带来直接的影响。"因为世俗纲常已不再被认为是合法的了，所以他们已不再觉得受其约束。在最具权威的产生秩序的媒介——普遍王权崩溃以后，人们的道德感变得迷茫，模糊……社会道德的反常现象风靡一时：人生不再有明确的目标。"传统对于新兴的知识分子来说已经不再是一种依靠，他们能够凭借的只有"白话"和西方的思想资源。当"传统的权威与实质的权威，在以自己为中心的民主社会里失去权威性的时候……'自己'的心灵，因为已经没有传统的与实质的权威可凭借并受其保护，所以很易被外界当时流行的风气所侵占"④。

（三）知识分子的使命

西方知识界对知识分子的理解虽然出自不同的角度，有着很大的差

---

① 许纪霖、陈达凯：《中国现代化史（1840—1949）》，学林出版社 2006 年版，第 257 页。

② [苏] 科恩：《自我论——个人与个人自我意识》，佟景韩等译，三联书店 1986 年版，第 159 页。

③ [美] 米尔斯：《社会学的想象力》，陈强等译，三联书店 2005 年版，第 9 页。

④ 林毓生：《中国意识的危机》，贵州人民出版社 1988 年版，第 29、374 页。

别，但都注意到了知识分子的相对独立性，即知识分子具有特殊的使命。在西方历史中，"知识分子"一词的历史并不长。在著名的"德雷福斯事件"中，知识分子"以人类普遍观念和共同理想的名义反对当权者"，"抵制国家和社会秩序的要求，维护普遍的、抽象的价值"。① 葛兰西认为，知识分子需要有趋向于智力工作的特质，应"持有一种特殊的世界观、一种有意识的道德行为，因而有助于支持或改造一种世界观，即有助于新的思想方式的形成"。② 福柯将知识分子分为普通知识分子和特殊知识分子。前者是指一般的从事某个领域的知识分子，而后者是社会的良心。卡尔·曼海姆认为："知识阶层是一个处在阶级与阶级之间的空隙中的阶层"，"它是存在于阶级之间、而不是阶级之上的集合体"③。萨义德说，知识分子"全身投注于批评意识，不愿接受简单的处方、现成的陈腔滥调，或迎合讨好、与人方便地肯定权势者或传统者的说法或做法"④。余英时把西方学术界的理解总结为："所谓知识分子，除了献身于专业工作以外，同时还必须深切地关怀着国家、社会以至世界上一切有关公共利害之事，而且这种关怀又必须是超越于个人（包括个人所属的小团体）的私利之上的。"⑤

回望面对西方文化的冲击和传统价值观的轰然倒塌，近代知识分子筚路蓝缕的历程，我们可以发现，知识分子的使命感支持着他们去探寻新的制度、建构新的文化理想。无论是林则徐、严复、康有为、梁启超

---

① ［美］刘易斯·科赛：《理念人》，郭方等译，中央编译出版社 2004 年版，第238 页。

② ［意］葛兰西：《狱中札记》，曹雷雨译，中国社会科学出版社 2000 年版，第 4 页。

③ ［德］卡尔·曼海姆：《意识形态与乌托邦》，黎鸣、李书崇译，商务印书馆 2000年版，第 173 页。

④ ［美］爱德华·W. 萨义德：《知识分子论》，单德兴译，三联书店 2002 年版，第25 页。

⑤ 余英时：《士与中国文化·引言》，上海人民出版社 2003 年版，第 2 页。

还是孙中山，他们都是通过各自对新的文化理想的建构去探索救亡方式。强烈的"救国"的使命感使他们越挫越勇。知识分子与其他群体最大的区别在于拥有知识、文化和担当，这些体现在以独立的精神抵抗权威的、流行的观念，以文化推动社会的发展和进步。

李伯元曾经在小说的楔子中用通俗的语言表述了20世纪初期知识分子思想上的变动，以及知识分子积极参与社会改造的状态："你看这几年，新政新学，早已闹得沸反盈天，也有办得好的，也有办不好的，也有学得成的，也有学不成的。现在无论他好不好，到底先有人肯办，无论他成不成，到底先有人肯学。加以人心鼓舞，上下奋兴，这个风潮，不同那太阳要出，大雨要下的风潮一样么？所以这一干人，且不管他是成是败，是废是兴，是公是私，是真是假，将来总要算是文明世界上的一个功臣。"①

近代知识分子办刊物大都不是为了营利，而是为了实现政治使命和文化主张。维新时期的康有为、汪康年，他们通过办刊宣扬自己的政治主张，得到了社会舆论的支持。清末民初的革命报刊，以革命为纲，一手办刊物，一手闹革命。说到底，刊物依然是政治革命的一种形式。比如，泰东图书局的创办者们在革命成功、政治得势后，纷纷脱离了出版界而跻身仕途。

与士大夫转型的知识分子不同，五四时期的知识分子有比政治更为深刻的思考，因为辛亥的胜利并没有解决原本热衷政治的知识分子最关心的问题。因此，五四时期的期刊才得以脱离"政治为体，报刊为用"的政治伦理框架，展示出更多的维度。虽然政治的影响无法回避，但从文化的角度办刊，已成为众多知识分子的追求。这是五四时期期刊与戊戌变法、辛亥时期期刊的重要差别。但这并不表示五四时期的知识分子

---

① 李伯元：《文明小史·楔子》，《绣像小说》1903年第1号。

不关心政治，正相反，他们依然保持着浓烈的政治意识，"不谈政治"只是为了更多地从文化的角度向政治纵深去耕耘。

五四时期的知识分子更加注重时代的回应，不再闭门造车。五四时期的知识分子迫于中国社会变化、西方文化侵入的压力，不再回头从儒家经典中反思中国的文化问题和文化发展道路，而是从现实出发来重新思考中国文化。这种变化使得这一时期的期刊不再简单地从历史中寻找答案，而是面向社会文化现实，或是向西方文化探寻文化发展的可能性。

五四时期知识分子的使命感，体现在对国家和民族发展的责任意识。为拥护民主与科学，他们面对"一切政府的压迫、社会的攻击笑骂，就是断头流血，都不推辞"。① 正是由于知识分子对个人私利之外的公共利益给予不断关注，而这种对国家、社会等关乎公共利害事务的关注要求超越个人的狭隘视角和利益，知识分子在"事实上具有一种宗教承当的精神"②。

知识分子不仅具有对公共价值、理念的坚守，而且有对新知识、新思想的追求以及推动新文化传播的理想。在新思想形成和传播过程中，五四时期的知识分子顺应时代发展，充分利用了期刊这种媒介，提升了新思想的传播速度，加速了新思想在社会上的认同和接受。

二、文化理想的实现方式

（一）文人生存方式的改变

如前文所述，科举考试取消中断了传统"学而优则仕"的通道，随

---

① 陈独秀：《本志罪案之答辩书》，《新青年》1919 年第 6 卷 1 号。
② 余英时：《士与中国文化·引言》，上海人民出版社 2003 年版，第 2 页。

之而来的是文人生存方式的改变。随着清政府在光绪三十年（1904年）宣布自次年起科举考试取消，读书人从政实现文化理想之路不复存在。读书人通过科举制度，跻身官僚体系，参与政治活动，进而实现自我价值，最终达成"明君贤臣"的理想政治——从此再也无法实现。在中国古代，极少有文化人对此表示怀疑或游离于此之外，除非是完全被当权者所排斥而终于丧失了信心。

要想实现文化理想，只有重新寻找道路。知识分子重新确立自身的价值取向，其实是被迫的应对。封建政统不复存在，知识分子实现自身价值的通道断裂，于是间接的文化理想实现方式转变为更为直接的方式，即著书立说。在古代，著书立说主要有两种方式，即讲学和著书。以儒家祖师孔子为代表，读书人基本采取了这两种价值实现方式。

第一，讲学。讲学是一种人际传播，它通过口说的语言进行传播，能够到达的范围较小。在古代私塾中，师生比极低，孔子教育一生也只招生三千，其中贤人七十二。近代学校取代私塾、教育逐渐平民化后，学生的数量大大超过了封建时期，学校成为社会精英聚集之地。但不可否认，讲学的传播力依然非常有限，它毕竟受教学条件、教学场所的限制，难以达到太大的规模。

第二，著书。相对于讲学，著书立言对其他人的影响更为巨大。著书是以文字符号、以纸张为载体进行传播，属于大众传播的范畴。用英尼斯的话来说，著书有着相当的时间和空间上的偏倚和延展性。孔子通过整理古籍来表达自己的观点，他个人的言语通过后人的记录成书，并且被广泛传播，影响后人。无论是《大学》、《中庸》还是《论语》、《孟子》，被后学者反复释义、再三阐释，成为儒家的经典。

周作人曾这样分析传统知识分子的出路问题："除了科举是正路之外，还有几路权路可以走得。其一是做塾师，其二是做医师……其三是学幕，即做幕友，给地方官'佐治'，称作'师爷'……其四则是学生意……另外就是进学堂，实在此乃是歪路，只有必不得已，才往这条路走。"①这当然是传统读书人的出路，而科举取消后，一些读书人走上了一条重要的"新"路，便是进入出版界。

中国出版业到了宋代后才有了很大发展，这与印刷术的发展有关。虽然体现国家意志的官刻占据主流，但知识分子也可以通过著书来传播自己的思想。特别是被排斥在官场之外的一些知识分子以此为事业，虽然人数寥寥，但已经开出版业的先河。随着近代报刊事业的进一步发展及出版事业的繁荣，安身于报刊出版行业，成为越来越多的知识分子的选择。科举废除让出版业的重要程度得以凸显，知识分子开始意识到，出版业意味着另一条重要的出路。出版业让知识分子看到了政统之外有效传播自己思想、体现自身价值、实现社会理想的途径。

文人从事报刊业经历了从被动到主动的过程：从"抱着谋食的目的'堕入'报馆"②，到对报刊表现出极大的主动性和积极性，再到主动将报刊作为实现政治主张、文化主张的工具。由于科举制度废除后正统道路不复存在，加之报刊业本身能够带来经济上的收益，知识分子进入报刊业的人数迅猛增长。随着近代报刊的发展，从事报刊事业的知识分子数量越来越多，创办报刊成为五四时期知识分子的职业备选项之一。但是，五四时期知识分子选择期刊任职并不是出于单一的经济取向。由知识分子创办的影响力较大的期刊，经济上的非功利性是一个重要的特点。

（二）知识分子的新取向

出版业能够将自己的思想和抱负呈现在更为广阔的空间，展示给更为广大的读者，从而影响到更为众多的人，这是科举考试制度取消后知

---

① 周作人：《知堂回想录》，安徽教育出版社 2008 年版，第 37 页。
② 樊亚平：《中国新闻从业者职业认同研究》，人民出版社 2011 年版，第 38 页。

识分子实现自身文化理想的重要途径之一。近代期刊编辑的这种理念，被陈思和称为"广场意识"，是中国近似于模仿伦敦海德公园的一种实验。"他们幻想站在一个空旷无比的广场上，头顶湛蓝的天空，明朗的太阳，脚下匍匐着芸芸众生，他们仰着肮脏、愚昧的脸，惊讶地望着这些真理的偶像。他们向民众指出，哪里是光，哪里是火，从此世界上就有了光和火。"①

　　知识分子的自身转型正是随着中国近现代出版业的繁荣而开始的，出版为知识分子新取向的形成提供了必要的理想实现路径。他们的教育理想、出版理想都包含着传统知识分子的理想、信念和追求。胡适就多次对商务印书馆这样的出版机构表示了高度的兴趣，赞扬其在文化传播中的作用举足轻重，甚至超过任何一所大学。1921 年，商务印书馆编译所所长高梦旦到北京拜访胡适，希望胡适到上海主持商务编译所。胡适回绝了高梦旦："我决不会看不起商务印书馆的工作。一个支配几千万儿童的知识思想的机关，当然比北京大学重要多了。我所虑的只是怕我自己干不了这件事。"②其实，胡适对商务印书馆的重要性是早就意识到了的。他在高梦旦拜访当日记下："此事的重要，我是承认的：得着一个商务印书馆，比得着什么学校更重要。但我是三十岁的人，我还有我自己的事业要做；我自己至少应该再做十年、二十年的自己的事业，况且我自己相信不是一个没有贡献的能力的人。"③

　　从戊戌变法经辛亥革命再到五四时期，知识分子实现理想的方式从"自上而下"逐渐变为"自下而上"，从妄图取得当权者的支持转为希望得到大众的支持。知识分子从戊戌变法的失败、考察宪政等中看到了清

---

　　①　陈思和：《犬耕集》，上海远东出版社 1996 年版，第 6 页。

　　②　胡适：《高梦旦先生小传》，《胡适文集》第 7 卷，北京大学出版社 1998 年版，第 605 页。

　　③　胡适：《胡适日记全编》第 3 卷，安徽教育出版社 2001 年版，第 226 页。

王朝统治者上层的自动革新是不可能的，从辛亥革命的不彻底看到了单纯的暴力革命也不能彻底实现革命的美好愿望。文化的变革如果不能自上而下产生，必然要由民众开始，获取大众的支持。

而进入出版业，通过创办报刊来获取大众支持，无疑是知识分子实现文化理想的最佳途径之一。近代知识分子对西方社会中报章期刊的影响力都有所感触，王韬就对西方报馆的社会影响力非常艳羡："英国之《泰晤士》，人仰之几如泰山北斗，国家有大事，皆视其所言以为准则，盖主笔所持衡，人心之所趋向也。美国日报，一日至颁发十万张，可谓盛矣。大日报馆至于电报传递，以速派印。夫岂第不胫而走也哉。"① 按照这种速度，知识分子可以通过报刊获得更多大众的支持，从而具备与现存文化抗衡或变革的可能性。

这些不走老路、进入新闻出版行业从事报刊编辑等职业的人成为"中国第一代现代意义上的知识分子"，这是因为"他们不再走学而优则仕的传统士大夫老路，在新的社会结构中已经有了自己的独立职业，比如教授、报人、编辑、作家等等，而且在知识结构上，虽然幼年也诵过四书五经，但基本是在不中不西、又中又洋的洋学堂中得到的教育，后来又大都放洋日本或欧洲留学，对西方文化有比较完整的、直接的认知。"②"立德、立功、立言"是中国传统知识分子的终身追求。无论是迫于无奈抑或是主动参与编辑出版事业，都是一种新的"立言"方式。这种"立言"也是知识分子使命感的一种延续，因为"知识分子对媒介舆论的热衷多少和士大夫'天下兴亡，匹夫有责'的担当意识相通"③。

---

① 王韬：《论日报渐行于中土》，复旦大学新闻系新闻史教研室编：《中国新闻史文集》，上海人民出版社1987年版，第13页。

② 许纪霖：《中国知识分子十论》，复旦大学出版社2003年版，第83页。

③ 许纪霖：《近代中国知识分子的公共交往（1895—1949）》，上海人民出版社2008年版，第18页。

事实上，办一份期刊包含了许多复杂、琐碎的事务。郭沫若就曾经感慨"杂志办人"："办杂志的确不是什么干脆的事情，在起初的时候大家迫于一种内在的要求，虽然是人办杂志，但弄到后来大都是弄到杂志办人去了。"① 茅盾作为商务印书馆的编辑，也有同样的感慨："'人办杂志'的时候，各种计划、建议都很美妙，等到真正办起来了，就变成了'杂志办人'"。②

期刊办好非常不容易，做期刊编辑不仅事无巨细都要操心，更是责任重大。期刊本身对社会的重要价值，决定了期刊编辑的责任非常重大。没有文化建设责任感的编辑很难获得尊敬。郭沫若认为："杂志的编辑是一国文化之活动态的表现，编辑杂志的人是把文化建设的责任加在双肩的。文化的建设在个人不外是自我的觉醒，在团体不外是有总体的统一中心之自觉，而唤醒这种自觉的人，构成这种统一中心的人，编辑杂志者要占一大部分。"③

（三）经济独立的可能性

古代社会中没有稿费或稿酬概念。在士大夫眼中，文章与阿堵物相去甚远，不可同日而语，文人耻于将自己所著换取经济上的利益。在传统观念看来，文章即使不是曹丕所谓"经国之大业，不朽之盛事"，也不应如商品一般拿来作交易。作为著文酬劳的费用并不具有普遍意义，古代将其雅称为"润笔"，并非文人生活的主要经济来源。

19 世纪末，知识分子耻于卖文的观念悄然发生变化，稿酬逐渐形成制度。报刊出版市场对稿件的需求量逐渐增大，科举取消后文人面临生存压力，都加速了稿费的普及。随着 1910 年《大清著作权律》和

---

① 郭沫若：《关于〈创造周报〉的消息》，《晨报副刊》1925 年 5 月 12 日。

② 茅盾：《我走过的道路》中，人民文学出版社 1984 年版，第 199—200 页。

③ 郭沫若：《致〈时事新报·文学〉编者》（1924 年 7 月 2 日），载黄淳浩编：《郭沫若书信集》上，中国社会科学出版社 1992 年版，第 277 页。

1915 年民国《著作权法》的制定，稿费制度正式确立了下来。《大清著作权律》规定："凡称著作物而专有重制之利益者，曰著作权。"承认著作权为个人的专有权利，可以为个人带来经济利益。稿酬制度让依靠稿费生存成为一种可能，它在一定程度上，至少在理论上能够使文人在经济上摆脱受约束的依附关系，发表独立意见主张。

首先是较长篇幅的翻译和小说逐渐有了一定的稿酬。1903 年，张元济代表商务印书馆为严复翻译的《社会通诠》签订版权合同，为中国第一份版税合同。合同规定的版税极高，为书价的四成。合同内容包括："一、此书出版发售每部收净利墨洋五角，其市中定价随时高下，纸装不同批发折扣悉由印主之事，与稿主无涉；一、此书另页须粘稿主印花，如无印花，察系印主私印者，罚洋贰千伍百圆。此约作废，听凭稿主收回板（版）权。一、此书板（版）权系稿印两主公共产业，若此约作废，板（版）权系稿主所有。一、印行出书如经稿主查出有欺蒙情节，或稿主应得之利过时不缴此约作废。一、每批拟刷若干须先通知稿主，以便备送印花。一、译利照出售之书按帐每月底清算，由稿主派人收入。一、此约未废之先，稿主不得将此书另许他人刷印。一、此书情格式纸墨校勘未精，稿主得以随时商令改良。"①1902 年，就在《新小说》创刊前半月，梁启超在自己主编的《新民丛报》上刊登了《新小说社征文启》："章回体小说在十数回以上者及传奇曲本在十数出以上者，自著本甲等每千字酬金四元，乙等三元，丙等二元，丁等一元五角"，"译本甲等每千字酬金二元五角，乙等一元六角，丙等一元二角"。而其他的文章则不付稿酬，"其文字种别如下：一、杂记；一、笑话；一、游戏文章；一、杂歌谣；一、灯谜酒令楹联等类。此类投稿恕不能遍奉酬金，惟若录入本报某号，则将

---

① 杨建民：《中国第一份正式版税合同》，《中华读书报》2008 年 1 月 30 日。

该号之报奉赠一册，聊答雅意"①。

　　随着报刊的增加，需要稿件的数量也有了明显的提高，稿酬逐渐扩展到全部文章。为了获得优质稿件，稿酬的价格也开始竞争。《小说林》在 1907 年的创刊号上启事称："甲等每千字五元，乙等每千字四元，丙等每千字二元"。②1910 年，《小说月报》第 1 卷 2 号便提出："中选者分五等酬谢，甲等每千字五元，乙等每千字四元，丙等每千字三元，丁等每千字二元，戊等每千字一元。……或如有诗词、杂著、游记、随笔以及美人摄影风景写真惠寄者，本社无任感纫，一经采用，当酌本报若干册，以答雅意，惟原件概不退还。"③鲁迅（署名周逴）的文言小说《怀旧》便刊载在 1912 年的《小说月报》之上，并且受到恽铁樵的盛赞。④鲁迅这篇评价相当高的小说总共约两千字，很快获稿费五元，但周作人认为稿酬太低，颇有不满。⑤

　　随着物价上涨，《小说月报》的稿酬标准也有所提高。《小说月报》在 1921 年时标明："著稿每篇酬现金五元至三十元。译稿每千字酬现金二元至五元。"⑥ 按照当时的物价来看，这个稿酬可以说是相当丰厚。⑦

---

① 《本社征文启》，《新小说》1902 年第 1 号；《新小说社征文启》，《新民丛报》1902 年第 19 号。

② 《募集小说》，《小说林》1907 年第 2 号。

③ 《最后一页》，《小说月报》1910 年第 1 卷 2 号。

④ 恽铁樵：《怀旧·总评》，《小说月报》1913 年第 4 卷 1 号。

⑤ 这篇鲁迅的作品在写成之后的两三年，由周作人加了一个题目与署名，寄给小说月报。周作人 1912 年 12 月 28 日日记载："廿八日，由信局得上海小说月报社洋五元。"参见《周作人日记》上，大象出版社 1996 年版，第 427 页。"批语虽然下得这样好，而实际的报酬却只给五块大洋，这可以考见在民国初年好文章在市场上的价格——然而这一回还算是很好的。"参见周作人：《知堂回想录》，安徽教育出版社 2008 年版，第 189 页。

⑥ 《本社投稿简章》，《小说月报》1921 年第 12 卷 1 号。

⑦ 1911 年至 1920 年间的物价相对稳定，按《小说月报》1910 年的"甲等每千字"，1921 年的最低档创作单篇的稿酬均为五元，这可以购买约 147 斤大米或 48 斤猪肉。参见陈明远：《文化人与钱》，百花文艺出版社 2001 年版，第 13 页。

为了提高稿件质量，期刊有时还以征文的形式征求高质量稿件。《小说月报》第 12 卷第 5 号刊发《征文》，以"甲名十五元，乙名十元，丙名五元，丁名酬本馆书券"的报酬征求读者"对于本刊创作《超人》（本刊第四号）《命命鸟》（本刊第一号）《低能儿》（本刊第二号）的批评"①。

　　五四时期，办刊物、为刊物写稿成为不少知识分子主要的生存方式，甚至有人的全部收入都来源于此。由于经济条件对刊物的制约，不是谁想办刊物都可以实现的。陈独秀回国想办期刊时便苦于没有经费，群益提供的每期两百元经费对他来说至关重要，不仅可以保证稿费，也使陈独秀在生活上可以独立。创办《新青年》对于陈独秀而言是文化理想和经济收益两得之举，不仅实现自己的文化传播理想，也可以缓解经济上的窘迫，因此并非"没有什么政治企图，完全是迫于生活的无奈，抉择'以编辑为生'"②。从《新青年》拿到稿费从而缓解生计问题的还有高一涵、陈望道等人。高一涵后来回忆说："余时已到日本三年余，为穷所迫，常断炊。独秀约余投稿，月得十数元稿费以糊口。"③后来，《新青年》同人都另有其他收入，陈独秀及其他同人都不从期刊中获取稿费，但对于编辑部中境遇不佳的陈望道，陈独秀特别提出给予经济补贴："弟在此月用编辑部薪水百元，到粤后如有收入，此款即归望道先生用，因为编辑部事很多，望道境遇又不佳，不支薪水似乎不好。"④

　　埃斯卡皮认为，作家的生存不外乎两种方法，即内部资助和外部资助。内部资助指依靠版权所得生活，而外部资助包括寄食制和自我资

---

　　① 《征文》，《小说月报》1921 年第 12 卷 5 号。
　　② 庄森：《飞扬跋扈为谁雄——作为文学社团的新青年社研究》，东方出版中心 2006 年版，第 9 页。
　　③ 高一涵：《李大钊同志传略》，《中央副刊》1927 年 5 月 23 日。
　　④ 胡适：《胡适来往书信选》上，中华书局 1979 年版，第 116 页。

助。① 由于中国传统文人耻言利、讳言钱、不为稻粱谋的心理，完全靠这种"内部资助"生活的人在五四时期比较少。一个作家每日能发表千字就基本可以维持生计，个别人还能依靠稿费获得较好的物质生活。如林译小说在商务印书馆出版，他的稿费远高于当时一般水平，其译稿系千字6元。② 但能像严复、吴趼人、林纾一样卖文为生的职业作家毕竟为极少数。当稿费成为惯例，遵循市场法则，以质量和数量两项标准衡量，也有其自身弊端。昔日如曹雪芹"披阅十载，增删五次"，单重著文质量的情况不复存在。为了追求稿费，有人为卖文而作文，往往赶着写急就章，"朝脱稿而夕印行"。③

以文为生其实甚为艰辛。《小说季报》发刊词中记述了："万言之巨，代价殊廖，旦夕营营，焚膏继晷，综其所得，不足一饱。谋生之道，以斯为绌。"④ 许多知识分子都希望摆脱这种生活。在布尔迪厄看来，文化场域与经济场域之间的衡量标准是不一样的。"这毕竟是一个颠倒的经济世界：艺术家只有在经济地位上遭到失败，才能在象征地位上获胜（至少在短期内如此），反之亦然（至少从长远来看）。"⑤ 事实上，真正依靠卖文为生并且生活得很好的人并不多。1913年，陈独秀在二次革命失败后逃往上海，"拟乃读书，以编辑为生。近日书业，销路不及去年十分之一，故已搁笔，静饿等死而已"。⑥ 陈独秀不断感慨道："寒士卖文为生，已为天下至苦之境。"⑦ 鲁迅的《伤逝》中涓生的穷困潦倒成

---

① ［法］罗贝尔·埃斯卡皮：《文学社会学》，于沛等译，浙江人民出版社1987年版，第32页。

② 谢菊曾：《十里洋场的侧影》，花城出版社1983年版，第18页。

③ 寅半生：《小说闲评·叙》，《游戏世界》1906年第1号。

④ 吴绮缘：《小说季报·序》，《小说季报》1918年第1号。

⑤ ［法］皮埃尔·布尔迪厄：《艺术的法则——文学场的生成和结构》，刘晖译，中央编译出版社2011年版，第99—100页。

⑥ CC生（陈独秀）：《通信·生机》，《甲寅》1914年第1卷2号。

⑦ 独秀山民（陈独秀）：《双枰记·叙》，《甲寅》1914年第1卷4号。

为五四时期不少青年人的真实写照，以文为生同现实的残酷击碎了青年作者的梦想。

由于完全以文为生要受制于市场需求，五四时期的文人大都有埃斯卡皮所谓的"自我资助"。五四时期期刊的办刊主体大都有着多重社会身份，这与晚清文学期刊的办刊主体更多为生计创办、编辑文学期刊有所不同。《新青年》陈独秀、胡适、钱玄同、刘半农、高一涵、陶孟和、李大钊、沈尹默等编辑中，除鲁迅外均供职于北京大学。鲁迅时任教育部佥事，兼任社会教育司第一科科长，1920 年始聘为北京大学文科讲师；1918 年 1 月，李大钊任北京大学图书馆主任；陈独秀任文科学长；其余胡适、钱玄同、刘半农、沈尹默、周作人、高一函、陶孟和均为北京大学文科教授；王星拱、刘文典为北京大学文科教员。这种"自我资助"保证了五四时期的作家们能够更多地依据自己的想法进行编辑和创作。

这种自我资助使知识分子在表达自己思想和观点的时候，不用过多地考虑读者的需求，不用受市场规律的影响。换句话说，不用考虑经济效果，能使知识分子更多地保留自身的独立性。因此，五四时期影响最大的期刊、传播新文化得力的期刊都不是商业化的期刊。商业化期刊的传播者，刘半农也可谓一例。辛亥之后，刘半农在上海《时事新报》和中华书局做编辑，为补贴家用还经常在《小说月报》《小说大观》《礼拜六》上发表言情通俗小说，署名半侬、瓣秾等，在社会上也获得了不小的影响。正当他声名鹊起之时，他痛下决心放弃卖文为生的生活，寻求一个相对稳定的收入来源。他将带有鸳鸯蝴蝶派色彩的"半侬"改为"半农"，以示与过去一刀两断。到北京大学之后的刘半农所著文章与之前带有脂粉气的"半侬"完全是两种状态，以至于他后来极不愿意被人提及此经历。

李欧梵认为，一旦知识分子采用教书的形式进行自我资助，学校的相对封闭性会影响到知识分子与社会之间的关联。他说："知识分子当然可以教书，也有不少'文人'在大学里兼教授，但学校毕竟是一座象牙塔，适值多事之秋，不少'悲天悯人'之士，不愿意逃避在书堆里，而且，正逢'五四思潮'鼎盛之时，不少人想从小说、杂文中来改革社会风气，介绍西方文化的新潮流。"① 期刊的编辑、作者确有不少在学校任教，学校固然离社会有一定距离，但五四时期的学校稍有不同。其一，知识分子在学校工作并非意味着逃避到书堆里，五四时期的许多教师都是在书堆中引领社会新思潮。其二，教书与从小说、杂文中来改革社会风气并不冲突。其三，教书作为一种"自我资助"，为作者提供了更多的自由，因为在五四时期，虽然刊物较为发达，但纯靠稿费生存的作者毕竟是少数。

三、传播理念的转变

有足够的经济支撑后，也需要满足其他条件，传媒业才能够有长足的发展。"在出版行业，知识分子职业化大致得有这样几个先决条件。第一，出版能够为知识分子提供生存的机会与经济保障。第二，知识分子作为编辑出版家能够得到社会的承认，具有一定的社会地位。第三，产业一定程度的成熟和编辑出版专业化的定型。第四，从业人员也就是编辑出版人职业意识、群体意识的形成。"② 从事期刊传播之人对传媒和舆论的认知程度决定了期刊能否得到较大的发展。

---

① ［美］李欧梵：《五四文人的浪漫精神》，王跃等编：《五四：文化的阐释与评价——西方学者论五四》，山西人民出版社1989年版，第177页。

② 王建辉：《中国出版社的近代化》，《出版社与近代文明》，河南大学出版社2006年版，第56页。

（一）传媒理念

近代中文报刊从域外转向内地，打开了一扇窗户，对国人而言具有很强的示范效应。人们逐渐意识到通过传媒可以产生巨大的影响，从而对传播媒介越来越重视。清末虽然长期有改良和革命两种观点之争，"但对于报刊的认识，所切入的角度及达到的程度，却是基本相似，主要差别是通过报刊所要实现的目的，而不是关于报刊本身的基本认识和观点"。[1] 有着"舆论界之娇子"之称的梁启超由于参与过许多报刊，对传媒的力量感触深刻。戊戌时期，梁启超在办《时务报》期间感受到了"举国趋之，如饮狂泉"的盛况："举国士夫，乃啧啧然目之曰：此新说也，此名著也。"[2] 到了1912年，梁启超更是感慨："今国中报馆之发达，一日千里。即以京师论，已逾百家，回想十八年前《中外记闻》沿门丐阅时代，殆如隔世，崇论宏议，家喻户晓，其复鄙人所能望其肩背。"[3]

自鸦片战争始，办刊是进步知识分子的共同追求，新思想文化只有借由刊物才能得以广泛传播从而产生被理解和接受的可能性。1906年鲁迅经历了"幻灯片事件"后开始了他文学青年的历程，立志以文艺改良民族精神面貌，因为"善于改变精神的是，我那时以为当然要推文艺，于是想提倡文艺运动了"，而"商量之后，第一步当然是出杂志"[4]。鲁迅意识到，期刊是思想、文艺的阵地，不仅提供言说的空间，更是思想

① 黄旦：《"耳目"与"喉舌"的历史性转换：中国百年新闻思想主潮论》，博士学位论文，复旦大学1998年，第21页。
② 梁启超：《本馆第一百册祝辞并论报馆之责任及本馆之经历》，《清议报》1901年第100册。
③ 梁启超：《在北京报界欢迎会之演说词》，杨光辉等编：《中国近代报刊发展概况》，新华出版社1986年版，第27页。
④ 鲁迅：《呐喊·自序》，《鲁迅全集》第1卷，人民文学出版社1981年版，第417页。

传播的最快最好途径。虽然《新生》由于偶然的资本"逃走"而夭折，使得鲁迅的这个愿望没能够实现，但这一时期知识分子对于办刊的理解可见一斑。

"中国新闻从业者职业成长与职业认同发育过程中所显现出的既迟滞又迈进的特点，与近代开始的不同历史时期内整个社会对报刊及新闻从业者的总体看法、评价、是否认同以及认同度的高低等有着十分密切的关系。"① 潘公弼论及社会对早期报人的认识时说："社会之视报人，或尊之为清高，以其文字生涯，'士居四民之首'，而非以其为报人；或鄙之为无聊，以其不务'正业'。"② 五四时期，社会上对报人有了新的认识："办报不再是'文人末路'的'下等艺业'，而变成了知识阶层'救国兴邦'和'实现自我价值的新途径'。"③1915 年，陈独秀回国后首先想到的就是创办一份刊物。

戈公振看到了报刊界的发展和变化，意识到其发展速度过慢："即就报界自身言，亦知经济独立之重要，而积极改良营业方法；知注意社会心理，而积极改良编辑方法。不过自本国言之，似比较的有进步；若与欧美之进步率相比较，则其进步将等于零。至此，吾不能不希望我国报纸之觉悟，吾更不能不希望我国报界之努力！"④

在对期刊具体的社会功能和发展目标的讨论中，影响最大的当属1919 年《新潮》与《东方杂志》的争论。1919 年，《新潮》登载了罗家伦的《今日中国之杂志界》，直指当时的期刊界的种种现状，提出对期刊的认识以及自己的期刊理念。他将杂志分为官僚派、课艺派、杂乱派和学理派四类。官僚派杂志实质上是政府的"档案汇刻"，课艺派杂志

---

① 樊亚平：《中国新闻从业者职业认同研究》，人民出版社 2011 年版，第 253 页。
② 赖光临：《中国近代报人与报业》，台北商务印书馆 1987 年版，第 218 页。
③ 程丽红：《清代报人研究》，社会科学文献出版社 2008 年版，第 225 页。
④ 戈公振：《中国报学史》，上海古籍出版社 2003 年版，第 238 页。

常是"策论式的课艺"和"无病而呻的诗",杂乱派杂志"毫无主张,毫无选择",学理派杂志有"脑筋混沌的"和"脑筋清楚的"。罗家伦只欣赏脑筋清楚的学理派,作政论的《甲寅》、《太平洋》,论科学的《科学》、《学艺》、《观象丛报》,论社会思想文学各问题的《新青年》、《每周评论》。对于杂志应当怎样办的问题,罗家伦提出了六点主张:一、有一定的宗旨;二、有知识上的联合;三、多设周报;四、趋重批评;五、有系统的记事;六、略加讽刺画。①

对此,陶腥存很快在《东方杂志》发表《今后杂志界之职务》予以回应:"杂志指'杂'字,含广狭两义。广义谓包括一切学术,狭义则就一科学之中,各种学说无不备具。""学问上分工愈细,自然不驳杂之定期出版物渐多。"②之后,由于《新潮》巨大的影响力,《东方杂志》不断解释自己的追求。钱智修专门明确提出,《东方杂志》"不敢以一派之学说为定论","尤不敢据区区之言论机关为私有"。③"杂志的本义是'仓库',本来可以容纳复杂的材料的;而本志则尤自始以来,是一种普通的社会读物,所以有许多人说我们内容的不统一,说我们不能多发表政治问题的主张,我们是不能任咎的。……我们与其以感情的言论刺激读者之神经,毋宁以有用的智识,开拓读者心胸;与其发表未成熟的主张,使读者跟着走错路,毋宁提供事实的真相,给读者做自主张的底子。换一句话说:我们是舆论的顾问者,而不敢自居为舆论的指导者的。"④《新潮》与《东方杂志》最大的分歧在于"一个是积极要做'舆论的指导者',一个仅愿成为'舆论的顾问者'。其实在中国近现代思想言论界,尤其是杂志舆论界,这两种不同类型的期刊都有社会需求,都

---

① 罗家伦:《今日中国之杂志界》,《新潮》1919年第1卷4号。
② 景藏(陶腥存):《今后杂志界之职务》,《东方杂志》1919年第16卷7号。
③ 坚瓠(钱智修):《本志之希望》,《东方杂志》1920年第17卷1号。
④ 坚瓠(钱智修):《本志的第二十年》,《东方杂志》1923年第20卷1号。

有产生与存在的可能，并不能简单地舍此存彼，更不能从一而终。"①

五四时期影响较大的期刊编辑，在五四之前大都从事过编辑工作，这种经历使他们对期刊有着较为全面和深刻的认识。陈独秀曾经在日本协助章士钊编辑《甲寅》，"从事月刊，此举亦大佳，但不识能否持久耳。国政巨变，视去年今日不啻相隔五六世纪。政治、教育之名词，几耳无闻而目无见。仆本拟闭户读书，以编辑为生，今日书业销路不及去年十分之一。故已搁笔，静待饿死而已。杂志销行，亦复不佳，人无读书兴趣，且复多所顾忌，故某杂志已有停刊之象"②。在日本编辑《甲寅》时，陈独秀过着"度他那穷得只有一件汗衫，其中无数虱子的生活。"③ 李大钊在 1913 年担任北洋政法学会编辑部部长，主编《言治》月刊，李大钊撰写了不少稿件。胡适在留学期间还担任《中国留美学生月报》编辑和《中国留美学生季报》的主编。

办期刊本不是知识分子所擅长之事，但是他们中的许多人凭着一股对期刊的信念，为期刊奉献自己的热情。在期刊编辑过程中坚守信念，坚持不懈地付出，处理具体而烦琐的编辑流程。王光祈为《少年中国》杂志投入大量心血，在主编《少年中国》的日子里，他为了学会和期刊的工作基本荒废了学业，以至于"直欲痛哭"自己知识上之匮乏。对王光祈而言，"他所面对的学术上的深造和献身于学会工作之间的矛盾，确实是他自己的生命中的两种取向的矛盾和冲突"④。郭沫若为期刊在泰东图书局受到不小的"剥削"，依然忍气吞声，只为了《创造》能够继续下去。

---

① 洪九来：《宽容与理性——〈东方杂志〉公共舆论研究》，上海人民出版社 2006 年版，第 54 页。

② CC 生（陈独秀）：《通信·生机》，《甲寅》1914 年第 1 卷 2 号。

③ 傅斯年：《陈独秀案》，《独立评论》1932 年第 24 号。

④ 吴小龙：《少年中国学会研究》，三联书店 2006 年版，第 57 页。

（二）舆论意识

五四时期期刊的编辑和作者对于社会舆论的重要性有了更加深刻的认识，这也促使他们从更深层次的认识期刊等大众传媒活动。李普曼说："我们在看到世界之前就被告知它是什么模样。我们在亲身经历之前就可以对绝大多数事务进行想象。而且，除非所受的教育能使我们具有敏锐的意识，否则这些先入为主之见就会强烈影响到整个感知过程。"[1] 舆论环境不仅具有相对稳定性，而且通过多种形式对人们的价值观念产生影响，对从事期刊活动的知识分子来说也是如此。

由于中国传统观念的影响，社会对于从事新闻出版业依然心存芥蒂。鸦片战争之后的晚清社会各界对报刊持鄙夷的态度，对办报刊之人也是不屑。直到 20 世纪初，报社的主笔访员依然还是"不名誉之职业，不仅官场仇视之，即社会亦以搬弄是非轻蔑之"。[2]"由于主笔、访事等员之不为世所重，高才之辈，莫肯俯就……从事斯业之人，思想浅陋，学识迂愚，才力薄弱，无思易天下之心，无自张其军之力"。[3] 社会对舆论的力量开始重视自维新始，戊戌时期的改良派就已经有意识地通过办报办刊来进行舆论宣传。1898 年康有为在北京创办了《万国公报》(后改名《中外纪闻》)，在上海创办《强学报》，扩大自己在朝野内外的影响。孙中山曾于 1896 年在伦敦蒙难，幸得伦敦报界公布，在各界舆论压力下获释，深感报纸的力量巨大，从而对于制造革命舆论尤其重视。在香港成立兴中会时，他明确提出："设报馆以开风气，立学校以育人才，兴大利以厚民生，除积弊以培国脉。列'报馆'为首项，以鼓吹革

---

① [美] 沃尔特·李普曼：《公众舆论》，阎克文等译，上海人民出版社 2006 年版，第 67 页。

② 姚公鹤：《上海报纸小史》，《东方杂志》1917 年第 14 卷 6 号。

③ 梁启超：《本馆第一百册祝辞并论报馆之责任及本馆之经历》，《清议报》1901 年第 100 册。

命，复兴中华。"①

有"舆论界之娇子"之称的梁启超对媒体舆论的认知较为深刻。他明确表述了舆论的重要性："凡欲为国民有所尽力者，苟反抗于舆论，必不足以成事。""大政治家不可不洞察时势之真相，唤起应时之舆论而指导之，以实行我政策。""建一策行一事，必先造舆论"，"假借舆论之力，方可行事"。②梁启超将舆论看成是一种可以为政治服务的工具。与此同时，胡汉民曾这样描述舆论："若夫舆论，则关于公共问题，自由发表，于社会有优势之意见也。……报纸所以号为舆论之母者，普通人民，以自动的而独伸其意见者，为少数，其受动的而采用他人之意见者，为多数。而报纸则往往于多数人民中，创发意见，有登高而呼，使万山环应之慨，故对于变动之人民，有先导之称。"③

辛亥前，许多官员已经意识到了舆论的重要性，以至于"在官僚亦知舆论之不可终竭，乃设法沟通报馆以为私人作辩护。"④而到了五四时期，不仅创办报刊之人对于舆论有深刻的理解，一般知识分子对舆论也都多少有些认识，甚至京师警察厅相关人员都看到报刊舆论的重要性："报纸所以代表舆论，输送新闻，对于国家社会负责重。"⑤

五四时期，胡适、傅斯年等人也对舆论有明确的理解。对于《新青年》引起社会上的论争，胡适就明言："舆论家的手段，全在用明白的

---

① 孙中山：《孙中山全集》第 1 卷，中华书局 2006 年版，第 52 页。

② 梁启超：《舆论之母与舆论之仆》，《新民丛报》1902 年第 1 卷 1 号。

③ 胡汉民：《近代中国革命之报之发达》，杨光辉等编：《中国近代报刊发展概况》，新华出版社 1986 年版，第 15 页。

④ 姚公鹤：《上海报纸小史》，杨光辉等编：《中国近代报刊发展概况》，新华出版社 1986 年版，第 268 页。

⑤ 《京师警察厅拟定管理通讯社营业章程致内务部》，中国第二历史档案馆编：《中华民国史档案资料汇编》第三辑·文化，凤凰出版社 1991 年版，第 316 页。

文字，充足的理由，诚恳的精神，要使那些反对我们的人不能不取消他们的'天经地义'，来信仰我们的'天经地义'。"① 他认为办刊是知识分子作为舆论家的手段，而刊物也是知识分子成为舆论家的必要条件之一。而这"舆论家"实现的途径，其一是"有职业而不靠政治吃饭的朋友应该组织一个小团体"②，其二是"要办一个刊物来说说一般人不肯说或不敢说的老实话"③。

傅斯年在《新潮》上答复鲁迅时曾这样说："平情而论，我们正当求学的时代，知识才能都不充足，不去念书，而大叫特叫，实在对不起自己。但是现在中国是要再寂寞也没有的，别人都不肯叫，只好我们叫叫，大家叫得醒了，有人大叫，就是我们的功劳，有人说我们是猫头鹰，其实猫头鹰也是很好的；晚上别的叫声都沉静了，乐得有它叫叫，解解寂寞，况且猫头鹰可以叫醒公鸡，公鸡可以叫明了天，天明了就好。"④ 这种"猫头鹰"之说虽然没有胡适那么自信，但也体现了试图持续发声影响舆论的努力。

罗家伦在《新潮》第 2 卷 3 号上发表《舆论的建设》，强调舆论应当"为多数人的幸福服务"，应当负有"公共的责任"⑤，应当具有科学性、客观性和公正性。读者顾诚吾致信《新潮》，认为话剧在杂志上出现只会让人觉得无味，因此没有必要刊登。傅斯年则认为，话剧的价值大于小说，只是因为中国从来没有，所以大家对它不容。之后，傅斯年总结说："只要我们大家竭力的鼓吹，将来会渐渐风行的。我们要改革风气，

---

① 胡适：《通信·答汪懋祖》，《新青年》1918 年第 5 卷 1 号。
② 胡适：《丁文江的传记》，《胡适文集》第 7 卷，北京大学出版社 1998 年版，第 443 页。
③ 胡适：《丁文江的传记》，《胡适文集》第 7 卷，北京大学出版社 1998 年版，第 501 页。
④ 傅斯年：《通信·答鲁迅》，《新潮》1919 年第 1 卷 5 号。
⑤ 罗家伦：《舆论的建设》，《新潮》1920 年第 2 卷 3 号。

不要迁就社会。"①傅斯年的这句话代表了《新潮》的编辑传播理念。三年间，不到两卷半的《新潮》在社会上产生了巨大的影响。

（三）读者意识

无论是报纸还是期刊，其发展都会受到社会各方面条件的限制。要明确期刊发展的方向和目标，首先就要对期刊的读者对象进行预设。确定哪些读者是期刊的目标受众，才能确定期刊的编辑方针。有什么样的目标受众群，就有相应的编辑方针，以及具体的传播内容和栏目设置。五四时期期刊的编辑们对此有清醒的认识，他们有着强烈的读者意识，这首先就体现在明确的读者定位。

文学创作活动中，作家头脑中就存在着读者，哪怕这个读者只有一个而且是作者本人，期刊的编辑者头脑中同样存在着假定的受众。布斯认为："要是有人贸然问谁是严肃作家，答案很简单：就是从未被人想到在写作时头脑里有读者的人。"②身为作家，不用考虑读者的需要，而对于一个编辑而言，他必须考虑更多的问题。由于编辑工作的特殊性，他要考虑他的读者。如果读者少于一定数量，无论是同人刊物还是依靠商业出版机构的刊物，都无法继续维持。"无论谁，要想办一种杂志，绝不是为给自己玩的，而是自有它的目标和读者对象。这样，只要你朝向你的目标迈进，对着你的读者对象而努力，出版愈久，读者对你的了解愈深切，出版的期数愈多，销路愈广远，而销数也愈益增高了。"③五四时期，一般期刊的印数最低为 1000 份，而一份期刊至少要有 3000 份的销量才能够维持。

五四时期的期刊编辑大都兼编辑、作者于一身，编辑工作的思维方

---

① 傅斯年：《通信·答顾诚吾》，《新潮》1919 年第 1 卷 4 号。

② ［美］W. C. 布斯：《小说修辞学》，华明等译，北京大学出版社 1987 年版，第 101 页。

③ 张静庐：《在出版社界二十年》，江苏教育出版社 2005 年版，第 144 页。

式必然影响到他的创作。五四文学期刊的编辑群体心目中的读者群，与清末民初的读者群体设想是不同的。清末的白话文运动中，白话报刊高潮期间，期刊的目标受众是下层的普通老百姓，而五四时期文学期刊则调整为受过一定教育的知识分子或进步分子。钱玄同说，新文学作品"原是给青年学生们看的，不是给'初识之无'的人和所谓'糟粕厮养'看的"。①1915 年，陈独秀在上海创办《新青年》时期已和他晚清时期在芜湖办《安徽俗话报》时对读者的定位有所不同，刊物的目标受众已由普通民众变为了知识分子，因此刊物力图体现的不再是反帝爱国思想，而是对西方文明的介绍。

五四时期公共舆论的形成首先与社会精英有关，这与晚清时期有所不同。晚清的白话文运动力图以白话的形式获得追求普通百姓的认可。五四时期期刊的编者都力图从有文化的知识分子入手，解决社会问题。受过一定教育的知识分子更容易脱离自己的不成熟状态，尤其是上海的文化环境更适宜于这种传播诉求的实现。舆论领袖在两级传播或多级流动传播中有着重要的作用。"来自媒介的消息首先抵达意见领袖，接着，意见领袖将其所见所闻传递给同事或接受其影响的追随者"。② 陈独秀无疑意识到了舆论领袖的作用，因此，他的传播策略发生了巨大转变：对知识分子的启蒙比对民众的直接启蒙更为重要。

从《安徽俗话报》到《新青年》，陈独秀从普及新民、传播新气氛转向培养知识分子的价值体系。传播新知可以很快，但是培养知识分子的价值体系却并非一朝一夕之事。由于目标不同，陈独秀表现出不同的传播心态。创办《安徽俗话报》时，陈独秀因"时势逼迫，急于出报"。③

---

① 钱玄同：《英文 SHE 字译法之商榷》，《新青年》1919 年第 6 卷 2 号。
② ［英］沃纳·赛佛林等：《传播理论：起源、方法与应用》，郭镇之等译，华夏出版社 2000 年版，第 228 页。
③ 三爱（陈独秀）：《开办安徽俗话报的缘故》，《安徽俗话报》1904 年第 1 号。

所谓"时势逼迫"是由于各地的革命活动已经如火如荼，《安徽俗话报》的创办蕴含着陈独秀强烈的革命政治诉求。而办《新青年》时，陈独秀所期待的是对于理性精神的弘扬，对应这种传播诉求，他没有那么急切的心态。由于准确的读者定位和坚持不懈的努力，《新青年》比预期的"十年八年"提前一半时间产生了广泛的影响。

第二节　期刊的传播方式

一、期刊的定位

所有的期刊在创办之初都需要制定编辑方针，具体而可行的编辑方针是期刊差异化的必要条件，也是期刊得以成功的基础。期刊与报纸的编辑方针一样，包括读者定位、内容定位、办刊水准和风格特色等方面。

（一）读者定位：青年

在期刊编辑方针中，一切都围绕着读者定位。有了明确的读者定位，就应该有与之相适应的内容、与之相匹配的水准和风格。在众多编者看来，"青年之于社会，犹新鲜活泼细胞之在人身。"[①] 青年文化是五四时期期刊的重要特征，这种特征的形成与五四时期期刊普遍的期刊定位有关。盛赞青春，盛赞青年，是五四时期期刊中普遍存在的内容。"吾族青年所当信誓旦旦，以昭示于世者，不在龈龈辩证白首中国之不死，乃在汲汲孕育青春中国之再生。吾族今后之能否立足于世界，不在白首中国之苟延残喘，而在青春中国之投胎复活。"[②] 青春是值得赞扬

---

① 陈独秀：《敬告青年》，《青年杂志》1915 年第 1 卷 1 号。
② 李大钊：《青春》，《新青年》1916 年第 2 卷 1 号。

的，它代表着未来和希望，因此中国的青年人是中国未来的希望。"青年之自觉，一在冲决过去历史之网罗，破坏陈腐学说之囹圄，勿令僵尸枯骨，束缚现在活泼泼地之我，进而纵现在青春之我，扑杀过去青春之我，促今日青春之我，禅让明日青春之我。一在脱绝浮世虚伪之机械生活，以特立独行之我，立于行健不息之大机轴。"①

五四时期的青年文化传统是由期刊救国的定位造成的，因为青年最富思想活力，是未来之希望，也最易接受变革。王富仁认为，道家文化是建立在老年人的生存方式、生活方式和心理特征的基础之上的；儒家文化具有中年文化的特征；法家文化属于典型的中年文化；佛教文化是一种更典型的老年文化。因此，中国古代的文化从本质上来说是一种老年文化，在鸦片战争之后受到青年文化的严峻挑战。他认为五四时期青年文化的传统，"是创造社首先建立起来的"。② 这个观点有待商榷。在创造社之前，《新青年》无论在人员组成上还是其内容的理性色彩上都相较于创造社老成，但是，我们重新梳理一下《新青年》的人员以及读者定位，就可以发现，《新青年》的编者是一批少年老成之人，除陈独秀稍年长之外，其余最多三十出头。其实期刊的青年定位在《新青年》就已经开始了。

《新青年》创刊号《社告》共五条，其中四条均提及"青年"。《新青年》第一篇文章即为陈独秀的《敬告青年》："青年如初春，如朝日，如百卉之萌动，如利刃之新发于硎，人生最可宝贵之时期也。青年之于社会，犹新鲜活泼细胞之在人身。"当被告知期刊命名为"青年杂志"属于侵权，需要改名时，陈独秀保留了"青年"二字。可见，"青年"在陈独秀眼中，具有极为重要的地位。《社告》第一句即是："国势陵夷，

---

① 李大钊：《青春》，《新青年》1916 年第 2 卷 1 号。

② 王富仁：《创造社与中国现代社会的青年文化》，王晓明编：《二十世纪中国文学史论》第一卷，东方出版中心 1997 年版，第 403 页。

道衰学弊。后来责任，端在青年。"《青年杂志》创刊号最后一页上有一补白，是丹麦谚语"谋事宜于老者，行事宜于壮年。"《新青年》2卷1号开篇即是陈独秀的《新青年》，陈独秀明辨"新青年"与"旧青年"的不同。虽然生理年龄一样，但心理区别甚大。除了要摒弃"腐败堕落"的"做官发财"的思想外，还当明了"人生归宿问题""人生幸福问题"，方可称之为"健全洁白"的"新青年"。该文之后是李大钊的《青春》，在他看来，中国今后之历史，应当成为"青春之历史，活青年之历史"。

《新青年》成为全国思想文化界的舆论核心之后，《新青年》的学生作者傅斯年、罗家伦也开始创办刊物。1919年，《新潮》《国民》两大子弟刊物诞生。《新潮》由傅斯年、罗家伦等编辑，"于思想改造、文学革命上，为《新青年》的助手，鼓吹不遗余力"①。罗家伦评论《新潮》与《新青年》的关系说："我们主张的轮廓，大致与《新青年》主张的范围，相差无几。其实我们天天与《新青年》主持者相接触，自然彼此之间都有思想的交流和互相的影响。不过，从当时的一般人看来，仿佛《新潮》的来势更猛一点，引起青年们的同情更多一点。"② 由于《新潮》是以《新青年》为榜样、继之而起的刊物，又师承后者，因此，"时人美誉它是《新青年》的卫星"。③《新潮》的创办就是起于《新青年》同人的学生们对《新青年》的效仿和力图超越。罗家伦说："因为大家谈天的结果，并且因为不甚满意于《新青年》一部分的文章，当时大家便说：若是我们也来办一个杂志，一定可以和《新青年》抗衡，于是《新潮》杂志便

① 黄日葵：《在中国近代思想史演进中的北大》，张允侯等编：《五四时期的社团》二，三联书店1979年版，第35页。

② 罗家伦：《回忆〈新潮〉和五四运动》，全国政协文史资料委员会办公室编：《五四运动亲历记》，中国文史出版社1999年版，第185页。

③ 任建树：《陈独秀大传》，上海人民出版社1989年版，第148页。

应运而生了。"① 也就是说,《新潮》虽然向老师们办的《新青年》学习,但是有着自己的思路。差异化的读者定位不仅为这份刊物赢得了读者,也让其别具一格。

明确的读者定位是期刊传播的基石。《新青年》与《新潮》的读者定位均为青年知识分子,但又有所差别,这使得他们之间既有相似,又有所区别。《新潮发刊旨趣书》说明刊物要指示青年学生"修学立身之法与途径","去遗传的科举思想,进于现世的科学思想;去主观的武断思想,进于客观的怀疑思想;为未来社会之人,不为现在的社会之人;造成战胜社会之人格,不为社会所战胜之人格"。② 其宗旨较之《新青年》的"本志之作,盖欲与青年诸君商榷将来所以修身治国之道"③,虽有类似,但也有很大差别。大体上,《新青年》以各种社会思潮的学理分析居多,《新潮》更侧重新知识的引入介绍、文学作品的创作。顾颉刚说:"《新潮》中的文章多半是青年人写的,文字浅显易懂,甚为广大青年读者所喜爱。"④ 李小峰分析《新潮》与《新青年》的读者定位称:"在读者的印象方面,留下了《新潮》和《新青年》都以青年为对象;但也有些分工:《新青年》的读者偏重在大青年、高级知识分子;《新潮》的对象,主要是小青年、中学生。"⑤

《秦钟》也认为青年代表未来。《秦钟》对陕西的青年寄予厚望,认为改造社会的责任主要在青年,特别是知识青年。"改革之法,当使国

---

① 罗家伦:《蔡元培时代的北京大学与五四运动》,罗久芳编:《我的父亲罗家伦》,商务印书馆 2013 年版,第 65 页。

② 《新潮发刊旨趣书》,《新潮》1919 年第 1 卷 1 号。

③ 《社告》,《青年杂志》1915 年第 1 卷 1 号。

④ 顾颉刚:《回忆新潮社》,张允侯等编:《五四时期的社团》二,三联书店 1979 年版,第 125 页。

⑤ 李小峰:《新潮社的始末》,中国社会科学院近代史研究室编:《五四运动回忆录》续,中国社会科学出版社 1979 年版,第 204 页。

民有觉悟心，觉悟又当自吾侪青年始。"①"我们陕西能够好不能够好，就看一般的青年，有进步没有进步？要知道改造进化的责任，是要青年负的。同学呀！千万不要放弃了这个责任心。"②

和清末相比，五四时期刊物的读者定位普遍发生了变化，陈独秀所创办的《安徽俗话报》和《新青年》算是典型。由于时间不同，分处不同的启蒙语境之中，同是陈独秀创办这两份刊物有着不同的内容倾向。陈独秀经历了启蒙民众的失败之后，转向了启蒙知识分子。这种启蒙的偏向是他所处时代不可避免的，也解释了为什么五四知识分子所提倡的白话，其实并没有真正成为"引车卖浆者"之语，而是与平民之间有着隔阂，显得过于西化。但是《新青年》对舆论领袖的启蒙培养了新式知识分子，是值得肯定的。

鲁迅的《导师》中说，五四时期很流行说青年，"开口青年，闭口也是青年。但青年又何能一概而论？有醒着的，有睡着的，有昏着的，有躺着的，有玩着的，此外还多。但是，自然也有要前进的"。③ 这也从侧面反映出社会上对青年一代的重视。

（二）内容定位

五四时期的期刊刊载的内容主要包括批判社会传统文化和观念、传播新文化思想和新社会理念。期刊注重对社会政治、宗教、文学上的种种问题以批判的态度进行讨论，同时介绍西方的新思想，以此为基础来改造中国传统的文学、学术、宗教等。

陈独秀在二十年后回忆，"五四"时期时代的要求有五大内容："反对日本帝国主义的侵略及卖国贼；反对旧礼教的束缚，提倡解放思想、妇女解放，以扫荡封建残余；提倡科学，破除迷信，建设工业；反对古

---

① 《发刊辞》，《秦钟》1920年第1号。

② 王焕猷：《敬告陕人——作学生的注意》，《秦钟》1920年第6号。

③ 鲁迅：《导师》，《莽原》1925年第4号。

典文，提倡语体文，以为普及教育和文化的工具；提倡民权，反对官僚政治。"① 胡适将五四时期期刊的内容总结为"研究问题"和"输入学理"两个方面，并称"随便翻开这两三年以来的新杂志与报纸，便可以看出这两种的趋势"②。研究的问题包括孔教问题、文学改革问题、国语统一问题、女子解放问题、贞操问题、礼教问题、教育改良问题、婚姻问题、父子问题、戏剧改良问题等。输入学理包括《新青年》的"易卜生号""马克思号"，《民铎》的"现代思潮号"，《新教育》的"杜威号"，《建设》的"全民政治"的学理等杂志报纸所介绍的种种新学说。当时期刊研究的社会现实问题，除了胡适所提及的问题之外，还有家庭问题、宗教问题、丧葬问题等。输入西方思潮还有对基尔特社会主义、日本"新村"等学说的介绍。

《新青年》创刊号《社告》中说道："本志之作，盖欲与青年诸君商榷将来所以修身治国之道。""我国青年虽处蛰伏研求之时，然不可不放眼以观世界。""凡学术事情足以发扬青年志趣者，竭力阐述。""凡青年诸君对于物理学理，有所怀疑，或有所阐发，皆可直缄惠示。"③《大中华》在内容上主要是想要"强国健民"，注重立于世界之林的国家发展，以及国民思想的改造。

在读者定位已明确的前提下，五四时期的期刊展开了刊载内容的选择。傅斯年说："我们整天讲甚么新思想，自由思想，却忘了新思想、自由思想的本根；整天说要给做学生的读，却不给做学生的所最需要的科学智识，这真是我们的罪过。""我们办这杂志的动机，岂不是要供给中等学校学生应得的知识吗？"④ 由于读者定位不同，期刊所刊载的主要

---

① 陈独秀：《"五四"运动时代过去了吗?》，《陈独秀著作选》第 3 卷，上海人民出版社 1993 年版，第 477 页。

② 胡适：《新思潮的意义》，《新青年》1919 年第 7 卷 1 号。

③ 《社告》，《青年杂志》1915 年第 1 卷 1 号。

④ 傅斯年：《通信·致同社同学》，《新潮》1919 年第 1 卷 3 号。

内容也有不小的差距。类同如《新青年》和《新潮》，在传播内容上也有不同之处。俞平伯回忆说："《新潮》和《新青年》同是进步期刊，都宣传新思想、新文化，宣传'赛先生'（即 Science，科学）与'德先生'（即 Democracy，民主），但在办刊方向上却稍有不同：（1）《新青年》偏重于政治、思想、理论论述；《新潮》则偏重于思想、文学方面，介绍一些外国文学。（2）《新青年》内部从一开始就分为左、右两派，斗争激烈，直至最后彻底分开；《新潮》的路线相比之下则稍'右'一些。"①

　　五四时期新文化的大潮，从总体上呈现出由文艺变革而至思想变革、政治革命的趋势，因此期刊内容中文艺类文章占据了较大的比例。五四时期的期刊中，不论是诗歌、小说，还是散文中的杂文、政论文，都有了很大的发展和变化。除了专门的纯文学期刊，综合性的期刊中也大量刊登文艺作品，部分科技期刊也夹杂着一些杂文等内容。当然，这些文学作品已经不同于古典主义的文学作品，绝大多数是用白话文写成的新文学。而这种新文学具有现代特质：具有现代的文学形式，以现代人为描写中心，反映现代人的生活，传达现代人的情感，体现现代人的思维方式。

　　总体上看五四时期期刊的传播内容，就会发现所刊载的内容大都具有鲜明的进步性和时代性。五四时期以"新"字命名的期刊数量达到 105 个，充分说明对期刊整体的"求新"趋势和进步性。五四时期期刊体现出鲜明的时代性，与时代发展紧密相连。在内容定位上，不同期刊、不同具体时间段的期刊有所不同，就连《新青年》这样在五四时期乃至整个 20 世纪中国影响最大的思想文化期刊，其"发展路径不是预先设计好的，而是在运动中逐渐成型"。② 但总体趋势是，"每当救国的

---

　　① 俞平伯：《回忆〈新潮〉》，全国政协文史资料委员会办公室编：《五四运动亲历记》，中国文史出版社 1999 年版，第 327 页。

　　② 陈平原：《思想史视野中的文学》上，《中国现代文学研究丛刊》2002 年第 3 期。

压力增强时，他们更多地回忆政治方面的内容；每当社会氛围有利于实现知识分子解放的目标时，他们就回忆适应启蒙的需求开阵的文化论战。"① 五四后期，由于五四学生运动在全国产生了巨大的影响，1919 年之后所创办的期刊更注重政治内容，更多刊载从政治角度来展示社会、分析社会、思考社会的内容。《新青年》也在这一时间段大量介绍马克思主义的理论和学说。

（三）栏目设计

大凡成功期刊，都有吸引读者的栏目。这些栏目不仅为期刊增光添彩，本身也成为期刊的另一标志。期刊栏目设置的目的在于体现编辑方针，集中展示杂志内容，增强传播效果。

第一，五四时期的期刊许多都开设有互动性栏目，这种栏目大都以"通信"命名。"通信"栏是五四时期许多期刊的重要栏目，具有极强的读者参与性。"通信"这种栏目并不是五四时期才有的，却是在五四时期才发扬光大的，不仅成为读者参与互动的平台，而且成为"公共论坛"和"自己的园地"。有学者甚至认为它形成了初步的公共领域，直接影响了五四时期新文化舆论的形成。除"通信"栏之外，"读者论坛"等其他以读者内容为主的栏目，也是互动性集中讨论的重要方式。

《甲寅》创刊即设置"通信"一栏，《新青年》在栏目设置上延续了《甲寅》。《新青年》很重视宣传的策略、思想传播的方式，创刊即设"通信"栏："本志特辟通信一门，以为质析疑难发抒意见之用，凡青年诸君对于物情学理有所怀疑，或有所阐发，皆可直缄惠示，本志当尽其所知，用以奉答，庶可启发心思，增益神志。"2 卷 1 号又新辟"读者论坛"栏目，称："不问其'主张''体裁'是否与本志相合，但其所论确有研

---

① ［美］微拉·施瓦支：《中国的启蒙运动——知识分子与五四遗产》，李国英等译，山西人民出版社 1989 年版，第 307 页。

究之价值者，即皆一体登载，以便读者诸君自由发表意见。""通信"收形式随意的文字，"读者论坛"收较正式的文章，为读者提供自由发表意见、开展讨论的园地，使《新青年》拥有了更多的支持者。至《新青年》终刊，"通信"栏共刊发了读者来信两百多件，"在许多方面成了中国杂志上第一个真正自由的公众论坛"。① 重要的主题讨论大都是从这个栏目开始的，包括胡适著名的文学改良的"八事"通信。有时候"通信"栏所占篇幅占到杂志的四分之一有余，此外大量信件只能被积压。5 卷 5 号中唐俟（鲁迅）就承认："《新青年》里的通信，现在颇觉发达。读者也都喜看。"

读者参与栏目可以是简单的问答，也可以是有范围有重点的交流与讨论。编辑要在栏目的内容上做出方向设定，使之与刊物的编辑方针保持一致。参与性栏目的作用是双向的。编辑在与读者交流的过程中可以更为准确地把握读者的阅读兴趣点，确定刊物的编辑策划。有的读者甚至能为刊物的创新和发展提出可行性的意见和建议。《新青年》第 7 卷开设了"社会调查"栏目，7 卷 2 号上更有编辑部所拟的社会调查表，向社会征集稿件，鼓励读者调查社会农业、工业、商业、人口、风俗、教育、自治组织等问题，将调查结果寄来编辑部。7 卷中的"社会调查"刊发了长沙、陕西、山东、湖北等地社会调查的文章，体现了读者对刊物所提问题的思考和参与。

开设读者参与性强的栏目，让读者的言论直接出现在刊物之上，可以加强编辑与读者的交流。这种栏目不但使刊物产生亲和力，拉近刊物与读者之间的距离，还可以增加读者参与的积极性，大大提高读者的认同度。《新青年》利用一切机会，集中表达自己的见解，引导舆论的发展。顺应时代潮流、具有鲜明倾向性和参与性的栏目设置极大地推动了《新

---

① ［美］周策纵：《五四运动》，江苏人民出版社 1996 年版，第 93 页。

青年》的传播。正是这些栏目扩大了《新青年》的影响，也启示了其他的期刊编辑。

第二，五四时期期刊的栏目普遍具有时代性，针对社会各种思潮变迁的现状，探讨时代前沿的问题。《新青年》从创办到终刊，正值各种社会思潮激烈碰撞之时。胡适后来总结道："最近二十年中的文学运动和思想改革，差不多都是从这个刊物出发的。"[①]《新青年》的"金字招牌"是在时代新思潮的"风口浪尖"上打造的。虽然《新青年》不同时期讨论的具体问题有所变化，但这些讨论都相对集中地围绕时代主题。《新青年》栏目设置集中体现了鲜明时代性。

从第 1 卷起，《新青年》即设"国外大事记"和"世界说苑"栏目。"国外大事记"关于一战、各国总统选举、内阁变更与议会、国外青年活动的报道，"世界说苑"栏目中对德国、法国、英国、比利时等国家宫殿、战场、博物馆、寺院等的介绍，都正合《新青年》创刊号上的《社告》："今后时会，一举一措，皆有世界关系。我国青年，虽处蛰伏研究之时，然不可不放眼以观世界。本志于各国事情学术思潮尽心灌输，可备攻错。"《新青年》2 卷 6 号辟"女子问题"栏，开"女子问题"讨论先河。此栏中《女子教育》、《论中国女子婚姻育儿问题》、《改良家庭与国家有密切关系》等文章都极力提倡女子解放，影响深远。2 卷 6 号还刊载了胡适《白话诗八首》，开中国现代白话诗歌之滥觞。自第 4 卷起，《新青年》设"诗"栏，直到月刊终刊，几乎每一号上都有此栏。"诗"发表原创现代白话诗约 156 首，数量质量在当时均为其他刊物所不及。现代白话诗歌经《新青年》提倡而风靡一时。第 8 卷起，《新青年》开设了"俄罗斯研究"栏目，组织编发汉俊、震瀛等译稿 33 篇，介绍苏维埃政府的各项情况，为马克思主义在中国的传播立下了汗马功劳。陈望道后

---

① 《新青年·胡适题词》，上海亚东图书馆、求益书社 1935 年版。

来回忆说："我们搞点翻译文章，开辟《俄罗斯研究》专栏，就是带有树旗帜的作用。"①

期刊的特色是通过栏目体现出来的，栏目的设置需要根据社会生活的发展变化，不断寻求围绕社会焦点问题或"次焦点"问题。刊物如果有预见性地超前设置体现时代特性的栏目，对社会现实中某一议题持续关注，很容易在社会上产生影响。《新青年》的栏目并非一成不变，但总是紧跟时代步伐，具有鲜明时代特征。现实世界变化无穷无尽，刊物必须与时俱进、把握时代脉搏。只有善于从现实生活中发现新变化、新问题、新规律，将这种变化通过文章传递给读者，才能够赢得读者。栏目的设置更要集中体现时代风貌，编辑只有精心策划，寻找特殊的角度，才能做到创新与独特。

第三，五四时期期刊的栏目设置普遍具有倾向性，设置的栏目体现自己的思想观点和倾向。《新青年》中的栏目设置总是紧跟时代，同时极具倾向性，明确自己的主张。时人就有分析："《新青年》的可看之处，正因为他有主义；不发不负责任的议论，不作不关痛痒的强调。"② 虽然《新青年》编辑看待问题的方式各不相同，但"《新青年》同人多少都有过创办杂志的经历，他们有意识地利用了现代媒介迅速传播文化以及制造文化氛围的特点"③。首卷即有"国外大事记""国内大事记"等栏目，既是为介绍国外、国内大事，更是为了表达对这些事件的看法。尤其"国内大事记"，对于国体、宪法、参战、对外交涉等内容，都观点鲜明地边述边评，一改"大事记"只述不评的做法，将"新闻述评体"发扬

---

① 宁树藩、丁淦林：《关于上海马克思主义研究会活动的回忆——陈望道同志生前谈话纪录》，《复旦大学学报》（社会科学版）1980 年第 3 期。

② 《书报介绍·新青年杂志》，《新潮》1919 年第 1 卷 2 号。

③ 张积玉、杜波：《〈新青年〉与现代白话文运动》，《厦门大学学报》（哲学社会科学版）2004 年第 2 期。

光大。如 1 卷 3 号的"国内大事记"就直接评论："由是观之，起组织中日银行之政策，乃为经济侵略之政策。"并加以着重号，以示强调，观点态度一目了然。《新青年》4 卷第 4 号设"随感录"，发表《新青年》同人感想。该栏目共发表了 133 篇文章，文章都旗帜鲜明、立论坚实、短小精悍、富于战斗力。"随感录"成为早期议论性白话散文的发源地，在社会上产生很大反响。《新青年》5 卷 4 号开设"什么话?"栏目，持续到第 9 卷。胡适说："我们每天看报，觉得有许多材料或可使人肉麻，或可使人叹气，或可使人冷笑，或可使人大笑。此项材料很有转载的价值，故特辟此栏，每期约以一页为限。"该栏目运用剪贴技巧，不置评论却能以小窥大，可算《新青年》的创举。

《新青年》自 1918 年 4 月的 4 卷 4 号开辟"随感录"后，《新生活》在 1919 年 8 月，《新社会》在 1919 年 12 月，《人道》在 1920 年 8 月，都开辟了同样名称的栏目。除此之外，《湘江评论》、《星期日》、《曙光》、《平民教育》等都开辟了类似的栏目，以短小的文字对当时发生的事件或现象进行评论。这些栏目短小精悍，语调明快，带有很强的针对性。

栏目设置的倾向性集中体现了《新青年》言论"议论激昂，态度刚愎"[①]的特点。期刊最大优势在于信息传播的持久度较高，适宜进行深度分析和传播复杂信息。解释和说理是期刊专长，这就需要在设置栏目时明确表现出自己的倾向和主张。倾向性强的栏目更容易吸引读者，尤其是刊物的固定读者。但是还有另一类期刊如《东方杂志》等，它们的观点正与此相左。意见的表达可以使刊物个性得到张扬，栏目如果只罗列事实，将各种内容混杂一起，诚为"杂志"，但只能算基本信息的罗列；如果害怕丧失意见相左的读者，处处讨好而模棱两可，以致观点混

---

① 赖光临：《中国近代报人与报业》，台北商务印书馆 1980 年版，第 532 页。

乱，则失去的读者会比吸引的更多。栏目的主张尽量要有新意，提倡和批评的内容不能是老生常谈，更不要成为空洞议论堆砌之地。

栏目能够集中体现期刊特色，可以起到集束的作用，产生复合影响，最终使刊物更具凝聚力和统一性，使刊物给读者留下整体而清晰的印象。在有明确的办刊宗旨和编辑方针的前提下，期刊应该积极培植具有时代性、倾向性和参与性的名牌栏目。当然，栏目只是期刊中的一个框架，有待于具体稿件的填充与体现。

除专栏之外，专号也是期刊公共领域形成的重要方式。五四时期的重要期刊中许多都开辟了专号，列举部分影响较大：

表 3-1　五四时期部分期刊专号

期刊	专号	年份及卷号
《新青年》	易卜生号	1918 年，4 卷 6 号
	马克思主义研究专号	1919 年，6 卷 5 号
	人口问题号	1920 年，7 卷 4 号
	劳动节纪念号	1920 年，7 卷 6 号
	罗素专号	1920 年，8 卷 2 号
《东方杂志》	太平洋会议号	1921 年，18 卷 18 号、19 号
	国际时事问题号	1922 年，19 卷 13 号、14 号
	农业及农民运动号	1922 年，19 卷 16 号
	立宪问题号	1922 年，19 卷 21 号、22 号
	爱因斯坦号	1922 年，19 卷 24 号
	杜里舒研究专号	1923 年，20 卷 8 号
《新教育》	杜威号	1919 年，1 卷 3 号
	学制研究号	1922 年，4 卷 2 号
《少年中国》	妇女号	1919 年，1 卷 4 号
	诗学研究号	1920 年，1 卷 8 号、9 号
	新唯实主义号	1920 年，1 卷 11 号
	法兰西号	1920 年，2 卷 4 号

续表

期刊	专号	年份及卷号
《少年中国》	宗教问题号	1921 年，2 卷 8 号、10 号，3 卷 1 号
	相对论号	1922 年，3 卷 7 号
	少年中国学会问题号	1921 年，3 卷 2 号 1922 年，3 卷 8 号
《新人》	文化运动批评号	1920 年，1 卷 4 号、5 号、6 号
	泰谷儿号	1921 年，1 卷 7 号、8 号
	现代思潮号	1919 年，1 卷 6 号
《民铎杂志》	尼采号	1920 年，2 卷 1 号
	柏格森号	1921 年，3 卷 1 号
	进化论号	1922 年，3 卷 4 号、5 号
《家庭研究》	罗素婚姻研究专号	1920 年，1 卷 3 号
	产儿制限问题专号	1921 年，2 卷 1 号
《小说月报》	俄国文学研究	1921 年，12 卷号外

五四时期期刊的专号都有精心的组织、最为前沿的内容，集纳了不同方向的稿件，使读者对热点问题进行深度理解。期刊专号通过明确的选题、精心的策划，实现了动态和集中的结合，达到了集束的效果。期刊与书籍相比，由于页码有限，其内容只能做到相对集中，这是其媒介形态本身的限制。而专号则能够以某一话题集中统稿，可以像书籍一样对话题从不同侧面集中分析和讨论。期刊的专号有效地弥补了与书籍相比传播内容不够集中的缺点。特别是学术类期刊专号的功能，与学术论文集相似。

二、期刊的传播策略

（一）各种论战

从五四时期至 20 世纪 30 年代，文坛论争显示出亢奋的状态。刘炎生总结中国现代文学的论争史称:"中国现代文学从产生之日起,由于这样那样的原因,便开始逐渐形成了诸多的论争。而且,可谓绵延不断,此起彼伏,错综复杂,尖锐激烈。而论争的性质,则是两种对立的文学观的论争(甚至涉及不同的社会观和文化观),其中呈现出或新或旧,或激烈或保守,或前进或倒退,或唯物或唯心的不同形态。说到底,便是围绕着是否符合新文学发展规律和怎样正确对待文学与社会人生乃至政治的关系展开讨论的。"① 围绕着新文学展开的论争深入地探讨了新文学发展的道路,同时体现出新期刊的姿态,吸引了读者。

在《新青年》、《新潮》与《东方杂志》之间有大量论争展开。陈独秀在《新青年》5 卷 3 号和第 6 卷 2 号上著文,驳斥《东方杂志》主编杜亚泉,公开点名批评商务版杂志。《质问〈东方杂志〉记者》一文将陈文中提及的刊于《东方杂志》之上的 3 篇文章附在文章之后,发起批判。② 对儒家思想以及传统文学观念、内容和形式的批判持续不断,直接影响到保守期刊。"这时新的才子+佳人小说便又流行起来……《眉语》出现的时候,是这鸳鸯蝴蝶式文学的极盛时期。后来《眉语》虽遭禁止,势力却并不消退,直待《新青年》盛行起来,这才受了打击。"③ 这种批判引起了反对派的辩论,《新青年》特意刊登张溪子的保守论调文章,胡适在私下里道出了自己的理由:"我请他做文章,也不过是替我自己找作文的材料。我以为这种材料,无论如何,总比凭空闭户造出一个王敬轩的材料要值得辩论些。"④ 辩论的姿态提高了期刊的关注度。

《新潮》创刊即发表罗家伦的《今日中国之小说界》、《今日中国之

---

① 刘炎生:《中国现代文学论争史》,广东人民出版社 1999 年版,第 614 页。

② 陈独秀:《质问〈东方杂志〉记者》,《新青年》1918 年 5 卷 3 号。

③ 鲁迅:《上海文艺之一瞥》,《鲁迅全集》第 4 卷,人民文学出版社 1981 年版,第 293 页。

④ 胡适:《胡适来往书信选》上,中华书局 1979 年版,第 24—25 页。

新闻界》，后又有《今日中国之杂志界》，有意挑起辩论。《今日中国之小说界》批判了旧小说的"黑幕派""滥调四六派""笔记派"各个派别。罗家伦《今日中国之杂志界》对商务期刊进行了评判，其中对《东方杂志》的评价是："毫无主张，毫无选择，只需是稿子就登。一期之中，上至地理，下至地舆，古今中外，诸子百家，无一不有。……忽而工业，忽而政论，忽而农商，忽而灵学，真是八门五花，无奇不有。你说他旧吗？他又像新。你说他新吗？他真是不配。……总之，这种种谬处，指不胜指。这类的杂志，若不根本改良，真无存在的余地。"①

《新潮》文章言辞激烈，以至于"有几家报纸天天骂我们，几乎像他们的职业。"② 这较之鲁迅所说的"不特没有人来赞同，并且也还没有人来反对"③ 的《新青年》来说，不仅显示了自身的影响，也表明刊物已经深深地刺痛了部分人的神经。鲁迅对《新潮》作了评价："《新潮》每本里面有一二篇纯粹科学文，也是好的。但我的意见，以为不要太多"。"从三皇五帝时代的眼光看来，讲科学和发议论都是蛇，无非前者是青梢蛇，后者是蝮蛇罢了"。④ 傅斯年说："我平素又有一种怪理想，我以为一个人要想学问成功，必须在他宗旨确定的时候，树几个强敌。这样一办，不由得要积极进取，不由得要态度坚决，不由得要读书深思，以便应付敌人。求学问原不是件容易事，'任重致远'何曾是随便办到的。所以必须骑在老虎背上，下不了台，然后有强固的主义，终身的事业。从此以后，我要捣几位'尊者'的鼻孔，作为磨练我的意志。"⑤ 傅斯年

---

① 罗家伦：《今日中国之杂志界》，《新潮》1919 年第 1 卷 4 号。

② 傅斯年：《回忆〈新潮〉和〈新青年〉》，中国社会科学院近代史研究室编：《五四运动回忆录》续，中国社会科学出版社 1979 年版，第 172 页。

③ 鲁迅：《〈呐喊〉·自序》，《鲁迅全集》第 1 卷，人民文学出版社 1981 年版，第 419 页。

④ 鲁迅：《通信·对于"新潮"一部分的意见》，《新潮》1919 年第 1 卷 5 号。

⑤ 傅斯年：《通信·答顾诚吾》，《新潮》1919 年第 1 卷 3 号。

还说："但是现在的中国是再要寂寞没有的，别人都不肯叫，只好我们叫叫，大家叫得醒了，有人大叫就是我们的功劳。有人说我们是夜猫，其实当夜猫也是很好的。"① 甘当"夜猫"以引起沉睡民众的注意，体现了《新潮》传播的现代性精神。

　　五四时期的新文学作家对于相对于反传统文学的"新文学"本身没有太多的论争，文学研究会同创造社在期刊上论争主要集中在新文学的功能、文学表达的内容、外国作品的翻译等问题。文学研究会主张"我们相信文学是一种工作，而且又是于人生很切要的一种工作；治文学的人也当以这事为他终身的事业，正同劳农一样。"②"在乱世的文学作品而能怨以怒的，正是极合理的事，正证明当时的文学家能够尽他的职务……我觉得表现社会生活的文学是真文学，是于人类有关系的文学"③。创造社则主张："我们所同的，只是本着内心的要求，从事于文艺的活动罢了。"④ 对文学研究会和创造社论争的研究已很多，都探讨两社之间文学思路的差异和共性，以及不同观点的历史背景，乃至个人之间的纠葛。但是，我们将其放在整个新期刊发展的背景下，会得到这样的启示：文学研究会和创造社的这种种论争正是期刊读者所乐见的，因为这种论争或者说论战，都包含了反抗、好奇、求新、激烈的成分。创造社刊物一出场便声势凌厉，《创造》和《创造周报》以"骂人"和"打架"的姿态，以笔墨官司引起文坛的重视，产生了很大影响。相比之下，《小说月报》的言辞就要温和许多，较为激烈的批评文章多刊发在《文学旬刊》上，因为《小说月报》已经是稳重的商务印书馆的老招牌了，没有必要通过辩论的方式提高自身在读者心中的认同度。

---

　　①　傅斯年：《通信·答鲁迅》，《新潮》1919 年第 1 卷 5 号。
　　②　《文学研究会宣言》，《小说月报》1921 年第 12 卷 1 号。
　　③　郎损（沈雁冰）：《社会背景与创作》，《小说月报》1921 年第 12 卷 7 号。
　　④　《编辑余谈》，《创造》1922 年第 1 卷 2 号。

五四时期一些期刊总是保持着辩论的姿态。不论其中所辩内容有无可辩之处，这种姿态都是其新思想传播的策略之一。论争"既是文学酝酿突破且充满生机的表征，也意味着大众传媒对于文学事业的潜在影响。不是所有的论争都关系重大，这里包含着媒体自我炒作的嫌疑；即便关系重大的论争，其刻意吸引公众目光，也更多地表露报纸杂志的技术与口味。"①"文学论争作为一种扩大文学影响的方式和手段，得到了文学界的承认和推广，并逐渐被蔓延开来，传染和渗透进新文学肌体。每当一个文学思潮，一个文学社团和文学作家在诞生的时候，他们首先想到的就是掀起一场文学论争。这已多次被文学运动和文学思潮所酝酿和使用。"②辩论是对问题的深入探讨，也是吸引读者的一种手段，并且有利于对现代性精神的传播。

（二）细致的编辑

读者意识还体现在对刊物细致的编辑上。戈公振说，我国民初的报纸编辑"不为读者着想，以省事为要诀"。③而五四期刊编辑的读者意识要浓厚得多，这体现在诸多的编辑细节上。周作人回忆自己在《新青年》的发文经历："大约是第五、六卷吧，曾决议由几个人轮流担任编辑……我特别记得是陶孟和主编的这一回，我送一篇译稿，是日本将马修的小说，题目是《小的一个人》，无论怎么总是译不好，陶君给我添加了一个字，改作《小小的一个人》，这个我至今都不能忘记，真可以说是'一字师'了。"④

《小说月报》"革新号"出版的当天，沈雁冰就向郑振铎致信称，作

---

① 陈平原：《文学的周边》，新世界出版社2004年版，第143页。

② 王本朝：《中国现代文学制度研究》，西南师范大学出版社2002年版，第67页。

③ 林语堂：《中国新闻舆论史》，刘小磊译，上海人民出版社2008年版，第138页。

④ 周作人：《知堂回忆录》，河北教育出版社2001年版，第408—409页；另，《小小的一个人》刊于《新青年》第5卷6号。

品的发表要认真筛选，创作稿件"应经三四人之商量推敲，而后决定其发表与否"。"此后朋友中乃至投稿人之创作，请兄会商鲁迅、启明、地山、菊农、剑三、冰心、绍虞诸兄决定后寄申，弟看后如有意见，亦即专函与兄，供诸同志兄审量，决定后再寄与弟。如此办法自然麻烦，但弟以为如欲求创作之真为创作，并为发挥我们会里的真精神起见，应得如此办"。①"《小说月报》现在发表创作，宜取极端的严格主义。"②

郭沫若说："《创造》要能够编得成功，资平很须注意，因为字数不够时，非有他的文字不可。"③ 郑伯奇回忆说："沫若的编辑态度特别审慎，他的取舍标准也比较严格。有些稿子，他曾经仔细地加以修改；有些稿子，也曾经再三地考虑而终于暂时放弃。"④ 这些期刊的编者对稿件选择都坚持高标准、严要求，以保证期刊的整体质量。

《新青年》编辑同人针对部分问题在"通信"栏中进行讨论。《新青年》中还有许多社会调查的内容，由编辑拟定题目，如《新青年》第7卷2号中，在《杜威博士讲演录》之后，就有详细的《读者调查表》，希望读者能够积极参与社会调查。《新青年》还刊发了中英文翻译对照、文言白话对照的稿件，以便读者阅读和学习。第5卷6号中，编者以"莫笑"署名做了一个《言对文照的尺度》的补白，如同英汉对照一样，就一封文言书信进行逐字逐句的白话"翻译"，借此说明如何将文言改造成正宗的白话。这种非常细致的工作可以说是五四期刊的一大特色，正是这些细微的努力在实际上推动了期刊编辑的发展。

五四期刊开始采用新式标点和左行横迤的排版方式，以便读者的阅

---

① 刘麟编：《茅盾书信集》，百花文艺出版社1987年版，第392—393页。

② 沈雁冰：《讨论创作致郑振铎先生信》，《小说月报》1921年第12卷2号。

③ 陶晶孙：《记创造社》，载饶鸿竞等编：《创造社资料》下，福建人民出版社1985年版，第776页。

④ 郑伯奇：《二十年代的一面——郭沫若先生与前期创造社》，饶鸿竞等编：《创造社资料》下，福建人民出版社1985年版，第755—756页。

读，这改变了期刊发展的风貌。《科学》采用左行横迤、新式标点，在中国期刊史中开了先例。1915 年创刊的《科学》在发刊词中就称："本杂志印法旁行上左，兼用西文句读点乙，以便插写算术物理化学诸方程式。"[①]1916 年《科学》第 2 卷 2 号刊发的胡适的《论句读及文字符号》，及所附《论无引语符号之害》《论第十一种符号（破号）》，成为 1919 年11 月胡适、周作人、钱玄同、刘半农等向当时教育部提出《请颁行标点符号议案（修正案）》的蓝本。文中指出无文字符号的弊病在于：一为意义不能确定，容易误解；二为无以表示文法上的关系；三为教育不能普及。

《新青年》从第 4 卷开始试行新式标点，但所使用的新式标点符号也没有完全统一，而文言式的句读圈点依然存在，比如第 4 卷中刊登多次的《本志编辑部启事》。事实上直到第 7 卷，《新青年》才杜绝了文言式的句读圈点。《新青年》第 7 卷 1 号上的《本志所用标点符号和行款的说明》就说："本志从第四卷起，采用新标点符号，并且改良行款，到了现在，将近有两年了。但是以前所用标点和行款，不能篇篇一律，这是还须改良的。现在从七卷一号起，画一标点和行款……"[②] 但许多研究者将此创举归于《新青年》，如认为《新青年》"从第 4 卷起带头采用标点符号"[③]，《新青年》第 4 卷 5 号改版后"一律使用白话和新式标点"[④]，实际是忽略改革的过程性。

为迎合读者的阅读习惯，部分期刊开始对排版方式进行了改革，如采用左行横迤。《创造》创刊号使用竖排，到 2 号便进行了改革。"至于印刷方面，我觉得横行要便利而优美些，所以自本期始，以后拟一律排

① 《发刊词》，《科学》1915 年第 1 卷 1 号。
② 《本志所用标点符号和行款的说明》，《新青年》1919 年第 7 卷 1 号。
③ 方汉奇等：《中国新闻事业简史》，中国人民大学出版社 1995 年版，第 198 页。
④ 钱理群等：《中国现代文学三十年》，北京大学出版社 1998 年版，第 59 页。

横；第一期不久也要改版，以求其画一。"① 重印的《创造》第 1 卷 1 号
也改为了横排。1922 年，北京大学国学门创办的《国学季刊》，也抛弃
了传统的"竖排"而采用由左向右的"横排"，并且全部使用新式标点，
标志着最为传统的国学期刊也为了阅读的便利，而改变了固有的"传
统"。

　　注重运用图画等方式也是五四时期期刊的一大发展。期刊中的插画
"不仅标志了现代史上意义深远的一章，也在呈现中国现代性本身的进
程上迈出了历史性的一步。"② 商务印书馆的《小说月报》，每期都有世
界名画和大量的彩色插图，非常精彩。虽然早期的期刊中，如《安徽俗
话报》就有少量插图，但是排图对技术要求高，且成本大，小书店很难
做到。在《小说月报》第 11 卷 12 号刊登的《启事》说明：改革后"每
期并附精印西洋名家画多幅。特请对于绘画艺术极有研究之人拣选材料
详加说明。以为详细介绍西洋美术之初步。定价减为二角，页数仍旧，
材料加多"③。——沈雁冰以读者为中心的编辑理念，一改《小说月报》
以前以作者为主的编辑模式。"从前办那种文艺杂志，也很注意于图画，
尤其是小说杂志。"④ 期刊中有中外风景、名人书画，更有时装美人、花
界名妓。五四时期的期刊一改这些内容，都采用西洋名画、西洋人物尤
其是作家的肖像，为读者提供了现代性的想象空间，借此帮助了以西洋
文学为参照系的现代性文化的建构。

　　将图画运用到极致的是 1917 年创办的《小说画报》。它是我国第一
份白话文学杂志，由包天笑负责文字部分，钱病鹤负责图画部分，前

---

① 《编辑余谈》，《创造》1922 年第 1 卷 2 号。

② ［美］李欧梵：《上海摩登——一种新都市文化在中国（1930—1945）》，毛尖译，
北京大学出版社 2001 年版，第 90 页。

③ 《启事》，《小说月报》1920 年第 11 卷 12 号。

④ 包天笑：《钏影楼回忆录》，香港大华出版社 1971 年版，第 359 页。

12 期为月刊，之后不定期出版。《小说画报》是通俗文艺刊物，采用白话文，图文并茂，雅俗共赏，内容涉及道德、教育、政治、科学等多个方面。《小说画报》采用石印，每篇都配有插画，就连补白也采用配画的形式。

五四时期期刊中《正误表》的设立、字号的改革，都体现出了五四时期编辑细节，也为今天的媒体树立了榜样。《新青年》的第 1 卷（除第 1 号外）均有《正误表》，《创造周报》很多期也有"正误表"，对前期的错误予以更正。一些期刊为读者利益，将字号进行调整，为读者提供更多的内容。《新青年》前 5 卷四、五号字并用，从第 6 卷开始全部改为五号字。在改革《小说月报》时，沈雁冰就与商务印书馆达成协议，"全部改用五号字（原来的《小说月报》全是四号字）"。① 这些细致的编辑，使五四期刊得到了读者的认同。

（三）广告宣传

五四时期期刊绝大多数都有宣传自己的广告。刊物还未出版或刚刚出版，很多期刊已经开始在其他刊物上做广告，为自己造势。

大出版机构所办期刊对自身的广告宣传十分重视。中华书局的《大中华》1915 年出版后，中华书局就在申报上做宣传："欧战之原因结果，中国存亡盛衰，世界最新之发明，以及科学文学政法实业修养之常识，均可求之《大中华》杂志，实社会上人人必需之良教师，阅此一册，胜读十年书。"② 商务印书馆系列期刊也不甘示弱，更注重自身的广告宣传。《东方杂志》目录页，经常性地对商务系列刊物作介绍，称《小说月报》"新旧学家均极其欢迎，政商各界购阅亦多"；《教育杂志》"教育家必读，各学校均有"；《妇女杂志》"识字妇女、女校学生，人人欢迎"；

---

① 茅盾：《我走过的道路》上，人民文学出版社 1981 年版，第 161 页。

② 《广告》，《申报》1915 年 1 月 20 日。

《学生杂志》是"全国中学生交换智识机构";《东方杂志》自己是"中国杂志之巨擘,现代知识之渊薮""官商军学界莫不人手一编"。

《小说月报》也是一样,刚一革新,就大肆宣传,如刊登在1921年1月31日、2月1日《时事新报·学灯》上的《介绍〈小说月报〉并批评》,1921年2月3日《民国日报·觉悟》上的《介绍〈小说月报〉十二卷一号》等。《小说月报》对部分作家和作品的宣传也是费尽心机。13卷8号《最后一页》称:"近来接读者来信,有问某部书的出版处,或文学上某某主义作何解的,都要求在通信栏答复;我们觉得此种通信并非各表一个见解,没有给第三者一看的必要,所以都另行专函奉答,不再排入通信栏里了,特此声明,并请通信者原谅。"① 但是在第14卷5号的通信栏中,郑振铎详细地回答了"南阳邦家港中华学校 W. C. Ching"关于冰心作品的询问。第14卷7号《最后一页》直接说:"上月出版的文学作品,比较重要的只有冰心女士的小说集《超人》(文学研究会丛书)和她的诗集《春水》(北京大学新潮社)。"② 这些宣传方式,都是期刊为了扩大自身影响的策略。"一种出版物的发行,非常重要,在推广销路上,也正大有技术,他们商业上所称的'生意眼',未可厚非。"③ 为了吸引读者而设立的噱头,只要不是故意欺骗,都能够被读者所接受。

其他期刊的广告宣传也不例外。《新青年》在自己的广告中说:"提倡新文学,鼓吹新思想,通前到后,一丝不懈,可算今年来极有精彩的杂志。"④ 还说:"《新青年》虽然是力求进步的杂志,却是一卷有一卷的色彩,一号一篇都各有各的精神。"并且自称:"这《新青年》,仿佛可以算得中国近五年的思想变迁史了。不独社员的思想变迁在这里表现,

---

① 《最后一页》,《小说月报》1922年第13卷8号。
② 《最后一页》,《小说月报》1923年第14卷7号。
③ 包天笑:《钏影楼回忆录》,香港大华出版社1971年版,第376页。
④ 《再版预约》,《新青年》1919年第6卷5号。

就是外边人的思想变迁也有一大部分都在这里面表现。"①《新青年》不避讳读者的赞扬之辞，并借读者之口来引起其他读者的兴趣。第1卷4号就有来信称："内有通信一门，尤足使仆心动，因仆对于耳目所接触之事物，每多怀疑莫决，师友中亦间有不能答其质问者。今贵杂志居然设此一门，可谓投合人心应时之务，仆今后当随事随物，据其所疑，用以奉质。"② 第2卷1号上的读者来信更是对《新青年》高度评价："未几大志出版，仆已望眼欲穿，急购而读之，不禁喜跃如得至宝。若大志者，称我青年界之明星也"。③

很多期刊还通过宣传自己的强大的作者群体来吸引读者。《新青年》称自己的不少文章乃"得当代名流之助，如温宗尧、吴敬恒、张继、马君武、胡适、苏曼殊诸君"④。即将改革的《小说月报》在第11卷末列出了革新后的创作群体："本刊明年起更改体例，文学研究会诸先生允担任撰著，敬请到诸先生之台名如下：周作人、瞿世英、叶圣陶、耿济之、蒋百里、郭梦良、许地山、郭绍虞、冰心女士、郑振铎、明心、庐隐女士、孙伏园、王统照、沈雁冰"。⑤ 单是这强大的作者阵容已让很多读者向往了。

《新潮》尚未出版，便在《北京大学日刊》和《新青年》上大肆宣传。1918年12月3日的《北京大学日刊》登载了《新潮》的创刊启事："同人等集合同趣组成一月刊杂志，定名曰《新潮》。专以介绍西洋近代思潮，批评中国现代学术上、社会上各问题为职司。不取庸言，不为无主义之文辞。成立方始，切待匡正，同学诸君如肯赐以指教，最所欢

---

① 《〈新青年〉再版广告》，《新青年》1919年第7卷1号。
② 张永言：《通信》，《青年杂志》1915年第1卷4号。
③ 毕云程：《通信》，《新青年》1916年第2卷2号。
④ 《通告》，《新青年》1916年第2卷1号。
⑤ 《本月刊特别启事五》，《小说月报》1920年第11卷12号。

迎!"① 在 1918 年 12 月 15 日的《新青年》上也有《新潮》创刊的宣传:
"《新潮》为北京大学发行杂志之一种,其宗旨为:(1)介绍西洋现代思
潮;(2)批评中国现在学术上社会上各问题。其特质为:①有独立的主
义;②遵科学的律令;③以批评为精神,不为不着边际、不关痛痒之议
论。总而言之为纯粹新思想之杂志,凡留心学术思想界者不可不读,各
级学校学生尤不可不读。"②《新潮》在书报介绍中也推崇《新青年》称:
"《新青年》可看之处,正因为他有主义,不发不负责任的议论,不作不
关痛痒的腔调,他是种纯粹新思想的杂志。"③

　　最为夸张的是《创造》,创刊之前早早就为自己做起了广告。1921
年 9 月 29 日的《时事新报》上有《纯文学季刊〈创造〉出版预告》:"创
造社同人奋然兴起打破社会因袭,主张艺术独立,愿与天下之无名作家
共兴起而造成中国未来之国民文学。"④ 此时,距离 1922 年 3 月《创造》
创刊,尚有整整半年时间。

　　五四时期期刊利用多种方式宣传。期刊不仅对自身表扬有加,而且
通过别的期刊扩大自己的影响。五四时期的许多期刊都设有《书报介绍》
这样的栏目,互相进行广告交换,体现了五四期刊传播的整体性。当
然,这种书报介绍面向与自己所传播内容类似的期刊,或是自己所属出
版机构所出版的书籍或期刊。中华书局的陆费逵曾见到自己书局的期刊
介绍其他家之书,觉得太不像话,明确提出:"本局刊行杂志为宣传本
版之书"。⑤

　　五四时期期刊中,虽然许多是同人刊物,商业性期刊数量并不是太

---

① 《新潮社成立启事》,《北京大学日刊》1918 年 12 月 3 日。
② 《〈新潮〉广告》,《新青年》1918 年第 5 卷 6 号。
③ 《书报介绍·新青年杂志》,《新潮》1919 年第 1 卷 2 号。
④ 创造社同人:《纯文学季刊〈创造〉出版社预告》,《时事新报》1921 年 9 月 29 日。
⑤ 钱炳寰:《中华书局史事丛抄》,俞筱尧、刘彦捷编:《陆费逵与中华书局》,中华
书局 2002 年版,第 293 页。

多，但它们普遍有广告经济意识。即使没有商业广告，也会有对书刊的广告介绍。当然，期刊与报纸不同。期刊的收入主要依靠发行，而不似"新闻纸最要之收入，为广告费"①。但保守如《国故》，也设有广告，其《广告价目》中标明："一、每期每页八元，半页五元，每四分之一页三元。刻花样另议，长期登载者酌定折扣。二、凡书籍杂志与其他学术上之广告经本社同人认为有益者以对折计算。三、凡学术上之重要著作本社愿为介绍者不取广告费，惟登载时须得社员多数之同意。四、凡有害群众之广告概不为登载。"五四时期的期刊创办者都有一定的品牌意识，大的如中华书局有冠以"中华"名称的系列期刊，小的如创造社在创办期刊时也注重以"创造"命名系列期刊，在期刊起名时就下了功夫，刻意创造品牌。大型期刊还非常注意以多种方式推广自己，如《东方杂志》第16卷1号刊有《小说月报》创刊十年的广告。该刊为招徕读者征订，赠送彩色印刷美术画，足见其经营方式是十分灵活的。

三、期刊的传播方式

对于期刊尤其是新创办的期刊而言，要想被读者认同，发行是其基础。没有出版传播，一切都不可能实现。张静庐总结期刊的发行要解决三个关键问题："第一，要使各地的读者都晓得有这样一件东西（买不买是另一问题）；第二，要使它能达到每一家贩卖书店（卖得掉与卖不掉是另一问题）；第三，要使读者怎样会拿出钱来买你的杂志（满意与不满意是另一问题）。"②

---

① 徐宝璜：《新闻学》，中国人民大学1994年版，第85页。
② 张静庐：《在出版社界二十年》，江苏教育出版社2005年版，第140页。

（一）出版发行方式

期刊为了便于读者接受并产生依赖，一般都是定期出版，但是五四时期的期刊中能够较长时间定期出版的却并不多见，期刊界普遍存在"东鳞西爪""有始无终"①之弊。这其中的缘由，主要有四个方面：一是政治环境干扰的原因；二是经济方面的原因；三是稿件来源的欠缺；四是主编或出版机构自身的原因，都会造成期刊的愆期甚至是停刊。

陆费逵在 1915 年《大中华》创刊号的《宣言书》中指出，梁启超之后的期刊虽然有的能够风靡一时，"然以牵于人事，中道停歇，为世所惜"，之后留学之人回国创办的期刊也是持久者无一。在他看来，期刊如果想要持久，必须要有"适当之人才与目的，适当之资本与机关"。②但可惜《大中华》只出了两卷就被中华书局舍弃了，可见定期出版之难。尽管如此，不少期刊还是立下雄心壮志，如 1917 年《小说画报》创刊号上的《例言》即立下规矩：本杂志"准期出版，绝不蹈时下拖延之习"。③

《新青年》虽然是不定期出版，但其中间隔的时间均不长。第一次是在第 1 卷出完后，被告知《青年杂志》重名而欲进行调整，停刊了 7 个月。第二次是在第 3 卷出完后，陈独秀从上海前往北京任教，新组编辑部同人，停刊了 4 个月。第三次是在第 6 卷中，因为五四学生游行，1919 年 4 月出完第 6 卷 4 号之后，6 月陈独秀被捕，第 5 号就拖延了很久④，第 6 号出版已到 11 月。第四次是第 7 卷出完后，《新青年》脱

---

① 《本报通告》，《小说时报》1909 年第 1 号。

② 陆费逵：《宣言书》，《大中华》1915 年第 1 卷 1 号。

③ 《例言》，《小说画报》1917 年第 1 号。

④ 《新青年》第 6 卷 5 号版权页标记出版时间为 1919 年 5 月，但该号上刊载的李大钊：《我的马克思主义观》（上）标明参考了《每周评论》第 33 号，但《每周评论》第 33 号的出版时间为 1919 年 8 月 3 日，因此该号的出版时间应为 1919 年 9 月。参见刘维：《一个必要的考据》，《光明日报》1960 年 8 月 4 日。

离上海群益书社，由重组过的"上海新青年社"自行发行，停刊了 5 个月。第五次是在第 9 卷 5 号之后，间隔了 11 个月，勉强出了第 6 号，《新青年》月刊终刊。

期刊有连续性，办刊要旨须在每一期中体现出来，包天笑就说，"读小说如听说书一般，要继续读下去，方有兴味"。① 偶尔间断，可以理解，长期断断续续，或间隔时间太长，就难以维系了。《新潮》经常不能如约出版，第 1 卷 5 号适逢五四运动发生，新潮社直接参与了五四运动，第 2 卷 1 号延期至当年 10 月，又"因为福州等处问题发生的缘故"，2 号拖到了 12 月。1920 年末第 2 卷毕后停刊一年时间，到了 1921 年的 10 月 1 日，才出版了第 3 卷 1 号，然后又停刊直到 1922 年 3 月，出了 3 卷 2 号"一九二〇年世界名著介绍特号"后终刊。其间中断时间太长，原来的读者以为刊物早已经停刊了，以至于十多年后鲁迅在《新文学大戏》中介绍《新潮》时，还这样说："《新潮》这杂志，也以虽有大吹大擂的预告，却至今还未出版的'名著介绍'收场"。②《名著介绍》即第 3 卷 2 号，已于 1922 年 3 月出版，可惜鲁迅十多年后都没有见到，也可见期刊出版间隔过长会使读者流失。

期刊的发行条件至 19 世纪末仍十分有限，只能在信局、洋行、洋药店等代售。20 世纪后，随着书局的发展、商业化程度的提高、邮政的发展和交通的便利，发行渠道增多且愈加便捷。上海和北京这类大城市的读者可以直接购买到出版的期刊，不在期刊出版地的读者可以通过订购的方式邮购期刊，也可以在当地的代派机构购买期刊。

五四时期期刊发行数量最多的地点是上海。上海作为新文化的中心，读者可以在这里方便地购买到各类期刊，上海四马路的盛况在诸多

---

① 包天笑：《钏影楼回忆录》，香港大华出版社 1971 年版，第 451 页。
② 鲁迅：《导论》，《中国新文学大系》小说二集，上海良友图书印刷公司 1935 年版，第 4 页。

著作中都有提及，这也成为读书人更愿意来到上海的原因之一。对于更多的读者，就要采用邮购的方式来获得期刊了。绝大多数的期刊在版权页都标注了邮购方式，并且如果一次订阅时间较长，还会有相应的优惠。期刊一般都可以被认定为"中华民国邮务局特准挂号认为新闻纸类"，在邮寄时邮资也相对低廉，定价每册两角的期刊一般只需要 1 分半的邮费。期刊的邮购服务虽然时间较长，但对没有代派处的中小城市读者来说也算方便了。

　　有一定积累的书局在各省较大的城市都设有分销代派机构，方便读者直接购买，但是代派代销的方式对于出版商而言很有压力。其一，发行要靠铺账底，投入很大。发行网络，主要靠自己的代派处。每一个书局出版的书或期刊，"都需要委托各地贩卖书店代售，卖出还钞，很多卖出了也不还钞，于是乎有了'账底'"[1]。这账底是书店起家时必须要铺的，有时可能要花费半年乃至一年所赚的钱去完成这个账底。因此，书店前期的投入是相当大的，如果没有这样的渠道，另行"打桩"，则是相当困难。"代理发行者吃力不讨好"，因为，"在代理发行与出版人方面订有合同，不管你现卖也好，放账也好，到了合同规定的日期，为实践信诺，不得不垫付。结果就变成了一面现钱买进，一面赊账放出"。[2] 第二，代派期刊还有一个时间差的问题。期刊具有一定的时效性，期刊运送到代派点时已经晚了一段时间，对内容多少还是会有影响。"发行网线遍布全国，因交通的不便，邮程滞迟，从上海达到川、黔、滇、甘、桂等处往往需要很多的日期。富于时间性的杂志，到可以发卖的时候，它的时间性已经失掉了。"[3] 这所有的损失都得由代理发行人负担。因此，对于代理发行杂志的业务，发行方都不太积极去实现。

---

①　张静庐：《在出版社界二十年》，江苏教育出版社 2005 年版，第 63 页。

②　张静庐：《在出版社界二十年》，江苏教育出版社 2005 年版，第 146 页。

③　张静庐：《在出版社界二十年》，江苏教育出版社 2005 年版，第 146 页。

第三，代理发行和贩卖也是通过邮寄渠道。寄费的加快和加重，糟蹋和破损，常常使代售者有所损失，因此代售者往往将这些算在出版商的头上。

许多期刊还采用读者预定的形式发行，"由于读者人数有限，在销量缺乏一定保障之前付印是有风险的。于是就采用了出版前预先订购的方式。"① 但这几乎全部依赖出版机构以及期刊主编在读者心目中的声望。

期刊如果有成熟的出版机构作依托，就可以在很大程度上减少发行上的麻烦，从而专心去充实内容。纵观五四时期的期刊，凡是影响力较大的期刊都依托有出版商，否则很难实现大面积的传播。《新青年》的发行系统主要由群益实现，《新青年》依托群益书社，以代派的形式发行，发行网络包括全国各大城市。1915 年，在《青年杂志》2 号的封底广告《各埠代派处》中，详细列出了《新青年》在各地所设的 76 个代派处，其中包括设在新加坡的两个。至 1921 年，《新青年》的发行点总数为 95 个。《新青年》第 9 卷 5 号的封底广告《本报代派处一览》中也做了列举：上海本市 8 家，外埠 60 家，国外 2 家（欧洲总代派处巴黎中国书报社和日本东京神田北神保町十中国青年会内东方书报社），以及伊文思图书公司外埠各特约分售处 25 家。庞大的发行网络为《新青年》在各地的传播奠定了良好的基础。

再以地方性的陕西旅京学生会刊物《秦钟》为例，它没有依托现成的出版机构，其发行范围除北京外主要在陕西，西安的第一师范学校、女子师范学校等各中等学校均有代售，在三原、绥德、榆林、华县、汉阴、浦城、临潼、富平各地也有代售处。除此之外，只有湖北武昌、浙

---

① ［美］刘易斯·科赛：《理念人》，郭方等译，中央编译出版社 2004 年版，第 44 页。

江嘉兴、江苏南通、四川成都、福建漳州五市。客观而言，《秦钟》的发行在陕西的覆盖面较为广泛，但在其余地域而言就显得非常薄弱，因此，期刊"宣布陕西社会状况于外界"的设想并没有太多实现。

各地综合性社团除了组织活动外，有的还参与了期刊的销售。如浙江第一师范学校的书报贩卖部和湖南的长沙文化书社。当时在浙江第一师范学校读书的施复亮（施存统）在学校里组织了"书报贩卖部"，每天去公共场所销售进步书刊，"传播新思潮的刊物有十几种之多，销行最广的是《新青年》杂志和《星期评论》周刊。杭州第一师范学校有学生四百人左右，有一个时期，校内就销行《新青年》和《星期评论》四百几十份。"①1919 年 8 月成立的湖南长沙文化书社销售杂志 40 余种，半年内就卖出《劳动界》周刊 5000 本，《新生活》半月刊 2400 本，《新青年》2000 本。②

（二）人际传播

期刊出版发行之后，人际传播是期刊传播链条延续的重要基础。读者除了可以直接从出版者或发行渠道购买之外，还可以通过人际传播等方式和途径获得。理想的读者会将期刊分享给自己周围的人或者朋友，让期刊传播得以继续。人际传播的可信度更高，熟人推荐的内容更容易被人们所接受。发行量是期刊传播的基数，而人际传播能使期刊的传播效力得到成倍的增长。

有的读者因为与期刊编辑相近，或与出版机构相熟，近水楼台先得月，获得了赠阅。鲁迅就曾经将《新青年》寄给二弟周作人阅读。冰心对于期刊的阅读也是受到了表兄的影响，她的表兄刘放园当时在北

---

① 傅彬然：《五四前后》，中国社会科学院近代史研究室编：《五四运动回忆录》下，中国社会科学出版社 1979 年版，第 754 页。

② 《文化书务报告》第二期，张允侯等编：《五四时期的社团》一，三联书店 1979 年版，第 64 页。

京《晨报》任编辑。冰心后来回忆说："这时为了找发表宣传文章的地方，我就求了他，他惊奇而又欣然地答应了。此后他不但在《晨报》上发表我们的宣传文字，还鼓励我们多看关于新思潮的文章，多写问题小说。这时新思潮空前高涨，新出的报纸杂志像雨后春笋一般，几乎看不过来。我们都贪婪地争着买，争着借，彼此传阅，如《新青年》、《新潮》、《中国青年》，一直到后来的《语丝》。"① 刘放园觉得冰心还比较能写，"便不断地寄《新潮》、《新青年》、《改造》等，十几种新出的杂志，给我看。这时我看课外书的兴味，又突然浓厚起来，我从书报上，知道了杜威和罗素；也知道了托尔斯泰和泰戈尔。这时我才懂得小说里有哲学的，我的爱小说的心情，又显著的浮现了"。②

购买期刊之后借给他人阅读，或是交换期刊也是重要的期刊传播方式，交换期刊甚至变成了交友或者朋友交流的方式和纽带。通过交换期刊、推荐期刊，不仅能够交换思想，也能够延续朋友友情。北京大学的学生回忆《新青年》当时在"部分同学中争相传阅"③，李小峰后来回忆《新潮》从初刊到发展的过程时说，《新潮》最初的代销处也只限于本校以及北京一些高等学校及书报摊，"当时《新潮》的主要推销员倒是青年学生，他们自己看过杂志之后，借给同学看，寄给朋友看，送给兄弟姐妹看，如此一传十，十传百，由近及远，从北到南，作义务的宣传员、推销员，《新潮》的读者就这样越来越多，遍及到全国。"④ 许钦文也回忆说《新青年》、《新潮》等刊物"都为好学的青年所注意，报刊、书籍，已经翻阅得破破碎碎了，还是邮寄来，邮寄去。有了新出的好书，如果

---

① 冰心：《回忆"五四"》，《文艺论丛》第 8 辑，上海文艺出版社 1979 年版，第 7 页。
② 冰心：《冰心自传》，江苏文艺出版社 1995 年版。
③ 杨明轩：《在五四的日子里》，中国社会科学院近代史研究室编：《五四运动回忆录》上，中国社会科学出版社 1979 年版，第 235 页。
④ 李小峰：《新潮社的始末》，中国社会科学院近代史研究室编：《五四运动回忆录》续，中国社会科学出版社 1979 年版，第 209 页。

不寄给朋友看，好像是对不住朋友似的。友谊往往建筑在书籍的借阅、赠送和学术的讨论上。"①

在学校里，先受到进步期刊影响的教师会与学生分享期刊中的观点和内容，甚至是带领学生一同阅读期刊。五四前后，湖南高等师范学校的舒新城毕业后去长沙福湘女学任教，他发现学生没有阅读报刊的习惯，于是组织学生阅读《学生杂志》、《教育杂志》、《妇女杂志》等期刊，并介绍《新青年》、《新潮》、《晨报副刊》、《觉悟》等给学生看。他在假期无选择地、夜以继日地阅读各种新刊物，开学后也要求"对学生也照样要她们广泛地阅读新报刊，学校不允许订购的刊物如《新青年》、《星期评论》，则由家里带去"②，在课堂上进行讨论。

（三）个案:《新青年》的多极传播

期刊传播不是一次性的传播，而是经历了多重的传播过程。这种多极传播主要体现在地域和时间两个方面。中国领土广袤，不同地区的交通便利程度和地方文化差异较大，五四时期期刊传播和接受是先由东部而后传入西部，逐渐产生更大的影响。另外，由于交通并不如当今一样便利，很多读者看到期刊之时已经与期刊出版日相去较远，但是由于五四时期期刊内容的时效性并不是特别强，以至于很多读者在多年后看到依然有所触动。正是这种地域上的不平等性，时间上的延时性构成的多极传播，使五四时期期刊产生了更大、更长久的影响。

五四时期期刊在不同地域的传播体现出巨大的差异，这主要与地域政治、经济、文化等环境影响有关。虽然民国宪法规定有传播自由，但政治环境却时紧时松，各地军阀的文化开放程度也不尽相同，各地的交

---

① 许钦文:《五四时期的学生生活》，中国社会科学院近代史研究室编:《五四运动回忆录》下，中国社会科学出版社1979年版，第984—985页。
② 舒新城:《回忆五四反帝斗争的一幕》，中国社会科学院近代史研究室编:《五四运动回忆录》上，中国社会科学出版社1979年版，第523页。

通、经济也有很大差异，这都导致了传播的地域不平衡性。五四时期期刊在上海和北京的传播有着各种先天优势，特别是上海，不仅出版业发达、人口集中，而且有着相对自由的阅读空间。

北京的高等学府数量居全国之首，青年读者汇聚，《新青年》与北大的渊源也增添了其在社会上的影响。随着新文化运动的逐渐扩大，"《新青年》的发行量也增多了，每期出版后，在北大即销售一空"①。在浙江、安徽、湖南等地，传播效果虽不如京沪，但也产生了很大影响。由于《新青年》的主编及主要撰稿人中以皖籍居多，很多人将《新青年》寄给在安徽的朋友，向大家介绍《新青年》。②而有些地区则传播受阻，如《新青年》在湖南长沙福湘女学就在禁止订购的范围。③

《新青年》在西部地区的传播受到更多的制约，不仅读者少，传播延时，而且缺乏反馈。④艾芜当时是四川成都新繁县城的繁江书院的小学生，他后来回忆说："五四运动的浪潮，怎样冲了来的，一点也不知道。《新青年》、《新潮》这类杂志，已经来到学校图书室了，教师里面已经有人在看《每周评论》、《星期评论》了，但我们做学生的却还没有注意到，晚上菜油灯下，自习的时候，仍然是在读教科书上的文言文章。"⑤《新青年》在整个西部的销量就很少，1916年底"《新青年》初到成都不过五份"。⑥虽然3个月后销数超过30份，但也并不算多。⑦《新

---

① 张国焘：《我的回忆》第1册，东方出版社1998年版，第40页。
② 蒋二明：《〈新青年〉在安徽的传播和影响》，《党史纵览》2005年第4期。
③ 舒新城：《回忆五四反帝斗争的一幕》，中国社会科学院近代史研究室编：《五四运动回忆录》下，中国社会科学出版社1979年版，第523页。
④ 申朝晖、李继凯：《〈新青年〉在中国西部的传播》，《湘潭大学学报》（哲学社会科学版）2006年第2期。
⑤ 艾芜：《五四的浪花》，中国社会科学院近代史研究室编：《五四运动回忆录》下，中国社会科学出版社1979年版，第959页。
⑥ 吴虞：《吴虞日记》上，四川人民出版社1984年版，第301页。
⑦ 胡适：《胡适来往书信选》上，中华书局1979年版，第87页。

青年》在西部的传播远落后于东部地区，而在湖南、安徽、浙江等省的情况相对要好很多。

在另一个时间维度上，由于期刊并不具备太强的时效性，反而延长了期刊的文化生命。《新青年》自 1915 年创办，至 1919 年已近发行至第 7 卷，但其社会影响也是在"五四运动"后在社会上产生较大影响。生于福建的郑超麟只知道五四运动抵制日货、打卖国贼、拒签合约，他记述当时的社会状况："漳平县学生不会比我知道得更多些。龙岩县学生当时也许有人知道五四运动的其他意义么？有人读过《新青年》，为新潮流所激动么？我不敢说。但即使有，也是凤毛麟角的。"①1919 年 11 月，刚刚中学毕业的郑超麟前往法国勤工俭学，他发现自己对别人所讨论的《新青年》一类杂志闻所未闻，不知道五四运动有爱国以外的意义，当第一次读到陈独秀反对孔子的文章，还记下了一篇篇幅很长的日记专门大骂陈独秀，"但《新青年》杂志，以及这一类杂志，从此吸引了我，愈有反感，愈想借来看，渐渐地对于线装书不感兴趣了"②。在前往法国的邮轮上，郑超麟完成了思想的蜕变，下船时的他思想已彻底改变。

曹聚仁回忆自己在 1917 年遇见施存统时的情景："他手中带了好几本《新青年》，十六开本，四号字本文，夹注多用五号字，看起来跟商务出版的《东方杂志》差不多。我翻开看了几页，几乎从船舱里跳起来，因为其中的说法，简直是离经叛道。我不相信他这样一位理学家的弟子，会看这样的刊物。他就拖着我一本正经地说了许多话；他说，单老师（理学家单不庵——引者注）也看这一种刊物。这就很奇怪。从那一年后，我也变成了《青年杂志》的读者，进而为他们的信徒了。"③

湖南溆浦小学教员王一知回忆：在 1921 年夏天，北京朝阳大学的

① 郑超麟：《郑超麟回忆录》，东方出版社 1996 年版，第 161 页。
② 郑超麟：《郑超麟回忆录》，东方出版社 1996 年版，第 165 页。
③ 曹聚仁：《文坛五十年》，东方出版中心 1997 年版，第 108 页。

一位学生来到溆浦这个闭塞的地方。"这人姓韩，他到我们学校来参观，并与我们座谈，他公开向我们小学教员宣传共产主义的道理，他给我们的宣传品中有几期《共产党》。我向他提到《新潮》好，他说《新潮》没有《新青年》好，第二天他又送来几本《新青年》。"①

蒋介石对五四时期的期刊涉猎并不多，但他在1919年至1926年曾多次阅读《新青年》和《新潮》，在日记中明确记录了1919年12月在看《新青年》"易卜生号"②，而"易卜生号"出版于一年半之前的1918年6月。可见期刊由于时效性不强的缘故，反而在一段时间之后依然会有人阅读。

1935年，当年印行《新青年》的群益书社由于经营不善即将倒闭，亚东图书馆因为作了经济担保而损失很大，结果是章士钊出面，"由群益拿《新青年》给亚东重印一版"。③一种期刊在十多年后依然能够再版刊行，不但说明其本身的价值，更让人惊叹它影响力的持久。不仅如此，人民出版社于1954年影印《新青年》出版，日本汲古书院于1970年将其影印出版，人民出版社于2009年再次影印出版，上海书店2011年将其影印出版。2011年，中国书店和宁夏人民出版社还编辑出版了《新青年》的横排简体版。这在期刊出版史上也算绝无仅有。

第三节　期刊的传播效果

媒介的传播效果，"主要取决于传播的知识和信念的性质，取决于知

---

① 王一知：《走向革命——五四回忆》，中国社会科学院近代史研究室编：《五四运动回忆录》下，中国社会科学出版社1979年版，第511—512页。
② 杨天石：《寻找真实的蒋介石：蒋介石日记解读》，山西人民出版社2008年版，第14页。
③ 汪原放：《亚东图书馆与陈独秀》，学林出版社2006年版，第192页。

识和信念系统化与多样化的程度，以及取决于我们个人对作为一种信息来源的大众传播媒介的依靠程度"。[1] 五四时期知识分子对于传媒的理念有了新的认知，他们不再是寄生报刊业，更不是堕入报刊业。与此同时，社会公众对报刊的认同也有了很大的提升，"人民阅报之习惯业已养成，凡具文字之知识者，几无不阅报"。[2] 加之五四时期期刊对新文化的传播，效果显著。陈独秀在 1919 年初为《新青年》辩解时说："本志经过三年，发行已满三十册。所说的都是极平常的话，社会上却大惊小怪，八面非难，那旧人物是不用说了，就是咭咭叫的青年学生，也把《新青年》看作一种邪说、怪物、离经叛道的异端、非圣无法的叛逆。本志同人，实在是惭愧得很。对于吾国革新的希望，不禁抱了无限悲观。"[3] 殊不知正是此时，社会舆论已悄然发生变化，期刊的文化传播开始初见成效。

一、对个人的影响

（一）读者直接认可

作为承载文化的期刊，它所能产生的效果与它的读者有着重要的关系，读者的接受程度直接决定了期刊的传播效果。拿文学期刊来说，它的读者可以分为两类："一种是一般读者，其购买与阅读，乃纯粹的文学消费；另一种则是理想读者，不只阅读，还批评、传播、再创造。如果举例，前者为上海的店员，后者则是北京的大学生。讨论文学传播，除了考虑有多少读者，还必须考虑是哪些读者在阅读。"[4]

---

① ［英］丹尼斯·麦奎尔、［瑞典］斯文·温德尔：《大众传播模式论》，祝建华等译，上海译文出版社 1987 年版，第 12 页。

② 戈公振：《中国报学史》，上海古籍出版社 2003 年版，第 237 页。

③ 陈独秀：《本志罪案之答辩书》，《新青年》1919 年第 6 卷 1 号。

④ 陈平原：《文学的周边》，新世界出版社 2004 年版，第 119 页。

五四文学期刊的读者定位主要在后者，所以期刊的传播范围更广，速度更快。

理想的、积极的读者对期刊的认可分为三个层次：如果读者对期刊的内容有一定的兴趣，理解并认同期刊的内容，就会购买期刊或通过各种方式继续关注期刊，这是读者一般性的认可；如果期刊的内容和观点在读者心中产生共鸣，读者会在与其他人交流期刊中的内容，参与期刊的传播，这是读者对期刊的认同；如果期刊的内容和观点对读者产生巨大的冲击和震撼，读者会积极地对期刊的内容进行思考并继续阐释，并期望直接与期刊的编者交流，直接参与期刊的内容和观点的创造，这是读者对期刊的高度赞同。

五四时期许多期刊开设的"通信"栏目，记载了读者对期刊内容的书面反馈。不可否认，通信中有编者自己假借读者之口，以通信之名行宣传之实的可能性，但在五四时期期刊中，有据可查的反映读者认可的来信也不少。

《新青年》刊载有正在山东读中学的王统照的来信，王统照认为《新青年》"说理新颖，内容精美，颇为最有益青年之读物，绎诵数过，不胜为我诸青年喜慰也。"①《新青年》记者答复道："来书疾时愤俗，热忱可感，中学校有如此青年，颇足动人中国未必沦亡之感。"②恽代英激动地写信给《新青年》说："我们素来的生活，是在混沌的里面。自从看了《新青年》渐渐的醒悟过来，真是在黑暗的地方见到了曙光一样。"③

浙江一师的施存统很早就接触到了《新青年》，受《新青年》的影响又成为《新潮》的忠实读者。他在致《新潮》的通信中说道："自从你们的杂志出版以来，唤起多少同学的觉悟，这真是你们莫大之功了！

---

① 王统照：《通信》，《新青年》1916 年第 2 卷 4 号。
② 记者：《答王统照》，《新青年》1916 年第 2 卷 4 号。
③ 恽代英：《通信》，《新青年》1919 年第 6 卷 3 号。

就是'文学革命'一块招牌，也是有了贵志才竖得稳固的（因为《新青年》虽早已在那里鼓吹，注意的人还不多）。""大概看过《新青年》和《新潮》的人，没有一个不被感动；对于诸位，极其信仰。学白话文的人也有三分之一。""我们同学起初看见的胡先骕君那篇《中国文学改良论》，也有许多怀疑的，以为白话文未必可以全代文言，现在罗志希先生这篇《驳胡先骕君的中国文学改良论》真是对症发药。他们怀疑的所在，都被罗先生解释过了，信仰白话文的程度，谅来必定要增加了。"① 这施存统就是后来《浙江新潮》的创办者。

北京大学的学生杨钟健向《新青年》编辑寄了自己的稿件《儿童公育》，刊登在 1920 年第 8 卷 1 号的《新青年》"通信"栏。《新潮》的通信栏中有读者杨钟健的来信，信中讲述了自己的体会："兄弟自阅贵杂志以来，心中非常感佩，因为说的话对于我们的国家和社会，虽不敢说切中时弊，却也非他一切不三不四、顺口开河的报章杂志可比了。"② 这杨钟健就是后来《秦钟》的创办者。

《新青年》等期刊为了吸引同人以外的作者投稿，开设了"读者论坛"栏目，提供一种比通信更为严谨和理论化的反馈园地。"读者论坛"比"通信"更为正式，主要表达读者对期刊中所讨论问题的理解，同时对期刊刊载内容有所呼应。《新青年》的读者论坛栏目从第 2 卷开设，共刊发了 26 篇稿件。其他还有部分稿件虽未归入读者论坛，但其实也是由读者撰写的稿件。如第 3 卷 2 号上刊登的毛泽东署名二十八画生的稿件《体育之研究》，就体现了读者对期刊的高度认可，并成功地参与了其内容的创造。

（二）读者个人记忆

除了在期刊"通信"、"读者论坛"等栏目的直接反馈外，更多的

---

① 施存统：《通信》，《新潮》1919 年第 2 卷 2 号。

② 杨钟健：《通信》，《新潮》1919 年第 1 卷 5 号。

可见文献是五四亲历者们当时的个人记录，或是之后的回忆。亲历过五四时代的许多人曾回忆五四时期期刊对他们的影响，在有关五四运动的回忆录中可见不少。毛泽东就说："《新青年》是有名的新文化运动的杂志，由陈独秀主编。我在师范学校学习的时候，就开始读这个杂志了。我非常钦佩胡适和陈独秀的文章。他们代替了已经被我抛弃的梁启超和康有为，一时成了我的楷模。"①"《新青年》是有名的新文化运动的杂志，由陈独秀主编。当我在师范学校做学生的时候，我就开始读这一本杂志。有很长一段时间，每天除上课、阅报以外，看看，看《新青年》；谈话，谈《新青年》；思考，也思考《新青年》上所提出的问题。"②

川岛后来回忆自己的北大求学经历时说："当时北大师生所创办的杂志，像《新青年》、《新潮》，是早期就知名的《每周评论》在我到北大时已被封禁，但是还有《新生活》、《少年中国》，吸引力都是很大的。"③罗常培说："第三学年是我思想转变的开始，转变的主要动因，是《新青年》杂志和《蔡元培先生给林纾的信》，对我起了很大的作用"④傅斯年在当时激动地说："近来看见《新青年》五卷一号里一篇文章，叫作《人的文学》，我真佩服到极点了。"⑤北大的不少学生读者看了《新青年》上李大钊的文章后，"大家对政治开始有了兴趣，从死书本里钻出来。"⑥余上沅说："自从《新青年》的易卜生专号出世以来，学生们

---

① 〔英〕埃德加·斯诺：《西行漫记》，董乐山译，三联书店1979年版，第125页。
② 任建树：《陈独秀传》上，上海人民出版社1989年版，第103页。
③ 川岛（章廷谦）：《"五四"杂忆》，《文艺报》1959年第8期。
④ 罗常培：《罗常培自传》，中国人民政治协商会议天津市委员会、文史资料研究委员会编：《天津文史资料选辑》第43辑，天津人民出版社1988年版，第6—7页。
⑤ 傅斯年：《白话文学与心理的改革》，《新潮》1919年第1卷5号。
⑥ 杨明轩：《在五四的日子里》，中国社会科学院近代史研究室编：《五四运动回忆录》上，中国社会科学出版社1979年版，第235页。

不会谈几句《娜拉》、《群鬼》便是绝大的羞耻"。① 甚至青年学生把《新青年》、《新潮》看作"一切新思潮的源头",是"'五四运动'的司令台"。"当时青年人是否阅读《新青年》、《新潮》看一个青年进步还是落后"。②《新青年》等刊物已经成为一种进步的文化符号,期刊的现代性已经被读者普遍接受。

赵家璧回忆自己 1922 年上小学时的情状:"国文老师王者五见我喜爱看书,就把教员办公室书橱里的几包多年来尘封未动的《新青年》、《新潮》,一本一本地借给我带回家去。这使我第一次接触到定期刊物这一出版形式,并从中吸取了许多新思想,更为我打开了知识宝库的大门,发现课本之外还有一个极大天地。接着我便常去离家不远的松江县立图书馆,借阅新文艺小说和《小说月报》、《学生杂志》等。"③

诗人郭沫若也是在看到俞平伯在《新潮》上的白话诗后,才开始发表白话诗的。④ 冰心在回忆初学写作时说:"我们都贪婪地争着买,争着借,彼此传阅,如《新青年》、《新潮》、《中国青年》,一直到后来的《语丝》。看了这些书报上大学生们写的东西,我写作的胆子又大了一些,觉得反正大家都是试笔,我又何妨把我自己所见所闻的一些小问题,也写出来求教呢?"⑤ 冯至中学毕业后,"大量阅读传播新文化的杂志,如《新青年》《少年中国》等,后来又读到了文学刊物《小说月报》《创造》"⑥,对他的文学生涯产生重大影响。

① 余上沅:《爱尔兰文艺复兴运动中之女杰》,《余上沅戏剧论文集》,长江文艺出版社 1986 年版,第 107 页。

② 汪静之:《爱情诗集〈蕙的风〉的由来》,王训昭编:《湖畔诗社评论资料选》,华东师范大学出版社 1986 年版,第 292 页。

③ 赵家璧:《编辑忆旧》,三联书店 2008 年版,第 1 页。

④ 龚济民等:《郭沫若传》,北京十月文艺出版社 1996 年版,第 24 页。

⑤ 冰心:《回忆"五四"》,《文艺论丛》第 8 辑,上海文艺出版社 1979 年版,第 7 页。

⑥ 冯至:《答〈中学生阅读〉编辑部问》,《冯至全集》第 5 卷,河北教育出版社 1999 年版,第 241 页。

在后来公开的具有私人性质的日记中，我们可以读到当事人在阅读期刊时的感受。周恩来在日记中有阅读《新青年》时的感受："这几天连着把三卷的《新青年》仔细看了一遍，才知道我从前在国内所想的全是太差，毫无一事可以做标准的！"[①] 恽代英在日记中记下："阅《新青年》，甚长益心智。"[②] 臧克家把《创造》季刊和《创造周报》当作"精神食粮"，当看到杂志上印有郭沫若的一张照片，于是"高兴的把它剪下来，悬诸案头，提上 12 个字，'郭沫若先生，我祝你永远不死'"。[③]

（三）个案:《新青年》与鲁迅

期刊不仅仅是文章发表的场所，期刊所形成的场域使编辑—作者—读者三者之间产生关联，不仅影响到了个人，也影响到了期刊本身。现代期刊和个人之间发生着千丝万缕的联系，鲁迅与《新青年》就是其中典型。《新青年》唤醒鲁迅，让鲁迅有了一种文化上的认同。鲁迅与《新青年》的关系体现了期刊文化的读者接受，以及个人文化对期刊文化风貌的影响。从鲁迅和《新青年》的关系，可以看到一个读者如何受到期刊场域的影响。鲁迅是中国新文化和新文学的旗手，陈独秀创办的《新青年》是新文化运动的发起刊物，鲁迅最早的现代白话文学作品都刊发在《新青年》之上，《新青年》结束了鲁迅消极绝望、寂寞无聊的碑帖生活，使鲁迅恢复了创作的自信，成就了鲁迅。另一方面，鲁迅的文学创作显示了新文学创作的实绩，使《新青年》的新文学主张得以坐实，鲁迅对思想革新的重视也影响到了《新青年》的文学主张。

鲁迅与《新青年》并非一拍即合，在鲁迅与《新青年》产生关联之前，鲁迅经历了办刊的失败和理想的失落。鲁迅在青年时代就试图创办

---

① 金冲及:《周恩来传》第 1 卷，中央文献出版社 1998 年版，第 34—35 页。

② 《恽代英日记》，中共中央党校出版社 1981 年版，第 528 页。

③ 臧克家:《新潮澎湃正青年》，《新文学史料》1980 年第 1 期。

期刊，但由于时代的限制和其他原因而未能如愿，这成为他文学之路上挥之不去的阴影。这段经历直接影响到鲁迅的文学追求，以及对期刊传播的态度。1906年，在经历了"幻灯片事件"后，鲁迅离开仙台，开始他文学青年的历程。鲁迅立志以文艺改良民族精神面貌，因为"善于改变精神的是，我那时以为当然要推文艺，于是想提倡文艺运动了"，而"商量之后，第一步当然是出杂志"①。"当然"二字，体现出近代中国知识分子的文化传播共识：以期刊传播自己的观点和文化。鲁迅拟想创办杂志《新生》，坚持把但丁的"La Vita Nuova"作为封面题字，以示对文艺复兴的向往，此时的鲁迅已经意识到期刊在思想传播中的重要性，期刊不仅提供言说的空间，更是思想、文艺的阵地。自鸦片战争，办刊始成为进步知识分子的追求，新思想文化在刊物中才能得以广泛传播，从而被人们认识、理解和接受。

个体的出版受到诸多限制，没有现代化出版机构所提供的便利，不只鲁迅，近代依靠个体出版而未能成功的案例不在少数。鲁迅将《新生》的夭折归因于一个偶然的资本"逃走"所致，依然留下来的三个人后来"也都为各自的命运所驱策，不能在一处纵谈将来的好梦了"。②期刊没有"资本"保障，鲁迅尝试以书代刊，实现自己的文学传播理想，却依然失败了。这种个体出版作为期刊的一种折中尝试。《新生》夭折后，不甘失败的鲁迅与周作人合译《域外小说集》并印刷成册，预想通过收回成本后再继续印行新的译文集。鲁迅的设想显示了他通过文艺改良思想的持续性，连续的书籍可以同杂志一样传播效力持久。此时的鲁迅吸取创办《新生》时的教训，充分考虑了出版发行所涉及的因素，从经济

① 鲁迅：《呐喊·自序》，《鲁迅全集》第1卷，人民文学出版社1981年版，第417页。
② 鲁迅：《呐喊·自序》，《鲁迅全集》第1卷，人民文学出版社1981年版，第417页。

的角度考虑，收回一集的成本再出第二集的方法将资金问题最小化。[1]
但是售出的寥寥数册对与鲁迅这个以书代刊、滚动发行的宏大理想相去
甚远，这次经验让鲁迅感到了彻底的悲哀。

文化传播中诸种要素均不可或缺，传播的内容不能过高于读者的接
受习惯和能力。在一个觉醒者尚不能达到一定数量的时代里，想要"振
臂一呼应者云集"是不可能的。鲁迅总结说："我当初是不知其所以然
的；后来想，凡有一人的主张，得了赞和，是促其前进的，得了反对，
是促其奋斗的，独有叫喊于生人中，而生人并无反应，既非赞同，也无
反对，如置身毫无边际的荒原，无可措手的了，这是怎样的悲哀呵，我
于是以我所感到者为寂寞。"[2]鲁迅此后近十年的寂寞与消沉，与古书碑
帖为伍，与这次传播失利的打击有着密不可分的联系。1911 年的辛亥
革命曾经一度激起鲁迅的创作欲望，他用文言写成《怀旧》，但革命的
结果又使鲁迅产生了更大的幻灭。1917 年，时任教育部金事的鲁迅对
周瘦鹃等译的《欧美名家短篇小说丛刊》给予高度赞扬，称该书能使"读
者知所谓哀情惨情之外，尚有更纯洁之作，则固亦昏夜之微光，鸡群之
鸣鹤矣"。[3]惺惺相惜之情溢于言表。但此时鲁迅创作的激情已彻底被
无人响应的阴影所压抑，"于是用了种种法，来麻醉自己的灵魂"，"麻
醉法却也似乎已经奏了功，再没有青年时候的慷慨激昂的意思了"。[4]
当《新青年》尚未得大名之前，鲁迅就已有接触，鲁迅最初对其并不甚

---

[1] 无独有偶，鲁迅多年后在《〈未名丛刊〉与〈乌合丛书〉广告》中明说："在自己，
是希望那印成的从速卖完，可以收回钱来再印第二种。"鲁迅：《〈未名丛刊〉与〈乌合丛
书〉广告》，《鲁迅全集》第 7 卷，人民文学出版社 1981 年版，第 453 页。

[2] 鲁迅：《呐喊·自序》，《鲁迅全集》第 1 卷，人民文学出版社 1981 年版，第
417 页。

[3] 周树人、周作人：《周瘦鹃译〈欧美名家短篇小说丛刻〉评语》，《教育公报》
1917 年第 4 卷 15 号。

[4] 鲁迅：《呐喊·自序》，《鲁迅全集》第 1 卷，人民文学出版社 1981 年版，第
418 页。

感兴趣。鲁迅对《新青年》最早的记载是在 1917 年 1 月 19 日，他在日记中记有："上午寄二弟《教育公报》二本，《青年杂志》十本，作一包。"[①]鲁迅于《新青年》文学主张也很了解，只是"对'文学革命'，其实并没有怎样的热情"，[②] 并且对《新青年》的评价也不高，"并不怎么看得它起"。[③] 鲁迅对文学革命没有热情，因为自己已经是"过来人"，虽然青年时期也曾热情地有过自己的文学主张，但这热情早已随时间化为沉默。并不怎么看得起《新青年》，鲁迅虽然没有言明原因，但多是由于此时《新青年》的主张，"与青年诸君商榷将来所以修身治国之道""与各国事情学术思潮尽心灌输""冀青年诸君于研习科学之余，得精神上之援助"，[④] 与辛亥时期的刊物相比，并无太多新意。

钱玄同的出现彻底改变了鲁迅与《新青年》的关系，作为《新青年》的编辑之一，钱玄同的约稿对鲁迅的转变意义重大。钱玄同与周氏兄弟均为浙籍，又同为章太炎门生，关系非常。钱玄同 1913 年就任北京大学文科教授，在文学革命不久即积极支持胡适陈独秀，写些"小批评大捧场的长信"，[⑤] 提出不少建设性意见。1917 年 8 月 9 日，钱玄同和鲁迅恢复了联系，此时钱玄同已是《新青年》编委成员，钱玄同"认为周氏兄弟的思想，是国内数一数二的，所以竭力怂恿他们给《新青年》写文章。七年一月起，就有启明的文章……但豫才则尚无文章送来，我常常到绍兴会馆去催促"。[⑥] 当然，后来找鲁迅催稿的《新青年》编辑不

---

① 鲁迅：《丁巳日记》，《鲁迅全集》第 14 卷，人民文学出版社 1981 年版，第 255 页。

② 鲁迅：《南腔北调集·〈自选集〉自序》，《鲁迅全集》第 4 卷，人民文学出版社 1981 年版，第 455 页。

③ 周作人：《鲁迅的故家》，河北教育出版社 2002 年版，第 355 页。

④ 《社告》，《青年杂志》1915 年第 1 卷 1 号。

⑤ 胡适：《胡适口述自传》，《胡适文集》第 1 卷，北京大学出版社 1998 年版，第 321 页。

⑥ 钱玄同：《我对周豫才君之追忆与略评》，《世界日报》1936 年 10 月 26 日。

止钱玄同一人，鲁迅回忆说："《新青年》的编辑者，却一回一回的来催，催几回，我就做一篇，这里我必得纪念陈独秀先生，他是催促我做小说最着力的一个。"①

鲁迅复出的原因之一，是众多研究者多次提到的，发生在 S 会馆中的关于"铁屋子"的争论：鲁迅"绝不能以我之必无的证明，来折服了他之所谓可有"，以不能证明虚妄而重新燃起希望之火。鲁迅之所以被说服，第二个更为重要的原因，是因为《新青年》杂志的坚持引起了鲁迅的共鸣，钱玄同"他们正在办《新青年》，然而那时仿佛不特没有人来赞同，并且也还没有人来反对，我想，他们许是感到寂寞了"。②第一层辩论驳倒了鲁迅的绝望，第二层现状引起了鲁迅青年时期办刊理想的共鸣。这"既无人赞同也无人反对"的悲哀如伫立于荒野的感受，得到了鲁迅的共鸣。《新青年》对鲁迅而言，传递出一种对反抗的努力。打动鲁迅的并不是《新青年》当时的具体主张和内容，而是这种坚持反抗的文化，鲁迅"反抗绝望"的一生多少受到《新青年》同人们的影响。

《青年杂志》的创办正是《报纸条例》和《出版法》刚刚颁布的 1915 年，出版物被严加控制，陈独秀在这样的环境下要办一份"一定会发生很大影响"的刊物，而此时的《新青年》已坚持出版到第 4 卷，在社会上产生了一些影响。鲁迅自己也自问过："既不是直接对于'文学革命'的热情，又为什么提起笔呢？想起来，大半倒是对于热情者们的同感。这些战士，我想，虽在寂寞中，相头是不错的，也来喊几声助助威罢。"③周作人也认为这是鲁迅"从想办《新生》那时代起所有的愿望，现在经

① 鲁迅：《我怎么做起小说来》，《鲁迅全集》第 4 卷，人民文学出版社 1981 年版，第 508 页。

② 鲁迅：《呐喊·自序》，《鲁迅全集》第 1 卷，人民文学出版社 1981 年版，第 419 页。

③ 鲁迅：《南腔北调集·〈自选集〉自序》，《鲁迅全集》第 4 卷，人民文学出版社 1981 年版，第 455 页。

钱君来旧事重提，好像是在埋着的火药线上点了火，便立即爆发起来了"。① 于是鲁迅答应开始做文章，便有了他最初的白话创作——《狂人日记》，刊登在《新青年》第 4 卷 5 号。试想，如果没有陈独秀的《新青年》，鲁迅被"大毒蛇"缠住了的灵魂将会怎样痛苦地度过一生？然而，《新青年》彻底改变了鲁迅，鲁迅与文学的不解之缘在《新青年》中得以续写。

《新青年》让鲁迅找到了团体、同人的感觉。胡适说他在美国的时候，"心里只有一点点痛苦，就是同志太少了，'须单身匹马而往'"，②这也完全可以作为鲁迅在《新青年》之前的心态表述，所不同的是，鲁迅孤独的时间远长于胡适，孤独带给鲁迅的思考也较胡适深刻。

《新青年》与钱玄同恢复了鲁迅对文学创作的信心，用他的自述说是："从此以后，便一发不可收拾。"③ 鲁迅正是在《新青年》这块"金字招牌"下，取得了他在现代文学史上的第一个成就，鲁迅的自我价值在《新青年》中得以实现。当然，这"金字招牌"也有鲁迅的一份功劳。从 1918 年 5 月 15 日出版的第 4 卷 5 号到 1921 年 8 月 1 日出版的第 9 卷 4 号止，鲁迅在《新青年》上共发表了 5 篇小说，即《狂人日记》（第 4 卷 5 号）、《孔乙己》（第 6 卷 4 号）、《药》（第 6 卷 5 号）、《风波》（第 8 卷 1 号）、《故乡》（第 9 卷 1 号）；论文 2 篇，即《我之节烈观》（第 5 卷 2 号）、《我们现在怎样做父亲?》（第 6 卷 6 号）；翻译作品 4 篇，即《一个青年的梦》（[日] 武者小路实笃著，第 7 卷 2、3、4、5 号连载）、《幸福》（[俄] 阿尔支拔绥夫作，第 8 卷 4 号）、《三浦右卫门的最后》（[日] 菊池宽作，第 9 卷 3 号）、《狭的笼》（[俄] 埃罗先珂作，第 9 卷 4 号）；

---

① 周作人：《鲁迅的故家》，河北教育出版社 2002 年版，第 355 页。

② 胡适：《我为什么要做白话诗》，《新青年》1919 年第 6 卷 5 号。

③ 鲁迅：《呐喊·自序》，《鲁迅全集》第 1 卷，人民文学出版社 1981 年版，第 419 页。

通信 1 则，即《渡河与引路》（第 5 卷 5 号）；随感录 27 篇；① 还辑录了"什么话"栏目 1 次（第 6 卷 2 号，共 5 则）；还有鲁迅不擅长的白话诗6 首，分别是《梦》《爱之神》《桃花》（第 4 卷 5 号）；《他们的花园》《人与时》（第 5 卷 1 号）；《他》（第 6 卷 4 号）。加上其他回答"通信"等文字共计 40 余篇。各种文体的文章，无论是鲁迅擅长的还是不擅长的，在很短的时间之内全部爆发出来，思考了许久并压抑了许久的文章一下子倾吐在《新青年》之上。

现代文化的传播速度因现代传播技术的诞生而加剧，"《新青年》同人多少都有过创办杂志的经历，他们有意识地利用了现代媒介迅速传播文化以及制造文化氛围的特点"，② 在《新青年》上，鲁迅的创作终于得到了读者的认可。1923 年新潮社结集出版《呐喊》后，连续重印再版，销量巨大，《热风》也产生过较大影响。胡适常称自己是因文学革命、因《新青年》而"暴得大名"，同样可以说，鲁迅也是因他的作品、因《新青年》而"暴得大名"，不同的是胡适更多带有因缘与机遇，乃少年得意，鲁迅则是由于时代原因和传播失利的影响，而中年晚成。比较一下鲁迅在"S 会馆"时的状态和在加入《新青年》之后的状态，就可以很明显地区分出两个形象：一个自我麻醉、朝暮消沉，以抄写古碑帖度日；一

---

① 《新青年》"随感录"以"俟""唐俟""鲁迅"为名发表的共有 27 篇，随感录三十七、四十二、四十三皆署名"鲁迅"，三十八署名"迅"。但周作人说起"唐俟"这个笔名时称"我也有几篇是用这个署名的，都登在《新青年》上，后来这些随感编入《热风》，我的几篇也收在内，特别是三十七八，四十二三皆是。"周作人 1919 年 1 月 10 日记载："作随感录二则。"也说过"有我的两三篇'杂感'所以就混进到《热风》里去"，周作人所指为 1919 年 1 月出版的第 6 卷 1 号的随感录四十二、四十三。参见周作人：《鲁迅的青年时代·附录二·关于鲁迅》，河北教育出版社 2002 年版，第 122 页；周作人：《知堂回想录》下，河北教育出版社 2002 年版，第 317—318 页；《周作人日记（影印本）》中，大象出版社 1996 年版，第 4 页。

② 张积玉、杜波：《〈新青年〉与现代白话文运动》，《厦门大学学报（哲社版）》2004 年第 2 期。

个嬉笑怒骂、慷慨激昂，以文章为投枪匕首。毫不夸张地说，《新青年》给鲁迅带来的是新生！值得留意的是：在《新青年》上，周树人才开始叫作鲁迅。①

《新青年》是积极的，因此鲁迅的创作也不能表现他消沉的思想，怀疑的态度，于是，"光明的尾巴"成了鲁迅初入文坛的标志。"一个人的发展取决于和他直接或间接进行交往的其他一切人的发展"，② 同样，一个作者的创作和文风多少要受到刊物本身的影响，鲁迅的创作始终与《新青年》中所批判的反封建文化立场，保持着高度的一致。鲁迅的创作既是发表在积极改造青年思想的《新青年》上，自然要呐喊，"既然是呐喊，则当然须听将令的了，所以我往往不恤用了曲笔……因为那时的主将是不主张消极的。至于自己，却也并不愿将自以为苦的寂寞，再来传染给也如我那年青时候似的正做着好梦的青年。"③1919 年，鲁迅已 38 岁而不能算青年，鲁迅的青春梦想早在"五四"之前就已被打击所剩不多，但在《新青年》时代，他这个"老青年"必须保持与"主将"思想的一致性。当《新青年》同人分道扬镳后，鲁迅的作品更直接地表现了他的"彷徨"。

不少学者都认为现代杂文是鲁迅的创造，鲁迅是现代杂文的鼻祖，这实际是忽视了《新青年》的"随感录"作家群。打开《新青年》就会发现，鲁迅的"随感录"与《新青年》"随感录"专栏的一致性。"随感录"是《新青年》的首创，在鲁迅创作他最初的"随感录"时，陈独秀、陶

---

① 鲁迅对许寿裳说："因为《新青年》编辑者不愿意有别号一般的署名，我从前用过'迅行'的别号你是知道的，所以临时命名如此；理由是（一）母亲姓鲁，（二）周鲁是同姓之国，（三）取愚鲁而迅速之意。"参见倪墨炎、陈九英编：《许寿裳文集》上，百家出版社 2003 年版，第 38 页。

② 《马克思恩格斯全集》第 3 卷，人民出版社 1976 年版，第 515 页。

③ 鲁迅：《呐喊·自序》，《鲁迅全集》第 1 卷，人民文学出版社 1981 年版，第419—420 页。

恭履、刘半农、钱玄同等人已发表了二十余篇，栏目的基本样式和风格已经确定，即短小精悍，有感而发，批判现实。鲁迅向《新青年》投稿，不可能不按照栏目的样式，我们读鲁迅在《新青年》上发表的杂文与在《晨报》上发表的杂文，可以体会到明显的差别。鲁迅的杂文比"随感录"栏目中的其他作家更注重从现实现象或事件引申到国民性问题，鲁迅独特的思维习惯表现在他的语言中，就是常常使用"中国"一词，鲁迅在《新青年》的27篇杂文中除4篇外，处处可见"中国人""中国式"这样的词语，这使得他的杂文更加深刻，也更多感情。无可否认，鲁迅是沿着《新青年》这种的"随感录"文风开始他的杂文生涯的，不过鲁迅对杂文文体不是创造，而是发展。

《新青年》还让鲁迅看到了脱离政府，而经济独立的希望。鲁迅向来重视经济在社会生活中的制约性作用，包括经济在文化创造、文化传播中的重要性。鲁迅很严肃地说："钱，高雅的说罢，就是经济，是最要紧的。自由固不是钱所能买到的，但能够为钱而卖掉。人类有一个大缺点，就是常常要饥饿。为补救这缺点起见，为准备不做傀儡起见，在目下的社会里，经济权就见得最要紧了。"①《新青年》从第四卷宣布成为同人刊物之后，稿件不计稿酬，鲁迅并没有从《新青年》获得直接的经济利益。但是鲁迅的稿件在《新青年》上大量发表，其他报刊也开始纷纷向他约稿，让他看到在政府科员、大学教员之外，另一条以文为生的生存之道。鲁迅开始体会："我此后的路还当选择：研究而教书呢，还是仍作游民而创作？倘须兼顾，即两皆没有好成绩。"②最终，鲁迅在经济上的独立成为他自由言说的基础。

《新青年》还体现出团队之间的协作文化，同人们之间融洽的交流

---

① 鲁迅：《娜拉走后怎样》，《鲁迅全集》第1卷，人民文学出版社1981年版，第161页。
② 鲁迅：《两地书·八六》，《鲁迅全集》第1卷，人民文学出版社1981年版，第228页。

让当事人念念不忘。这些不仅让胡适在《新青年》即将分道扬镳时四处调解，宁可停办也力主《新青年》不分裂，① 也让鲁迅在多年后依然对《新青年》津津乐道。"编撰《新青年》这一人生经历已是他们难以割舍、永不忘怀的群体记忆。"②

　　鲁迅的创作"显示了文学革命的实绩"，鲁迅的加入增强了《新青年》文学创作的成就。胡适的《文学改良刍议》发表在1917年1月的《新青年》第2卷5号，是现代白话文学运动、新文学革命的理论开端。真正沿着"理论先行"道路而作的新文学，最初只有诗歌，胡适第2卷6号上发表了刚从"裹脚布"里放出来的《诗八首》，整个第3卷也无人能续作，可见并非易事。"后来白话作者逐渐多了起来，但又因为《新青年》其时是一个论议的刊物，所以创作并不怎样重视著重，比较旺盛的只有白话诗；至于戏曲和小说，也依然大抵是翻译。"③ 胡适虽然首创了现代白话诗歌、戏剧，但如他"但开风气不为师"的自我评价，创作只是尝试，作品本身的历史意义远远大于艺术价值。而鲁迅一出手，第4卷5号的《狂人日记》，不仅突破了现代白话小说的空白，而且起点极高，显示文学革命的实绩，"又因那时的认为'表现的深切和格式的特别'，颇激动了一部分青年读者的心"④，连对具体的文学创作不甚感兴趣的陈独秀都说："鲁迅兄所做的小说，我实在是五体投地的佩服。"⑤

---

① 《关于〈新青年〉的几封信》，张静庐编：《中国现代出版社史料》甲编，中华书局1954年版，第7—17页。

② 欧阳哲生：《〈新青年〉编辑演变之历史考辨》，《历史研究》2009年第3期。

③ 鲁迅：《导论》，《中国新文学大系》小说二集，上海良友图书印刷公司1935年版，第1页。

④ 鲁迅：《导论》，《中国新文学大系》小说二集，上海良友图书印刷公司1935年版，第1页。

⑤ 陈独秀：《致周启明》，《陈独秀书信集》，新华出版社1987年版，第258页。

鲁迅还尝试创作新诗，对于《新青年》上的新诗，鲁迅自己曾有说明："我其实是不喜欢做新诗的——但也不喜欢做古诗——只因为那时诗坛寂寞，所以打打边鼓，凑些热闹，等到称为诗人的一出现，就洗手不干了。"① 这"打打边鼓"的六首现代白话诗与其他诗人风格不同，具有很强的哲理性。胡适也评价说："周氏兄弟最可爱，他们的天才都很高。豫才兼有鉴赏力与创作力。"②《新青年》上"学术思想艺文的气息浓厚起来"，③ 是鲁迅追求的《新青年》方向，虽然这与陈独秀的想法有出入而没有完全实现，但是由于鲁迅的加入，《新青年》中"艺文的气息"确实是浓厚了不少。

在《新青年》中，陈独秀主要从社会革命的角度理解文学，胡适带有很强的学术研究性质，而鲁迅则不同。鲁迅更多是从实际生活出发，考虑社会问题、国民性问题。如朱寿桐先生所说，鲁迅使《新青年》"转而思考一些社会人生等等较为切近的问题，包括教育、科学、家庭、习俗，等等。这不仅显示出他自己的思路向更切近实际的方面发生转型，也导引着《新青年》的议论风气从宏观的历史转向人生的现实"。④ 鲁迅的杂文也正是由现实而感，对中国的国民性整体进行深刻地反思，形成特有的鲁迅风格，不仅丰富了《新青年》的"随感录"，并成为《新青年》"随感录"杂文的代表。

当《新青年》集中讨论白话文改革之时，鲁迅是《新青年》中第一个明确提出"改良思想"之人，在《新青年》大量讨论语言问题时，鲁迅最早发现了现代白话文运动中的工具论倾向。现代白话文理论最初带

---

① 鲁迅：《集外集·序言》，《鲁迅全集》第 4 卷，人民文学出版社 1981 年版，第 4 页。

② 胡适：《胡适日记全编》第 3 卷，安徽教育出版社 2001 年版，第 755 页。

③ 鲁迅：《致胡适》，《鲁迅全集》第 11 卷，人民文学出版社 1981 年版，第 371 页。

④ 朱寿桐：《鲁迅与〈新青年〉文学传统的创立》，《暨南大学学报》（哲学社会科学版）2006 年第 2 期。

有很强的形式主义倾向，胡适和陈独秀的主张虽都涉及文学的思想内容，但他们的出发点还是工具论的形式主义，最早注意这个问题的是鲁迅。在现代白话文运动如火如荼之时，鲁迅对现代白话文运动中的工具论倾向已有所察觉，他在《新青年》第5卷5号《渡河与引路》中说："我的意见，以为灌输正当的学术文艺，改良思想，是第一事。"①但是他的意见并没有引起当时人们的重视。第6卷4号仲密（周作人）发表在《新青年》和《每周评论》的《思想革命》一文产生了很大的影响，但注重从思想角度来改良文艺，改良文字，鲁迅比之要早半年。对于思想改造的注重，使得《新青年》中的文学观念走向了形式和内容的统一。

鲁迅还以独特的视角和犀利的文笔参与《新青年》的论战。鲁迅的小说批判封建"吃人"的礼教、僵化的科举制度、麻木的庸众。在"随感录"中，鲁迅以杂文的形式批判了反科学的"鬼话"、提倡"保存国粹"的国粹派、提倡打拳的教育家、盲目自大的爱国论、"经验"主义、迷信鬼神等。鲁迅在第6卷2号中辑录"什么话"5篇，编选了林传甲（林纾）和唐熊所纂文章中的言语，国粹派的盲目乐观与"自豪"的可笑在此展露无遗。当《新青年》与保守派期刊、个人进行论战之时，鲁迅也参与其中。他后来回忆说："记得当时的《新青年》是正在四面受敌之中，我所对付的不过一小部分。"②但这一小部分也同样增强了《新青年》的力量，显示了《新青年》的主张，提升了《新青年》的影响力。此时，《呐喊·自序》中鲁迅的"寂寞"和《新青年》的"寂寞"都已经不复存在。

虽然鲁迅在《新青年》尚不能算作编委，第6卷分期主编就只有包括陈独秀、胡适、钱玄同、高一涵、李大钊、沈尹默等，但是鲁迅确实参与了一些编辑事务。鲁迅本人对于《新青年》的编辑活动有所回忆，

————————
① 唐俟（鲁迅）：《通信·渡河与引路》，《新青年》1918年第5卷5号。
② 鲁迅：《热风·题记》，《鲁迅全集》第1卷，人民文学出版社1981年版，第291页。

在纪念李大钊时说："我最初看见守常先生的时候，是在陈独秀先生邀去商量怎样进行《新青年》的集会上。"① 说明鲁迅曾经参加过《新青年》的编辑工作。1920 年 4 月，当第 7 卷 6 号的稿件已经收齐，秘密离京的陈独秀在上海向北京同人征求《新青年》去向，这是《新青年》分化时期最为关键的讨论，来信就是没有寄给鲁迅，② 说明鲁迅并非《新青年》编辑部的核心编辑。

当然，我们既不能夸大鲁迅在《新青年》中的编辑活动，也不能一概否认。胡适在北京征求《新青年》去向的意见时就征询了鲁迅，说明鲁迅在北京同人中还是有影响力的。③《新青年》第 4 卷 3 号，在刘半农诗作《除夕》之后附有注释："'蒲鞭'一栏，日本杂志中有之；盖与'介绍新刊'对待，用消极法笃促编译界之进步者。余与周氏兄弟（豫才、启明）均有在《新青年》增设此栏之意；唯一时恐有窒碍，未易实行耳。"④ 说明鲁迅对《新青年》的发展非常关注，提出自己对刊物发展的建设性意见。第 6 卷 2 号上鲁迅辑录了"什么话"，也是鲁迅为《新青年》所作的编辑贡献。

在《新青年》，鲁迅实现了他青年时的梦想，《新青年》改变了鲁迅

---

① 鲁迅：《守常全集·题记》，《鲁迅全集》第 4 卷，人民文学出版社 1981 年版，第 523 页。另一次鲁迅的回忆是在纪念刘半农时，鲁迅说："《新青年》每出一期，就开一次编辑会，商定下一期的稿件。"鲁迅的这个判断是有误的，实际上，《新青年》同人都有自己的专职工作，《新青年》的编辑工作是比较松散的，所开的编辑会议也往往是与其他事相涉。《新青年》并没有如鲁迅所言的连续性每期必开的编辑会议，只是从第四卷开始每期有主要的负责人而已。参见鲁迅：《忆刘半农》，《鲁迅全集》第 6 卷，人民文学出版社 1981 年版，第 71—72 页。

② 陈独秀的信寄给"守常、适之、申甫、玄同、孟余、孟和、百年、尹默、慰慈、抚五、逷先、启明"十二位。参见《胡适来往书信选》上，中华书局 1979 年版，第 90 页。

③ 胡适征询了北京的"守常、豫才、玄同、孟和、慰慈、启明、抚五、一函"八位。参见《胡适书信集》上，北京大学出版社 1996 年版，第 264 页。

④ 刘半农：《除夕》，《新青年》1919 年第 4 卷 3 号。

的一生；鲁迅也给《新青年》带来了创作实绩和思想上的新鲜血液。考察鲁迅与《新青年》的关系，可以发现现代期刊对个人的影响、对现代文化的影响都是巨大的；同时，现代期刊也为现代思想的传播提供了新的空间和途径。现代文化的传播速度因现代报刊的诞生而加剧，作为大众传媒的现代期刊以前所未有的力量，改变着现代中国文化传播的样式。

二、社会舆论变迁

在所有传播媒介之中，杂志的持久度是最高的。它最适宜于解释和说理，同时又有很强的空间延展性，适合进行深度的分析和复杂的信息传播。期刊的文化传播虽然不可以直接地影响读者的行为，但是它们总是可以间接地对读者产生不同程度的影响。

（一）媒体的改变

西方传教士对期刊与社会的关系有着非常清醒的认识。《万国公报》中明确称："杂志报章者，社会之公共教科书也；杂志报章之记者，社会之公共教员也。"① 受西方传教士在中国创办期刊传播文化的启发，晚清维新派利用期刊传播自己的政治主张，革命派也有相近的行为，但是这些期刊都没有长久的寿命，极大地限制了它们在社会上的影响。短命是晚清白话报刊的共同点，它是由多方面原因共同造成的，最重要的是当时僵化的社会环境。由于担心刊载的内容超出了社会的接受程度，《安徽俗话报》的董事胡子承主张"辞旨务取平和，万勿激烈"，理由是："现在民智低下，胆子甚小，毋令伊惊破也。"他在信中称："自《俗话报》出版以来，同人皆颇欢迎，而局外则多訾议……鄙人甚敬此报，甚爱此

---

① 范祎：《万国公报第二百册之祝辞》，《万国公报》1905 年第 200 号。

报，而又不敢随声附和此报。"① 胡子承为开明士绅，尚不敢随声附和自己"甚敬"、"甚爱"的报刊，可见当时的社会风气之僵化，传统思想禁锢之严重，与陈独秀力图实现的思想文化传播目标悬殊。

戈公振在总结民国以来报刊的发展历程和变化时说："虽然民国以来，报纸对于社会，亦非全无影响。如人民阅报之习惯业已养成，凡具文字之知识者，几无不阅报。偶有谈论，辄为报纸上之记载。盖人民渐知个人以外，尚有其他事物足以注意。本来我国人对于'自己'之观念甚深，而对于社会国家之观念甚薄。'各人自扫门前雪，休管他家瓦上霜'之消极人生观，实为我民族积弱之由来。今则渐知自己以外，尚有社会，尚有国家，去真正醒觉之期不远矣。且人民因读报而渐有判断力，当安福专政时代，报纸多为收买，凡色彩浓厚者，俱为社会所贱恶，而销数大跌。年来报纸之主张不时变易者，虽竭力振刷精神，而终不得社会之信仰。是可见阅报者之程度日见增高，能辨别孰真孰伪，孰公平而孰偏颇。宣传之术，不容轻售矣。"②

五四时期的报纸和期刊数量有明显增加，戈公振略显夸张地总结说："一家庭有报，一学校有报，一商店有报，一工厂有报，一团体有报，一机关有报。其不能有报者，亦知借他报以发抒其意见。"③ 期刊的传播使得更多的人接触到新文学和新思想，对于期刊而言，它培养的读者数量和影响的范围都要超过正规体制的教育，"一万名读者的需要比十所大学教授的批判和呼吁要有力得多"。④ 因而会产生巨大的影响，导致舆论的变化。由于文化界的努力，报刊出版氛围的推动，社会文化有了明显的提升，公众对于报刊的认识有了很大提高，"报纸之作用，

---

① 汪原放：《亚东图书馆与陈独秀》，学林出版社 2006 年版，第 16—17 页。

② 戈公振：《中国报学史》，上海古籍出版社 2003 年版，第 237 页。

③ 戈公振：《中国报学史》，上海古籍出版社 2003 年版，第 238 页。

④ 孔庆东：《1921：谁主沉浮》，山东教育出版社 1998 年版，第 188 页。

已为一般人所审知"①。

从五四前后当时《时报》对北京大学的评判可见一斑。1915 年《时报》上登载了一则题为《北京两堂之怪状》的新闻，上面有这样的话："北京大学之腐败笔墨难尽"。到了 1917 年，同报上的一则新闻却说："国立北京大学自蔡孑民整顿以来，形式上精神上大有可为。"同是一份报纸，前后两年间对北京大学的毁誉，可谓天壤之别。② 这当然有各方面的原因，但北京大学对期刊的传播功不可没。

由于期刊的推动，加之白话文本身的平民性，白话文在社会上的影响力得以增强，逐渐成为报刊的通用语言。自 1918 年起，白话文被媒体普遍认可，北京的《晨报》、《京报》《国民公报》，上海的《民国日报》、《时事新报》等大批报刊，纷纷开始在全部或部分版面刊登白话文章，也都变成新文化运动的先锋。

时有文章分析说，《新青年》提倡白话文："其初反对者，约十人而九，近则十人之中，赞成者二三，怀疑者三四，反对者亦仅剩三四矣，而传播此种思想之发源地，实在北京一隅，胡适之、陈独秀辈既倡改良文学之论，一方面为消极的破坏，力抨旧文学之弱点，另一方面则为积极的建设，亟筑新文学之始基，其思想传导之速，与夫社会响应之众，殊令人不可拟议。"③ 可见期刊对新文化的提倡和传播，在社会上产生了反响，也得到了媒体同行的认可。

1919 年之后，许多文言期刊纷纷改为白话，如北京大学学生所办的《国民》起初采用文言撰稿，但到了第 2 卷 1 号后，也开始改为使用白话。当新文化思想占据社会主流文化，商务印书馆等出版机构所出版的保守期刊也不得不进行改革，以适应新的媒介形势和新的读者需求。

---

① 戈公振：《中国报学史》，上海古籍出版社 2003 年版，第 238 页。
② 陈万雄：《五四新文化的源流》，三联书店 1997 年版，第 28 页。
③ 野云：《白话文在北京社会之势力》，《申报》1919 年 11 月 16 日。

（二）社会舆论形成

孙中山曾说："新文化运动，在我国今日，诚思想界空前之大变动。推原其始，不过由于出版界之一二觉悟者从事提倡，遂致舆论大放异彩"。① 毫无疑问，《新青年》当属这"一二"的范围。在《新青年》、《新潮》、《少年中国》等期刊的影响下，社会舆论发生了巨大变化。

期刊作为大众传播媒介的一种，并且作为五四时期最新的媒介，是公众形成舆论的文化场。李普曼认为："他人脑海中的图像——关于自身、关于别人、关于他们的需求、意图和人际关系的图像，就是他们的舆论。这些对人类群体或以群体名义行事的个人产生着影响的图像，就是大写的舆论。"② 舆论不是个人的思想和观念，它与社会其他人密切相关，"人们获得概念和一般理性并不是单独做到的，而只是靠你我相互做到的。"③ 公众舆论产生于公共话语空间，理想状态的公众舆论是由独立、理性的公众在公共空间中从事公共交往和批判的过程中而形成的。但当公众交往达到较大规模之时，就需要规模更为庞大的大众媒介，大众传播媒介的作用开始体现出来。"读报者虽限于少数人士，但报纸发表之意见，由公众的或私人的议论，几于下等之苦力，亦受其宣传。"④ 期刊便是五四时期公共空间中最为重要的交往媒介，是公众舆论形成的重要基础。"现代传媒不仅控制了知识的传播和消费，而且生产与再生产现代社会的公共舆论，而后者正是公共权力的合法性来源。"⑤ 五四时

---

① 孙中山：《致海外国民党同志函》，《孙中山全集》第 5 卷，中华书局 1985 年版，第 210 页。

② ［美］沃尔特·李普曼：《公众舆论》，阎克文等译，上海人民出版社 2006 年版，第 21 页。

③ ［德］康德：《实用人类学》，邓晓芒译，重庆出版社 1987 年版，第 186 页。

④ 戈公振：《中国报学史》，上海古籍出版社 2003 年版，第 234 页。

⑤ 许纪霖等：《现代知识分子的公共交往》，上海人民出版社 2008 年版，第 17 页。

期的期刊正是在知识的生产过程中创造出新的舆论，影响了社会发展的方向。

以新文化为主要内容的期刊在社会上被广泛传播，并已经产生了强大的舆论时，沉默的螺旋现象放大、加速了这种舆论的变化。沉默的螺旋是指当有不同观点进行争论之时，持非主导观点和态度的人，在舆论压力下，随着时间的推移数量逐步减少，逐渐形成一个上大下小的螺旋。当"一方大声地表明自己的观点，而另一方可能'吞'下自己的观点，保持沉默，从而进入螺旋循环——优势意见占明显的主导地位，其他的意见从公共图景中完全消失，并且'缄口不言'。"① 期刊促进了五四时期公众公共意识的提升，从而进一步推动了公共舆论的形成。

期刊本身有一种从容不迫、潜移默化的宣传和舆论导向作用。随着销售量的增加，它所集中表达的话题和观点也日益受到广大读者的关注。五四新文化的倡导者明白杂志这种传媒的效力，懂得经营方针，并积累了许多编辑经验。他们有意识地利用期刊进行传播，激发读者参与，取得了良好的舆论效果。五四时期期刊的编者许多都有过办刊经历，他们有意识地利用了现代媒介迅速传播文化以及制造文化氛围的特点。这种社会舆论的影响首先是从青年人开始的，青年人作为新文化期刊设定的重点读者对象，他们的看法受到了期刊的影响。在期刊传播的过程中，青年读者对刊载的内容非常钦佩。期刊的传播使得新文化思想及观念在社会上的传播，实现了社会新思想氛围的营造。

（三）评判标准变化

社会对期刊的判断和认可是通过阅读购买等方式直接体现的，在此过程中，甚至于青年学生把《新青年》、《新潮》看作"一切新思潮的源

---

① ［德］伊丽莎白·诺尔—诺依曼：《沉默的螺旋：舆论——我们的社会皮肤》，董路译，北京大学出版社 2013 年版，第 5 页。

头",是"'五四运动'的司令台"。"当时青年人是否阅读《新青年》、《新潮》,看一个青年进步还是落后"。① 当青年人把进步期刊当作一种评判标准的时候,标志着社会舆论已经发生了巨大的改变。

社会影响必须要得到官方的认可,才有自身的合法性,才能够作为文化场域变化的标志。鉴于白话文在社会上的巨大影响,虽然北洋政府对于古文依然持保护的态度,北洋政府教育部还是在 1920 年正式承认白话文为"国语",并通令国民学校实行。1920 年 1 月教育部的训令中称:"现在全国教育界舆论趋向,又咸以国民学校国文科宜改授国语为宜;体察情形,提倡国语教育实难再缓。兹定自本年秋季起,凡国民学校一二年级,先改国文为语体文,以期收言文一致之效"。② 徐世昌总统、教育总长傅岳棻改小学教科书语言为国语,标志着官方对于白话文的认可,影响深远。虽然白话文的合法性得到官方认可,但许多人依然对此有些不情愿,政府官报、函电、宣言、法令公文依然采用古文。

白话文进入教材之后,商务印书馆、中华书局编印了《国民学校用新体教科书》及《新教育国语读本》。教科书本身就含有一定的强制性,而小学阶段的教科书对它的读者——小学生而言,就具有更加深远的影响和意义,白话文的教科书同时扩大了白话文的传播面和影响度。一般情况下,"让人们接受一个新观念,常常是一件非常困难的事,即使这个观念有明显的可取之处。许多创新需要一个漫长的过程才会被广泛接受,这个过程往往持续多年。"③ 但是新文化在社会上被认可,却并没有花费太长的时间。

---

① 汪静之:《爱情诗集〈蕙的风〉的由来》,王训昭编:《湖畔诗社评论资料选》,华东师范大学出版社 1986 年版,第 292 页。

② 黎锦熙:《国语运动史纲》,商务印书馆 2011 年版,第 161 页。

③ [美]埃弗雷特·M. 罗杰斯:《创新的扩散》,辛欣译,中央编译出版社 2002 年版,第 1 页。

如文学史家所记述，1920 年 1 月，"全国报纸和杂志都相继改用白话文。自 1917 年开始的文学革命，到了 1920 年 1 月已获得全面胜利，这是新文学史自然的分水岭"。① 文学史的分水岭是由文学革命而来，而文学革命的发端又是 1917 年发表在《新青年》之上的《文学改良刍议》和《文学革命论》，因此大多数文学史家认为它们是现代文学的开端。文学史中将由《新青年》等五四文学期刊发起并发展的文学变革作为文学划界的分水岭，可见五四时期文学期刊所包含的现代性成分，以及它们被时代所认可的程度。

刘半农曾在 1933 年编了《初期白话诗稿》，收录了李大钊、沈尹默、沈兼士、周作人、胡适、陈衡哲、鲁迅、陈独秀八人的新诗二十六首。刘半农在序中说道："这十五年中，国内文艺界已经有了显著的变动和相当的进步，就把我们当初努力于文艺革新的人，一挤挤成三代以上的古人。这是我们应当于惭愧之余感觉到十二分的喜悦与安慰的。"② 上海良友出版公司的年轻编辑赵家璧受刘半农启发，希望把从 1917 年之后十年中有关新文学发展以及所得成绩作一整理、保存和评价。他在 1935 年发起编撰《中国新文学大系》，五四一代借以完成自身的经典化。尤其是其《导言》，不仅划定了新文学发生史的基本框架，并且将五四新文化运动的初期发展过程也进行了权威评论。

《中国新文学大系》得到了众多新文学著名作家的认可和支持，然而这一番整理并不是单纯的作品历史记录。《中国新文学大系》深切地体现了编选者的意图，包括对编选者的选择，都体现了一种话语权立场。赵家璧邀请了新文学运动中的代表人物：胡适、郑振铎、茅盾、鲁迅、郑伯奇、周作人、郁达夫、朱自清、洪深、阿英十人分卷编撰《新

---

① 司马长风:《中国新文学史·导言》，香港昭明出版社 1975 年版，第 11 页。
② 刘半农:《初期白话诗稿》，星云堂 1933 年版，第 5—6 页。

文学大系》并撰写各卷导言，由蔡元培作总序。《中国新文学大系》的导言从发生学上证明了新文学的历史合理性，而且编撰的过程本身也带有两方面的含义："一方面，它是对一个流动当中的文学过程，作相对定形的有序整理；另一方面，它也是当事人对这个文学过程发难期的荣誉权，进行再分配。"① 权力的再分配不仅是对合法性的肯定，而且表现了文学发展过程创造维度的丰富性。

三、新文化再生产

当一种文化的接受者数量上升，其合法性基础也逐渐增加，就相应占据文化场域中更靠近中心的位置。文化再生产就是新文化的接受者吸收了新文化的特质，以此为核心又开始创造新的文化，最终的结果是新文化的社会接受和认可呈几何指数增长。

封建时代的大众对于社会现象缺乏足够的判断，随着社会和媒介的发展，民众对社会的认识日益深刻，对媒介所刊载的内容也逐渐有所判断，"当安福专政时代，报纸多为收买，凡色彩浓厚者，俱为社会所贱恶，而销数大跌"。② 期刊读者大众判断力的增强，使新文化的传播、社会舆论变化加速。同时，舆论的变迁又使得刊物的发行量得到提升，影响扩大。这种文化再生产，让新文化得以在较短的时间内产生了重大而极为深远的影响。

（一）新文化期刊销量提升

学界一般认为，五四新文化运动的标志是《新青年》的创办，这给人一种错觉，似乎《新青年》创办引起了轰动，于是引发了一场运动。

---

① 杨义：《新文学开创史的自我证明——为〈中国新文学大系导言集〉所作导言》，《文艺研究》1999 年第 9 期。

② 戈公振：《中国报学史》，上海古籍出版社 2003 年版，第 237 页。

事实上，任何一种文化的发展和演变都是缓慢的，《新青年》的发展也并非一帆风顺，有论者每每谈及《新青年》，必言《新青年》一出便应者云集，都是无视这种文化发展和接受的缓慢性和曲折性。

其实，《新青年》在初期的社会反响并不太好，以致群益书社一度想将其停掉。《新青年》初印 1000 册，虽然陈独秀努力借用《甲寅》的作者，提出富有理想的主张，但在社会上几乎没有产生太多影响。第 2 卷 1 号陈独秀答复读者说："本志出版半载，持论多与时俗相左，然亦罕受驳论，此本志之不幸，亦社会之不幸。"① 不仅如此，到了 1918 年，《新青年》第 3 卷出版之后，这份杂志的影响力依然十分有限。鲁迅回忆在 1918 年 4 月创作《狂人日记》之前的《新青年》，"仿佛不特没有人来赞同，并且也还没有人来反对"。② 周作人也回忆说陈独秀在《新青年》创刊初，"还没有什么急进的主张，不过是一个新派的名士而已，看早期的《青年杂志》当可明了，乃至杂志改称《新青年》，大概在民六这一年里逐渐有新的发展"。③ 没有响应自然销路不佳，这对于出版商而言是难以接受的，群益书局甚至打算取消对期刊的资助而准备停刊，"《新青年》以不能广行，书肆拟中止；独秀辈与之交涉，已允续刊，定于本月十五出版云。"④ "该杂志销路闻大不佳"⑤。

停刊 4 个月后的第 4 卷始，《新青年》进入了同人时期，也才开始进入了《新青年》最为辉煌的时期。由于内容上的变化，抓住了时代的痛点，"《新青年》愈出愈好，销量也大了，最多一个月可以印

---

① 陈独秀：《通信·答陈恨我》，《新青年》1916 年第 2 卷 1 号。

② 鲁迅：《呐喊·自序》，《鲁迅全集》第 1 卷，人民文学出版社 1981 年版，第 419 页。

③ 周作人：《知堂回忆录》，河北教育出版社 2001 年版，第 406 页。

④ 鲁迅：《（180104）致许寿裳》，《鲁迅全集》第 11 卷，人民文学出版社 1981 年版，第 345 页。

⑤ 鲁迅：《（180529）致许寿裳》，《鲁迅全集》第 11 卷，人民文学出版社 1981 年版，第 349 页。

一万五六千本了"。① 随着现代白话文影响的扩大并成为一场运动，《新青年》日益受到了读者的重视和青睐。

《新潮》无疑是五四时期最为幸运的期刊之一。它站在了已经在社会上产生很大影响的《新青年》的肩膀之上，再加上依托北京大学，因此创刊伊始就产生了巨大影响，第一卷即一版再版。"这个杂志第 1 期出来以后，忽然大大的风行，出版只印 1000 份，不到十天要再版了，再版印了 3000 份，不到一个月又是三版了，三版又印了 3000 份。以后亚东书局拿去印成合订本又是 3000 份。"② 后各期销数也维持在一万五千册左右。③ 到 1919 年 10 月，《新潮》第 2 卷 1 号《启事》称："本志的销数超过了期望，每号出版总总几天内卖完，以致顾客要买而不得的很多，屡次接到来信，要求重版。"④ 此时的《新潮》不仅印数很多，而且"销路很广，在南方的乡间都可以看到"。⑤

《创造》季刊初版开始的销售并不顺利，创刊号出版两三个月后，赵南公给郭沫若说："初版两千部，还剩下有五百部的光景。"⑥ 但随着时代的发展和读者对新文学的接受，之后便一版再版，郑伯奇回忆说："《创造周报》一经发刊出来，马上就轰动了。每逢星期六的下午，四马路泰东图书局的门口，常常被一群一群的青年所挤满，从印刷所刚搬运来的油墨未干的周报，一堆又一堆地为读者抢购净尽，定户和函购的读

---

① 汪原放：《亚东图书馆与陈独秀》，学林出版社 2006 年版，第 33 页。

② 罗家伦：《北京大学与五四运动》，全国政协文史资料委员会办公室编：《五四运动亲历记》，中国文史出版社 1999 年版，第 60 页。

③ 罗家伦：《元气淋漓的傅孟真》，傅乐成编：《傅孟真先生年谱》，台北传记文学出版社 1969 年版，第 13—14 页。

④ 《启事一》，《新潮》1919 年第 2 卷 1 号。

⑤ 顾颉刚：《回忆新潮社》，张允侯等编：《五四时期的社团》二，三联书店 1979 年版，第 125 页。

⑥ 郭沫若：《创造十年》，《郭沫若全集》文学编第 12 卷，人民文学出版社 1992 年版，第 141 页。

者也陡然增加，书局添人专管这些事情。"①《创造周报》"初出版时每版三千，后增印至六千，还要屡次地再版"。②陈翔鹤回忆说："自从《创造周报》出版以后，青年人对创造社诸人的崇敬和喜爱，不觉便更加强烈起来。这从每到星期日，在上海四马路泰东图书局发行部门前的成群集队的青年学生来购买《创造周报》的热烈，便可窥得一个梗概。"③期刊对于现代性的传播获得了读者的肯定，不仅影响了社会舆论，又反过来促成了期刊自身的发展和繁荣。

（二）保守期刊的困境

随着《新青年》等进步刊物销量逐渐攀升，影响越来越大，一些落后保守的刊物面临销量问题而不得不进行改革。汪孟邹在给胡适的信中说："近来《新潮》《新青年》《新教育》《每周评论》，销路均渐兴旺，可见社会心理已转移向上，亦可喜之事也。各种混账杂乱小说，销路已不如往年多矣。"④由于《新青年》的影响，带"新"字的刊物越来越多，不论内容是否真新，社会上各类期刊的进步意识都得到了提升。

由于新文化运动的兴起，商务印书馆期刊也受到极大冲击，商务印书馆不得不进行改革和调整。时任《东方杂志》编辑章锡琛回忆说："商务受到如此严重的攻击，在教育界多年的声誉顿时一落千丈。为了迎合潮流，挽救声誉，不得不进行改革；因为杂志最先受到攻击，就从撤换各杂志的编辑入手。"⑤张元济也在 1918 年 12 月 25 日的日记中记载有：

---

①　郑伯奇：《二十年代的一面》，饶鸿竞编：《创造社资料》下，福建人民出版社1985 年版，第 759 页。

②　郭沫若：《创造十年》，《郭沫若全集》文学编第 12 卷，人民文学出版社1992 年版，第 173 页。

③　陈翔鹤：《郁达夫回忆琐记》，《文艺春秋副刊》1947 年第 1 卷 1 号。

④　《汪孟邹致胡适》，《胡适来往书信选》上，中华书局 1979 年版，第 40 页。

⑤　章锡琛：《漫谈商务印书馆》，商务印书馆编辑部编：《商务印书馆九十年》，商务印书馆 1987 年版，第 111 页。

"昨与梦、仙谈，拟将《东方杂志》大减。一面抵制《青年》、《进步》及其他同等之杂志，一面推广印，借以招徕广告。今日见北京大学又办有《新潮》一种。梦又言减价事，又应斟酌。"① 由于销路下滑，商务印书馆在 1920 年 1 月任命沈雁冰改革《小说月报》，随后又对《东方杂志》、《妇女杂志》、《学生杂志》、《教育杂志》进行了改组。商务印书馆采取丢卒保车的方法，相继更换了《东方杂志》、《教育杂志》、《学生杂志》、《妇女杂志》的主编。

《小说月报》从 1920 年的第十一卷开始进行了"半革新"，增加了"小说新潮"栏目。自第 10 号起，变革更为明显，取消了"小说新潮"栏目，同时废除了原来的"说丛"栏目，改为"短篇小说"和"长篇小说"的分类。据茅盾回忆，1920 年《小说月报》的"半革新"并不是主编的意图，而是"不得已而为之，半革新的决定来自上面"。② 当时主编《小说月报》的王蕴章（莼农）对茅盾倒出他的苦衷，王蕴章一方面自己"觉得应该顺应潮流"，另一方面"《小说月报》一向是'礼拜六派'的地盘"，结果这种"半革新"既得罪了'礼拜六派'，又没有取悦于思想觉悟的青年，再加上商务印书馆当局的压力，只好提出辞职。③ 在尝试变革的过程中，连《小说月报》原来的主编都称"应该顺应潮流"。但是，即使是在这种"半革新"的状态之下，《小说月报》依然不能起死回生，"《小说月报》的销量步步下降，到第十号时，只印了两千册。这在资本家看来，是不够'血本'的。"④ 茅盾向商务印书馆的高梦旦提出三项要求，"一是现存稿子（包括林译）都不能用，二是全部改用五号字（原来的《小说月报》全是四号字），三是馆方应当给我全权办事，不能干涉我的编辑方

---

① 张元济：《张元济日记》上，河北教育出版社 2001 年版，第 670 页。
② 茅盾：《我走过的道路》上，人民文学出版社 1981 年版，第 155 页。
③ 茅盾：《我走过的道路》上，人民文学出版社 1981 年版，第 160 页。
④ 茅盾：《我走过的道路》上，人民文学出版社 1981 年版，第 160 页。

针。"① 商务印书馆对茅盾的要求全部答应，只是提醒革新后的杂志要按期出版即可。

因为商务印书馆的发展受挫，张元济与高梦旦于 1920 年 11 月北上寻求新文化运动的支持，郑振铎要求商务印书馆出一个文学杂志，"他与耿济之一起找过张元济、高梦旦，要求商务印书馆支持'文学研究会'办一个'会刊'"。② 而由他们主编（如《学艺杂志》之例），"张、高不愿出版新杂志，但表示可以改组《小说月报》"。③ 茅盾在组稿时，联系作者王剑三（王统照），却意外得到了郑振铎的回信，他们正想成立一个团体，名为"文学研究会"，于是一拍即合，由革新后的《小说月报》做代用会刊。《小说月报》获得了文学研究会这一坚实后盾。结果到 1921 年，"改组后的《小说月报》第一期印了五千册，马上销完，各处分管纷纷来电要求下期多发，于是第二期印了七千，到第一卷末期，已印一万。"④ 可见，《新青年》等期刊的社会传播效果又影响了五四时期其他期刊，现代性成为五四时期期刊的共同追求。

由于社会文化氛围、舆论及评判标准的变化，传统保守期刊受到了极大的打击，出版发行难以维系。鸳鸯蝴蝶式文学、黑幕小说受到了极大的打击，因为才子佳人类的小说不适于青年人拯救家国的主流文化。于是，许多相对刊载传统文学、观念相对保守的期刊销量受到直接的影响。虽然鸳鸯蝴蝶派期刊在五四后期有所反弹，但并未延续太长时间。如 1921 年《礼拜六》在停刊后 5 年复刊，并再次出满百期，这种现象与新文化运动本身的启蒙缺陷有关。

① 茅盾:《我走过的道路》上，人民文学出版社 1981 年版，第 161 页。
② 陆荣椿:《郑振铎传》，海峡文艺出版社 1998 年版，第 33 页。
③ 茅盾:《我走过的道路》上，人民文学出版社 1981 年版，第 160 页。
④ 茅盾:《我走过的道路》上，人民文学出版社 1981 年版，第 168 页。

（三）读者的模仿行为

五四之后的期刊如雨后春笋一般，数量猛然增加，这其中一大部分都是之前期刊读者的模仿行为。一种新的文化想要被社会所认可，必然要经历文化的扩散，期刊作为新文化传播扩散的主要媒介渠道，在1919年之后有明显的增加。文化扩散作为一个过程，影响他的主要有历史契机、创新程度、传播渠道以及社会系统四个主要因素。"扩散是一种社会变化，可以被定义为社会系统的结构和功能发生变化的过程。当新的方法被发明出来，随之被传播，被接受或拒绝，导致一定的结果，在这当中，社会发生了变化。"① 文化扩散将导致社会文化观念的变化，当然，文化扩散是一个过程，这个过程的长度与所传播观念与现实社会的差异性、传播渠道等相关。

五四时期新文化的创新扩散与期刊的传播息息相关，"扩散是创新通过一段时间，经由特定的渠道，在某一社会团体的成员中传播的过程。它是特殊类型的传播，所含信息与新观念有关。"② 这种新观念依托期刊，扩散至社会各领域，在创新扩散环节中，模仿是重要的一环，读者的模仿又产生新的文化产品，从而再度扩大了新文化的影响力。

鲁迅曾回忆新文学源自期刊的提倡，"凡是关心现代文学的人，谁都知道《新青年》是提倡'文学改良'，后来更进一步号召'文学革命'的发难者。"③ 在以《新青年》为首的文学革命开展后，《新青年》的读者群创办了《新潮》，《新潮》作为第一个模仿《新青年》的刊物，得到了北京大学各方的支持，此后，北京大学这类刊物变多，以至于学校无

---

① [美]埃弗雷特·M.罗杰斯：《创新的扩散》，辛欣译，中央编译出版社2002年版，第6页。

② [美]埃弗雷特·M.罗杰斯：《创新的扩散》，辛欣译，中央编译出版社2002年版，第5页。

③ 鲁迅：《导论》，《中国新文学大系》小说二集，上海良友图书印刷公司1935年版，第1页。

法再像支持《新潮》一样在经济上予以支持了。当时的北京大学学生冯友兰也有回忆说："学生们还办了三个大型刊物，代表左、中、右三派。左派的刊物叫《新潮》，中派的刊物叫《国民》，右派的刊物叫《国故》。这些刊物都是学生自己写稿、自己编辑、自己筹款印刷、自己发行，面向全国，影响全国。"①

除了创办期刊，这种文化的创新扩散还体现在读者尝试去模仿创作，其中不少后来有成就之人都是如此。冰心是五四时期受新文学影响而成长起来的作家，她在看了表兄所推荐的期刊后酝酿着模仿期刊中的内容进行写作，她用"冰心"这个笔名，将自己所写的小说《两个家庭》羞怯地交给了这位表兄编辑并得到了认可，这个经历也让她的写作水平得到了极大锻炼，创作越来越顺手，如她在回忆中所记述，"这时我写东西，写得手滑了，一直滑到了使我改变了我理想中的职业。"② 由于《新青年》的提倡，作白话诗的风气，以至于杜亚泉曾讽刺白话诗："一个苍蝇嘶嘶嘶，两个苍蝇吱吱吱，苍蝇苍蝇伤感什么，苍蝇说，我们在作白话诗。"③ 包括鲁迅的《我的失恋》，都在讽刺白话诗歌创作内容的无聊与水准低下，但也从另一个侧面反映了白话诗歌在社会上的流行程度。

模仿创办期刊的典型，如施存统（施复亮）就模仿《新潮》而创办《双十》周刊。施存统为浙江金华人，1917 年考入浙江省立第一师范学校，之后他阅读到《新青年》、《新潮》等期刊，他激动地与编者通信，1919年第 2 卷 2 号的《新潮》上就刊有他的通信。1919 年的 8 月和 9 月中间，"以一师为中心，杭州几个学校的少数学生通过阅读《新青年》和给这个杂

---

① 冯友兰：《三松堂自序》，人民出版社 1998 年版，第 313 页。

② 冰心：《回忆"五四"》，《文艺论丛》第 8 辑，上海文艺出版社 1979 年版，第 8 页。

③ 胡愈之：《回忆商务印书馆》，商务印书馆编辑部编：《商务印书馆九十五年》，商务印书馆 1992 年版，第 124 页。

志写通讯的关系，开始集合起来，筹备出版一个刊物，这就是这一年十月十日创刊的《双十》"。① 以施存统为中心，参与创办《双十》的还有沈端先（夏衍）、傅彬然等人。《双十》后改为《浙江新潮》，第 2 期中刊登有施存统震惊一时的《非孝》，出至第 3 期便被查封。陈独秀在《新青年》随感录中专门撰文鼓励《浙江新潮》："我祷告这班可爱可敬的小兄弟，就是报社封了，也要从别的方面发扬'少年'、'浙江潮'的精神，永续和穷困及黑暗奋斗，万万不可中途挫折。"②

杨钟健办《秦钟》也是对《新青年》的一种模仿。杨钟健为陕西华县人，1917 年入北京大学预科，他撰写的《儿童公育》刊登在 1920 年第 8 卷 1 号的《新青年》"通信"栏。五四运动后，新文化运动在各地均有所传播，许多省份受新文化影响，社会气象悄然变化，唯独陕西漠之无闻。经过一年多的社会活动，杨钟健所在的陕西旅京联合会意识到："要从根本上改造中国，不能单从政治方面做事，必须要改造国民思想。怎样改造国民思想？就是文化运动一条路。"③ 从谋及陕西文化发展考虑，也受北京各校学生纷纷创办刊物的影响，联合会在会内外进行了募集，筹划创办了《秦钟》。于是，1920 年 1 月在北京的陕西学生旅京联合会创办了《秦钟》。

《秦钟》深受北京大学《新青年》的影响。其一，《秦钟》所设的栏目与《新青年》极为相似，其主要栏目"论坛""随感录""调查"与《新青年》一致。《秦钟》甚至还有"什么话？"栏目，更是与《新青年》一样。其二，《秦钟》中许多思想和观点不仅受新文化运动的启发和影响，

---

① 夏衍：《当五四浪潮冲到浙江的时候》，中国社会科学院近代史研究室编：《五四运动回忆录》下，中国社会科学出版社 1979 年版，第 731 页。

② 陈独秀：《随感录七十四·〈浙江新潮〉——〈少年〉》，《新青年》1920 年第 7 卷 2 号。

③ 崇毅：《旅京陕西学生联合会周年纪念感言》，《秦钟》1920 年第 4 号。

甚至不少还直接引用《新青年》等新文化刊物的主张。如第 4 号《旅京陕西学生联合会周年纪念感言》中就直接引用了陈独秀在第 7 卷 1 号《新青年》上发表的《实行民治的基础》。其三，当《秦钟》第 5 号特辟"选录"栏，首篇文章就直接转载了原刊载于《新青年》第 6 卷 6 号胡适之《我对于丧礼的改革》，还特别说明："因为胡先生是我们新文化运动的导师，白话文做的鼎好；此篇文字对于风俗礼制改革的前途，很有关系，所以把他介绍到陕西那边去。"①

此外还有许多学生创办的报刊，如甘肃学生 1920 年张道明、邓者民创办《新陇》，李霁野在安徽安庆办一个四开的报纸《微光》等，它们基本都是发行数量少且持续时间短。

新文化的传播与社会文化变迁密切相关，以期刊为核心的文化传播在五四时期的文化嬗变中发挥了重要作用。五四时期期刊的传播主体是具有传媒理念的新式知识分子，传播内容有着鲜明的时代性，传播过程具有广泛性和多级性，期刊的文化传播产生了显著的效果。

中国的"士大夫"传统在清末因为科举制度的取消而轰然倒塌，读书人成为时代的"脱序者"，新一代的知识分子也与此同时开始产生，他们对国家和民族发展更具责任意识。文人生存方式发生了改变，改变了"学而优则仕"的传统道路。现代传媒业的兴起为在传统士大夫转变为现代知识分子的过程中提供了全方位的支持，不仅为知识分子的文化传播理想提供了路径，也提供了经济来源。传媒理念逐渐深入现代知识分子内心，期刊创办者对舆论和读者反应极为重视，期刊传播主体的这些变化改变了期刊的传播方式，促进了期刊的传播效果。

---

① 《编辑余谈》，《秦钟》1920 年第 5 号。

　　五四时期期刊传播内容整体趋新，其中最为突出的定位、影响最大的是以青年为目标读者的期刊，宣扬青年文化占据了期刊传播的主流。期刊普遍设置互动性、时代性和倾向性的栏目，组织内容集中的专号，增进对读者的吸引力；利用各种论争论战、细致入微的编辑、广泛的广告宣传策略，扩大了期刊的传播力；通过多样的出版发行方式和传播渠道、大量的人际传播和多级传播，增加和延续了期刊的影响力。

　　五四时期的传播效果对个人的影响主要体现在读者对期刊的直接认可，读者在若干年后对期刊影响的记述；对社会舆论的影响体现在社会媒体的普遍改变、新的社会舆论形成和社会对评判标准的变化等方面。随着新文化在社会上的广泛传播，以新文化为内容的新期刊销量不断增长，保守期刊不得不做出调整加以跟进。新文化期刊读者模仿创作、模仿创办期刊的行为也加速了新文化的生产和传播。

第四章　五四时期期刊的现代性

> "在这种世界，我们正该用'出辞荒谬狂悖绝伦'八个大字自豪。"
>
> ——胡适

"现代性"（modernity）一词，在西方社会有着相当丰富的含义，同时也极富争议。一般来说，它是一种批判性的社会文化思维方式，呈现出与传统社会不同的结构秩序以及与之相应的社会制度追求，这些具有新特质的整体就构成了"现代"。① 首先，现代性表现为对

---

① 　沃波尔1872年在一封信中，用现代性来表示一种"观念与措辞的晚近倾向"，波德莱尔在《现代生活的画家》中写道："现代性是短暂的、易逝的、偶然的、它是艺术的一半，艺术的另一半是永恒和不变的……"在当代西方，对现代性最为著名的概念界定分别来自英国的吉登斯、德国的哈贝马斯和法国的福柯。吉登斯从欧洲封建后期开始的行为制度和模式出发，认为："现代性指社会生活或组织模式，大约17世纪出现在欧洲，并在后来的岁月里，程度不同地在世界范围内产生着影响。"它是"一种后传统的秩序"，强调现代与传统之间的区别，尤其是从世界观、经济制度到政治制度的整套的结构性调整。哈贝马斯认为现代性是"一项未完成的设计"，这种设计将完全取代中世纪的模式和标准，人的理性成为这种设计的原则，它的合法性来自于个人自由的主体性。福柯则认为现代性是"一种思想和感觉的方式"，"一种行为和举止的方式"，"一种态度、一种气质"，这种哲学的质疑是对时代进行永恒的批判性质询的精神。参见〔美〕

理性的追求。崇尚知识和理性的力量，并将之作为事物判断的标准，永恒的批判质疑精神是现代性的价值核心。其次，现代性体现为对新秩序的构建。理性批判精神是新秩序的基石，新秩序不仅是传统僵化模式的对立面，同时也反对杂乱和随意。再次，由精英知识分子倡导的启蒙运动是现代性传播的典型范式。从精英到大众，体现了现代性的落脚点，启蒙运动通过对大众理性精神的培育来建构新的秩序。

现代性在不同的领域之中呈现出不同的状态和特征，期刊的现代性特征可以从期刊的办刊主体、出版机构、传播内容和编辑审稿等环节进行评判。第一，期刊的办刊主体的现代性意识是期刊现代性特征的前提，期刊是作为主体的人的行为结果，办刊主体的现代性意识决定了期刊的内容和特征。第二，出版机构决定了期刊的发行环节、经营方式，为期刊的出版提供了基础，社会化竞争程度体现着期刊整体的现代性程度。第三，对于期刊而言，总是内容为王，期刊的内容和表达方式直接体现着期刊是否具有现代性的观念。第四，期刊的编辑审稿等环节体现了期刊的选择性，是否选择具有现代性特征的稿件，以何种策略方式传播现代性，也是期刊现代性特征的体现。

启蒙和公共领域是现代性的两个层次，现代性的基础是启蒙。第一个阶段启蒙的过程中，公众可以借助他人力量获得理性精神。第二个阶段是公共领域的建构，可以形成一种理性精神的培养机制。

马泰·卡林内斯库:《现代性的五副面孔》，顾爱彬等译，商务印书馆 2002 年版，第 49 页;[法] 波德莱尔:《波德莱尔美学文选》，郭宏安译，人民文学出版社 1987 年版，第 485 页;[英] 吉登斯:《现代性的后果》，田禾译，译林出版社 2000 年版，第 1 页;[德] 哈贝马斯:《现代性的哲学话语·作者前言》，曹卫东等译，译林出版社 2004 年版，第 1 页;[德]福柯:《什么是启蒙》，汪晖、陈燕谷编:《文化与公共性》，三联书店 2005 年版，第 430—441 页。

第一节　期刊的启蒙性

五四时期期刊的启蒙性主要体现在理性思想的传播。启蒙是现代性发展的基础，并体现了现代性的基本内涵，在康德看来，启蒙就是"人类脱离自己所加之于自己的不成熟状态"。这种不成熟状态需要经由别人引导，从而可以公开运用自己的理性。对于任何一个个人要脱离不成熟状态，都是很艰难的，当一些人抛却不成熟状态的羁绊之后，"就会传播合理地估计自己的价值以及每个人的本分就在于思想其自身的那种精神"①。对认知的先后问题，孔子有相同的认识，他说"学之为言效也"，"觉有先后，后觉者必效先觉之所为"②。

启蒙的本质就是弘扬理性精神，重新考量传统占统治地位的价值观念的合理性，是对传统的去魅。启蒙精神与现代性从内在关联上是一致的，它对现代性的生成具有决定性的作用。中国的启蒙与欧洲文艺复兴之间有较大的差别，它与中国的资本主义发展之间并非没有关联，只是相对于英、法、德等国而言几乎可以忽略，它是为了解决中国救亡、强国梦的途径。

第一，西方的文艺复兴是一种内在动力需求，而中国的启蒙运动是一种"挑战—回应"的被迫改变。欧洲的文艺复兴是以复兴古希腊和古罗马的古典主义文化为旗帜，实际上是将资本主义人文精神注入古典传统之中，完成反教会文化的创新。中国的启蒙运动不是由于资本主义同封建主义的矛盾发展到一定阶段之后自然产生的，而是由于救国图存的根本任务和使命造成的，主要是借助西方文化以图实现中国文化的

---

① 〔德〕康德：《历史理性批判文集》，何兆武译，商务印书馆1990年版，第22—23页。

② 朱熹：《四书章句集注》，中华书局1983年版，第47页。

改造。

第二，中国的启蒙运动更直接的目标是要解决中国当时出现的亡国灭种危机，而对于文化的复兴、创新、再造就显得似乎没有那么急迫。西方文艺复兴的背景是古罗马帝国的衰微，资本主义人文思想可以相对自由地传播，这种内部的调整和改革不存在太多的外部压力。而中国的内忧外患，不仅有军阀的尊孔复古，还有新式知识分子对西方工业文明的批判。

五四时期的期刊相比较晚清期刊而言，其启蒙的区别主要体现在深度和广度两个方面：一是五四时期期刊在启蒙的深度上，对价值重估是整体性的。晚清时期革命期刊具有强烈的政治启蒙性，以推翻清王朝的政治统治作为出发点和落脚点，思想启蒙只是其逻辑链条上的一环。而五四时期的思想启蒙是对传统思想的系统反思，它的深度甚至超出了最初启蒙者的预料。二是五四时期期刊在启蒙的范围上，其启蒙是整体性的。既有政治启蒙，又有思想启蒙，同时还有文学方面的启蒙。

一、启蒙的表现

18 世纪在欧洲兴起的启蒙运动是文艺复兴的延续，它主张天赋人权，反对君主专制，力主三权分立，推崇自由、平等和民主，法国大革命是由其直接引发的。启蒙运动主要思想代表人物有孟德斯鸠、伏尔泰、狄德罗、卢梭、康德、霍布斯、洛克等。这场启蒙运动在中国的反响晚了一个多世纪，1898 年戊戌变法失败后，严复方才将赫胥黎的《天演论》、孟德斯鸠的《法意》、亚当·斯密的《国富论》、斯宾塞的《群学肄言》，穆勒的《群己权界论》和《穆勒名学》等翻译成中文，成为中国启蒙的先驱。

（一）价值重估

以西方文化为参照系，对中国传统恪守三纲、上尊下卑的纲常伦理的质疑，是五四时期期刊的主题之一，也是五四时期期刊早期启蒙的具体体现。虽然康有为的《新学伪经考》、《孔子改制考》已经是旧瓶装新酒，梁启超将之比作飓风和火山喷发。[①] 但真正对中国的传统文化、社会观念进行系统性的价值重估，是从五四开始的。陈独秀说："自西洋文明输入吾国，最初促吾人之觉悟者为学术，相形见绌，举国所知矣；其次为政治，年来政象所证明已有不克守缺抱残之势。继今以往，国人所怀疑莫决者，当为伦理问题。此而不能觉悟，则前之所谓觉悟者，非彻底之觉悟，盖犹在惝恍迷离之境。吾敢断言曰：伦理的觉悟，为吾人最后觉悟之最后觉悟。"[②]

在《新思潮的意义》中，胡适对已经在社会上产生反响的新思潮进行了总结，认为他们的相似之处在于一种新的态度，并将其称为"评判的态度"，而"重新估定一切价值"八个字便是对"评判的态度"最好的解释。[③] 胡适借用尼采的说法，将所在的时代看作是一个"重新估定一切价值"的时代，在这样的时代里，需要不同的领域进行价值重估。孔教的讨论、文学的评论、贞操的讨论、旧戏的评论、礼教的讨论、女子的问题、政府与无政府的讨论、财产私有与公有的讨论，都是要重新估定各种观点"在今日社会的价值"[④]，也就是对所有过去的思想、文化、文学等一一进行价值重估。周作人对胡适的这一判断和提法上升到更高的层次，称新文化的精神就是胡适所说的"重新估定一切价值"，[⑤] 而价

---

① 梁启超：《清代学术概论》，中华书局 2010 年版，第 118—119 页。
② 陈独秀：《吾人最后之觉悟》，《青年杂志》1916 年第 1 卷 6 号。
③ 胡适：《新思潮的意义》，《新青年》1919 年第 7 卷 1 号。
④ 胡适：《新思潮的意义》，《新青年》1919 年第 7 卷 1 号。
⑤ 周作人：《复古的反动》，《晨报副镌》1922 年 9 月 28 日。

值重估的出发点、评判和重估的尺度都是"人"。

这种价值重估显然受到西方启蒙运动的影响。面对西方文化的冲击、影响和对比，中国传统文化被怀疑其在世界民族之林中的位置。尼采在他著名的《论道德的谱系》中说，面对价值体系根基的分崩离析，濒临价值危机之时，需要对道德进行重新审视和判断。尼采所提出的"价值重估"成为启蒙运动的一块基石，也成为五四时期期刊文化启蒙的表现之一。

"话语实践在传统方式和创新方式两方面都是建构性的：它有助于再造社会身份本身，它也有助于改变社会。"①"重新估定一切价值"的新话语体系逐渐形成，其传播构成了社会文化变革的动力。"只有在基本的新价值正在被创造出来而旧价值正在被粉碎的大动荡的世界中，思想冲突才会发展得如此严重，以至对抗的各方不仅寻求消除对方特有的信仰和态度，而且还试图摧毁这些信仰和态度赖以存在的思想基础。"②

五四时期期刊中的启蒙性体现的价值重估是整体性的，"祖宗之所遗留，圣贤之所垂教，政府之所提倡，社会之所崇尚"③，都在重估之列，五四时期期刊内容中重估的重点主要有三个方面。

其一是对传统文化的价值重估。对传统文化的价值重估主要是对儒家文化的重估，将传统文化放置于同西方文化对比的语境之中，对中国文化的价值和发展方向进行重新思考。值得肯定的是，五四时期提出要认真对传统文化价值进行重新评判，就需要对它们进行认真的整理，"不还他们的本来面目，则多诬古人。不评判他们的是非，则多误今人。

---

① [英] 费尔克拉夫：《话语与社会变迁》，殷晓蓉译，华夏出版社 2003 年版，第 60 页。

② [德] 卡尔·曼海姆：《意识形态与乌托邦》，黎鸣、李书崇译，商务印书馆 2000 年版，第 65 页。

③ 陈独秀：《敬告青年》，《青年杂志》1915 年第 1 卷 1 号。

但不先弄明白了他们的本来面目，我们决不配评判他们的是非。"①

其二是对传统文学的价值重估。五四时期期刊在提倡新文学之初，并没有无视传统文学价值，胡适的《文学改良刍议》中说，"吾惟以施耐庵、曹雪芹、吴趼人为文学正宗"②，陈独秀在《文学革命论》里说，"元明剧本、明清小说，乃近代文学之灿然可观者"③。但是由于激进的简化思维影响，传统文学被简单地标以"过去时"的标签，而忽视了传统文学中依然具有的价值成分。

其三是对传统伦理的价值重估。伦理道德与生活息息相关，"愚孝"、"贞烈"等都与人性相悖，五四时期的移风易俗也是对传统伦理道德的重估。陈独秀在《新青年》上曾对中国的传统偶像有一番调侃："一声不做，二目无光，三餐不吃，四肢无力，五官不全，六亲不靠，七窍不通，八面威风，九（久）坐不动，十（实）是无用。"④对传统的伦理道德的批判最为激烈，是因为伦理道德直接制约了人们的日常生活。

重新评定一切价值是五四时期启蒙的基础，但是由于五四时期时代的特殊性，最常见的是对传统整体的评价和颠覆。"试图从'五四'启蒙运动中寻找某一种一以贯之的方法论特征几乎是不可能的。这不仅因为中国启蒙思想缺乏欧洲启蒙哲学那种深刻的思维传统和知识背景，更重要的是，中国启蒙思想所依据的各种复杂的思想材料来自各个异质的文化传统，对这些新思想的合理性并不能简单地构成对中国社会的制度、习俗及各种文化传统的分析和重建，而只能在价值上作出否定性判断。"⑤最初的否定性的判断相对更为容易，成为理性自觉思想的基

---

① 胡适：《发刊宣言》，《国学季刊》1923 年第 1 卷 1 号。

② 胡适：《文学改良刍议》，《新青年》1917 年第 2 卷 5 号。

③ 陈独秀：《文学革命论》，《新青年》1917 年第 2 卷 6 号。

④ 陈独秀：《偶像破坏论》，《新青年》1918 年第 5 卷 2 号。

⑤ 汪晖：《中国现代历史中的"五四"启蒙运动》，《汪晖自选集》，广西师范大学出版社 1997 年版，第 309 页。

础。在具体的重估实践中，期刊中大量的文章往往采用简单的肯定与否定，忽视事物本身的复杂性。五四时期的期刊中，对于新与旧的看法常常是，"凡是中国所没有的都叫做新，都是好的；凡是中国有的都叫做旧，都是不好的"①。这种整体性的价值否定性判断在五四时期随处可见。

（二）理性精神

五四时期的理性精神表现在对传统的怀疑与对自身价值的独立判断追求，理性要求人们独立地进行思考，通过对传统的反思，对传统观念进行价值判断。五四时期期刊首先所做的是对书面语言符号神圣化的"祛魅"，报刊是符号集中展示的场所，因此成为启蒙的重要领域。五四时期期刊所创造的启蒙话语内核是康德所谓的"公开运用自己理性"，最终得以脱离不成熟的状态。这其中包含两个方面，一是对理性的崇拜，二是要求对理性的公开使用。

"理性"与感性相对，是指人类具有的依据所掌握的知识和法则进行各种活动的意志和能力。在西方启蒙思想家看来，理性精神是价值判断的基础，而不是根据按照已有的经验作出判断。"启蒙运动思想家都鼓吹将理性运用于一切事物，热爱科学、信仰并投身进步，怀疑所有的迷信和对生活的宗教化组织，坚信自由能够改进人类的生存状况，使人性前所未有地接近其本质。"②从历史的角度来看，这种理性精神的高扬是伴随着对宗教的教权联系在一起的。

而公开运用理性，在本质上与期刊的媒介特性是一致的。公开的场所在西方的传统主要是咖啡馆、沙龙等，在近代之后，大众媒介则逐渐

---

① 宁树藩、丁淦林：《关于上海马克思主义研究会活动的回忆——陈望道同志生前谈话记录》，《复旦大学学报》（哲学社会科学版）1980 年第 3 期。

② ［美］托马斯·奥斯本：《启蒙面面观》，郑丹丹译，商务印书馆 2007 年版，第15 页。

替代这些场所，成为公开运用理性的场所。麦克卢汉认为，媒介特性决定了文化的特质与传播—感知模式，每一种媒介都孕育着一种文化，"每一种传播媒介都是制度发展、公众反映和文化内容的渊源"①。期刊的连续性使之传播较书籍的文化传播更具持续性，期刊本身又比报纸更具有思想性，期刊相对稳定的读者群之间更容易进行公共交往，也更易于培养读者的理性精神。在一定程度上可以说，期刊在五四时期培育出了符合自身特性的文化，体现出强烈的现代性色彩，公开运用理性成为"公共领域"的基础。

在五四时期期刊中体现出的理性观念，并没有详细地区分工具理性和价值理性，而是将理性作为价值重估的基石，创造新时代的手段。五四时期知识分子普遍具有坚定的理性主义，仿佛听到了未来理性社会的跫跫足音，如李大钊描述由青年自觉而创造的未来，"青年之自觉，在冲决过去历史之网罗，破坏陈腐学说之囹圄"，而这"冲决"和"破坏"，都依靠青年们"本其理性，加以努力"②。

正是在理性精神的指引之下，五四时期期刊中对西方各种思想和观念进行了介绍，对各类政治理论、社会理论、文化理论作了探讨，成为各个领域启蒙的基础。科学是典型的理性精神，因此五四时期期刊中表现出对科学的极度崇尚，成为五四时期最为重要的主题之一。陈独秀说："我们相信尊重自然科学、实验科学，破除迷信妄想，是我们现在社会进化的必要条件。"③ 进化论也是典型的科学主义的体现，"我们放开眼光看一看，现在的进化论，已经有了左右思想的能力，无论什么哲学、伦理、教育，以及社会之组织、宗教之精神、政治之设施，没有一

① ［美］切特罗姆：《传播媒介与美国人的思想》，曹静生等译，中国广播电视出版社1991年版，第199页。
② 李大钊：《青春》，《新青年》1916年第2卷1号。
③ 《本志宣言》，《新青年》1919年第7卷1号。

种不受它的影响。"① 陈独秀将新陈代谢从自然界引申至社会,"新陈代谢,陈腐朽败者无时不在天然淘汰之途,与新鲜活泼者以空间之位置及时间之生命。人身遵新陈代谢之道则健康,陈腐朽败之细胞充塞人身则人身死;社会遵新陈代谢之道则隆盛,陈腐朽败之分子充塞社会则社会亡"②。

五四时期的人们,接受西方启蒙运动的影响,"很轻易地便采纳了'进步的理念'(The idea of progress)。他们……相信历史在各方面都是不断进步的。科学与民主是进步的象征。根据理性所获得的知识将会带来人类的解放。换句话说,他们认为科学(包括社会科学)愈发达,人类不但愈能了解自然的奥秘,愈能了解人类社会与历史……而且可进而利用自然资源造福人群并导使社会趋近合理、历史趋近光明。至于民主,五四人物认为那是政治与社会生活的最佳方式,在民主的制度与文化里,人人平等,个人尊严得以维护,个人潜力得以发挥——国家力量也因个人力量的积累而得以增强。"③

(三)文化创造

五四时期的启蒙性还体现在,它不是单纯地运用理性对传统进行价值重估,而是在此基础之上通过创造新文化,创造性地建构文化,作为启蒙的示范。陈独秀在《新青年》中就曾说:"我们想求社会进化,不得不打破'天经地义','自古如斯'的成见;决计一面抛弃此等旧观念,一面综合前代贤哲、当代贤哲和我们自己所想的,创造政治上、道德上、经济上的新观念,树立新时代的精神,适应新社会的环境。"④ 对

① 陈兼善:《进化论发达略史》,《民铎》1922年第3卷5号。
② 陈独秀:《敬告青年》,《青年杂志》1915年第1卷1号。
③ 林毓生:《对五四时期思想启蒙运动的再认识》,中国社会科学院科研局、《中国社会科学》杂志社编:《五四运动与中国文化建设——五四运动七十周年学术讨论会论文选》上,社科文献出版社1989年版,第140页。
④ 《本志宣言》,《新青年》1919年第7卷1号。

于"创造"，陈独秀进一步解释道，"创造就是进化，世界上不断的进化只是不断的创造，离开了创造便没有进化了。我们不但对于旧文化不满足，对于新文化也要不满足才好；不但对于东方文化不满足，对于西洋文化也要不满足才好；不满足才有创造的余地"①。

新文化运动是在中西文化结合的基础上，体现出五四时期具有使命感的知识分子对文明的深层价值伦理的反思和自觉，他们在思想文化上进行的启蒙，实现了一种不同于中国传统的新文化创造。"究竟文化是什么，其实也没有几个人说得上来的。不创造文化，而只讨论文化；消闲则有之，于文化何益？"② 由于五四时期的知识分子都是以西方社会发展作为参照来规划中国的未来，因此模仿西方，将西方现代社会的思想、观念便成为五四时期知识分子的主流意识，借用鲍曼对"立法者与阐释者"的理解，那么西方知识分子就是对西方现代性的立法者，而五四时期中国的知识分子就是阐释者，担负着对西方文化的传播、对中国民众进行理性启蒙的启蒙者。

五四时期期刊的文化创造以西方文化为参照系，这使得五四新文化的发生与文化的一般性变化有着天壤之别。布尔迪厄从一般性的文化场变革得出结论："如果场有一段定向和积累的历史……那么场中发生的事越来越与场的特定历史相关。"③ 但五四时期期刊的文化创造却并非如此，它是按西方文化场的逻辑，对中国文化的一种价值重建。胡适借用尼采的话来总结文化创造的内容，就是"重新估定一切价值"，因此，这种文化嬗变更是一种断裂，而非按照原有的中国文化场自身的发展规律行进。

文化创造总是与文化场中秩序的斗争并行，在对传统"旧"文化的

---

① 陈独秀：《新文化运动是什么？》，《新青年》1920 年第 7 卷 5 号。

② 高长虹：《走到出版社界》，泰东图书局 1928 年版，第 19 页。

③ ［法］皮埃尔·布尔迪厄：《艺术的法则——文学场的生成和结构》，刘晖译，中央编译出版社 2011 年版，第 218 页。

反叛过程中，实现与现有规则的决裂。对传统文化的颠覆就是以现存的文化结构为参照，按照对立的形式进行文化创造。作为五四时期期刊代表的《新青年》最先取得进展，以白话语言变革为文化变革的突破口，实现对传统文化全面的批判：反对孔孟学说、文以载道、鬼神迷信、儒家教育……从否定传统中寻找文化创造的着力点。单纯的破坏并不能产生新的文化，只有解构和建构并立，才能在文化场中创造出新的位置。五四时期期刊在对传统文化批判的同时，也大量引入西方的各种新思潮，总体呈现出学习西方的状态，但不同的期刊侧重的内容有所不同，如《科学》对科学观念的传播，《建设》推崇全民政治的文化，《民铎》系统介绍西方现代思潮。期刊对这些文化观念不是简单的移植，而是在积极探索西方文化的中国化。

有学者评价道：《新青年》"标志着新的知识分子群体开始按照他们所理解的现代意义与标准，尝试重建中国社会的价值体系"。[1] 在重估价值的过程中，五四期刊群实现了中国启蒙话语体系的创造。这种启蒙话语包含了科学、民主、自由等开放性的思想观念，体现了期刊承担的社会责任，同时还具有强烈的实践性质。这种文化创造包含三个方面，一是"创造以'新道德'、'新民主'为标志的人本文化与民主文化"，二是"创造进步的开放文化和科学文化"，三是"创造以白话为表征的语言文化与中西结合的文学范式"。[2]

二、启蒙的变迁

陈万雄提醒我们，不能"由于五四新文化运动的倡导力量提倡了光

---

① 许纪霖、陈达凯：《中国现代化史（1840—1949）》，三联书店 1995 年版，第299 页。

② 李继凯：《"五四"新文学的文化创造》，《文学评论》1999 年第 3 期。

芒夺目的文化思想运动"，而单纯地认为他们都是"纯粹的近代知识分子"，其实这一代革命知识分子，"除胡适个别人外，他们都是政治革命的积极参与者"，"他们大都与清末民国间的政治有千丝万缕的关系，学者、革命者和教育者集于一身，正是五四新文化运动倡导力量的共性，也是第一代近代知识分子的特点"。①"他们不是后继的启蒙者要去补此前辛亥革命的救亡者的不足，而是他们自始则承担着救亡和启蒙的双重重任。革命与启蒙并举是这一代革命知识分子强烈的价值取向，并符合中国所面临国势陵夷、文明落后的双重困局。这种取向与往后革命知识分子政治取向相当不同。"②启蒙的重点在五四时期，特别是在1919年前后有着明显的变化。

（一）从思想启蒙到政治启蒙

五四时期的期刊普遍注重启蒙，但是这种启蒙在1919年前后有所转向，1919年之前的期刊更倾向于缓慢的思想启蒙，而此后的期刊则对政治启蒙有着普遍关注。在近代中国，"从变法（维新运动）到革命（推翻清朝），政治斗争始终是先进知识群兴奋的焦点。其他一切，包括启蒙和文化，很少有暇顾及。"③但是五四初期，期刊的创办者或主办者普遍不谈政治，这与近代社会政治斗争屡次失利有关，知识分子开始将政治变革失败的理由归结为进步思想的缺失，于是打算通过思想启蒙来达到推动社会进步的目的。五四时期期刊的创办者都已经明确意识到了利用期刊来进行启蒙，从思想界的改变来推动社会的进步。

即便如陈独秀这样一个热心政治的老革命党，也是同样具有强烈的启蒙精神和意识，一生始终在启蒙与革命之间摇摆。陈独秀早年就参与

---

① 陈万雄：《五四新文化的源流》，三联书店1997年版，第184—185页。
② 陈万雄：《五四新文化的源流》，三联书店1997年版，第185页。
③ 李泽厚：《中国现代思想史论》，三联书店2008年版，第3页。

过多种报刊的创办、编辑，对期刊影响的缓慢性十分了解。陈独秀在与汪孟邹谈到他对所创期刊《新青年》的期望时，说"只要十年八年的工夫，一定会发生很大影响"①，所谓"只要十年八年"，可见乐观的陈独秀也意识到启蒙并非易事，对所期待的启蒙事业的时间颇有耐心。这里的启蒙特别是指对思想的启蒙，思想启蒙是一项缓慢的工作，所以陈独秀说自己打算花十年八年的工夫，来起到一些作用。陈独秀对《新青年》最初的定位十分明确，只讨论青年思想问题，不涉及政治。"改造青年之思想，辅导青年之修养，为本志之天职。批评时政，非其旨也。国人思想，倘未有根本之觉悟，直无非难执政之理由。"②陈独秀在四年之后依旧强调，"我们主张的是民众运动、社会改造，和过去及现在各派政党，绝对断绝关系"③。但是时隔不久，陈独秀在同样的《新青年》中总结新文化运动，认为这场运动不能仅仅是一场文化运动，"要影响到别的运动上面"，"新文化运动影响到政治上，是要创造新的政治理念，不要受现实政治的羁绊"④。

这种思想与政治的逻辑在五四时期被许多期刊所认可。《少年中国》的宗旨则是"本科学的精神，为社会的活动，以创造少年中国"⑤，体现出对思想改造的重视。包括《解放与改造》这个期刊的名字，都展示出对思想改造的认知和理解。因此，五四时期出现了一大批具有思想启蒙性质的期刊，如《新潮》、《科学》，等等。

与此同时，关注时政的期刊在社会上影响力却十分有限。如《国民》就因为"只注意反军阀、抗日的政治活动，没有尽力白话文的宣传，所

---

① 汪原放：《亚东图书馆与陈独秀》，学林出版社 2006 年版，第 33 页。
② 记者：《通信·答王庸工》，《青年杂志》1915 年第 1 卷 1 号。
③ 《本志宣言》，《新青年》1919 年第 7 卷 1 号。
④ 陈独秀：《新文化运动是什么？》，《新青年》1920 年第 7 卷 5 号。
⑤ 《本会通告》，《少年中国》1919 年第 1 卷 1 号。

以在当时新文化运动的狂澜中不为人注意"①。少年中国学会也认为他们"计划远大"，所要做的事情除了编辑期刊之外，其余均可慢慢来，"因吾辈计划远大，收效期在十年以后，不求一时的发展也"②。

1919 年前后，期刊启蒙的重点逐渐发生了变化。特别是 5 月 4 日学生的游行示威活动，以及后续的一系列政治性事件让启蒙发生了转向。"尽管新文化运动的自我意识并非政治，而是文化。……但从一开头，其中便明确包含着或暗中潜埋着政治的因素和要素。"③ 从戊戌变法到辛亥革命，国人致力于以政治变革和革命来救亡图存，而革命成果的迅速丧失，官僚政治的卷土重来，又使人们认识到"政治改革只能通过社会和文化改革而实现"④。"一战"德国战败让国人看到"公理战胜强权"，但巴黎和会却又打破了国人对"公理"的希冀，知识分子对列强抱有的期望和幻想备受打击，郑振铎认为西方资本主义"以人类惟牺牲"，"已经没有存在的余地"⑤。知识分子回到社会、文化的改造中，却看到军阀、官僚的统治而使社会改造无法取得效果，迫使人们又得出结论：必须首先打倒、推翻军阀统治。

从《新青年》的"批评时政，非其旨也"，到《每周评论》的创办，再到胡适创办《努力周报》，我们可以看到五四时期新文化期刊的基本走向，也可以看出五四时期知识分子的思想变化。在五四运动的影响之下，民族矛盾再次成为人们关注的焦点。《新青年》"批评时政，非其旨也"的最初定位也有所转向，对政治流派特别是对马克思主义的介绍明显增多。1920 年，陈独秀专门著文《谈政治》，说："在现实社会中，谈

---

① 许德珩：《五四运动在北京》，中国社会科学院近代史研究室编：《五四运动回忆录》下，中国社会科学出版社 1979 年版，第 211 页。

② 曾琦：《会员通讯》，《少年中国》1919 年第 1 卷 1 号。

③ 李泽厚：《中国现代思想史论》，三联书店 2008 年版，第 5 页。

④ [美] 周策纵：《五四运动史》，陈永明等译，岳麓书社 1999 年版，第 314 页。

⑤ 郑振铎：《现代社会改造运动》，《新生活》1919 年第 1 卷 1 号。

政治也罢，不谈也罢，谁都逃离不了政治，除非躲在深山人迹绝对找不到的地方，政治总会寻着你的。"①《新青年》的分道扬镳标志着思想启蒙与现实政治之间的普遍张力，救亡的现实问题对民众而言更具有紧迫性和凝聚力。此时，政治性刊物数量有所增长。

胡适回忆说他常与《新青年》同人讨论，希望"二十年不谈政治"，专事启蒙。傅斯年说得更为透彻："二十年里的各种改革，弄到结果，总是'葫芦题'，这都原于不是根本改革。放开思想去改革政治，自然是以暴易暴，没有丝毫长进。若是以思想的力量改造社会，再以社会的力量改造政治，便好得多了——这是根本的改革。"②但是因为陈独秀在《新青年》上大量介绍马克思主义等政治性内容而引发胡适等人的不满，为了不影响《新青年》本身，另起炉灶创办专门讨论政治的报刊。《每周评论》正是在政治环境日趋紧张的背景之下创办的，它的发刊词中特别声明："我们发行这《每周评论》的宗旨，也就是'主张公理，反对强权'八个大字，只希望以后强权不战胜公理"。③

知识界存在着主张启蒙与革命的分裂，但也有许多人认为与现实之间的距离在一定程度上违背了知识分子的现实使命。事实上，从知识分子的事业来看，他们不可能孤立地从事思想启蒙，"如果思想家不涉及政治斗争中的真理价值，就不能负责地处理活生生的整体经验。"④连发誓"二十年不谈政治，不干政治"的胡适也创办刊物来谈政治。1920年8月，蔡元培、陶孟和、胡适、蒋梦麟等联名发表《争自由的宣言》，声称"本来不愿谈实际的政治，但实际的政治，却没有一时一刻不来妨

---

① 陈独秀：《谈政治》，《新青年》1920年第8卷1号。
② 傅斯年：《白话文学与心理的改革》，《新潮》1919年第1卷5号。
③ 《发刊词》，《每周评论》1918年第1号。
④ [美]爱德华·W.萨义德：《知识分子论》，单德兴译，三联书店2002年版，第24页。

害我们。……政治逼迫我们到这样无路可走的时候，我们便不得不起一种彻底觉悟，认定政治如果不由人民发动，断不会有真共和实现"，而军阀政党的横行，也是"国民缺乏自由思想、自由批判的真精神的表现"①。这篇宣言是五四时期知识分子启蒙转向的最好注解，它将思想启蒙的目标，培养人们"自由思想、自由批判的真精神"，指向现实的政治，虽然与新文化运动初期的思想启蒙一脉相承，但明显又有所变化。

社会的兴衰，特别是与西方民族国家的冲突导致的民族危机，决定了启蒙思想家最基本的思想动力和方向，对于人的启蒙实际上是这种原动力的体现，因此"中国启蒙思想始终是中国民族主义主旋律的'副部主题'，它无力构成所谓'双重变奏'中的一个平等和独立的主题"②。1919年后，期刊界启蒙的重点从思想启蒙转向政治启蒙，让许多人有"风流云散"的感觉，如鲁迅所言，"北京虽然是'五四运动'的策源地，但自从支持着《新青年》和《新潮》的人们，风流云散以来，一九二零至一九二二这三年间，倒显着寂寞荒凉的古战场的情景。"③

五四后期，整个知识界再也没有了"从容不迫"，救亡作为现实的课题迫在眉睫，促使更多人相信自我主张的不证自明，从而选择以更快速的方式去传播观点，而来不及去认真思考其正当性。正如李泽厚所说，"每个时代都有它自己中心的一环，都有这种为时代所规定的特色所在。……在近代中国，这一环就是关于社会政治问题的讨论了。燃眉之急的中国近代紧张的民族矛盾和阶级斗争，迫使得思想家们不暇旁顾，而把注意和力量大都集中投放在当前急迫的社会政治问题的研究讨

---

① 胡适等：《争自由的宣言》，《晨报》1920年8月1日。
② 汪晖：《中国现代历史中的"五四"启蒙运动》，许纪霖编：《二十世纪中国思想史论》上，东方出版中心2000年版，第50页。
③ 鲁迅：《导论》，《中国新文学大系》小说二集，上海良友图书印刷公司1935年版，第8页。

论和实践活动中去了。因此，社会政治思想在中国近代思想史上占有最突出的位置，是它的主要组成部分。其他方面的思想，如文学、哲学、史学、宗教等等，也无不围绕这一中心环节而激荡而展开，服从于它，服务于它，关系十分直接。"①

（二）启蒙的文学与文学的启蒙

文学革命是五四新文化运动的重要组成部分，作为文学革命重要的实践领地，文学期刊的发展脉络也展示了五四时期启蒙的变化。五四时期的文学期刊，经历了从文学社会性的重视，逐渐发展为对文学独立性审美品格追求的初步。

中国传统的文学理论中有"文以载道"和"诗言志"两种不同的倾向，但是直到近代，梁启超最先认识到小说对社会所拥有的"熏""浸""刺""提"四种力。由于社会现实问题的日益严峻，人们普遍重视文学的实用功能，重视文学所负载的启蒙性质，而忽视文学的审美性、文学表达情感的功能。"文学是一种社会性的实践，它以语言这一社会创造物作为自己的媒介。"②文学期刊改变了文学的功能，文学不再仅仅是作者自己的自娱自乐，作品通过编辑、发表、出版等环节，而成为广泛传播的文本。"凡文学事实都必须有作家、书籍和读者，或者说得更普通些，总有创作者、作品和大众这三个方面。于是，产生了一种交流圈；通过一架极其复杂的，兼有艺术、工艺及商业特点的传送器，把身份明确的（甚至往往是享有盛名的）一些人跟多少有点匿名的（且范围是有限的）集体联结在一起。"③通过文学期刊，文学的社会属性被大大增强，文学作品不但要受到各方面的限制，读者围绕文本的讨

---

① 李泽厚：《中国近代思想史论》，三联书店 2008 年版，第 485—486 页。

② ［美］韦勒克、沃伦：《文学理论》，刘象愚等译，三联书店 1984 年版，第 92 页。

③ ［法］罗贝尔·埃斯卡皮：《文学社会学》，于沛等译，浙江人民出版社 1987 年版，第 1 页。

论也加强了。

五四时期初期的文学是一种启蒙的文学，在文学期刊中，社会的、政治的因素要占据很大的比重，对于问题的讨论，对于文学的定义和发展设想，都并不具备很深的理论范畴意义，而是有着明显的目的性。《新青年》之上诞生了中国的现代文学，创造了 20 世纪的文学的巨变，但是这种带有神话色彩的巨变并不单纯的是文学的自身发展。"中国现代文学的文学神话的建立是由于文学与政治意识形态的紧密联系，并且主要是由于启蒙主义文学而建立起来这种声望的。"① 由于社会的环境和时代的限制，强烈的现实功利性的工具理性使文学的发展背负了更多的内容。

文章，尤其是文学，在五四时期被诸多知识分子所看重，鲁迅、郭沫若的弃医从文，体现出的是一种以文学变革思想的思路。"自报章之文体行，遇事畅言，意无不尽。因印刷之进化，而传布愈易，因批判之风开，而真理乃愈见。……文学之盛衰，系乎国运之隆替。"② 文学成为关系"国运"的大事。那么，大众传播媒介，包括文学期刊在内的期刊，都成为重要的变革工具。"如果说戊戌时期的刊物主要在连结士绅阶层之意见、提供士绅言论之园地，以为官方与士绅沟通之桥梁的话，1900 年代以来的报刊显然出现了新方向。这些启蒙报刊政治意图差异很大，许多报刊的重点根本不是政治，但它们的共同点是一致鼓吹破除迷信、陋俗，暗示地主张科学理性的精神，并且强调'国家'与'国民'之间的连结、建立富强国家，以摆脱当前民族困境。为了要达成后者，所以要鼓吹前者，唯有每一个'国民'都有足够智识、发挥理性精神，并且体认自身与大群之间的关系，民族国家方能陶铸而成。"③ 社会变革对文

---

① 旷新年：《现代文学观的发生与形成》，《文学评论》2000 年第 4 期。

② 戈公振：《中国报学史》，上海古籍出版社 2003 年版，第 207 页。

③ 李仁渊：《晚清的新式传播媒体与知识分子：以报刊出版社为中心的讨论》，台北稻乡出版社 2005 年版，第 252 页。

学的倚重，确实是五四文学期刊繁荣的原因之一。

由于社会现实的日益严峻，文学表达情感的功能逐渐被淡忘，文学的实用功能被高度重视。比如在五四时期文学变革中有着重要地位的《新青年》，它的编者、文学革命的提倡者、最早的践行者，都不是文学家。《新青年》最初提倡文学革命，无论是陈独秀还是胡适，都是把文学当作一种社会变革的工具，不同的是前者把它当作政治改革的工具，后者把它当作是思想改造的工具。他们本身不是文学家，他们的主要兴趣点都不在文学，而都是想借文学作为突破口来改造社会，这实际上是一种新的变相的"文以载道"，将文学作为新思想传播的渠道。时代语境使他们的选择带有强烈的工具理性色彩，没有人仔细地对文学的本质进行考量。

《东方杂志》上也有不少文章，推崇文学的精神变革价值："盖小说本为一种艺术。欧美文学家殚精竭虑，倾毕生之心力于其中，与以表示国性，阐扬文化。读者亦由是以窥见精神思想，尊重其价值，不特不能视为游戏之作，而亦不敢仅以儆世劝俗目之。"① 文学研究会宣称，"我们相信文学是一种工作，而且又是于人生很切要的工作。治文学的人也应当以这事为他的终身的事业，正同劳农一样。"② 在《小说月报》中13卷7号的诗歌创作中，编排在第一篇的是李之常的《颤栗之夜》，全诗叙述了在兵变之夜，男主人公的想象和兵匪对自己家人施暴，在妻子被杀死后，他感慨道："唉！我怎不早早努力，/ 合他人协力将人间改造，/ 早早地自救？/ 如今危难来到眼前了，/ 迟了！/ 迟了！/ 自误自了！/ 死，总免不了，/ 要是人间改造了，/ 我何至于像那样凄惨而死，/ 颤栗而死，/ 含垢而死呀？/ 迟了！/ 迟了！/ 悔早不努力，/ 自误自，/ 而且误人了！"③

---

① 君实：《小说之概念》，《东方杂志》1919 年第 16 卷 1 号。
② 《文学研究会宣言》，《小说月报》1921 年第 12 卷 1 号。
③ 李之常：《颤栗之夜》，《小说月报》1922 年第 13 卷 7 号。

这种简单、粗暴表达背后的文学功利性思维呼之欲出。

当然，五四文学期刊中也有对文学独立观念的体现。文学的审美品格作为文学最重要的独立品格，近代被绝大多数人所忽视。《新青年》同人在十分注重文学功利性的同时，也有对这种文学的独立性的注意。陈独秀1916年就在《新青年》上说："窃以为文学之作品，与应用文学不同，其美感与伎俩，所谓文学美术自身独立存在之价值，是否可以轻轻抹杀，岂无研究之余地？"① 次年，他再次表述了自己的这种看法："状物达意之外。倘加以他种作用，附以别项条件，则文学之为物，其自身独立存在之价值，不已破坏无疑乎？"② 陈独秀意识到"应用之文"与"文学之文"同样存在着差别，却没有将问题深入下去，探究差别之处何在。由于他们思想中严重的启蒙主义观念，对文学同时还持一种实用的工具理性，也就无暇去考虑文学的这种独特品质，而"潜在的现实功利性立场最终会否定艺术自主的核心：现实超越性。"③ 虽然期刊中也有少量文章提到对文学独立性的认识，但遗憾的是，这种对文学独立性的认识在五四只停留在初期，现代性的社会功利主义阻碍了对文学审美品格的探索。

五四初期，虽然也有短暂的独立美学追求，但文学不仅仅是思想启蒙的工具，它本身也是一种特殊的审美意识形态，所以文学不仅具有认识功能和教化功能，还有更为重要的审美功能。文学的审美和娱乐功能是文学的基本功能，在五四时期具有革新倾向的文学期刊中，被视为文学的歧路而备受指责。如鲍曼所说："科学话语、道德话语和审美话语三者的残酷分离，乃是现代性的核心特征之一。"④ 审美功能的忽视导致

---

① 陈独秀：《通信》，《新青年》1916年第2卷2号。
② 陈独秀：《通信》，《新青年》1917年第3卷2号。
③ 余虹：《五四新文学理论的双重现代性追求》，《文艺研究》2000年第1期。
④ ［英］齐格蒙·鲍曼：《立法者与阐释者》，洪涛译，三联书店2000年版，第28页。

了文学期刊不可避免的缺憾。

但是，由于美学风格具有强烈的主体色彩，受个人气质的影响，带有鲜明的个性特征，实际上无法形成相对成型的统一性。正因如此，与文学研究会在文学理念上有着巨大差异的创造社才展示出明显的个性，也造成与文学研究会关系的紧张。《创造》季刊上的文学作品有意避开社会现实，创造社表示"我们是最厌恶团体和组织的，因为一个团体便是一种暴力"①，并且标明自己的文学主张，新文学也是同样有使命的，但这种使命与以《小说月报》为阵地的文学研究会不同，而是主张文学的个性与审美，"文学既是我们内心的火种之一种，所以我们最好是把内心的自然的要求作它的原动力"，并提出要"追求文学的全""实现文学的美"②。可以说，创造社系列期刊对文学独立品格的追求是五四后期文学期刊发展趋势最为重要的代表。

当然，创造社不是不明白文学与社会之间的关系，郭沫若就明确说道："假使创作家纯以功利主义为前提以从事创作，上之想借文艺为宣传的武器，下之想借文艺为糊口的饭碗，这个我敢断言一句，都是文艺的堕落，隔着文艺的精神太远了。"③然而他们的主张"为艺术"，为自身的感受而文学，虽然其主张没有直接的社会意义，但是其创作和文学体现出来的并非没有社会价值。

值得一提的是，我们同时也应该注意到，即使是主张"文学为人生"的文学研究会机关刊物《小说月报》，除了表达对现实的批判这一共同点之外，其发表的文学作品风格也不是完全统一的，甚至比《创造》上的作品更加难以归类。如果就思想而言，其不比《新青年》《新潮》更

---

① 郭沫若：《编辑余谈》，《创造》1922 年第 1 卷 2 号。

② 成仿吾：《新文学之使命》，《创造周报》1923 年第 2 号。

③ 郭沫若：《论国内的评坛及我对于创作上的态度》，《时事新报·学灯》1922 年 8 月 4 日。

为先进，但是其艺术手法、表现形式都有了长足的进展和创新。

1923 年五四新思想退潮，发生了科学与玄学的论战，新创办的具有革新倾向的文学期刊比例明显下降。不仅沈雁冰被商务印书馆抛弃，连《小说月报》革新时沈雁冰封存的鸳鸯蝴蝶派的稿件也被新办的《小说世界》重新刊用。1923 年商务印书馆出版《小说世界》周刊，由叶劲风主编，主要刊载鸳鸯蝴蝶派的作品，纯粹是为了与革新后的《小说月报》相抗衡而出版的。这也暴露了五四时期现代性色彩浓厚的文学期刊的局限性，它们在一定程度上没能够满足读者的文学需求。

（三）个案：胡适的变化

五四时期的三类启蒙中，思想启蒙、政治启蒙、文学启蒙三者之间充满了张力。五四时期的期刊创办者中，胡适的变化可以看出期刊发展的变化，也体现出政治、文化、文学三者之间的紧张关系。

1. 从"不谈政治"到"谈政治"

胡适在《新青年》初期反对谈政治，反对陈独秀对政治的热衷，导致陈独秀另起炉灶，重新创办《每周评论》。胡适在"问题与主义"上与陈独秀的矛盾，使《新青年》分裂，让陈独秀重新挑选陈望道等编辑《新青年》。但随着时间的推移，胡适却专门创办了谈政治的报刊。

胡适在 1917 年留美归国途中，曾明确表示自己回国后远离政治，二十年不谈政治，二十年不干政治，胡适还多次向《新青年》同人提出，"我们这个文化运动既然被称为'文艺复兴运动'，它就应撇开政治，有意识地为新中国打下一个非政治的（文化）基础。我们应致力于（研究和解决）我们所认为最基本的有关中国知识、文化和教育方面的问题。我并且特地指出我们要'二十年不谈政治，二十年不干政治'"①。胡适在 1916 年回国前的私人通信中就解释了不谈政治的原因，是在于

---

① 胡适：《胡适口述自传》，华东师范大学出版社 1993 年版，第 190 页。

中国如果缺乏"必要的先决条件"，那么不论是君主制还是共和制都不能救中国，"吾辈之职责"即在于"造新因"。胡适认为，"造因之道，首在树人；树人之道，端赖教育。故适近来别无奢望，但求归国后能以一张苦口，一支秃笔，从事于社会教育，以为百年树人之计：如是而已。……明知树人乃最迂远之图，然近来洞见国事与天下事均非捷径所能为功。七年之病当求三年之艾。倘以三年之艾为迂远而不为，则终亦必亡而已矣。"①胡适认为通向开明而有效的政治，无捷径可走，相信教育民众可以打一个扎实之基础。

对于胡适"不干政治、不谈政治"的主张，丁文江特别责备说："你的主张是一种妄想：你们的文学革命，思想改革，文化建设，都禁不起腐败政治的摧残。良好的政治是一切和平的社会改善的必要条件。"②胡适认为启蒙受到政治的影响，希望"借'学理研究'的美名，既可以避'过激派'的罪名，又还可以种下一点革命的种子"③，他实质上并不反对谈政治，"而是无意成为社会运动的领导者而直接与政府对抗，仍然坚持'作为平衡势力'的舆论想象"④。

然而在1922年，胡适却开始创办《努力周报》，主张"好人"政治，力促"好人"从政。并且发表了由蔡元培领衔、胡适主笔的《我们的政治主张》："我们以为现在不谈政治则已，若谈政治，应该有一个切实的，明了的，人人都能了解的目标。我们以为国内的优秀分子，无论他们理想中的政治组织是什么，（全民政治主义也罢，基尔特社会主义也罢，无政府主义也罢）现在都应该平心降格的公认'好政府'一个目

---

① 胡适：《胡适日记全编》第 2 卷，安徽教育出版社 2001 年版，第 325 页。

② 胡适：《丁文江的传记》，《胡适文集》第 7 卷，北京大学出版社 1998 年版，第 444 页。

③ 胡适：《新思潮的意义》，《新青年》1919 年第 7 卷 1 号。

④ 杨早：《清末民初北京舆论环境与新文化的登场》，北京大学出版社 2008 年版，第 15 页。

标，作为现在改革中国政治的最低限度的要求。我们应该同心协力的拿这共同目标来向国中的恶势力作战。"①

对于自己打破自己不断申明的"不谈政治"，胡适解释称："直到1919年6月中，独秀被捕，我接办《每周评论》，方才有不能不谈政治的感觉。那时正当安福部极盛的时代，上海的分赃和会还不曾散伙。然而国内的'新'分子闭口不谈具体的政治问题，却高谈什么无政府主义与马克思主义。我看不过了，忍不住了——因为我是一个实验主义的信徒——于是发愤要想谈政治。"②五四之后，胡适还参与创办《新月》、《独立评论》等期刊，还筹划创办政论性周刊《平论》专门谈论政治。

2. 从"反传统"到"整理国故"

新文化运动也没有完全超越中国文化伦理，而只是强调反对旧道德，旧伦理。新文化提倡者们对传统并不是完全反对，大力炮轰只是一种姿态和举措，反而为后来者和反对者诟病。正是在这个意义上，胡适才会说他的三个志愿其三便是"整理国故"，从国学中仔细梳理哪些是属于"旧"。胡适曾在1930年12月6日公开说出自己平生三大志愿："一是提倡新文学，二是提倡思想改革，三是提倡整理国故。"虽然"提倡有心，实行无力"。③事实上，早在新文化运动如火如荼的1919年，胡适就认识到整理国故的重要性。他在《新思潮的意义》中对新思潮的目的、内容和意义作了概括性的说明和总结，提出"研究问题"、"输入学理"、"整理国故"、"再造文明"是新思潮和新文化运动的纲领。新思潮的根本共同点就是"评判的态度"，即"凡事要重新分别一个好与不好"④。要进行区分就需要整理国故，通过去伪存真、去芜取菁，以便再

① 《我们的政治主张》，《努力周报》1922年5月14日。
② 胡适：《我的歧路》，《努力周报》1922年6月18日。
③ 胡适：《胡适日记全编》第5卷，安徽教育出版社2001年版，第887页。
④ 胡适：《新思潮的意义》，《新青年》1919年第7卷1号。

造新的文明。

胡适认为对旧学术思想有三种态度,"第一,反对盲从;第二,反对调和;第三,主张整理国故",在这种态度中间只有"整理国故"是一个积极的主张,"整理就是从乱七八糟里面寻出一个条理脉络来;从无头无脑里面寻出一个前因后果来;从胡说谬解里面寻出一个真意义来;从武断迷信里面寻出一个真价值来"①。为了再造新的文明,找出传统文化的病根,就要细致地整理科学在传统文化中的根源,而这整理的方法必须要以科学的方式,即"大胆的假设,小心的求证"。

胡适在 1923 年专门创办《国学季刊》以整理国故,在发刊宣言中他说道:"中国的一切过去的文化历史,都是我们的'国故'……'国故'包含'国粹';但他又包含'国渣'。我们若不了解'国渣',如何懂得'国粹'?"②胡适在后来也多次解释,为什么在五四初期对传统强烈加以批判的自己为何又要开始去整理国故,他认为,"只为了我十分相信'烂纸堆'里有无数的老鬼,能吃人,能迷人,害人的厉害胜过柏斯德发现的种种病菌。只为了我自己自信,虽然不能杀菌,却颇能'捉妖'、'打鬼'"。③

3. 从引领新文学到销声于文坛

胡适不是一个文学家,但是他在新文学变革过程之中居功至伟,开创了多项新文学第一。他在《新青年》上发表的《文学改良刍议》吹响了"文学革命发难的信号",第一首现代白话诗歌的《蝴蝶》(后改名为《朋友》),第一部白话戏剧的《终身大事》,除此之外,他所著《建设的文学革命论》的理论贡献、《尝试集》的新诗贡献都是当时无人能及的。

---

① 胡适:《新思潮的意义》,《新青年》1919 年第 7 卷 1 号。
② 胡适:《发刊宣言》,《国学季刊》1923 年第 1 卷 1 号。
③ 胡适:《整理国故与打鬼》,《胡适文集》第 4 卷,北京大学出版社 1998 年版,第 117 页。

　　"但开风气不为师"的胡适将自己新诗结集为《尝试集》，于1920年由亚东图书馆出版，两年间销量达到一万册。胡适十分看重这部诗集，他对这部诗集的自我评价也十分中肯，在《自序》中他一再声称，这部最早的白话新诗专集"代表'实验的精神'"①，"也许可以供新诗人的参考"②，"也许可以使人知道缠脚的人放脚的痛苦"③。引领白话文学发展并尝试创作的胡适却很快就在新文学发展的过程中转向他处。

　　胡适与陈独秀一样都不是文学家，但却开启了新文学之先河，他还是文学革命中第一个立足于形式与内容的联系来谈论形式变革的。与鲁迅不同的是，鲁迅既是思想家又是文学家，因此《狂人日记》表现的深切和格式的特别，成为现代小说的开端和成熟的标志。

　　至五四后期新文学期刊已有长足的发展并已相当繁荣，当《小说月报》《创造》等期刊尝试运用不同的表现形式表达更为丰富的内容时，引领文学发展的就只是文学作家所创办编辑的文学期刊了。当新文学逐渐开始追求独立的美学风格之时，胡适就没有再创办或参与文学期刊了，包括之后与徐志摩、梁实秋、闻一多等人创办《新月》，胡适留下的都是关于政治的文章，而无几文学作品。即使是为了应和新月诗人的创作，也依然是"尝试"时的诗歌状态。

　　胡适所参与和创办期刊的变化，体现了"一方面致力于中国传统的渐进改革，一方面却对中国传统做整体性的反抗"④，更是体现了五四时期启蒙思想的变迁。

---

　　①　胡适：《〈尝试集〉自序》，《胡适文集》第9卷，北京大学出版社1998年版，第81页。

　　②　胡适：《〈尝试集〉再版自序》，《胡适文集》第9卷，北京大学出版社1998年版，第86页。

　　③　胡适：《〈尝试集〉四版自序》，《胡适文集》第9卷，北京大学出版社1998年版，第91页。

　　④　林毓生：《中国传统的创造性转化》，三联书店1988年版，第183页。

三、未完成的启蒙

现代性的理性主义批判，实质就是对神圣化的解构。"启蒙运动思想家都鼓吹将理性运用于一切事物，热爱科学、信仰并投身进步，怀疑所有的迷信和对生活的宗教化组织，坚信自由能够改进人类的生存状况，使人性前所未有地接近其本质。"① 但是，这种颇具理想化的启蒙不仅在西方被不断质疑，在中国也遭遇了更多的挑战。

在中国，五四时期期刊所从事的启蒙事业远远未完成最初的设想，不仅是由于启蒙自身的悖论，更重要的是中国的启蒙与西方的启蒙之间有着较大的差别。胡适总结曾经在中国历史上发生的文化变革，称自 11 世纪而开始的文化运动也是"一场文艺复兴运动"，但是它与中国五四时期的"文艺复兴"不同，不是故意推动的，而是"半有心、半无心地发展出来的"②。中国的启蒙具有复杂性和两歧性，五四的"思想遗产中有多元性和辩证性发展的契机和挑战"③，朝着不同甚至对立的方向发展，其启蒙心态、工具理性等缺憾较之西方的启蒙运动暴露更甚。

（一）启蒙心态

五四时期的众多期刊总是处处以启蒙者身份自居，总是"踌躇满志"地对青年人进行教育和指导。《新青年》开篇便称："本志之作，盖欲与青年诸君商榷将来所以修身治国之道。"④《新潮发刊旨趣书》从四个方面阐明《新潮》对于新文化运动和文学革命应尽的责任："唤起国人对

① 　[美] 托马斯·奥斯本：《启蒙面面观》，郑丹丹译，商务印书馆 2007 年版，第 15 页。

② 　胡适：《胡适口述自传》，华东师范大学出版社 1993 年版，第 368 页。

③ 　张灏：《重访五四——论"五四"思想的两歧性》，许纪霖编：《二十世纪中国思想史论》上，东方出版中心 2000 年版，第 28 页。

④ 　《社告》，《青年杂志》1915 年第 1 卷 1 号。

于本国学术之自觉心"；因革"侄桔行为，宰割心性"的宗法社会；鼓动群众对学术之兴趣；指示青年学生"修学立身之法与途径"。① 期刊定位即在对青年人加以指导，必然出现所谓"药方体"文章。

霍克海默和阿道尔诺在《启蒙辩证法》中指出："启蒙对待万物，就像独裁者对待人。"② 这句话尖锐而深刻地指出了启蒙的一种缺陷：缺乏平等意识。"启蒙的本质特征之一不是教条而是一种否定性原则。也就是说，启蒙质疑了它自身，它基本上是'自我觉知的'，它倾向于转向自身，去质疑自身的内容。"③ 但五四期刊在此却没有这种程度的认知，它们总是倾向于指导，却从未考虑过自身的合法性问题。五四期刊的启蒙主义体现出强烈的态度的同一性，即胡适在《新青年》中所直言的："舆论家的手段，全在用明白的文字，充足的理由，诚恳的精神，要使那些反对我们的人不能不取消他们的'天经地义'，来信仰我们的'天经地义'。"④"我们"的"天经地义"便是他人所要信仰的，通过自身的活动，使得他人的态度与自己态度的一致，这态度的一致便是树立中心。

现代性的核心是打破传统观念，树立理性精神的权威，但五四期刊在打破传统权威、破坏偶像的同时，也树立了自身的权威，形成了新的权威，成为新的时代偶像。树立中心的思想在五四时期期刊中比比皆是，认定为我等为正确。如杨昌济在《国故》创刊号中发表的《告学生》开篇便言："今日我等之急务，在树立一种统一全国之中心思想。"⑤

---

① 《新潮发刊旨趣书》，《新潮》1919 年第 1 卷 1 号。

② ［德］霍克海默、阿道尔诺：《启蒙辩证法》，渠敬东等译，上海人民出版社 2006 年版，第 6 页。

③ ［美］托马斯·奥斯本：《启蒙面面观》，郑丹丹译，商务印书馆 2007 年版，第 17 页。

④ 胡适：《通信·答汪懋祖》，《新青年》1918 年第 5 卷 1 号。

⑤ 杨昌济：《告学生》，《国民》1919 年第 1 卷 1 号。

期刊编者的启蒙观念，将自身作为先觉醒者和当之无愧的领导者，在期刊上树立"正确"甚至"独一无二"的目标和方向。当然，也有人意识到这样存在的问题，如傅斯年不仅在《新潮》发表提倡破坏传统思想的《破坏》，还在私下以朋友的身份提醒胡适不要成为新时代的偶像。1923年的"科学与人生观"论战中，玄学派要求"将信仰、道德、审美等价值和意义的领域从现代科学世界观的'真理之完体'中解放出来，从而从人文领域的自主性的方向重新确认了科学共同体在确立自身的特殊地位时的预设，即科学与其他社会领域的严格区分。"① 这其中体现的便是对理性启蒙中心主义的怀疑，但却没有引起人们的重视。

五四期刊中还充满了新旧互斥、非此即彼的二元对立的思维方式，由此建立了自己的文化、文学逻辑。当公开理性讨论的最终结果只有一个的时候，这个结果就变成了"中心"和"权威"。明确中心的树立，有利于文化的传播，但是也带来了负面的影响，它会将同样运用理性却意见不同的公众排除于外，五四时期强烈的对立性思维即来自于此。坚信非此即彼，唯有一种真理，本质上是启蒙心态。"新"与"旧"、传统与现代的水火不容，体现了五四期刊现代性建构过程中的对立思维。"如以为新者适也，则旧者在所排除；如以为旧者适也，则新者在所废除。旧者不根本打破，则新者绝不能发生；新者不排除尽净，则旧者亦终不能保存。新旧之不能相容，更甚于水火冰炭之不能相入也。"② 而事实上，据台静农回忆说，五四时期北京大学的中文系，"新旧对立，只是文言白话之争。如反军阀统治，要求科学与民主，中文系新旧人物，似乎没有什么歧见"。③

---

① 汪晖:《现代中国思想的兴起》下卷，三联书店2004年版，第1205页。

② 汪叔潜:《新旧问题》，《青年杂志》1915年第1卷1号。

③ 台静农:《〈早期三十年的教学生活〉读后》，《龙坡杂文》，三联书店2002年版，第129—130页。

杜亚泉在《东方杂志》上发表的《静的文明与动的文明》系统阐述了东西文化观，他认为："吾国固有之文明，正是以救西洋文明之弊，济西洋文明之穷者。"[①] 杜亚泉反对陈独秀把东西文化视为优劣的差异，认为他们从本质上属于性质差异，并提出，"吾国固有之文明，正足以救西洋文明之弊"。[②] 针对《东方杂志》的文章，陈独秀以"《东方杂志》与复辟问题"为题提出质疑。虽然杜亚泉的议论上确实有笼统之处，但陈独秀将这种观点与"复辟问题"挂钩，显示出明显的对立思维方式。对于《礼拜六》、《晶报》等刊物，成仿吾对创造的读者说："你们能赞成他们么？你们能宽容他们么？现在的时代要求你们火急的决断：'往他们的路上走么？不然就断断乎反对他们罢！'"[③] 更是明确地体现出了水火不容的敌我意识、缺乏宽容的心态。

五四时期的期刊中也普遍存在对"折中调和论"的批判。陈独秀极力反对调和论，"譬如货物买卖，讨价十元，还价三元……岂不是调和论的罪恶吗？"[④] 五四文学期刊中关于用石条治疗"驼背"、用纯水稀释"盐水"的比喻，包括鲁迅用中国人开窗户比喻中国人的性情"总喜欢调和，折中的"。[⑤] 正是由于启蒙心态，导致在打破权威的同时，重新树立了新的权威，因此才有了创造社所说的："自文化运动发生后，我国新文艺为一二偶像所垄断，以致艺术之新兴气运，澌灭将尽，创造社同人奋然打起破坏社会因袭因素，主张艺术独立，愿与天下之无名作家，共兴起而造成中国未来之国民文学。"[⑥] 启蒙知识分子的知识自负，

[①]　杜亚泉：《静的文明与动的文明》，《东方杂志》1916 年第 13 卷 10 号。

[②]　杜亚泉：《答新青年杂志记者之质问》，《东方杂志》1918 年第 15 卷 12 号。

[③]　成仿吾：《歧路》，《创造》1922 年第 1 卷 3 号。

[④]　陈独秀：《通信》，《新青年》1919 年第 7 卷 1 号。

[⑤]　鲁迅：《无声的中国》，《鲁迅全集》第 4 卷，人民文学出版社 1981 年版，第 14—15 页。

[⑥]　创造社同人：《纯文学季刊〈创造〉出版社预告》，《时事新报》1921 年 9 月 29 日。

让读者对百花齐放充满了期待。

（二）工具理性

晚清至民初，巨大的社会变动使知识分子丧失了传统的信仰，开始重新选择自身的生存方式，他们从各自的角度思考国家与民族的命运问题。人们迫切需要通过任何的一种方式，来尽快改变这种状态，五四时期的期刊中更多思考通过何种途径来实现摆脱殖民、富国强兵的目标，因此处处体现出工具理性。五四期刊体现出的工具理性是由追求功利的动机所驱使的，行动者借助理性达到自己需要的预期目的，行动者纯粹从效果最大化的角度考虑。

马克斯·韦伯将理性分为工具理性和价值理性，所谓工具理性就是"通过对外界事物的情况和其他人的举止的期待，并利用这种期待作为'条件'或者作为'手段'，以期实现自己合乎理性所争取和考虑的作为成果的目的"。[①] 它是一种"条件"或"手段"，追求的是工具的效率，而不带有其他含有价值的动机性。与其相反，价值理性则更强调行为本身的价值，它"通过有意识地对一个特定行为——伦理的、美学的、宗教的或作任何其他阐释的——无条件的固有价值的纯粹信仰，不管是否取得成就"[②]。工具理性追求行为的有效性，价值理性追求行为的价值性，而工具理性对效率的追求，暗合了中国知识分子急切改变国家社会的心态。

五四时期期刊的工具理性主要体现在功利主义和唯科学主义两个方面。

梁启超认定文学拥有"熏""浸""刺""提"四种力量，是对文学

---

① ［德］马克斯·韦伯：《经济与社会》上卷，林荣远译，商务印书馆1997年版，第56页。

② ［德］马克斯·韦伯：《经济与社会》上卷，林荣远译，商务印书馆1997年版，第56页。

所启蒙功能的重视。五四时期期刊中的工具理性与梁启超的观点有相似之处，但也有所区别，梁氏希望通过文学直接起到变革社会的作用，而五四时期文学期刊则是希望通过文学改造思想，从而达到改造社会的目的。救亡和启蒙的话题已经被再三强调，在救亡面前，工具理性所具有的合理性使许多人忽略了其自身的悖论，要完成文学—文化的彻底转型，单纯的激进主义和制度变革是不够的，工具理性的启蒙并不能解决长久的问题。社会变革对文学的倚重，确实是五四文学期刊繁荣的原因之一。但是，工具理性的追求却又造成了文学期刊的单向度。总之，启蒙思想家认为凡是不能预料的和可利用的东西都认为是可疑的，在韦伯看来，启蒙就是为世界"除魅"，即抱定信念："只要人们想知道，他任何时候都能够知道；从原则上说，再也没有什么神秘莫测、无法计算的力量在起作用，人们可以通过计算掌握一切。"①

　　早在 1919 年，钱智修就已经注意到关于功利主义的问题了，他在《东方杂志》的《功利主义与学术》一文中分析道："吾国自与西洋文明相触接，其最占势力者，厥维功利主义。功利主义之评判美恶，以适于实用与否为标准。故国人于一切有形无形之事物，亦以适于实用与否为弃取。功利主义之最害学术者，则以应用为学术之目的，而不以学术为学术之目的事业。吾国人富于现实思想，故旧学中本有通经致用之一派。所谓禹贡治水，春秋折狱，三百篇当谏书者，即此派思想之代表也。"②与《东方杂志》上其他文章和观点一样，这种观点被新文化运动的提倡者们贴上"保守主义"的标签，而没有受到应有的重视。

　　工具理性是现代性的体现之一，它最大的问题在于对人类情感以及精神价值的忽视。对工具理性的过度重视，而对价值理性的忽略，最终

---

①　[德] 马克斯·韦伯：《学术与政治》，冯克利译，三联书店 1998 年版，第 29 页。
②　钱智修：《功利主义与学术》，《东方杂志》1919 年第 16 卷 5 号。

在思想界引起了争论，争论也恰恰是五四的终结。1923 年，北京大学的张君劢在清华大学作了名为"人生观"的演讲，挑起了"玄学与科学"的论争，不仅算是 20 世纪涉及问题最为深刻的论战之一，也成为五四时期主导的启蒙思想分道扬镳的标志性事件。工具理性和价值理性的区别，正是这场论战的焦点。张君劢"深信人类意志自由，非科学公例所能规定"①，主张自由意志，人的情感和精神价值，而在梁启超、张君劢等人看来，他们虽然不承认科学破产，不过也不承认科学万能。

如本书第二章所言，科学在五四时期被广泛关注并得到认可，特别是在期刊传播的推动下，产生了积极的社会影响，但是科学思想本身就常常被反启蒙运动的思想家所诟病。主要分歧在于，如果将科学运用于所有领域，那么就是唯科学主义，特别是在人文领域中，运用科学并非是"科学"之事。"科学"一词，"在英语中已被限制在自然科学的范围之内，因而暗示着一种在自然科学才有的方法上和权利上的竞争"。②而中国从近代开始，便没有这种限制，"科学"被应用到所有的社会领域，甚至包括文学领域。韦莫斯认为，如果将科学作为一种信仰，那么就可以称为"唯科学主义"，即"其意义可以理解为信仰，这种信仰认为只有现代意义上的科学和由现代科学家描述的科学方法，才是获得那种能应用于任何现实的知识的唯一手段"③。

中国知识分子心目中的"科学"与西方的"科学"概念有所区别。在中国的启蒙中，科学作为理性最直接的化身，它所具有的权威性是不

① 张君劢等：《科学与人生观》，辽宁教育出版社 1998 年版，第 1 页。
② ［美］韦勒克：《批评的诸种概念》，张金言译，中国美术学院出版社 1999 年版，第 2 页。
③ ［美］郭颖颐：《中国现代思想中的唯科学主义》，鲁奇译，江苏人民出版社 1998 年版，第 16 页。

可怀疑的；同时，它可以被应用到生活中的各个方面，这是五四期刊现代性的表征之一。而现代性的理性主义批判，实质就是对神圣化的解构。"启蒙运动思想家都鼓吹将理性运用于一切事物，热爱科学、信仰并投身进步，怀疑所有的迷信和对生活的宗教化组织，坚信自由能够改进人类的生存状况，使人性前所未有地接近其本质。"①

陈独秀认为科学的缺乏是中国社会落后的原因之一，因此，他对科学大力提倡："余主张以科学代宗教，开拓吾人真实之信仰，虽缓终达。"② 这种对科学的信仰使得《新青年》诸同人都主张将科学运用到精神领域，包括文学。陈独秀就明言："我们的物质生活需要科学，自不待言就是精神生活离开科学也很危险。"③ 周作人盛赞写实小说，理由便是由于它受了"科学的洗礼"④。《新潮》说它的三个信条之一便是"科学思想"。傅斯年说："方今科学输入中国，违反科学之文，势不能容，利用科学之文学，理必孳育。此则天演公理，非人力所能逆从者矣。"⑤创造社还发起了"创造社科学丛书"："我们如果有时间，还想把德法文的科学上的文献 literature 多多翻译出来，以飨我们一天天进步的青年学子。"⑥

五四时期期刊的创办者不仅都是科学主义的积极倡导者，而且主张以科学的精神和态度从事文学。《新青年》同人中如陈独秀、胡适都对"科学—理性"观念异常重视，主张以科学的方法来推动文学的发展和进步。陈独秀曾区分科学与想象，认为宗教、美文都是想象时代的产物。在其

---

① ［美］托马斯·奥斯本：《启蒙面面观》，郑丹丹译，商务印书馆 2007 年版，第15 页。

② 陈独秀：《再论孔教问题》，《新青年》1917 年第 2 卷 5 号。

③ 陈独秀：《新文化运动是什么?》，《新青年》1920 年第 7 卷 5 号。

④ 周作人：《再论"黑幕"》，《新青年》1919 年第 6 卷 2 号。

⑤ 傅斯年：《文言合一草议》，《新青年》1918 年第 4 卷 2 号。

⑥ 成仿吾：《编辑纵谈》，《创造》1923 年第 1 卷 4 号。

他期刊上就有论述如"近代文学受着科学的恩典，是很不少的"①，此等类似的言论随处可见。将科学的观念作为文学发展的指导，是五四文学期刊体现出的共性，五四文学期刊的办刊者认为文学的理论是文学的科学，科学主义观延伸至文学领域，便体现出以科学来指导和规划文学。

由此，文学的真实性成为文学创作评判的重要标准，由于写实主义的创作方法具有这种真实性的要求，如实并"科学"地反映社会，自然成为现代文学诞生期作家首选的创作方法。写实主义之所以能够取得主导地位，根本原因在于它符合科学主义观在五四时期泛化的趋势。而另一方面，由于"浪漫主义的特征在于它吸收了不受法则控制的概念，并因此超出了启蒙运动的线性发展概念"，②导致了浪漫主义与启蒙之间存在着内在的紧张，不能成为创作方法上的主流。

但是，对科学过分的推崇使文学成了一种认知活动，使人们容易忽视文学的独特性以及审美品格。对此，刘半农有着清醒的认识，他在《我之文学改良观》一文中说到这种区别："以文学本身亦为各种科学之一，吾侪处于客观之地位以讨论之，不宜误宾以为主。此外他种科学，更不宜破此定例以侵略文学之范围。"③这种态度并未能够引起人们的重视。十多年后，洪深在《中国新文学大系·戏剧集导言》中总结第一个十年中的戏剧发展时，引用俞宗杰的说法，俞文称：将戏剧中的人物"统盘加以分析妥定，然后分配相当的脚色饰演，这可以说是一种分工制，用科学方法管理的"，洪深特意在此话之后用了三个"？"来表示他的疑惑。④这确实是五四时期唯科学主义观念的体现，事实上，这种

① 愈之（胡愈之）：《近代文学上的写实主义》，《东方杂志》1920 年第 17 卷 1 号。
② ［德］卡尔·曼海姆：《保守主义》，李朝辉等译，译林出版社 2002 年版，第 31 页。
③ 刘半农：《我之文学改良观》，《新青年》1917 年第 3 卷 3 号。
④ 洪深：《中国新文学大系·戏剧集导言》，上海良友图书印刷公司 1935 年版，第 78 页。

浓厚的唯科学主义倾向已经"侵占"了五四期刊中的文学审美现代性的领地。

（三）对精英的启蒙

五四时期公共舆论的形成首先与精英公众有关，五四时期期刊的编者都力图从有文化的知识分子入手，解决社会问题。首先的启蒙者与后启蒙者之间有先后之分，受过一定教育的知识分子更容易脱离自己所加之于自己的不成熟状态，尤其是在上海这个环境之中，更适宜于这种传播诉求的实现。"来自媒介的消息首先抵达意见领袖，接着，意见领袖将其所见所闻传递给同事或接受其影响的追随者。"[①] 舆论领袖在两级传播或多级流动传播中有着重要的作用，这种舆论领袖的作用在五四时期被广泛重视。

五四时期期刊与晚清时期期刊相比，在读者定位上普遍比晚清时期的读者文化程度高。对于任何期刊而言，在创办时都需要考虑编辑方针的内容。编辑方针需要考虑的种种方面，最重要的便是刊物的定位。读者定位之后需要做的，就是依据读者定位进行内容的筛选，并且确定与内容相应的表现形式。在五四时期，新思想的普及首先通过《新青年》的文化传播，这种文化传播已经与十年前的《安徽俗话报》不同，陈独秀找到了可以与之讨论的团体，而这个团体中的人物都是当时中国学界的精英，北京大学又是中国学术的最高权力象征。在《新青年》这样刊物的培育下，《新潮》等刊物与之形成了文化传播的卫星式配合。

以陈独秀所创办的期刊为例，同是陈独秀创办的两份刊物，《安徽俗话报》和《新青年》由于时间不同，分处不同的启蒙语境之中，使得

[①]　［英］沃纳·赛佛林等：《传播理论：起源、方法与应用》，郭镇之等译，华夏出版社 2000 年版，第 228 页。

这两份刊物有不同的内容倾向。前者更注重文化普及，灌输新知以开启民智，而后者更注重传播新思想，培养知识分子的精神内核。从《安徽俗话报》到《新青年》，两份刊物的读者定位的差别，也导致了两份刊物出现的不同姿态。

《安徽俗话报》中说："我这两种主义，想大家都是喜欢的，大家只管放心来买看看"，"一是门类分的多，各项人看着都有益处。二是做报的都是安徽人，所说的话，大家可以懂得。三是价钱便宜，穷人也可以买得起。还有多少好处，一时也说不尽"，"以后还望各位同乡常常指教"，言辞中对普通民众的期待溢于言表。而到《新青年》，不再是具体的，平等的，谦卑讨好的，而是以导师身份自居。其开篇社告则居高临下，"本志与各国事情、学术思潮，尽心灌输，可备攻错"，"冀青年诸君于研习科学之余，得精神上之援助"①，同时还称"本志执笔诸君，皆一时名彦"②，还约请了"当代名流""如温宗尧、吴敬恒、张继、马君武、胡适、苏曼殊诸君"③，来增加自己的知名度和影响。

从《安徽俗话报》到《新青年》，陈独秀从普及新民、传播新气氛转向培养知识分子的自身价值追求体系，可以看出陈独秀传播思想的巨大转变，在陈独秀看来，对知识分子的启蒙比对民众的直接启蒙更重要。传播新知可以很快，但是培养知识分子的自身价值观念体系，却并非一朝一夕，陈独秀在晚清和五四时期表现出不同的传播心态。创办《安徽俗话报》时，陈独秀因"时势逼迫，急于出报"④，所谓"时势逼迫"是由于各地的革命活动已经如火如荼，《安徽俗话报》的创办蕴含

① 《社告》，《青年杂志》1915年第1卷1号。
② 《社告》，《青年杂志》1915年第1卷1号。
③ 《通告》，《新青年》1916年第2卷1号。
④ 三爱（陈独秀）：《开办安徽俗话报的缘故》，《安徽俗话报》1904年第1号。

着陈独秀强烈的革命政治诉求。而办《新青年》时，陈独秀所期待的是伦理理性精神弘扬，对应这种传播诉求，他没有那么急切的心态了。由于《新青年》的准确的读者定位和坚持不懈的种种努力，结果比"十年八年"提前了一半，就已经产生了广泛的影响。由于五四学生运动的影响，政治热情被再次点燃，陈独秀打算用十年八年来改造思想的心态再次被政治革命的激情所吞没。

五四时期期刊体现出的启蒙心态和工具理性，使得期刊体现出较少的亲和力。"权威媒介和社会亲和力强的媒介对语言的影响力尤其大，权威媒介主要影响社会主流用语，社会亲和力强的媒介主要影响大众特别是青少年的用语。"①《新青年》力图成为的不是如《安徽俗话报》那样以亲和力取胜，而是力图成为权威性的媒介。通过思想的"正确"来达到启蒙的目的，这种精英启蒙的思路有着它的局限性，即它不是大众化的，与普通民众还有很大的距离。

五四时期的新文化运动得到了知识分子的支持，但是在普通民众那里还有一定的隔阂。这也是之后屡次文艺大众化的起因，因为文化运动应该是群众的运动，绝不是寡头运动、贤人运动，"贤人豪杰对于文化固然可以有些贡献，但文化运动所以发生，和后来所以能够发扬光大的缘故，仍必依赖于大众。"②启蒙意识明显、工具理性强烈，同时又缺乏亲和力的期刊，它的读者必然更关注社会改造、民族危亡，而相对忽视审美、宗教、娱乐等文化功能。这也是为什么五四退潮之后，即1923年左右，鸳鸯蝴蝶派的期刊再次死灰复燃，并且在20年代末至30年代通俗期刊再次兴盛的原因。

---

① 姚双喜、郭龙生：《媒体与语言：来自专家与明星的声音》，经济科学出版社2002年版，第39页。

② 效春（杨效春）：《文化运动与群众》，《时事新报·学灯》1920年4月8日。

第二节　期刊与公共领域

中国的文化生产与传播至五四时期，速度明显增快，朝脱稿而夕印行。但与之俱生而来的却是知识分子个人影响力的衰退，"一刹那间即已无人顾问"①，鲁迅就曾感慨自己的力量有限，"我的话也无效力，如一箭之入大海"②。个人的思想和观点只有借助具有公共性的期刊等大众传播媒介，才能够在社会上产生持久和广泛的影响。

五四时期的知识分子已经认识到，"真理以辩论而明，学术由竞争而进"③，通过对公共话题的公开辩论，可以达到逐渐接近真理的目的。而这种大规模公共话题的讨论，也需要期刊等大众传媒的参与。正是在这个意义上，朱光潜才会说："在现代中国，一个有势力的文学刊物比一个大学的影响还要更大、更长远。"④五四时期的众多期刊在构建社会舆论、社会意见交换场所中起到相当大的作用，试图构建一种理性精神的培养机制，形成类似于哈贝马斯所说的"公共领域"。

一、公共空间的开创

理性的公开运用、对公众理性精神的培养都需要大众媒介，而期刊由于自身的媒介特性，在一定程度上满足了五四时期知识分子交往。五四时期的大众媒体，就报纸、期刊和书籍三者而言，期刊是最适宜观点和思想的交锋的舞台。面对争论甚至是非议，《新青年》名正言顺

---

① 寅半生：《小说闲评·叙》，《游戏世界》1906 年第 1 号。
② 鲁迅：《答有恒先生》，《鲁迅全集》第 3 卷，人民文学出版社 1981 年版，第 462 页。
③ 易白沙：《孔子平议》上，《青年杂志》1916 年第 1 卷 6 号。
④ 朱光潜：《孟实文钞》，良友图书公司 1936 年版，第 207 页。

地提出："宁欢迎有意识有信仰的反对，不欢迎无意识无信仰的随声附和。"① 期刊成为五四时期知识分子公开运用理性的重要平台。

（一）公共领域中的交往

借用哈贝马斯的"公共领域"理论观照五四时期的中国社会，可以发现，围绕着五四时期期刊所形成的理念与其极有相似之处。"公共领域是介于国家与社会之间调节的一个领域，在这个领域中，作为公共意见的载体的公众形成"②，私人在公共领域因交往而成为群体，形成公众，可以自由地表达和公开意见，通过公开理性讨论形成公共意见。从启蒙的角度来讲，公众在公共领域培育理性，从而逐步形成启蒙，公共领域就是理性培育的场所。当然，中国历史、中国社会均有其特殊性，"西人所创名词，未必即适用于中国"③，在中国，封建的代表型公共领域一直占据社会核心地位，公私分明的市民社会是否存在还有争议。虽然哈贝马斯在初版序言中就提醒："'资产阶级公共领域'是一个具有划时代意义的范畴，不能把它和源自欧洲中世纪的'市民社会'的独特发展历史隔离开来，使之成为一种理想类型，随意应用到具有相似形态的历史语境当中。"④ 虽然哈贝马斯的"公共领域"概念带有整体性，但是如果从宽泛意义上限定性地使用哈贝马斯的公共领域概念，毫无疑问能够给中国的社会文化研究带来启示。

李欧梵故意"误读"哈贝马斯的公共领域理论，将其直接限制在"空间"（space）概念而非哈贝马斯的"领域"（sphere）之中，"空间"所指明显要更为具体得多，直接指向场所，并非一定与国家社会基础相联

---

① 《本志宣言》，《新青年》1919 年第 7 卷 1 号。

② ［德］哈贝马斯：《公共领域》，汪晖、陈燕谷编：《文化与公共性》，三联书店2005 年版，第 126 页。

③ 钱穆：《中国历史研究法》，三联书店 2001 年版，第 37 页。

④ ［德］哈贝马斯：《公共领域的结构转型·初版序言》，曹卫东等译，学林出版社1999 年版，第 1 页。

系。① 如果废除哈贝马斯原定义中的历史内涵，那么只要"由独立的、具有理性能力的公众，在此空间之中从事公共批判，形成公众舆论"②，即可认为是公共领域。他还将公共领域区分为管理型公共领域和批判型公共领域，前者强调中国传统儒家士大夫的中介管理功能，后者在中国以1896年梁启超主持《时务报》开始，在20世纪上半叶产生过类似欧洲那样生产公共舆论的公共领域。③ 许纪霖借用张灏的分析认为：知识分子制度性知识媒介是学校、传媒和结社，成为公共领域形成的基础性公共网络。

胡适在玄学与科学的论战中曾说："我们要认清：我们的真正敌人不是对方；我们的真正敌人是'成见'，是'不思想'……凡是肯用思想来考察他的成见的人，都是我们的同盟！"④ 在李普曼看来，"多数情况下我们并不是先理解后定义，而是先定义后理解"⑤。成见作为个人传统的核心，总是对自我社会地位的一种保护，以避免自我在社会中被孤立，它总是被人们所轻信，并依此屏蔽与我们自身观念不符的内容，阻碍了对外部世界的客观认识。要发现并消除成见，认识事物和社会本身，李普曼提出要重塑接触信息的途径，客观地看待时间与空间。⑥ 福柯则认为需要通过知识考古，重新审视处于关系中无处不在的权力透视、权力的形态和生成机制，清楚地认识到我们自己的观念始于何时、

① ［美］李欧梵：《现代性的追求》，三联书店2000年版，第4页。
② 许纪霖：《近代中国的公共领域：形态、功能与自我理解——以上海为例》，《史林》2002年第2期。
③ 许纪霖等：《现代知识分子的公共交往》，上海人民出版社2008年版，第5—7页。
④ 胡适：《科学与人生观》，《胡适文集》第3卷，北京大学出版社1998年版，第163页。
⑤ ［美］沃尔特·李普曼：《公众舆论》，阎克文等译，上海人民出版社2006年版，第62页。
⑥ ［美］沃尔特·李普曼：《公众舆论》，阎克文等译，上海人民出版社2006年版，第114—116页。

始于何处、如何被继承以及为什么被接受。① 而哈贝马斯则提出通过交往理性，在人与人的交往实践中，获得对工具理性的超越，"任何根据道德进行判断和行动的人，都必然期待在无限的交往共同体中得到认可；任何在被认真接受的生活历史中自我实现的人，都必然期待在无限的共同体中得到承认"②。哈贝马斯认为，当公众达到较大规模的时候，这种自由表达的交往就需要一定的媒介。

在西方资本主义发展时期，这种媒介可分为三类：社团（读书会、启蒙社团、教育联合会、共济会秘密结社和启蒙秘密会社）、公共交往场所（咖啡厅、书店、借书铺、阅览室和出版社）和大众传播媒介（书籍、杂志和报纸）。但是，现代中国没有如此大量的公共交往场所，在中国，缺乏西方的咖啡馆、沙龙以及宴会等公共交往环境，主要是相对固定的学校、社团和刊物，加之特殊年份中的非固定的集会。梁启超称学校、报纸、演说为"传播文明的三利器"③，张灏所谓学校、社团和刊物是"基础建构"④。在中国现代初期，更多的公共交往场所反而是新式的学校（主要是西方学校、国内的高等院校及师范学校）。如北京大学这样的最先改革的学校中，三类公共领域交往的媒介全部存在：蔡元培"兼容并包"的开放式学校改革，《新青年》、《北京大学日刊》、《新潮》、《国民》、《国故》等刊物，"新青年社""新潮社"等大量由教师或学生组建的社团。这种特殊的三位一体而非一般所谓"一刊一校"在社会上产生广泛而深远影响。

---

① ［法］米歇尔·福柯：《知识考古学》，谢强、马月译，三联书店1998年版，第1—16页。

② ［德］哈贝马斯：《后形而上学思想》，曹卫东等译，译林出版社2001年版，第213页。

③ 梁启超：《自由书·传播文明三利器》，《饮冰室合集》专集之二，中华书局1989年版，第41页。

④ ［美］张灏：《时代的探索》，台北联经出版社公司2004年版，第37—42页。

在公共领域之中，随着参与者数量的增加，大众传播媒介的作用开始体现出来，大众媒介传播效应和影响手段都非其他媒介形态所能类比。这种大众传播媒介的培育在公共领域前期启蒙环境中显得特别重要，李欧梵通过对30年代上海媒介环境的研究，很有启发性地认为："从梁启超到陈独秀和鲁迅的这些精英知识分子——可能还追随某种儒家先例——它们强调的依然是如何来培养民众的知识和精神'内核'；而不那么精英的知识分子可能就没有这么强烈的道德冲动，它们更感兴趣的是传播——普及知识给'新民'（受它们的教科书和报纸'哺育'的人民），借此在都市社会滋养一种新时代的'气氛'。"① 这种所谓"气氛"实际就是理性交往媒介的培育，而这种媒介的滋养是公共性启蒙的决定性环境因素，因此它也可以看作是社会进步的标志之一。

由于全民受教育的缺乏，报刊的合法性更多来自社会对知识分子所掌握的知识的崇拜，即鲍曼所谓"知识／权力"的共生现象，导致知识分子的"立法者"地位。② 这也可以解释报刊，尤其是中国近现代报刊内容平民化、语言通俗化实践的不长久性，以及长期反复地讨论大众化问题。同时，在现代中国，期刊与社团在急切构建自身的公共性同时，也迅速将与自身相左的观点、意见排除在外。作为理性场所的报刊，由于知识分子的差异性，披着理性的外衣而从事非理性活动的现象也大量存在。

（二）期刊与公共领域

由于知识分子主体身份的变化，公共领域中所讨论的主题已不再是传统的内容，而是带有公共性质的话题。关于知识分子的公共话题，汉

---

① ［美］李欧梵：《上海摩登——一种新都市文化在中国（1930—1945）》，毛尖译，北京大学出版社2001年版，第77页。

② ［英］齐格蒙·鲍曼：《立法者与阐释者》，洪涛译，三联书店2000年版，第51—66页。

娜·阿伦特有著名的比喻:"在世界上一起生活,根本上意味着一个事物世界存在于共同拥有它们的人们中间,仿佛一张桌子置于围桌而坐的人们之间。这个世界,就像每一个'介于之间'的东西一样,让人们既相互联系又彼此分开。"① 期刊可以提供这样的中介,形成知识分子的交往机制。由于国家和社会的不成熟,在历史转折期,现代知识分子在社会上占据的空间十分有限,"于是就把眼前可以拿得到手的资源用足用尽,学校、新闻出版是他们眼前的现成资源,他们就把这些资源开发起来"②。

五四时期期刊担负着时代的使命,逐渐成为公共话题展开讨论的论坛。《新青年》"标志着新的知识分子群体开始按照他们所理解的现代意义与标准,尝试重建中国社会的价值体系"。③ 张汝伦指出,虽然中国知识分子与西方知识分子以自主性和理性来改造世界,但他们几乎都试图以西方现代性样式来改造中国。因此,"如果西方知识分子的形象是立法者,那么中国知识分子的形象就是传播者或启蒙者。"④ 韦尔伯·施拉姆说,现代社会"对报刊的第二个要求是:它应当成为'一个交换评论和批评的论坛'。这一要求意味着大的公众通讯机构应当把自己看成是公众讨论的传递者"。⑤ 五四时期的许多期刊做到了这一点。

---

①　[美] 汉娜·阿伦特:《人的境况》,王寅丽译,上海人民出版社 2009 年版,第34 页。

②　张涛甫:《报纸副刊与中国知识分子的现代转型》,广西师范大学出版社 2007 年版,第 230 页。

③　许纪霖、陈达凯:《中国现代化史 (1840—1949)》,上海三联书店 1995 年版,第 299 页。

④　张汝伦:《知识分子·中国知识分子·现代性》,《天涯》2004 年第 1 期。

⑤　[美] 韦尔伯·施拉姆等:《报刊的四种理论》,中国人民大学新闻系译,新华出版社 1980 年版,第 105 页。

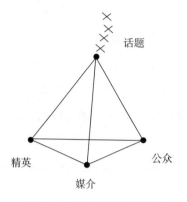

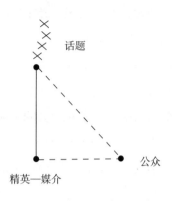

图 4-1　"风筝型"互相模式　　图 4-2　五四时期期刊的传播模式

如图 4-1 所示，传播学者以"风筝型"互相模式（coorientation approach）表示一般社会中的精英阶层、媒体、公众与社会问题之间的关系。[1] 这个立体模式显示了在一般情况下，社会的公共话题由精英、公众和媒介三者相互作用而出现，强调传播环境的一种动态性质。但是，在五四时期，期刊这种媒介却几乎是由社会的精英所创办的，因此，在这种平面模式中，媒介和精英处于同一的立场，它们共同控制着公共话题，供公众所接受，如图 4-2 所示。这是由于知识分子在五四时期的特殊地位所决定的，报刊的这种合法性来自社会对知识分子尤其是精英知识分子所掌握的知识的崇拜，即鲍曼所谓"知识／权力"的共生现象，导致知识分子的"立法者"地位，[2] 也同样导致了五四时期期刊的社会舆论地位。鲍曼认为西方现代性的特征正是在于"知识／权力"的共生现象，即已经将触角延伸到整个社会肌体及国家的规训权力，可以看出，五四时期期刊明显带有这种现代性的特征。

---

① ［英］丹尼斯·麦奎尔、［瑞典］斯文·温德尔：《大众传播模式论》，祝建华译，上海译文出版社 2008 年版，第 28 页。

② ［英］齐格蒙·鲍曼：《立法者与阐释者》，洪涛译，三联书店 2000 年版，第 51—66 页。

五四时期的公共话题的具体议题要顺应时代要求，在既定不变的办刊宗旨下展开。以《新青年》为例，《新青年》发展中的每一个阶段，主要议题总是随着社会形势的发展而变化，发表的文章涉及众多思想流派与社会问题，并且因时而进，无法一概而论。其中包括孔教、欧战、白话文、世界语、注音字母、女子贞操、偶像破坏、家族制度、青年问题、人口问题、劳动问题、工读互助团、易卜生主义、通俗小说、鸳鸯蝴蝶派小说、黑幕小说、旧戏改良、罗素哲学、俄罗斯研究以及马克思主义宣传与社会主义讨论等众多话题。

比如反对孔教是《新青年》创办之初的首要议题。在创刊号的发刊词中，陈独秀就称："名教之所昭垂，人心之所祈向，无一不与社会现实生活背道而驰。"① 从第 2 卷始，《新青年》杂志陆续发表了吴虞的《家族制度为专制主义之根据论》、《读〈荀子〉书后》、《消极革命之老庄》、《礼论》、《儒家主张阶级制度之害》、《儒家大同之义本于老子说》、《吃人与礼教》等文，猛烈抨击旧礼教和儒家学说。陈独秀、易白沙、杨昌济等人的批孔子之道与孔教的文章，陈独秀给读者的复信，都体现了《新青年》对孔教的批判。以陈独秀、吴虞为代表的反传统举动，被称为是一场对"儒学的歼灭战"②。胡适盛赞吴虞为"四川省双手打孔家店的老英雄"，"是中国思想界的一个清道夫"③。后来《新青年》的同人们和其他爱国青年，也在其他的新文化刊物发表反孔的言论，由此酿成反对孔子之道与孔教的文化批判思潮。

期刊成为知识分子交往的重要纽带，知识分子围绕期刊展开交往，讨论公共话题。期刊为个人、团体提供了多位一体的交往空间。当然，围绕

---

① 陈独秀：《敬告青年》，《青年杂志》1915 年第 1 卷 1 号。

② ［美］萧公权：《近代中国与新世界：康有为变法与大同世界研究》，汪荣祖译，江苏人民出版社 1997 年版，第 112 页。

③ 胡适：《〈吴虞文录〉序》，《胡适文集》第 2 卷，北京大学出版社 1998 年版，第 610 页。

期刊的作者、编辑同时也建立了私人的友谊。"五四前后，有一个相当长的时期，每逢元旦，八道湾周宅必定有一封信来，邀我去宴集，做东大部分是北大同人，每年必到的是：马二、马四、马九兄弟，以及玄同、柏年、遏先、半农诸人。"① 而这恰恰基本都是《新青年》同人的主要成员。

期刊成为知识分子思想展示的平台，个人的主张、思考的逻辑、对社会的看法在期刊上得以彰显并传播，从而被他人所知晓和了解。在不断强化、讨论的过程中，被逐渐修正，最终得以接受。期刊成为五四时期知识分子最为重要的思想展示平台，并产生了巨大影响。

（三）公共领域中的文学与政治

哈贝马斯认为，公共领域中最早能够被讨论的内容是文学。文学团体通过公共交往，通过作为纽带的文学期刊进行公共话题的讨论，所培养的个体的主体意识和批判意识恰恰是现代性的特征，五四文学期刊的公共话题讨论使得文学公共领域的形成成为可能。哈贝马斯认为：作为具有政治功能的公共领域前身的文学公共领域，是公开批判的练习场所，在批评过程中，一个贵族社会和市民阶级知识分子之间的有教养的中间阶层开始形成，他们对天生经验自我启蒙，将经济依赖与公共权力悬置，运用理性与不同地位的人进行交往，共同讨论艺术与文学等一般问题，造就了社会批评的语境。通过咖啡馆、沙龙以及宴会等文学公共领域机制，源自私人领域的主体性对自身有了清楚的认识。在文学公共领域中培育出来的主体性和公共性，成为批判性的政治交往的基础。政治公共领域是从文学公共领域中产生出来的，它以公众舆论为媒介对国家和社会的需求加以调节。②

---

① 沈尹默：《鲁迅生活中的一节》，《鲁迅回忆录》散编上册，北京出版社 1999 年版，第 248 页。

② [德] 哈贝马斯：《公共领域的结构转型》，曹卫东等译，学林出版社 1999 年版，第 32—60 页。

　　文学批评培育了公众运用理性的能力，因为文学艺术问题在社会中
参与度较高，紧接着在锻炼了理性能力之后，就开始转变为政治批评，
文学公共领域转化为政治公共领域。这也可以用来解释中国的文学发展
中知识分子何以用文学作为变革社会的突破口。陈独秀在《文学革命论》
中就毫不掩饰地说："今欲革新政治，势不得不革新盘踞于运用此政治
者精神界之文学。"①也即表明，文学的革新只是政治革新的先声，文学
革命并不会因新文学的建成而停止，政治革命才是终极目标。

　　期刊比报纸的时效性差，更具有建立在理性思考上的可能，因而比
报纸带有更多的理性色彩。与此相反，报纸上提供的更多的是简单的事
实介绍，仅能满足受众的知情权问题。正是在这个意义上，本雅明说：
"新闻是对文学生活、对精神、对精灵的背叛。"②在德国，"检查制度是
德意志联盟各邦国用以抵制政治公共领域机制的工具，这种机制在德国
一直延宕至1848年。检查制度的实际功效仅仅在于，把文学和批评在
一定程度上投入政治漩涡之中。"③但在中国报刊发展历史中，检查制是
先于文学和批评就已经存在的。

　　西方的文学期刊培养了公众的理性批判意识，更培养了文学公共领
域。在西方18至19世纪，"在一个半世纪中，日常的文学生活是以期
刊为中心展开的"④。而在中国近现代，套用哈贝马斯的话来说就是：在
一个半世纪中，日常的文学生活是以政治生活为中心展开的——文学期
刊的传播大都受到意识形态的纠结和牵连。

---

　　①　陈独秀：《文学革命论》，《新青年》1917年第2卷6号。
　　②　［德］本雅明：《本雅明文选》，陈永国等译，中国社会科学出版社1999年版，
第218页。
　　③　［德］哈贝马斯：《公共领域的结构转型·1990年版序言》，曹卫东等译，学林出
版社1999年版，第4页。
　　④　［德］本雅明：《发达资本主义时代的抒情诗人》，张旭东等译，三联书店1989
年版，第44页。

但是在五四时期，非常罕见地存在知识分子讨论文学艺术时的"去功利化"，除了少数如"美文""纯诗"外，无论是诗界革命、鸳鸯蝴蝶、文研会创造社，还是革命文学、左翼文学、战争题材、现实主义，都是作家对社会的观照。现代中国的文学一直不自觉地被社会变革的主题所影响，"启蒙的文学"远超"文学的启蒙"。

在近代中国直至五四初期，文学一直是传导思想的工具，培养的是公众的思想，而不是公众的理性批判意识，虽然二者之间也有转化的可能。究其原因至少有三：一是社会现实问题，即社会变革速度快。二是传统问题，即长期"文以载道"的传统。第三个更为关键的是：个人独立意识的缺乏，这个缺乏虽然也有传统原因，但作为公众的个人没有形成哈贝马斯所谓的"双重角色"，即作为"物主"和"人"的虚构统一性基础。哈贝马斯强调的公共领域中公民的公共性和私人性的二合一，但在中国社会中，私人性被救亡紧迫感所压抑，"物主"和"人"的不可调和性在20世纪被各种社会力量和思潮所强调。

五四时期期刊中体现出的文学和政治的结合，很大程度上源自知识分子失去社会中心的焦虑，这种焦虑也即"现代性的焦虑"。而在西方，当面临这种焦虑之时，文学公共领域早已形成并已开始转化。哈贝马斯说，"现代性是一项未完成的工程"，其一就是公共领域的发展并没有形成真正的理性权力，而这种理性在公民的培育在中国的艰巨性无疑更甚于西方。"由于知识分子天然是观念人物而非行动人物，天然是思想多歧的分裂群体而非行动一致的整合群体，天然具有浪漫主义的乌托邦倾向而缺乏冷静务实的政治谋略，因而在知识分子导演之下，中国的现代化就比其他国家的现代化多一层跌宕起伏的戏剧色彩。"[①]

---

① 许纪霖、陈达凯：《中国现代化史（1840—1949）》，学林出版社2006年版，第20页。

值得我们注意的是，与五四初期的文学期刊所讨论的话题较多涉及政治、文化和社会问题不同，五四文学期刊在后期讨论的公共话题更多地集中在了文学本身。尤其是在《小说月报》、《文学周报》和《创造》上，讨论涉及的话题如：文学的本质、文学的功能、文学的表现形式、文学与人生、写实主义、自然主义、文学的翻译问题等。这些讨论不仅促使了新文学的发展，也同样培育了读者的公共性，体现了五四时期知识分子的启蒙思想。

二、公共领域的初步

五四时期重大的公共话题讨论，大都是在期刊上展开的。期刊为公共话题的讨论提供了空间，提升了公众的讨论意识，一定程度上培养了公众的理性精神。"在人类智力的现有状态下，只有通过意见分歧才能使真理的各个方面得到公平比赛的机会。"[①] 在五四时期，重要的文化思想和观点交锋都是在期刊上展开的，期刊为这些问题提供了讨论和交换意见的空间，形成了公共领域的初步形态。

（一）公共话题的展开

科学与民主这些大的话题是五四时期期刊关注的焦点，但是如果仅仅停留在大而化之的空洞抽象的内容上，讨论是没有太多意义的。在五四时期期刊中展开的大量讨论将问题逐渐细化，推动了公众认知的进一步发展。事实上，每一个期刊所讨论或关注的都是文化中的局部，如果我们将视野扩大，结合不同的期刊来看，就会发现不同期刊之间的话题讨论是一种持续的状态。20世纪中国占主导地位的许多论题实际上都在五四时期的期刊中已经有所提及和讨论。

---

① ［英］约翰·密尔：《论自由》，徐宝骙译，商务印书馆1959年版，第56页。

　　五四时期，在期刊上比较深入地探讨公共话题主要是在"通信"栏目中，由于这个栏目属于"自己的园地"，讨论之间没有敌对情绪，在相对和缓的氛围中逐渐展开论题，比如《新青年》中关于白话文、新文学等方面的意见交换，较好地完成了部分公共话题的讨论。新文化运动是以文学革命为契机的，文学革命又是以白话文运动为突破口的，而白话文运动则是由《新青年》首倡。对于以白话取代文言的意义，《新青年》中的称述甚多，有关白话与文言是否具有替代性、取代是否合理的讨论并不太多，而更多的则是对于白话文如何发展、以何种形式发展、在哪些领域取代、是否要以世界语彻底替代中国语言等问题。

　　用典问题是现代白话文运动初期争论的焦点之一，胡适反对用典的理由是"凡人用典或用陈套语者，大抵皆因自己无才力，不能自铸新辞，故用古典套语，转一湾子，含糊过去"①，也就是说禁止用典是避免用典故来搪塞读者的方法，他还把用典分为"广义之典"和"狭义之典"，前者"可用可不用"，后者"亦有工拙之别。其工者偶一用之，未为不可。其拙者则当痛绝之"②。陈独秀在此的态度较为宽容，认为"行文偶尔用典，本不必遮禁"③。钱玄同和刘半农的观点则是激进的，钱玄同说："凡用典者，无论工拙，皆为行文之疵病。"④刘半农"于用典问题，赞同钱君之说。主张无论广义狭义工拙者，一概不用"⑤。读者李濂镗反对绝对废典，他把用典用对仗比作"药品之用毒物，妇人之用脂粉也"⑥，胡适答曰："天下有不可代之毒物，无不可代之典故，不能相比

---

①　胡适：《通信》，《新青年》1916 年第 2 卷 2 号。
②　胡适：《文学改良刍议》，《新青年》1917 年第 2 卷 5 号。
③　陈独秀：《通信》，《新青年》1916 年第 2 卷 4 号。
④　钱玄同：《通信》，《新青年》1917 年第 3 卷 1 号。
⑤　刘半农：《通信》，《新青年》1917 年第 3 卷 3 号。
⑥　李濂镗：《通信》，《新青年》1917 年第 3 卷 2 号。

也。至于美人，终以不施脂粉为贵。"① 其实更为客观的观点是读者常乃德和张月镰的，常乃德以为"不善用之，固足以束缚性情，牵强失真；善用之，却可以助文章之省简"②。张月镰的观点是："用白话体裁，混入寻常谈话中用惯之文言；有时需用学术上术语，即混入外国原名，亦无不可。"③ 这些观点实际代表了《新青年》同人最后对于用典的态度。

对于语言改革时间，读者方孝岳致信《新青年》，认为："吾人既认定白话文学为将来中国文学之正宗，则言改良之术，不可不依此趋向而行。然使今日即以白话为各种文字，以予观之，恐矫枉过正，反贻人唾弃。急进反缓，不如姑缓其行。"④ 刘半农在《我之文学改良观》里也说"文言白话可暂处于对待地位"，"于文言一方面，则力求其浅显使于白话相近"，"于白话一方面，除竭力发达其固有之优点外，更当使其吸收文言所具有之优点，至文言之优点尽为白话所具，则文言必归于淘汰"⑤。刘半农的态度是谨慎的，但是《新青年》的其他同人却没有这种耐心，都想用白话尽早地取代文言的位置，如钱玄同所说："现在我们着手改革的初期，应该尽量用白话去做才是。倘使稍怀顾忌，对于'文'的一部分不能完全舍去，那么便不免存留旧污，于进行方面，很有阻碍。"⑥ 但是，语言改革有它的过程性，并非一蹴而就，在 3 卷 6 号上陈独秀就说到了应用文改用白话一层，"不必勉强一致，社友中倘有绝对不能做白话文章的人，偶用文言，也可登载"⑦。所以有很多研究者认为《新青年》从 4 卷 1 号起就全部改为白话，就无从谈起。

① 胡适：《通信》，《新青年》1917 年第 3 卷 2 号。
② 常乃德：《通信》，《新青年》1917 年第 2 卷 6 号。
③ 张月镰：《通信·汉文改革之讨论》，《新青年》1918 年第 5 卷 5 号。
④ 方孝岳：《通信》，《新青年》1917 年第 3 卷 3 号。
⑤ 刘半农：《我之文学改良观》，《新青年》1917 年第 3 卷 3 号。
⑥ 胡适：《通信·论小说及白话散文》，《新青年》1918 年第 4 卷 1 号。
⑦ 陈独秀：《通信》，《新青年》1917 年第 3 卷 6 号。

　　除了对白话文的讨论外，《新青年》还论及是否要用世界语（Espe-
ranto）、拉丁文或注音字母来代替汉语。陈独秀在回答读者对于世界语
的询问时说："世界语，为今日人类必要之事业。"① 钱玄同在《中国今后
之文字问题》中表现了非常激进的态度，认为废孔学和改良思想，"不
可不先废汉文"，代之以"文法简赅，发音整齐，语根精良之人为的文
字 Esperanto"②。任鸿隽对钱玄同的观点进行了分析，认为"钱先生的
意思，不是仅为汉文不好，是因汉文所载的东西不好，所以要把他拉杂
摧烧了，廓而清之。我想这不是根本的办法"③。胡适在答钱玄同的《中
国今后之文字问题》道："必须先用白话文字来代文言的文字；然后把白
话的文字变成拼音的文字。"④ 这种先用白话取代文言，然后看情况再说
的态度，可以算是《新青年》同人的普遍看法。在大家关注这种语言替
代问题时，更有读者张耘深刻地提出，"改良应在中国文学自身以内改
良，不能出此自身以外而言改良"⑤。但是很少有人注意到语言的思想问
题，鲁迅当时在《渡河与引路》一文中说道："学 Esperanto 是一件事，
学 Esperanto 的精神，又是一件事。"⑥ 这句话点出了世界语的本质，它
不仅仅是一种形式，更是一种新的内容体裁。

　　毫无疑问，五四初期对于文学发展的论争焦点是新旧两种对立的文
学观念，但在此之外，还有更为重要的，即同人之间的讨论，他们是由
对文学的不同认识而产生的对新文学发展提出的不同设想，讨论明晰了
各自对于问题思考的结论，提出比较可行的建议和方法，交换了意见。
这些设想有的代表了新文学发展的道路，有的在如今看来是很可笑的，

---

① 陈独秀：《通信》，《新青年》1917 年第 2 卷 3 号。
② 钱玄同：《通信·中国今后之文字问题》，《新青年》1918 年第 4 卷 4 号。
③ 任鸿隽：《通信·新文学问题之讨论》，《新青年》1918 年第 5 卷 2 号。
④ 胡适：《通信·答〈中国今后之文字问题〉》，《新青年》1918 年第 4 卷 4 号。
⑤ 张耘：《通信·改良文学与更换文字》，《新青年》1919 年第 6 卷 3 号。
⑥ 唐俟（鲁迅）：《通信·渡河与引路》，《新青年》1918 年第 5 卷 5 号。

但是在当时新文学诞生之初，那一群充满理想、才华横溢的年轻人却是那么认真而严肃地讨论文学中每一个细致的问题，提出自己独到的见解和设想。我们可以看到，期刊不仅给知识分子自由发表言论的空间，而且通过讨论又能够更加细致地分析问题，统一部分观点，这些努力共同推动文学朝新而具体的方向行进。

在讨论学理的过程中，五四时期也开始出现了调查研究性的期刊，其中特别值得一提的是《少年世界》。少年中国学会为了避免流于空谈，1920 年创办了《少年世界》，在阐发学理之外，进行实际调查并叙述事实，注重应用科学，而不是坐而论道。从而将具体的问题纳入公共话题的讨论，这是少年中国学会对《少年中国》和《少年世界》的不同定位，不仅体现了两份期刊相辅相成的编辑方针，也代表了五四时期期刊，特别是后期的发展倾向。

（二）不充分的辩论

五四时期期刊上的讨论并不全都如对于白话文发展的讨论一样，知识分子能够在讨论中形成较为统一的发展思路，而更多的是有分歧，但是并未得到充分讨论。辩论的各方并未对对方的观点以足够的重视，从而调整自己的看待问题的方向和角度。这些不充分的辩论由于种种原因未能深入下去，结果是若干年后，另外的人群重新在另外的场合开始类似的讨论。

这其中典型的有《新青年》与《东方杂志》关于中西文化的论争、《新潮》与《东方杂志》关于编辑方式的论争、《新青年》与《学衡》关于保守的论争、《新潮》与《国故》关于国故的论争等。

《新青年》与《东方杂志》的论争主要围绕着中西文化和编辑态度的问题。首先是围绕应如何看待中西方文化，特别是中国的传统文化的问题。《新青年》与《东方杂志》的争论主要由陈独秀挑起，《新青年》在 1918 年 9 月发表了陈独秀对《东方杂志》的质问文章，因《东方杂志》

刊载的《中西文明之批判》①中引述了许多"胡某"——辜鸿铭的言论，故对《东方杂志》提出十六条质问。随后《东方杂志》主编杜亚泉发表《答〈新青年〉杂志记者之质问》对陈独秀文章予以回应。1919 年 2 月，陈独秀又发表《再质问〈东方杂志〉记者》批评《东方杂志》。

在《东方杂志》主编杜亚泉看来，东方文化具有的传承性和民族性是特有的优势，"一战"结束时他就预言："吾人对此时局，自不能不有一种之觉悟，即世界人类，经此大决斗与大牺牲以后，于物质精神两方面，必有一种之大改革。"②而《新青年》却认为，正是这种东方文化的传承造成了整体上的落后，要改变这种状态，就必须从文化变革下手。《新青年》与《东方杂志》的争论体现了两份期刊在思维层面上巨大的差异，但实际在深层次的本质上并不冲突。《东方杂志》的文化主张相对保守，"东方文化派"更看重的是传统文化的现代能量，而《新青年》同人则更从新时代的新秩序来考量。由于激烈的争论，商务印书馆系列期刊不得不更换主编，调整编辑思路，但遗憾的是，问题的讨论其实并没有深入下去。

《新潮》与《东方杂志》的论争是围绕期刊的编辑态度是否应该有自己的态度和倾向问题。罗家伦在《新潮》刊发《今日中国之杂志界》，批评《东方杂志》没有自己的主张，刊载文章没有选择："毫无主张，毫无选择，只要是稿子就登。一期之中，上至天文，下至地理，古今中外，诸子百家，无一不有。……忽而工业，忽而政论，忽而农商，忽而灵学，真是八门五花，无奇不有。"③陈独秀在《新青年》上声援这种主张："凡是一种杂志，必须是一个人一团体有一种主张不得不发表，才有发行底必要；若是没有一定的个人或团体负责任，东拉人做文章，西

---

① 平伏:《中西文明之批判》,《东方杂志》1918 年第 15 卷 6 号。

② 伧父(杜亚泉):《大战终结后国人之觉悟如何》,《东方杂志》1919 年第 16 卷 1 号。

③ 罗家伦:《今日中国之杂志界》,《新潮》1919 年第 1 卷 4 号。

请人投稿，像这种'百衲'杂志，实在是没有办的必要，不如拿这人力财力办别的急着要办的事。"①《新潮》认为作为一种期刊，应该有自己明确的主张，不能做"百衲"的期刊。对此，《东方杂志》却并不认同，他们明确表示，自己想要做的是"舆论的顾问者"，而不是"舆论的指导者"。②对于《新潮》和《东方杂志》的论争，有学者评价道："运用当代编辑理论去权衡罗、陶二者的杂志观，后者更具有编辑理论科学价值。但是，从他们为后来五四新文化运动服务的政治倾向来看，罗家伦的编辑观要优于陶惺存的编辑观。"③

《新青年》与《学衡》的争论焦点也在如何对待中西文化、如何对待传统文化的问题上。在新文化运动正风靡之时，东南大学的梅光迪、吴宓等人在《学衡》上提出要"昌明国粹，融化新知"，"昌明国粹"是要将传统文化中的精髓加以利用，如章太炎就明确说道，"为什么提倡国粹？不是要人尊信孔教"④。在对待中西文化上，《学衡》编者崇尚"中正之眼光"，"无偏无党，不激不随"的态度，吴宓就主张："今欲造成中国之新文化，自当兼取中西文明之精华，而熔铸之，贯通之。""论究学术，阐求真理，昌明国粹，融化新知。以中正之态度，行批评之职事。无偏无党，不激不随。"⑤

《学衡》对新思想的提倡方式也提出了批评。在《学衡》同人看来，"彼等之学校，则指为最高学府，竭力揄扬，以显其声势之赫奕，根据地之深固重大"⑥，借助学校的力量、借助期刊的传播来扩大影响，这种激进的启蒙方式是不妥当的。梅光迪就对这种做法非常不满，认为"彼

① 独秀（陈独秀）：《随感录七十五·新出版社物》，《新青年》1920年第7卷2号。
② 坚瓠（钱智修）：《本志的第二十年》，《东方杂志》1923年第20卷1号。
③ 李明山：《五四时期关于杂志编辑的一场论争》，《山西师大学报》2003年第4期。
④ 章炳麟：《章太炎的白话文》，辽宁教育出版社2003年版，第72页。
⑤ 《杂志简章》，《学衡》1922年第1号。
⑥ 梅光迪：《评今人提倡学术之方法》，《学衡》1922年第2号。

等以群众运动之方法，提倡学术，垄断舆论，号召党徒，无所不用其极，而尤借重于团体机关，以推广其势力"①。连一生稳重的胡适在此时都说道："在这种世界，我们正该用'出辞荒谬狂悖绝伦'八个大字自豪。"② 胡先骕也批评胡适擅长"内台叫好"③。《学衡》创刊号上连载了胡先骕对胡适的《尝试集》的评论，"不惜穷两旬之日力，诿诿作两万数千言以评之"，开篇便给出结论："无论以古今中外何种之眼光观之，其形式精神，皆无可取"，"《尝试集》的价值与效用为负性的"，其真正价值之所在乃是告诉新诗人创作新诗之方法"此路不通"。④

《新潮》与《国故》也有关于国故的争论。北京大学《国故》月刊的创刊目标是"昌明中国故有之学术"，以文言刊发了大量关于国学的文章。这引起了同为北京大学学生的不满，毛子水在《新潮》著文反对"国故"，论述国故和科学之间的区别，认为"国故就是中国古代的学术思想和中国民族过去的历史……在今日世界学术上，占不了什么重要的位置。"⑤ 立即得到了《国故》的反驳，张煊著文说道："凡学无论其属于国故，抑属于欧化，皆有研究之价值，皆当尽力发挥……吾为斯言，非反对输入欧化也……不过借外说以补己说之不足耳。"⑥ 紧接着，毛子水又发表文章，对张煊的论点一一辩驳，但同时也承认自己的文章"写得很匆忙，所以难免有失检点的说话"。

无论是在五四初期即遭到批判的《东方杂志》，在五四高潮期的《国故》，还是五四后期新创的《学衡》，实际上都是在外来文化冲击下对传统信仰的自觉回应，对传统文化伦理的固执坚守，强调将传统历史文化

① 梅光迪：《评今人提倡学术之方法》，《学衡》1922 年第 2 号。
② 胡适：《欢迎〈新声〉》，《新青年》1919 年第 6 卷 3 号。
③ 胡先骕：《评胡适〈五十年来中国之文学〉》，《学衡》1923 年第 18 号。
④ 胡先骕：《评〈尝试集〉》，《学衡》1922 年第 1—2 号。
⑤ 毛子水：《国故和科学的精神》，《新潮》1919 年第 1 卷 5 号。
⑥ 张煊：《驳〈新潮〉〈国故和科学的精神〉篇》，《国故》1919 年第 3 号。

加以继承和发扬。他们与五四时期的主潮比较起来相对保守，但是，正是这样相对保守的态度才能使自由激进思想的发展受到一定程度的制约，因为"缺乏保守主义之维的自由传统，容易流为激进主义；缺乏自由主义之维的保守传统，很可能蜕变为守旧因循。保守主义通过对激进自由主义的制衡，卫护了自由；自由主义则透过对保守主义守旧心态的冲击，而推进了自由。"①《新潮》与《国故》关于"国故"的论战相对理性，在论战的最后，胡适在给毛子水的信中说道，"'国故学'的性质不外乎要懂得国故，这是人类求知的天性所要求的。若说是'应时势之需'，便是古人'通经而致治平'的梦想了"，并且提出了他最为著名的结论，"学问是平等的"，"发明一个字的古义，与发现一颗恒星，都是一大功绩"②。

陈独秀认为中国人有"倚靠权势"和"暗地造谣"两种恶根性，"对待反对派，决不拿出自己的知识本领来正正堂堂地争辩，总喜欢用'倚靠权势''暗地造谣'两种武器"③。《新青年》的编者称自己期刊上所刊载的文章"是给纯洁的青年看的，决不求此辈（张厚载——引者注）'赞成'"④。客观地充分讨论问题并不是一件易事，《新青年》的读者张永言当时就提出："贵志之文，似有扬西抑东之意，如此等处，恐尚须斟酌商量也。"陈独秀答曰："东西文化，相距尚远，兼程以进，犹属望尘，慎勿以抑扬过多为虑。"⑤但遗憾的是，这种争论并没有充分展开，因为没有多少人认识到，无论是哪种思考方式和态度，都是值得肯定的"功绩"。这样的状态之下，不能充分地展开讨论，形成可以交换的意见、

---

① 王炎：《世纪之交的保守主义》，《博览群书》1999 年第 1 期。
② 毛子水：《〈驳《新潮》《国故和科学的精神》篇〉订误》，《新潮》1920 年第 2 卷 1 号。
③ 陈独秀：《关于北京大学的谣言》，《每周评论》1919 年第 13 号。
④ 刘半农、钱玄同：《今之所谓"评剧家"》，《新青年》1918 年第 5 卷 2 号。
⑤ 陈独秀：《答张永言》，《青年杂志》1916 年第 1 卷 6 号。

培养理性的公共领域就只能是停留在初步的状态。

（三）公共空间中的理性启蒙

哈贝马斯认为，公共领域的"这种社会交往的前提不是社会地位的平等，或者说，它根本不考虑社会地位问题"①。但不是完全没有前提，其前提就是理性。交往是理性之后的活动，交往是理性发展的手段，启蒙是其目的，而公开讨论就是让没有能力进入公共领域的人可以达到被启蒙的目的。虽然他们承担着双重使命，"既把自己看作是公众的代言人，同时又把自己当作公众的教育者"②。具有理性讨论能力的公众在任何一个社会都不会是社会全体，公共领域是理性的场所，那么在这里活动的就只能是社会的知识分子，这可以说是一种社会权力分层。简单而言，就是只有具有理性的人才能够进入公共领域，在中国近现代，具有理性或是能够达到自我启蒙的人绝对只是极少数社会精英知识分子。

传播制度的限制、启蒙者与被启蒙者的比例，决定了启蒙所起功用的大小。在近代的白话文运动中，知识分子创办大量的白话刊物，但最终的结果如陈独秀 1904 年办白话报、1915 年又舍弃白话这种启蒙工具，可见理性传播的困难。再加上李泽厚总结的"救亡压倒启蒙"因素③，启蒙的过程性让中国现代知识分子大呼"来不及了"，救亡之后最终导致封建主义的迅速回巢，五四时期的刊物中存在着这种具有公开理性的政治批判的样态。

哈贝马斯提出：在公共领域交往的前提是参与者公众的理性、讨论内容问题的公共性、发表观点的公共性，而根本不考虑社会地位等私人

---

① ［德］哈贝马斯：《公共领域的结构转型》，曹卫东等译，学林出版社 1999 年版，第 41 页。

② ［德］哈贝马斯：《公共领域的结构转型》，曹卫东等译，学林出版社 1999 年版，第 45 页。

③ 李泽厚：《中国现代思想史论》，三联书店 2008 年版，第 21—39 页。

问题，同时经济依赖关系、市场规律、国家法律被悬置。[①] 但是这种悬置是否在实践活动中被当事人认可，就很值得怀疑，因为单纯的学理性讨论可以脱离这些因素，但关于可行性的讨论就必然要考虑到学理以外的社会因素。

以实践中的理性表达策略为例，《新青年》同人分裂后对刊物去向的讨论中明显都有刊物原为陈独秀所办的顾虑；鲁迅在《申报·自由谈》批评空间的开创虽然对制度、对检察官处处讽刺，但也一定是拐弯抹角地采用各种技巧；左联刊物的东躲西藏、改头换面……相反，正是经济依赖关系、市场规律、国家法律的作用，导致了公共领域的模糊和逐渐瓦解。

公共领域的形成过程中，理性交往的重要性不言而喻，哈贝马斯的推断是认定从公共领域的理性公开交往中形成公共舆论，这种公共舆论可以起到左右国家机构乃至立法的功效。但哈贝马斯并没有分析理性交往的过程复杂性，尤其是理性交往之后的结果并非只有一种，可能在大量反复的公开讨论之后，所讨论的公共性问题依然无法达成一致。而这个问题在中国现代问题分析中又显得非常重要。

现代中国的社团、报刊中观点意见的不一致现象大量存在，即使是同人刊物、社团，即使是理性讨论很久的公共性问题，依然会存在分歧，有时大的分歧可能导致报刊、社团的分裂或停止，甚至互相形成相反的理论。在结果最终只能有一个的时候，其相左的又同样理性的意见就会被"牺牲"。在现代中国，如此被牺牲的理性不在少数。在分析期刊，尤其是同人期刊的时候，我们往往关注其一致的对外主张，但刊物中的互相讨论和意见可能是更为核心的内容，反而容易被我们所忽视。

---

① ［德］哈贝马斯：《公共领域的结构转型》，曹卫东等译，学林出版社1999年版，第41—42页。

哈贝马斯所考察的西方资本主义公共领域的发展包括转型都是一帆风顺的渐进过程，但在中国的 20 世纪，情形却并不平稳，而是激烈的剧变。王晓明在考察《新青年》和文研会的时候，注意到在此时形成的四大观念："轻视文学自身特点和价值的观念"，"文学应该有主流，有中心的观念"，"文学进程是可以设计和制造的观念"，"集体的文学目标高于个人的文学梦想的观念"①。而造成这种现象的原因有：第一，近代公民在参与权力争夺中对理性的高度重视，包括在文学中的理性高于一切。第二，当公共讨论不能达成一致时，不能无休止地讨论，理性服从人数的多寡。第三，公共舆论的统一性，即公开理性讨论最终的结果只有一个，而这个结果就是"中心"。

而哈贝马斯的理论中并不关注媒介信息传播的受众——媒介之外的公众、公共领域之外的公民，他们对信息的接受和反馈情况。从这个意义上，哈贝马斯在媒介效果问题上属于"魔弹论"者，他更多关注启蒙问题的单向性，即"政治报纸的出现并不是为了商人，而是相反，商人围着报纸转"②。在哈贝马斯那里，公共领域之外的反应不能直接出现在公共领域之中，但在现实的期刊中，读者对刊物的影响无论如何无法被忽视。在中国现代期刊中如《新青年》的高姿态，也有同为陈独秀所办的《安徽俗话报》所体现出更低的姿态；"鸳鸯蝴蝶派"刊物、30 年代革命文艺期刊、孤岛时期通俗文化期刊的盛行，都有读者的因素。这种影响虽不是直接的，但力量却非常强大。

许多期刊开辟了"通信栏"，在这样的栏目中对公共话题进行讨论，在一定程度上形成了理性启蒙。但是在五四时期的期刊中，依然普遍存在着话题讨论、观点交锋不充分的问题。鲁迅在当时就意识到了要将讨

---

① 王晓明：《刺丛里的求索》，上海远东出版社 1995 年版，第 293 页。

② ［德］哈贝马斯：《公共领域的结构转型》，曹卫东等译，学林出版社 1999 年版，第 19 页。

论放在有意义的话题之上，他说："《新青年》里的通信，现在颇觉发达。读者也都喜看。但据我个人意见，以为还可酌减：只须将诚恳切实的讨论，按期登载；其他不负责任的随口批评，没有常识的问难，至多只要答他一回，此后便不必多说，省出纸墨，移作别用。例如见鬼，求仙，打脸之类，明明白白全是毫无常识的事情，《新青年》却还和他们反复辩论，对他们说'二五得一十'的道理，这功夫岂不可惜，这事业岂不可怜。我看《新青年》的内容，大略不外两类：一是觉得空气闭塞污浊，吸这空气的人，将要完结了；便不免皱一皱眉，说一声'唉'。希望同感的人，因此也都注意，开辟一条活路。"①

在哈贝马斯的理想状态中，具有理性批判意识的私人通过媒介，在交往的过程之中，通过公开表达私人观点而形成公众舆论，达到启蒙与自我启蒙，实现批判的功能，从而形成公共领域。也就是说，公共领域形成的基础是理性交往，而五四时期文化中的交往，存在着大量的非理性的交往，非理性的论战占据知识分子文化交往中的部分。

早在17世纪，英国的哲学家、诗人约翰·弥尔顿就提出了"观点的自由市场"，即认为真理与谬误之间需要进行公开的斗争，不同意见之间"要靠两组互相冲突的理由来较量"②，人们通过各种意见、观点之间自由辩论和竞争，最终获得真理。"从密尔顿这种思想出发，形成了现代关于'观点的公开市场'以及'自我修正过程'的概念，那就是让所有想说什么的人都自由地表达自己的思想。真实的、正确的思想会保存下来，虚假的和错误的思想会被克服。政府不应该参加战斗，也不应该协助其中的一方。虽然虚假的可能取得一时的胜利，但真实的意见通过吸引了新的力量来维护自己，会通过自我修正过程最后战胜其他意见

---

① 鲁迅：《渡河与引路》，《新青年》1918年第5卷5号。
② ［英］弥尔顿：《论出版社自由》，吴之椿译，商务印书馆1958年版，第38页。

而保存下来。"① 五四时期期刊为这种观点的交流提供了空间，对公众理性的启蒙起到了一定的作用，形成了公共领域的初步。但遗憾的是，大量的思想论战、文学论战都缺乏更深层次的发展，论争的双方互相并没有足够重视对方的观点和理由。

三、非理性的论争

约翰·密尔在他的《论自由》中曾提出两个著名的论点："我们永远不能确信我们所力图窒闭的意见是一个谬误的意见；假如我们确信，要窒闭它也仍是一种谬误。"② 事实上，现实社会中，对意见抱有如此理性的状态并非易事。五四时期的期刊中对于公共话题的讨论，有理性的讨论，有不充分的辩论，也存在不少非理性的争论而非辩论，没有达到意见交换的目的，不得不说是一种遗憾。

（一）意气之争

五四时期期刊上许多讨论本来是围绕着破坏和建设之间的关系、以何种方式发展的问题，但有时在讨论的过程中，却论题越辩论越模糊，往往偏离了论题，逐渐从问题的对峙滑向态度的分歧，纠缠于言语的方式以及一些人事纠纷之上。

五四时期期刊中很多都有观念派别的局限，如《东方杂志》被称为"东方派"，《小说月报》的"人生派"，《创造》的"艺术派"。这种观念派别的区别尚未构成"彼此依附和进行阴谋活动"③，不能称为宗派的斗争，但是过于简化的对立大量存在，体现出唯我独尊的启蒙心态。郭沫

① ［美］韦尔伯·施拉姆等：《报刊的四种理论》，中国人民大学新闻系译，新华出版社 1980 年版，第 51 页。

② ［英］约翰·密尔：《论自由》，许宝骙译，商务印书馆 1959 年版，第 20 页。

③ 《马克思恩格斯选集》第 4 卷，中央编译局译，人民出版社 1972 年版，第 406 页。

若的一段话将五四时期新旧文化两个阵营的划分以另一种形式表述了出来，他说："在'五四'以后，凡是从事于新文化的人，便都是自己阵营里的人，都是同胞骨肉一样，这样相亲相爱、相敬慕的程度，不是个中人是很难想象的。"①傅斯年很早就已经意识到这种问题，他曾经很中肯地反思了自己和老师们讨论问题的态度："我们有点勇猛的精神，同时有个武断的毛病。要说便说，说得太快了，于是乎容易错。观察研究不能仔细，判断不能平心静气，——我不敢为我自己讳。"②

这些意气之争中，最具代表的是表演性质的是《新青年》上的"双簧戏"。《新青年》所提出的主张最初在社会上没有太多的影响，于是编者们感到寂寞了，鲁迅说自己"并不怎么看得起它"，连反对的声音都不能够听到，这是一个期刊编辑最不愿意看到的情况。于是便想办法制造舆论关注点，在这制造舆论的过程中，"双簧戏"影响最大，也最常被后人们提起。

由于胡适、陈独秀对白话文的坚持态度，反对白话文改革的言论在《新青年》上极少，最著名的就是1918年3月的《新青年》4卷3号上，在"文学革命之反响"的总标题下开始进行了一次模拟性的论战，由钱玄同化名王敬轩，模拟旧派人物的口吻，给《新青年》写信，然后由刘半农对此文中反对白话文的观点进行逐一的批驳。王敬轩仅3页半的文章引发了刘半农长达17页的驳斥。对于这种做法，一直有两种不同的声音。胡适认为"双簧信"不值得辩论③，周作人认为"做得有些幼稚，在当时却是很有振聋发聩的作用的"④，学生罗家伦则认为"这封信措辞

---

① 郭沫若：《创造十年》，《郭沫若全集》文学编第12卷，人民文学出版社1992年版，第103页。

② 傅斯年：《新潮之回顾与前瞻》，《新潮》1919年第2卷1号。

③ 《胡适来往书信选》上，中华书局1979年版，第25页。

④ 周作人：《知堂回想录》，安徽教育出版社2008年版，第249页。

轻薄，惹引了不少的反感。后来新青年社中人，亦甚感懊丧"①。但鲁迅将其放在当时的社会背景中，赞誉这"双簧戏"是一场"大仗"，因为"现在看起来，自然是琐屑得很，但那是十多年前，单是提倡新式标点，就会有一群人'若丧考妣'，恨不得'食肉寝皮'的时候，所以的确是'大仗'"②。当然，在读者心中也有两种截然不同的观点，有读者就赞成这种做法，"从前有个《新青年》杂志，他亦提倡白话，虽他以白话做诗，不免矫枉过正，然拿白话来达理，我是很赞成的"③。也有人却并不认可，如张东荪就称赞《新潮》的作者"不像《新青年》一味乱骂"④。

除了著名的"双簧戏"，"选学妖孽，桐城谬种"的说法在五四时期也常常被提及。桐城派是清代古文流派之一，戴名世、方苞、刘大櫆、姚鼐等主要作家都是安徽桐城籍。钱玄同对当时模仿桐城派古文和《文选》骈体文的旧派文人的攻击，钱玄同说陈独秀的论调"虽若过悍，然对于迂谬不化之选学妖孽，桐城谬种，实不能不以此种严厉面目加之"⑤。这些过激的言辞在当时就有人质疑，致信陈独秀："又余所望于钱君者，不赞成则可，谩骂则失之；如选学妖孽，桐城谬种，是不免无涵蓄，非所以训导我青年者：愿先生忠告钱君，青年幸甚。"⑥钱玄同回复说："鄙人虽抱有改良文学之宏愿，然因受四周围之不新不旧之恶浊空气压逼之故，终觉持论不免'涵蓄'，不能斩钉截铁，'以尽诱导青年之天职'……因此辈'古今中外派'之凉血动物，本与纯洁之青年为绝对不能相容之一物，此辈吾以鄙言为非，则鄙言或于青年尚不无裨益

---

① 罗家伦：《蔡元培时代的北京大学与五四运动》，罗久芳编：《我的父亲罗家伦》，商务印书馆 2013 年版，第 61 页。

② 鲁迅：《忆刘半农君》，《鲁迅全集》第 6 卷，人民文学出版社 1981 年版，第 71 页。

③ 好学：《言文一致之提倡》，《时事新报》1918 年 11 月 16 日。

④ 张东荪：《〈新潮〉杂评》，《时事新报》1919 年 1 月 21 日。

⑤ 钱玄同：《通信》，《新青年》1917 年第 3 卷 6 号。

⑥ 悔：《通信·文学改革及宗教信仰》，《新青年》1918 年第 4 卷 6 号。

也。"① 从钱玄同开始,"桐城谬种""选学妖孽"这两个词语成为五四时期反对旧文学的流行用语。直到二十年后鲁迅依然在回忆说:"五四时代的所谓'桐城谬种'和'选学妖孽'……形容惬当,所以这名目的流传也较为永久。除此之外,恐怕也没有什么还留在大家的记忆里了。"②

创造社本身就是因不满当时文坛现状而结社的,五四后期,创造社刊物《创造》和《创造周报》以"骂人"和"打架"的姿态产生了很大影响,但这其中确实存有不少意气之争的成分。《创造》季刊预告中,便映射文学研究会正在"垄断文坛"③,于是"在不知不觉之间便结起了仇怨"④。创造社与文学研究会不仅对于文学的基本主张有所争论,继而延伸至翻译、创作等多领域。本是同属于新文学同一阵营,只是由于在具体的问题上有不同主张,却被当成了个人恩怨。文学研究会认为,"那几个新文学家的性欲描写,固然不如旧式淫书之甚……然而至少也已使这些地方给他们的全书以洗扫不掉的污点了"⑤。而创造社成仿吾认为"文学研究会的一部分人对于我们不怀好意,已经是隐无可隐,加之善于变化的沈雁冰君,实在那里指挥一切"。⑥

除此之外,创造社刊物就翻译问题同胡适也有分歧。郁达夫在《创造》的《夕阳楼日记》中对胡适含沙射影:"我们中国的新闻杂志界的人物,都同清水粪坑里的蛆虫一样身体虽然肥胖得很,胸中却一点儿学问也没有。有几个人将外国书坊的书目录来誊写几张,译来对去的瞎说

---

① 钱玄同:《通信·答悔》,《新青年》1918 年第 4 卷 6 号。

② 鲁迅:《五论"文人相轻"——明术》,《鲁迅全集》第 6 卷,人民文学出版社 1981 年版,第 390 页。

③ 《纯文学季刊〈创造〉出版社预告》,《时事新报》1921 年 9 月 29 日。

④ 郭沫若:《创造十年》,《郭沫若全集》文学编第 12 卷,人民文学出版社 1992 年版,第 139 页。

⑤ CP:《丑恶描写》,《文学旬刊》1922 年 5 月 21 日。

⑥ 成仿吾:《创造社与文学研究会》,《创造》1923 年第 1 卷 4 号。

一场，便算博学了。有几个人，跟了外国的新人物，跑来跑去的跑几次，把他们几个外国的粗浅的演说，糊糊涂涂的翻译翻译，便算新思想家了。"① 成仿吾认为胡适意气用事、非学者的态度流弊无穷："胡先生教人莫骂人，他自己骂人没有？郁达夫是骂人骂昏了头的，他的'蛆虫''肥胖得很'确是不对，谁也不能说他好。可是胡先生的'浅薄无聊的创作'，不也是跟着感情这头恶狗，走到邪路上去了吗？……胡先生抹杀了他人的论旨……胡先生压迫了他人的言论……胡先生忘记了将来的流弊。"② 成仿吾对此的分析可以说较为公道和理性，对压制言论和骂人都给予了反对，但是这种冷静的理性在这位被称为"黑旋风"的批评家身上也并不是时时都有。

成仿吾的《诗之防御战》认为，当时的诗坛为"内外遍地生了野草"：称胡适的《尝试集》："简直不知道是什么东西。""这还不能说是浅薄，只能说是无聊。"康白情的《草儿》："我把它抄下来，几乎把肠都笑断了。"俞平伯的《冬夜》："这是什么东西？滚，滚，滚你的！"③ 当时就有读者对这种缺乏稳重和理性探讨态度的语言表示异议："内中尤以我们湖南底成仿吾先生，骂人太不留余地了，批评太不讲理了！"④ 并称《诗之防御战》失了批评家的风度。

对于创造社与文学研究会的这种带有意气之争的论争，郭沫若和茅盾后来都有所反省。郭沫若直接地明说："那时候的无聊对立只是封建社会下培养成的旧式的文人气习之相轻，更具体地说，便是行帮意识

---

① 郁达夫：《夕阳楼日记》，《创造》1922 年第 1 卷 2 号。
② 仿吾：《学者的态度——胡适之先生的"骂人"的批评》，《创造》1922 年第 1 卷 3 号。
③ 成仿吾：《诗之防御战》，《创造周报》1923 年第 1 号。
④ 今心：《两个文学团体与中国文学界》，饶鸿竞等编：《创造社资料》（下），福建人民出版社 1985 年版，第 927—928 页。

的表现而已。"① 茅盾也说文学研究会和创造社关于翻译问题的论战中，"夹进了太多的意气和成见，以至成了一场护自己之短，揭他人之痂，讽刺、挖苦乃至骂人的混战"，是"最无积极意义的"，因此主动挂了免战牌，终结了论战。② 创造社以论战和"骂人"的方式步入文坛，的确取得了预期的效果。"创造社的这一战，从表面看来，是胜利的。"③ 但却损耗了新文学阵营的精力，也暴露了自身的弱点。

这种意气之争在当时的年轻人中已被厌恶，弥洒社的胡山源说自创办《弥洒》时的想法：当时文艺期刊都各有主张，"情形相当热闹，颇有欣欣向荣之势。但都不免各是其是而非人之是，形成笔战，参加战斗的，大有其人，久而久之，也不免意气用事，浪费笔墨。我们三个人（胡山源、钱江春和赵祖康），对此很有意见。"④

（二）激进的简化思维

救亡的急迫感对知识分子而言带来的是一种整体性的思想压力，在意见的交流和观点的碰撞中，往往并不能够做到如密尔所言的"观点的自由交换"，从而形成哈贝马斯所谓的公共领域。主张启蒙的中国近代知识分子常常被激进的变革方式所吸引，"自由主义知识分子长期从事的民主启蒙工作，虽然在城市中产阶级和知识分子群体中有广泛的影响，然而在激进主义与保守主义激烈冲突的暴力年代里，自由主义的理性声音不是被保守的力量所扼杀，就是被革命的激情所吞没"⑤。

现代性倾向于变革，而变革在不同时代、不同的领域有所不同。现

---

① 郭沫若：《创造十年》，《郭沫若全集》文学编第12卷，人民文学出版社1992年版，第140页。
② 茅盾：《我走过的道路》上，人民文学出版社1981年版，第215—217页。
③ 鲁迅：《上海文艺之一瞥》，《鲁迅全集》第4卷，人民文学出版社1981年版，第294页。
④ 胡山源：《弥洒社的经过》，《新文学史料》1980年第2期。
⑤ 许纪霖、陈达凯：《中国现代化史(1840—1949)》，学林出版社2006年版，第26页。

代性的理性色彩要求在变革社会之时，采用理性的态度分析和看待问题，但是由于环境过于黑暗，加之中国人长期的僵化性传统思维，五四时期期刊一方面在培育公众理性的同时，也在对调和论进行批判。"颠覆策略通过挑战统治者界定场域标准的合法性而采取了多少有些激进的决裂形式。"① 只有激进才能够快速颠覆现实的束缚，知识分子大呼"来不及了"，对社会的缓慢变革无法从情感上接受。如（1）傅斯年在《新潮》说："汉字应当用拼音文字替代否？答：绝对的应当。（2）汉字能用拼音文字表达否？答：绝对的可能。（3）汉字能无须改造用别种方法补救否？答：绝对的不可能。"② 钱玄同赞称此文"实是'汉字革命军'的第一篇檄文"。③ 五四时期的期刊力图对公共话题进行理性讨论，但对一些问题的理解经常极端化。这种极端化一方面是为了传播的需要，但同时也说明了五四时期的知识分子在某些问题上的理性运用并不彻底。傅斯年就已经认识到了这一点："我们有点勇猛的精神，同时有个武断的毛病，要说便说，说得太快了，于是乎容易错。"④ 五四文学期刊中，显示出一种急迫变革的心理。

胡适在提出八事主张时，冠以"刍议"之名，陈独秀的思想远比胡适激进，他以"革命"为题，对胡适的观点从文学思潮的社会功用角度予以发挥，强化了胡适"刍议"的主张。胡适回忆说："当时若没有陈独秀'必不容反对者有讨论之余地'的精神，文学革命的运动决不能引起那样大的注意。"⑤ 胡适放弃了之前所坚持的理性讨论主张，转而对陈

---

① ［美］戴维·斯沃茨：《文化与权力》，陶东风译，上海人民出版社 2006 年版，第 145 页。

② 傅斯年：《汉语改用拼音文字的初步谈》，《新潮》1919 年第 1 卷 3 号。

③ 钱玄同：《汉字革命》，《国语月刊》1923 年第 1 卷 7 号。

④ 傅斯年：《新潮之回顾与前瞻》，《新潮》1919 年第 2 卷 1 号。

⑤ 胡适：《五十年来中国之文学》，《胡适文集》第 3 卷，北京大学出版社 1998 年版，第 390—391 页。

独秀的做法大加赞扬。

胡适认为，"大凡一个哲学家的学说，百分之中，有几分是守着师承的旧说；有几分是对于前人的革命反动"。① 而陈独秀却多次为自己思想的激进辩护："像中国这样知识幼稚没有组织的民族，外面政治的及经济的侵略又一天紧迫似一天，若不取急进的 Revolution，时间上是否容我们渐进的 Evolution 呢？"② 从结果来看，胡适所言确实，但是，这种重结果而对过程合理性的放弃所体现出的激进主义，虽然能够迅速解决现实问题，却为变革之后留下了隐患。

林纾想依靠强权打倒革新者而维护传统的做法，固然体现了传统卫道士的螳臂当车，但更值得我们警惕的不是这种卫道士的做法，而是革新阵营的思路。陈独秀在发起文学革命时说："有不顾迂儒之毁誉，明目张胆以与十八般妖魔宣战者乎？予愿拖四十二生之大炮，为之前驱！"③ 五四时期期刊中激进的启蒙在当时就遭到许多反对，梅光迪就对这种做法非常不满，"故彼等以群众运动之方法，提倡学术，垄断舆论，号召党徒，无所不用其极，而尤借重于团体机关，以推广其势力"④。五四时期期刊的启蒙激进主义是现代性传播中采取的策略，虽然可以加快传播速度，但也潜藏了诸多的弊端。现代性的建构是一个过程，而不是跳跃性的过程，五四时期期刊的现代性建构缺乏稳重性和延续性。

五四时期期刊的编辑虽然都有读者意识，但是并未体现过多的对话意识，缺乏"在交往中抱着一种倾听他人，准备改变自己的开放心态，以及不放弃与他人差异和外位性的自信心态"⑤。对于《小说月报》对写

---

① 胡适：《旅京杂记》，《新青年》1918 年第 4 卷 3 号。
② 陈独秀：《答张东荪》，《新青年》1920 年第 8 卷 4 号。
③ 陈独秀：《文学革命论》，《新青年》1917 年第 2 卷 6 号。
④ 梅光迪：《评今人提倡学术之方法》，《学衡》1922 年第 2 号。
⑤ 罗贻荣：《走向对话》，中国社会科学出版社 2006 年版，第 73 页。

实主义的大力提倡和独尊，当时就有读者给沈雁冰来信："先生们所提倡的写实主义，我以为这是改革中国文学的矫枉必过正的过渡时代的手段——必需的而又是暂时的手段——却不能永是这样。并且写实主义的提倡，是给中国蹈空的滥调的旧文学界以一种极猛烈的激烈和反动，是破坏旧文学的手段；至于新文学的建设，却不可使文学界以一种情形的发展，凡有文学价值的作品（不论属于那一种主义的）都应该扶持他，培植他，而不能以他非写实主义，就一概抹杀——这是有感而说的。"①不仅观念上"新""旧"之间强烈对立，五四文学期刊中很多文学批评中更是体现了这种观念。文学批评更要有宽容意识和包容意识，不能唯我独尊，非此即彼，对文学本体的考察更是要从整体出发，多角度、多层次地去研究。

将问题简单化、整体化的倾向在五四时期期刊中体现得非常明显，它是社会变革中急切心态的体现。不仅体现为二元对立的启蒙心态，而且知识分子陷入整体化思维，希望一网打尽解决一切问题。病入膏肓，急需猛药，知识分子都希望即刻找到某种大力丸，以解决中国所有问题，无论是辛亥前孙中山所说的"毕其功于一役"②，或是五四运动时陈独秀提出的"图根本之改造"③。张灏认为五四时期的知识分子急于找到一种主义，来解决中国积弊已深的社会问题，而逃避时代问题的复杂性，德先生和赛先生，"在他们的心目中不啻变成了'德菩萨'和'赛菩萨'"。④

鲁迅以易卜生所说的"All or nothing"（全部，或全无）⑤，非常形象

---

① 王晋鑫：《通信》，《小说月报》1922 年第 13 卷 4 号。

② 孙中山：《〈民报〉发刊词》，《民报》1905 年第 1 号。

③ 《北京市民宣言》，《民国日报》1919 年 6 月 14 日。

④ 张灏：《五四运动的批判与肯定》，萧延中、朱艺编：《启蒙的价值——台湾学者论五四》，山西人民出版社 1989 年版，第 51 页。

⑤ 鲁迅：《随感录四十八》，《鲁迅全集》第 1 卷，人民文学出版社 1981 年版，第 336—337 页。

地体现了对当时人们的认知观念中的非此即彼的截然对立状态：现代与传统、世界与中国。这种对立同时也是整体性的，见林不见树的形而上学，对事物的局部并不放在眼中。"在批判中国旧传统时，很少有改革者对它进行过公正的或者是同情的思考。他们认为几千年来社会的停滞给进步和改革留下了许多障碍。为了清除这些障碍，就会不可避免地过分攻击整个传统并且低估传统的价值。这样，儒家学说和民族遗产中的许多优秀成分被忽视或者避而不谈。从长远的角度来看，改革者的批判似乎在某些方面是肤浅的，缺乏分析的和过于简单的。"①

事实上，历史和文化往往并不是在断裂中发展的，更多的是一种缓慢的前进。在当时看来是非对错似乎一目了然的内容，其实往往并非如此简单，从长远来看，对传统的激进批判并不利于文化的发展。更为严重的是，在这种激烈的否定和简单化思维影响下，关于发展的思考却相对较少，如林毓生所认为："五四对传统全盘否定式的攻击是与传统政治、社会、文化具有高度整合性有关，但传统架构解体以后并不蕴含每一传统思想与价值便同时都失去了理智上的价值。"② 在内忧外患的岁月里，一步到位的革命要比慢吞吞的改良更容易产生激情，更容易勾画出美丽的前景，也更容易吸引青年人的心。

（三）轰动效应的追求

为了引起关注，以实现传播效果，许多期刊通过制造轰动效应达到自身目的。有的辩论从内容上并没有太多实质意义和价值，仅仅是期刊的造势、强行制造舆论的方法之一。在论争的过程中也存在着玩笑与戏谑，很大程度上是由于双方都是站在自己刊物立场上，不仅有新旧之间的对立，也有同为新文化阵营之间的对立。"晚清及五四的思想文化界，

---

① [美] 周策纵：《五四运动史》，陈永明等译，岳麓书社 1999 年版，第 507 页。
② 林毓生：《中国传统的创造性转化》，三联书店 1988 年版，第 159 页。

绝少真正意义上的'辩论'，有的只是你死我活的'论战'。这与报刊文章的容易简化，趋于煽情不无关系。"① 而这更多是追求轰动效应，或是由于非理性的文人相轻。蓝公武当时就说："在欧美各国，辩论是真理的产物，愈辩论真理愈出。而在中国，辩论却是呕气的变相，愈辩论论旨愈不清楚，结局只能以骂人收场。"②

因此，在论争过程中，往往是以战胜论敌为目的，故以气势雄健而不是逻辑严密取胜。《新青年》4 卷 3 号中钱玄同的"双簧戏"计策，虽然创造了批判保守派的机会，但也造成了无穷的流弊。有读者说，"吾敢说《新青年》如果没有这几篇刻薄骂人的文章，鼓吹的效果，总要比今天大一倍。"③ 胡适的朋友、《新青年》的著名读者任鸿隽都不相信王敬轩为伪造，认为断不会有此事。任鸿隽致信胡适称："王敬轩之信，隽不信为伪造者。一以为'君等无暇作此'，二则以为为保《新青年》信用计，亦不宜出此。莎菲曾云此为对外军略，似亦无妨。然使外间知《新青年》中之来信有伪造者，其后即有真正好信，谁复信之？又君等文字之价值虽能如旧，而信用必且因之减省，此可为改良文学前途危者也（隽已戒经农、莎菲勿张扬其事）。"④ 他还提醒胡适：为挽文学界颓风，"徒事谩骂是无益的"，"谩骂是文人一种最坏的习惯，应当阻遏，不应当提倡"。⑤ 从长远来看，此言确实道出了这种编辑方式的弊端，虽然造成了轰动，但却埋下了后患。

五四时期的许多期刊编辑正是由于对媒介特性的把握，看到期刊最适宜传播新思想这一媒介特性，利用轰动效应获得了读者的支持，从而

---

① 陈平原：《文学的周边》，新世界出版社 2004 年版，第 143 页。
② 蓝志先：《讨论·蓝志先答胡适书》，《新青年》1919 年第 6 卷 4 号。
③ 蓝志先：《讨论·蓝志先答胡适书》，《新青年》1919 年第 6 卷 4 号。
④ 《胡适来往书信选》上，中华书局 1979 年版，第 14 页。
⑤ 《胡适来往书信选》上，中华书局 1979 年版，第 17 页。

在社会上产生了影响。五四时期期刊之间的许多争论，在社会上他人看来，"盖学生中固亦分旧新两派，而各主其师说者也。二派杂志，旗鼓相当，互相争辩，当然有裨于文化；第不言其辩论之范围，纯任意气，各以恶声相报复耳"①。此话虽然有挑拨之意，但也并非全无道理。《新青年》对他人的言论分为三类："本志自发刊以来，对于反对之言论，非不欢迎，而答词之敬慢，略分三等：立论精到，足以正社论之失者，记者理应虚心受教。其次则是非未定者，苟反对者能言之成理，记者虽未敢苟同，亦必尊重讨论学理之自由，虚心请益。其不屑与辩者，则为世界学者业已公同辩明之常识，妄人尚复闭眼胡说，则唯有痛骂之一法。"②连一生稳重的胡适此时都说道："在这种世界，我们正该用'出辞荒谬狂悖绝伦'八个大字自豪。"③胡先骕也批评胡适擅长"内台叫好"④。这不得不引发深思：为了迅速达到现代性的传播，是否可以牺牲过程的理性与宽容？

郭沫若在《创造》创刊号上坦陈心迹："我们要大胆虚心佛情铁面，堂堂正正地作个投炸弹的健儿！"⑤这炸弹在当时已经投向了文学研究会，在诸多的纠缠论战之后，成仿吾总结了创造社与文学研究会的恩怨，因为文学研究会"不在起初不大接近，而在起初他们来拉人时，有了这么一个不幸的 prologue（序幕——引者著），也可以知道因为有了这么一个不幸的 prologue，文学研究会对于我们才不惜他们种种无聊的军事行动，他们对于我们多怀着的敌忾心，完全是发源于这一点。"⑥

胡适《文学改良刍议》为现代白话运动之滥觞，其中明言："白话

① 《请看北京学界思潮变迁之现状》，《公言报》1919 年 3 月 18 日。
② 陈独秀：《通信·致崇拜王敬轩先生者》，《新青年》1918 年第 4 卷 6 号。
③ 胡适：《欢迎〈新声〉》，《新青年》1919 年第 6 卷 3 号。
④ 胡先骕：《评胡适〈五十年来中国之文学〉》，《学衡》1923 年第 18 期。
⑤ 郭沫若：《海外归鸿（三封信）》，《创造》1922 年第 1 卷 1 号。
⑥ 成仿吾：《创造社与文学研究会》，《创造》1923 年第 1 卷 4 号。

文学之为中国文学之正宗……可断言也。"陈独秀看完，也称胡适的论断"余亦笃信而渴望之"①。虽然胡适在《新青年》5卷1号上称："本报将来的政策，主张尽管趋于极端，议论定须平心静气。一切有理由的反对，本报一定欢迎，决不致'不容人以讨论'。"②但陈独秀却没有这种稳重的态度，他说："鄙意容纳异议，自由讨论，固为学术发达之原则。独至改良中国文学当以白话为正宗之说，其是非甚明，必不容反对者有讨论之余地，必以吾辈所主张者为绝对之是，而不容他人之匡正也。"③

与轰动的辩论相反，对公共话题细致的分析和说理往往难以获得大众的关注。"真正意义上的'辩论'，很可能没有戏剧性，也缺乏观赏性。大众传媒需要吸引尽可能多的读者和受众，因而，夸张的语调，杂文的笔法，乃至'挑战权威'与'过激之词'等，都是必不可少的佐料。"④而这恰恰是《学衡》所不屑于做的，因此它难以在社会上产生太大的影响。当然，这种影响力的缺乏也与当时社会的思潮有关。《学衡》创办于1923年，文化界整体已经发生了变化，政治启蒙、政治救亡压倒了缓慢的思想启蒙，而《学衡》也只是反对新文化运动对传统特别是对儒家的过度批判，自然不能取得创办者所预想的结果。

胡山源等人在创办《弥洒》时，由于看不惯文坛上的笔战而准备专事创作，但是却有在报馆的朋友好心相劝道："这样搞，虽然可以省些麻烦，但引不起人家的注意，日久必将无声无臭、终至停顿、消散。"⑤这位在《国民日报》的陈德征深知媒体的规律，期刊想要获得影响，只是静静地从事创作或只关注内容，是很难获得社会知名度。期刊的编者

---

① 胡适：《文学改良刍议》，《新青年》1917年第2卷5号。

② 胡适：《通信·答汪懋祖》，《新青年》1918年第5卷1号。

③ 陈独秀：《通信》，《新青年》1917年第3卷3号。

④ 陈平原：《思想史视野中的文学》下，《中国现代文学研究丛刊》2003年第1期。

⑤ 胡山源：《弥洒社的经过》，《新文学史料》1980年第2期。

如果不能听到读者的声音，也是一件极为寂寞的事情，《新青年》在创办初期就曾经历过"颇以不能听见反抗的言论为憾"。①

五四时期期刊的这种只图追求轰动效应而不顾及其他的做法，给后人留下了模仿的空间。闻一多在私下给朋友的信中，对五四文学期刊制造轰动效应的方法作了归纳："我们若有创办杂志之胆量，即当亲身赤手空拳打出招牌来。要打出招牌，非挑衅不可。……要一鸣惊人则当挑战，否则包罗各派人物亦足轰动一时。"②"我的宗旨不仅与国内文坛交换意见，径直要领袖一种之文学潮流或派别，请申其说。我们皆知我们对于文学的意见颇有独立价值，若有专一之出版物以发表之，则易受群众之注意——收效速而普遍。……余对于中国文学抱有使命，故急欲借杂志以实行之。"③一个准备出场的文学青年在总结了五四时期期刊后，得出了这样的结论，恐怕不是五四时期的期刊编者所想看到的，因为闻一多所要力图模仿的是表面的期刊运作模式，而五四时期期刊背后客观的运行逻辑、提倡的现代性核心，在这位文学青年这里却没有被重视。

五四时期期刊的办刊主体、出版机构、刊载内容、编辑审稿、出版发行、传播方式等所有环节都有着自己的独特之处。最能体现五四时期期刊深层次现代性特征的，是众多期刊体现出的启蒙性，以及构建公共领域的尝试和努力。

五四时期期刊通过对传统价值的重估、理性精神的公开运用、创造性地建构新文化，不仅尝试重构社会价值体系，而且对期刊的读者进行了公开的理性启蒙。五四时期期刊的启蒙经历了从思想启蒙到政治启

---

① 刘半农：《通信·复王敬轩》，《新青年》1919 年第 6 卷 4 号。

② 《闻一多书信选集》（四）（1925 年 3 月致梁实秋），《新文学史料》1984 年第 2 期。

③ 《闻一多书信选集》（三）（1922 年 9 月 29 日致梁实秋），《新文学史料》1984 年第 2 期。

蒙、从"启蒙的文学"到"文学的启蒙"两种变化，期刊关注点从注重培养读者的精神内核逐渐转变为更为沉重和急切的"救亡"主题，从以文学作为思想启蒙的工具转变为对文学独立审美品格的追求。胡适对期刊从"不谈政治"到"谈政治"的主张，从在期刊上"反传统"到创办"整理国故"的期刊，从在期刊上引领文坛到销声于文坛，都是启蒙变迁的具体体现。

五四时期期刊的启蒙具有复杂性和两歧性，其中有启蒙自身的矛盾，也有五四时期特有的缺憾。五四时期期刊中体现出强烈的启蒙心态，体现为对精神权威的树立、非此即彼的二元对立思维；对工具理性的高度重视，体现在功利主义和唯科学主义，缺乏价值理性的观照；对精英启蒙的关注，力图从知识分子入手解决社会问题，忽略了大众化。

五四时期期刊在构建社会舆论、社会意见交换场所时，试图构建理性精神的培养机制。期刊是知识分子最重要的思想展示平台，五四时期众多公共话题的讨论都是在以期刊中心的媒介中展开的，包括科学与民主、新文学发展等重要话题。期刊通过公共话题的讨论，对公众理性的启蒙起到了一定的作用，形成了公共领域的初步形态。但期刊这种讨论有不充分之处，也有不少非理性的意气之争，还存在以激进的简化思维方式来看待问题和为了引起关注而追求轰动效应的现象，依然需要深刻反思。

结语：媒介与文化创造及发展

　　大众媒介对于文化发展具有重要意义，它不仅仅是文化的有形载体，还直接决定了文化的诞生方式、表现形式和传播渠道。随着媒介形态在 20 世纪的发展，我们更加清楚地理解了"媒介即讯息"的含义：传播媒介本身就代表着一种文化，甚至可以说"媒介即文化"。这个麦克卢汉处处想要表达而未点破的命题，提醒我们不要脱离媒介来研究文化，更不要简单地将媒介作为文化发展的背景来看待。

　　期刊是 20 世纪初最为重要的大众媒介之一，它与报纸、书籍共同参与了新文化的创造和传播。出版人陆费逵在 1915 年就认识到："一国学术之盛衰，国民程度之高下，论者恒于其国杂志发达与否觇之。盖杂志多，则学术进步，国民程度亦高。而学术愈进步，国民程度愈高，则杂志之出版亦愈进也。"① 如果将此论断放置于民国初年"癸丑报灾"发生不久的语境来看，这种对期刊在社会文化中的价值认识是相当准确的，它同时还体现出一个五四时期出版人的文化理想。

　　五四时期的社会环境、传媒生态为期刊的发展提供了良好的契机和

---

① 　陆费逵：《宣言书》，《大中华》1915 年第 1 卷 1 号。

生长点。中西方文化的撞击，西方文化的强势侵入，给中国传统文化造成了严重的危机，却又为文化变革的酝酿创造了土壤。与此同时，出版界已经开始通过各种方式反抗北洋政府的文化统治，出版机构现代化的印刷技术、相对完备的发行渠道也为期刊的传播铺平了道路。期刊的媒介特性适宜于创造文化、传播文化，这些因素奠定了五四时期期刊发展和传播的基础。

五四时期期刊是新文化运动发生的基础，它们直接参与了新文化话语的创造和话语权的斗争。《新青年》、《太平洋》、《科学》三种期刊的创办，代表了五四时期期刊文化变革、政治变革和科技变革三种不同思路，其中《新青年》最能代表五四时期的文化走向。《新青年》以语言变革作为文化革新的契机，白话文学革命表面上只是语言文字的革新，实际上所牵涉的是话语体系与话语权的重塑。新文学、新文化以及新的社会观念通过期刊的传播，借助学校、社团的力量，新的话语体系经过不断的斗争和传播，逐渐从文化场域边缘走向中心。

五四时期期刊的文化传播在文化嬗变中发挥了重要的作用，传播主体、传播内容、传播过程的特点决定了其社会影响的巨大和持久。近代社会的变化深刻地影响了知识分子的自我身份指认和思维方式，从事编辑出版成为众多知识分子生存和实现文化理想的重要途径，这一变化使五四时期的办刊主体数量大大增加。期刊编者也对期刊、舆论、读者都有了更为深刻的认识，他们有意识地通过各种传播策略提升影响力，社会舆论随之发生变化，读者纷纷模仿，传播新文化成为社会时尚，保守期刊不得不随之进行调整以适应新的文化氛围。五四时期期刊由于顺应时代发展，成就了自身的繁荣。

五四时期期刊体现出强烈的启蒙性和构建公共领域的努力，但也存在着值得反思的缺憾。无论是期刊中对传统的价值重估、理性精神的培育还是新文化的创造，都存在着急切的启蒙心态，重工具理性而轻价值理性，重精英的培育而忽视民众的需求。期刊虽然提供了公共交往的平台，形成了公共领域的雏形，但是过多的意气之争、激进的简化思维、对轰动效应的追求都使得许多本应该充分讨论的公共话题未能深入下去。五四时期的启蒙思想是一个伟大的未完成，五四时期的期刊的现代性也是未完成的状态，五四时期期刊中的启蒙方式和启蒙内容的变迁，公共领域的初步开创和局限，依然需要我们不断反思。

从传播媒介的角度来看，五四时期期刊最大的价值莫过于展示了媒介是如何创造新文化、发展新文化和传播新文化。回望百年之前的五四时期期刊，媒介与文化、与社会之间的关联与互动，知识分子在期刊媒介中的文化创造，期刊对新文化的传播与扩散，社会对文化变革的逐渐接受，都值得我们重新去思考，这对当下的媒介文化发展也不无启示。

五四时期期刊的研究属于新闻传播史学范畴，要回到历史现场，必然要爬梳浩如烟海的史料，将其放置于五四这样一个错综复杂的历史环境之中，还需要对整体的把握和观照、对细节的考辨和对比、对流变的梳理和认识、对问题的挖掘和探索。但无可否认，五四时期期刊的确是值得研究的，并且它们的研究价值还远远被低估，需要用开阔的视野、独特的角度，以及"坐十年冷板凳"的学术心态来深挖这座文化的富矿！

参考文献

一、五四时期报刊

1.《安徽俗话报》

2.《北京大学月刊》

3.《创造》

4.《创造周报》

5.《大中华》

6.《东方杂志》

7.《妇女杂志》

8.《国民》

9.《甲寅》

10.《建设》

11.《解放与改造》

12.《科学》

13.《每周评论》

14.《民铎》

15.《浅草》

16.《秦钟》

17.《青年杂志》

18.《少年中国》

19.《太平洋》

20.《小说月报》

21.《新潮》

22.《新青年》

23.《学衡》

二、书籍类

1.《阿英全集》，安徽教育出版社 2003 年版。

2.《冰心自传》，江苏文艺出版社 1995 年版。

3.《陈独秀著作选》，上海人民出版社 2009 年版。

4.《郭沫若全集》，人民文学出版社 1992 年版。

5.《胡适来往书信选》，中华书局 1979 年版。

6.《胡适书信集》，北京大学出版社 1996 年版。

7.《胡适口述自传》，华东师范大学出版社 1993 年版。

8.《胡适日记全编》，安徽教育出版社 2001 年版。

9.《胡适文集》，北京大学出版社 1998 年版。

10.《鲁迅全集》，人民文学出版社 1981 年版。

11.《马克思恩格斯选集》，人民出版社 1972 年版。

12.《毛泽东选集》，人民出版社 1991 年版。

13.《孙中山全集》，中华书局 1985 年版。

14.《吴虞日记》，四川人民出版社 1984 年版。

15.《萧乾全集》，湖北人民出版社 2005 年版。

16.《张元济日记》，河北教育出版社 2001 年版。

17.《郑超麟回忆录》，东方出版社 1996 年版。

18. 阿英：《中国新文学大系》史料索引，上海良友图书公司 1936 年版。

19. 包天笑：《钏影楼回忆录》，香港大华出版社 1971 年版。

20. 包亚明：《文化资本与社会炼金术——布尔迪厄访谈录》，上海人民出版社 1997 年版。

21. 曹聚仁：《文坛五十年》，东方出版中心 1997 年版。

22. 常乃德：《中国思想小史》，上海古籍出版社 2005 年版。

23. 陈明远：《文化人的经济生活》，陕西人民出版社 2013 年版。

24. 陈平原：《二十世纪中国小说史》第 1 卷，北京大学出版社 1989 年版。

25. 陈平原：《触摸历史及进入五四》，北京大学出版社 2005 年版。

26. 陈平原：《文学的周边》，新世界出版社 2004 年版。

27. 陈平原：《中国小说叙事模式的转变》，上海人民出版社 1988 年版。

28. 陈思和：《中国新文学整体观》，上海文艺出版社 2001 年版。

29. 陈万雄：《五四新文化的源流》，三联书店 1997 年版。

30. 陈子展：《中国近代文学之变迁》，中华书局 1931 年版。

31. 程丽红：《清代报人研究》，社会科学文献出版社 2008 年版。

32. 丁日初：《上海近代经济史》第 1 卷，上海人民出版社 1994 年版。

33. 丁文江、赵丰田编：《梁启超年谱长编》，上海人民出版社 1983 年版。

34. 樊亚平：《中国新闻从业者职业认同研究》，人民出版社 2011 年版。

35. 方汉奇：《报史与报人》，新华出版社 1991 年版。

36. 方汉奇：《中国代近报刊史》，山西教育出版社 1981 年版。

37. 方汉奇：《中国新闻事业编年史》，福建人民出版社 2000 年版。

38. 冯友兰：《三松堂自序》，人民出版社 1998 年版。

39. 复旦大学新闻系新闻史教研室编：《中国新闻史文集》，上海人民出版社 1987 年版。

40. 傅乐成编：《傅孟真先生年谱》，台北传记文学出版社 1969 年版。

41. 高长虹：《走到出版社界》，泰东图书局 1928 年版。

42. 高力克：《五四的思想世界》，学林出版社 2003 年版。

43. 戈公振：《中国报学史》，上海古籍出版社 2003 年版。

44. 耿志云编：《胡适遗稿及密藏书信》，黄山书社 1994 年版。

45. 国家图书馆、上海图书馆编：《1833—1849 全国中文期刊联合目录》（补充本），中央民族大学出版社 2000 年版。

46. 何一民：《近代中国城市发展与社会变迁（1840—1949)》，科学出版社 2004 年版。

47. 洪九来：《宽容与理性——〈东方杂志〉公共舆论研究》，上海人民出版社 2006 年版。

48. 黄淳浩编：《郭沫若书信集》，中国社会科学出版社 1992 年版。

49. 黄仁宇：《中国大历史》，三联书店 2007 年版。

50. 黄远庸：《远生遗著》，商务印书馆 1923 年版。

51. 教育部教育年鉴编纂委员会编：《第二次中国教育年鉴》，商务印书馆 1948 年版。

52. 金观涛、刘青峰：《观念史研究》，法律出版社 2009 年版。

53. 来新夏等：《中国近代图书事业史》，上海人民出版社 2000 年版。

54. 赖光临：《中国近代报人与报业》，台北商务印书馆 1980 年版。

55. 赖光临：《七十年中国报业史》，台北中央日报社 1981 年版。

56. 黎锦熙：《国语运动史纲》，商务印书馆 2011 年版。

57. 李剑农：《中国近百年政治史》，复旦大学出版社 2002 年版。

58. 李仁渊：《晚清的新式传播媒体与知识分子：以报刊出版社为中心的讨论》，台北稻乡出版社 2005 年版。

59. 李泽厚：《中国近代思想史论》，三联书店 2008 年版。

60. 李泽厚：《中国现代思想史论》，三联书店 2008 年版。

61. 梁启超：《饮冰室诗话》，人民文学出版社 1959 年版。

62. 梁启超：《饮冰室合集》，中华书局 1989 年版。

63. 梁启超：《中国历史研究法》，上海古籍出版社 1998 年版。

64. 梁启超：《清代学术概论》，中华书局 2010 年版。

65. 林语堂：《中国新闻舆论史》，刘小磊译，上海人民出版社 2008 年版。

66. 林毓生：《中国意识的危机》，贵州人民出版社 1988 年版。

67. 林毓生：《中国传统的创造性转化》，三联书店 1988 年版。

68. 刘国钧：《中国书史简编》，书目文献出版社 1982 年版。

69. 刘集林等：《中国留学通史》（晚清卷），广东教育出版社 2010 年版。

70. 刘纳：《嬗变：辛亥革命时期至五四时期的中国文学》，中国人民大学出版社 2010 年版。

71. 刘炎生：《中国现代文学论争史》，广东人民出版社 1999 年版。

72. 刘再复、林岗：《传统与中国人》，中信出版社 2010 年版。

73. 刘增人：《中国现代文学期刊史论》，新华出版社 2005 年版。

74. 吕思勉：《吕思勉文集》，华东师范大学出版社 1997 年版。

75. 罗久芳编：《我的父亲罗家伦》，商务印书馆 2013 年版。

76. 马光人：《中国近代新闻法制史》，上海社会科学院出版社 2007 年版。

77. 马嘶：《百年冷暖：20 世纪中国知识分子生活状况》，北京图书馆出版社 2003 年版。

78. 茅盾：《我走过的道路》，人民文学出版社 1981 年版。

79. 倪墨炎、陈九英编：《许寿裳文集》，百家出版社 2003 年版。

80. 潘祥辉：《媒介演化论——历史制度主义视野下的中国媒介制度变迁研究》，中国传媒大学出版社 2009 年版。

81. 彭鹏：《研究系与五四时期新文化运动——以 1920 年前后为中心》，中山大学出版社 2003 年版。

82. 钱炳寰：《中华书局大事纪要（1912—1954)》，中华书局 2002 年版。

83. 钱穆:《国史大纲》，商务印书馆 1993 年版。

84. 钱穆:《中国历史研究法》，三联书店 2001 年版。

85. 全国第一中心图书馆委员会全国图书联合目录编辑组编:《1833—1849 全国中文期刊联合目录》（增订本），书目文献出版社 1981 年版。

86. 全国政协文史资料委员会办公室编:《五四运动亲历记》，中国文史出版社 1999 年版。

87. 饶鸿竞等编:《创造社资料》，福建人民出版社 1985 年版。

88. 任鸿隽:《科学救国之梦:任鸿隽文存》，上海科技教育出版社 2002 年版。

89. 任建树:《陈独秀大传》，上海人民出版社 1999 年版。

90. 容闳等:《西学东渐记等》，岳麓书社 1985 年版。

91. 桑兵:《晚清学堂学生与社会变迁》，广西师范大学出版社 2007 年版。

92. 商务印书馆编辑部编:《商务印书馆九十年》，商务印书馆 1987 年版。

93. 上海社会科学院历史研究所编:《五四运动在上海史料选辑》，上海人民出版社 1980 年版。

94. 沈卫威:《"学衡派"谱系——历史与叙事》，江西教育出版社 2007 年版。

95. 舒新城编:《中国近代教育史资料》，人民教育出版社 1981 年版。

96. 司马长风:《中国新文学史》，香港昭明出版社 1975 年版。

97. 宋应离:《中国期刊发展史》，河南大学出版社 2000 年版。

98. 台静农:《龙坡杂文》，三联书店 2002 年版。

99. 谭正璧:《中国文学进化史》，上海光明书局 1929 年版。

100. 汪晖:《现代中国思想的兴起》，三联书店 2004 年版。

101. 汪晖、陈燕谷编:《文化与公共性》，三联书店 2005 年版。

102. 汪家熔:《近代出版社人的文化追求》，广西教育出版社 2003 年版。

103. 汪民安:《福柯的界限》，南京大学出版社 2008 年版。

104. 汪原放:《亚东图书馆与陈独秀》，学林出版社 2006 年版。

105. 王本朝:《中国现代文学制度研究》，西南师范大学出版社 2002 年版。

106. 王建辉:《出版社与近代文明》，河南大学出版社 2006 年版。

107. 王润泽:《北洋政府时期的新闻业及其现代化》，中国人民大学出版社 2010 年版。

108. 王世刚:《中国社团史》，安徽人民出版社 1994 年版。

109. 王晓明编:《二十世纪中国文学史论》，东方出版中心 1997 年版。

110. 王晓明编:《批评空间的开创》，东方出版中心 1998 年版。

111. 王学珍、郭建荣:《北京大学史料》第 2 卷，北京大学出版社 2000 年版。

112. 王跃等编:《五四:文化的阐释与评价——西方学者论五四》,山西人民出版社 1989 年版。

113. 魏绍昌编:《鸳鸯蝴蝶派研究资料》,上海文艺出版社 1984 年版。

114. 魏绍昌编:《中国近代文学大系》,上海书店 1996 年版。

115. 吴静:《〈学灯〉与五四新文化运动》,中国书籍出版社 2013 年版。

116. 吴宓:《吴宓日记》,三联书店 1998 年版。

117. 吴小龙:《少年中国学会研究》,上海三联书店 2006 年版。

118. 吴永贵:《民国出版社史》,福建人民出版社 2011 年版。

119. 萧延中、朱艺编:《启蒙的价值——台湾学者论五四》,山西人民出版社 1989 年版。

120. 肖东发、邓邵根编:《邵飘萍新闻学论集》,北京大学出版社 2008 年版。

121. 熊月之:《西学东渐与晚清社会》,中国人民大学出版社 2011 年版。

122. 徐宝璜:《新闻学》,中国人民大学出版社 1994 年版。

123. 许道明:《现代文学批评史新编》,复旦大学出版社 2002 年版。

124. 许纪霖、陈达凯:《中国现代化史(1840—1949)》,学林出版社 2006 年版。

125. 许纪霖:《中国知识分子十论》,复旦大学出版社 2003 年版。

126. 许纪霖编:《二十世纪中国思想史论》,东方出版中心 2000 年版。

127. 许纪霖等:《现代知识分子的公共交往》,上海人民出版社 2008 年版。

128. 许清茂:《杂志学》,厦门大学出版社 2002 年版。

129. 杨光辉等编:《中国近代报刊发展概况》,新华出版社 1986 年版。

130. 杨琥:《历史记忆与历史解释:民国时期名人谈五四(1919—1949)》,福建教育出版社 2010 年版。

131. 杨亮功:《早期三十年的教学生活·五四》,黄山书社 2008 年版。

132. 杨天石:《寻找真实的蒋介石:蒋介石日记解读》,山西人民出版社 2008 年版。

133. 杨扬:《商务印书馆:民间出版社业的兴衰》,上海教育出版社 2002 年版。

134. 杨早:《清末民初北京舆论环境与新文化的登场》,北京大学出版社 2008 年版。

135. 姚双喜、郭龙生:《媒体与语言:来自专家与明星的声音》,经济科学出版社 2002 年版。

136. 姚远等:《中国近代科技期刊源流》,山东教育出版社 2008 年版。

137. 叶再生:《中国近现代出版通史》,华文出版社 2002 年版。

138. 殷海光:《中国文化的展望》,三联书店 2009 年版。

139. 余英时：《中国思想传统的现代诠释》，江苏人民出版社 1989 年版。

140. 余英时：《士与中国文化》，上海人民出版社 2003 年版。

141. 俞筱尧、刘彦捷编：《陆费逵与中华书局》，中华书局 2002 年版。

142. 曾虚白：《中国新闻史》，台湾政治大学新闻研究所 1969 年版。

143. 张国焘：《我的回忆》，东方出版社 1998 年版。

144. 张灏：《张灏自选集》，上海教育出版社 2002 年版。

145. 张静庐编：《中国近代出版史料》初编，群联出版社 1953 年版。

146. 张静庐编：《中国近代出版史料》二编，群联出版社 1954 年版。

147. 张静庐编：《中国现代出版史料》甲编，中华书局 1954 年版。

148. 张静庐编：《中国现代出版史料》乙编，中华书局 1955 年版。

149. 张静庐编：《中国现代出版史料》补编，中华书局 1957 年版。

150. 张静庐编：《中国现代出版史料》丁编，中华书局 1959 年版。

151. 张静庐：《在出版社界二十年》，江苏教育出版社 2005 年版。

152. 张君劢等：《科学与人生观》，辽宁教育出版社 1998 年版。

153. 张涛甫：《报纸副刊与中国知识分子的现代转型——以〈晨报副刊〉为例》，广西师范大学出版社 2007 年版。

154. 张秀民：《中国印刷史》，上海科学院出版社 1991 年版。

155. 张耀杰：《历史背后——政学两界的人和事》，广西师范大学出版社 2006 年版。

156. 张勇：《"五四"传媒语境中的前期创造社期刊研究》，山东人民出版社 2012 年版。

157. 张允侯等编：《五四时期的社团》，三联书店 1979 年版。

158. 张仲礼：《中国绅士》，上海社会科学院出版社 1991 年版。

159. 赵家璧：《编辑忆旧》，三联书店 2008 年版。

160. 赵家璧编：《中国新文学大系》，上海良友图书印刷公司 1935 年版。

161. 中共中央马恩列斯著作编译局研究室编：《五四时期的期刊介绍》，三联书店 1978 年版。

162. 中国第二历史档案馆编：《民国时期文书工作和档案工作资料选编》，档案出版社 1987 年版。

163. 中国第二历史档案馆编：《中华民国史档案资料汇编》，凤凰出版社 1991 年版。

164. 中国人民政治协商会议天津市委员会、文史资料研究委员会编：《天津文史资料选辑》第 43 辑，天津人民出版社 1988 年版。

165. 中国社会科学院近代史研究室编：《五四运动回忆录》，中国社会科学出版社 1979 年版。

166. 中国社会科学院科研局、《中国社会科学》杂志社编：《五四运动与中国文化建设——五四运动七十周年学术讨论会论文选》，社科文献出版社 1989 年版。

167. 周德钧：《汉口的租借：一项历史社会学的考察》，天津教育出版社 2009 年版。

168. 周阳山编：《五四与中国：知识分子与中国现代化》，台北时报文化出版社事业有限公司 1979 年版。

169. 周作人：《知堂回想录》，河北教育出版社 2002 年版。

170. 左舜生等编：《王光祈先生纪念册》，台北文海出版社 1971 年版。

171. [德] 本雅明：《发达资本主义时代的抒情诗人》，张旭东等译，三联书店 1989 年版。

172. [德] 本雅明：《本雅明文选》，陈永国等译，中国社会科学出版社 1999 年版。

173. [德] 哈贝马斯：《交往与社会进化》，张博树译，重庆出版社 1993 年版。

174. [德] 哈贝马斯：《公共领域的结构转型》，曹卫东等译，学林出版社 1999 年版。

175. [德] 哈贝马斯：《后形而上学思想》，曹卫东等译，译林出版社 2001 年版。

176. [德] 哈贝马斯：《合法化危机》，刘北成等译，上海人民出版社 2009 年版。

177. [德] 霍克海默、阿道尔诺：《启蒙辩证法》，渠敬东等译，上海人民出版社 2006 年版。

178. [德] 卡尔·曼海姆：《意识形态与乌托邦》，黎鸣、李书崇译，商务印书馆 2000 年版。

179. [德] 卡尔·曼海姆：《保守主义》，李朝辉等译，译林出版社 2002 年版。

180. [德] 卡尔·曼海姆：《重建时代的人与社会：现代社会结构的研究》，张旅平译，三联书店 2002 年版。

181. [德] 康德：《实用人类学》，邓晓芒译，重庆出版社 1987 年版。

182. [德] 康德：《历史理性批判文集》，何兆武译，商务印书馆 1990 年版。

183. [德] 马克斯·韦伯：《经济与社会》，林荣远译，商务印书馆 1997 年版。

184. [德] 马克斯·韦伯：《学术与政治》，冯克利译，三联书店 1998 年版。

185. [德] 伊丽莎白·诺尔—诺依曼：《沉默的螺旋：舆论——我们的社会皮肤》，董路译，北京大学出版社 2013 年版。

186. [法] 布尔迪厄：《国家精英》，杨亚平译，商务印书馆 2004 年版。

187.[法] 皮埃尔·布尔迪厄:《艺术的法则——文学场的生成和结构》,刘晖译,中央编译出版社 2011 年版。

188.[法] 罗贝尔·埃斯卡皮:《文学社会学》,于沛等译,浙江人民出版社 1987 年版。

189.[法] 米歇尔·福柯:《知识考古学》,谢强、马月译,三联书店 1998 年版。

190.[加] 哈罗德·英尼斯:《传播的偏向》,何道宽译,中国人民大学出版社 2003 年版。

191.[美] 埃弗雷特·M.罗杰斯:《创新的扩散》,辛欣译,中央编译出版社 2002 年版。

192.[美]爱德华·W.萨义德:《知识分子论》,单德兴译,三联书店 2002 年版。

193.[美] 本尼迪克特·安德森:《想象的共同体——民族主义的起源与散布》,吴叡人译,上海人民出版社 2007 年版。

194.[美] 戴维·斯沃茨:《文化与权力》,陶东风译,上海人民出版社 2006 年版。

195.[美] 德弗勒等:《大众传播学通论》,顾建军等译,华夏出版社 1989 年版。

196.[美] 费正清:《剑桥中华民国史》第一部,章建刚等译,上海人民出版社 1991 年版。

197.[美] 格里德:《胡适与中国的文艺复兴——中国革命中的自由主义(1917—1950)》,鲁奇译,江苏人民出版社 1989 年版。

198.[美] 郭颖颐:《中国现代思想中的唯科学主义》,鲁奇译,江苏人民出版社 1998 年版。

199.[美] 哈耶克:《通往奴役之路》,王明毅等译,中国社会科学出版社 1997 年版。

200.[美] 汉娜·阿伦特:《人的境况》,王寅丽译,上海人民出版社 2009 年版。

201.[美] 吉尔伯特·罗兹曼:《中国的现代化》,"比较现代化"课题组译,上海人民出版社 1989 年版。

202.[美] 雷·韦勒克、奥·沃伦:《文学理论》,刘象愚等译,三联书店 1984 年版。

203.[美] 李欧梵:《上海摩登——一种新都市文化在中国(1930—1945)》,毛尖译,北京大学出版社 2001 年版。

204.[美] 李欧梵:《现代性的追求》,三联书店 2000 年版。

205.[美] 刘易斯·科赛:《理念人》,郭方等译,中央编译出版社 2004 年版。

206.[美] 露丝·本尼迪克特:《文化模式》,王炜等译,三联书店 1988 年版。

207.[美] 梅尔文·德弗勒、洛基奇:《大众传播学理论》,杜力平译,台北五南图书出版社公司 1991 年版。

208.[美] 米尔斯:《社会学的想象力》,陈强等译,三联书店 2005 年版。

209.[美] 切特罗姆:《传播媒介与美国人的思想》,曹静生等译,中国广播电视出版社 1991 年版。

210.[美] 塞缪尔·亨廷顿:《文明的冲突与世界秩序的重建》,周琪等译,新华出版社 1998 年版。

211.[美] 托马斯·奥斯本:《启蒙面面观》,郑丹丹译,商务印书馆 2007 年版。

212.[美] 微拉·施瓦支:《中国的启蒙运动——知识分子与五四遗产》,李国英等译,山西人民出版社 1989 年版。

213.[美] 韦尔伯·施拉姆等:《报刊的四种理论》,中国人民大学新闻系译,新华出版社 1980 年版。

214.[美] 韦勒克:《批评的诸种概念》,张金言译,中国美术学院出版社 1999 年版。

215.[美] 沃尔特·李普曼:《公众舆论》,阎克文等译,上海人民出版社 2006 年版。

216.[美] 西奥多·M.米尔斯:《小群体社会学》,温凤龙译,云南大学出版社 1988 年版。

217.[美] 萧公权:《近代中国与新世界:康有为变法与大同世界研究》,汪荣祖译,江苏人民出版社 1997 年版。

218.[美] 张灏:《时代的探索》,台北联经出版社公司 2004 年版。

219.[美] 周策纵:《五四运动史》,陈永明等译,岳麓书社 1999 年版。

220.[苏] 科恩:《自我论——个人与个人自我意识》,佟景韩等译,三联书店 1986 年版。

221.[意] 葛兰西:《狱中札记》,曹雷雨译,中国社会科学出版社 2000 年版。

222.[英] 阿米·古特曼等编:《结社理论与实践》,吴玉章等译,三联书店 2006 年版。

223.[英] 埃德加·斯诺:《西行漫记》,董乐山译,三联书店 1979 年版。

224.[英] 丹尼斯·麦奎尔、[瑞典] 斯文·温德尔:《大众传播模式论》,祝建华译,上海译文出版社 2008 年版。

225.[英] 弥尔顿:《论出版社自由》,吴之椿译,商务印书馆 1958 年版。

226.[英] 尼古拉斯·加汉姆:《解放·传媒·现代性》,李岚译,新华出版社 2005 年版。

227.[英] 尼克·史蒂文森:《认识媒介文化——社会理论与大众传播》,王文斌译,商务印书馆 2001 年版。

228.[英] 诺曼·费尔克拉夫:《话语与社会变迁》,殷晓蓉译,华夏出版社 2003 年版。

229.[英] 齐格蒙·鲍曼:《立法者与阐释者》,洪涛译,三联书店 2000 年版。

230.[英] 汤因比:《历史研究》,曹未风译,上海人民出版社 1997 年版。

231.[英] 沃纳·赛佛林等:《传播理论:起源、方法与应用》,郭镇之等译,华夏出版社 2000 年版。

232.[英] 以赛亚·柏林:《自由论》,胡传胜译,译林出版社 2003 年版。

233.[英] 约翰·伯瑞:《进步的观念》,范祥焘译,三联书店 2005 年版。

234.[英] 约翰·密尔:《论自由》,徐宝骙译,商务印书馆 1959 年版。

三、当代报刊

1. 陈江:《辛亥革命前我国中文期刊的空间分布及其解释》,《编辑学刊》1992 年第 4 期。

2. 陈平原:《思想史视野中的文学》,《中国现代文学研究丛刊》2003 年第 1 期。

3. 陈子褒:《论报章宜改用浅说》,《近代史资料》1963 年第 2 期。

4. 杜波:《五四时期泰东图书局的期刊出版》,《编辑之友》2014 年第 9 期。

5. 高玉:《语言运动与思想革命》,《文学评论》2002 年第 5 期。

6. 胡山源:《弥洒社的经过》,《新文学史料》1980 年第 2 期。

7. 旷新年:《现代文学观的发生与形成》,《文学评论》2000 年第 4 期。

8. 李继凯:《"五四"新文学的文化创造》,《文学评论》1999 年第 3 期。

9. 李明山:《五四时期关于杂志编辑的一场论争》,《山西师大学报》2003 年第 4 期。

10. 李怡:《国家主义的批判与个人主义的倡导》,《江汉论坛》2006 年第 1 期。

11. 茅盾:《复杂而紧张的生活、学习与斗争》上,《新文学史料》1979 年第 4 期。

12. 宁树藩、丁淦林:《关于上海马克思主义研究会活动的回忆——陈望道同志生前谈话纪录》,《复旦学报》(哲学社会科学版)1980 年第 3 期。

13. 欧阳哲生:《新发现的一组关于〈新青年〉的同人来往书信》,《北京大学学报》(哲学社会科学版)2009 年第 4 期。

14. 王晓明:《一份杂志和一个"社团"——重评"五·四"文学传统》,《上海文学》1993 年第 4 期。

15. 闻一多:《闻一多书信选集》,《新文学史料》1984 年第 2 期。

16.许纪霖:《近代中国的公共领域:形态、功能与自我理解——以上海为例》,《史林》2002 年第 2 期。

17.许纪霖:《近代中国政治变迁中的权力聚散》,《读书》1992 年第 4 期。

18.余虹:《五四新文学理论的双重现代性追求》,《文艺研究》2000 年第 1 期。

19.袁一丹:《"另起"的"新文化运动"》,《中国现代文学研究丛刊》2009 年第 3 期。

20.张积玉、杜波:《〈新青年〉与现代白话文运动》,《厦门大学学报》(哲学社会科学版) 2004 年第 2 期。

21.张汝伦:《知识分子·中国知识分子·现代性》,《天涯》2004 年第 1 期。

22.张贤俭、李文、夏祖德:《〈中国近代期刊篇目汇录〉的编纂》,《社会科学》1984 年第 2 期。

23.朱寿桐:《新潮社与中国现代文学社团的雏形》,《东南大学学报》(哲学社会科学版) 2004 年第 4 期。

后　记

在五四百年之际，这本书稿终于完成了，我感慨万千。当年，受"五四"这个颇具魅力的词语吸引，通过一册册繁体字期刊，我一步步走近那个激昂澎湃的时代，也认识了五四时期那一群知识分子。面对浩瀚的五四时期期刊海洋，我时常感到自己的渺小，徜徉其中，才逐渐发现期刊所蕴含的价值。我非常幸运，十年前，当我把"五四时期期刊研究"这个设想第一次写成标书，就得到了国家社科基金项目的支持。这种激励促使我破釜沉舟，不断奋勇向前。

在学术研究的道路上，我首先要感谢我的导师——陕西师范大学张积玉教授。张老师是我学术上的引路人，十八年前，在他的指引下，我开始阅读泛黄的《新青年》，当时的情景至今仍历历在目，只是没想到这条路竟然走了这么久。张老师主编期刊三十余年，办刊治学一贯严谨，无论做什么都努力做到最好，他追求完美的精神一直是我学习的榜样。

书稿撰写的过程中，得到了许多良师益友的帮助。感谢长安大学陈敏直教授、陕西师范大学李震教授、西北大学杨立川教授、西安交通大学杨琳教授、西安电子科技大学李刚教授、武汉大学钟树林教授提出的宝贵意见和建议。感谢人民出版社王怡石编辑、陕西日报社高军政编辑为书稿付出的心血。还要感谢我的同事、同窗、朋友们多年来对我的关心、帮助和鼓励。

我还要感谢家人们一直以来对我的默默支持，你们为我付出太多，而我陪伴你们的时间太少了。

科研之路上充满了沉浸其中的快乐和思考探索的煎熬，历史研究更是需要静下心来坐冷板凳，而我文思愚钝，又常被各类杂事干扰，所以直到今天才基本完成多年前的预想。由于篇幅有限，我所统计的《五四时期期刊目录》只能在成书时忍痛抽掉。还好，在五四百年这个时间节点上，这本书终于可以出版了，这既是对我研究的一个小结，也算是我对五四百年一个小小的献礼。

这些年来，在走近"五四"的同时，我也从一个"新青年"变成了一个"老青年"。我想，"五四"已经成为我的一部分，指引着我走向未来。

杜波　2019 年识于长安荣城

责任编辑：王怡石

责任校对：陈艳华

图书在版编目（CIP）数据

五四时期期刊研究／杜波　著 . —北京：人民出版社，2020.4

ISBN 978－7－01－021378－1

I.①五…　II.①杜…　III.①期刊－研究－中国－民国　IV.① G239.296

中国版本图书馆 CIP 数据核字（2019）第 215311 号

五四时期期刊研究

WUSI SHIQI QIKAN YANJIU

杜　波　著

人民出版社 出版发行

（100706　北京市东城区隆福寺街 99 号）

山东韵杰文化科技有限公司印刷　新华书店经销

2020 年 4 月第 1 版　2020 年 4 月北京第 1 次印刷

开本：710 毫米 ×1000 毫米 1/16　印张：27

字数：370 千字

ISBN 978－7－01－021378－1　定价：108.00 元

邮购地址 100706　北京市东城区隆福寺街 99 号

人民东方图书销售中心　电话（010）65250042　65289539

责任编辑：王怡石

责任校对：陈艳华

图书在版编目（CIP）数据

五四时期期刊研究 / 杜波　著 . —北京：人民出版社，2020.4

ISBN 978 - 7 - 01 - 021378 - 1

I. ①五…　II. ①杜…　III. ①期刊 - 研究 - 中国 - 民国　IV. ① G239.296

中国版本图书馆 CIP 数据核字（2019）第 215311 号

五四时期期刊研究

WUSI SHIQI QIKAN YANJIU

杜 波 著

人民出版社 出版发行

（100706　北京市东城区隆福寺街 99 号）

山东韵杰文化科技有限公司印刷　新华书店经销

2020 年 4 月第 1 版　2020 年 4 月北京第 1 次印刷

开本：710 毫米 ×1000 毫米 1/16　印张：27

字数：370 千字

ISBN 978 - 7 - 01 - 021378 - 1　定价：108.00 元

邮购地址 100706　北京市东城区隆福寺街 99 号

人民东方图书销售中心　电话（010）65250042　65289539